D1729133

Michaela Karl

»Ich würde so etwas nie ohne Lippenstift lesen.«

Maeve Brennan

Eine Biographie

Hoffmann und Campe

In memoriam
meiner geliebten Mutter
Christl Karl
(1946–2007)

Für
Alex & Kostja

Seid frech und wild und wunderbar!
(nach Astrid Lindgren)

Sich keine Sorgen zu machen
ist einfach eine Frage
von Plan A oder Plan B.

Maeve Brennan

Inhalt

Prolog: The Lady is a Tramp   11

I.   »Du hast aus deiner Kindheit solch eine Tragödie gemacht,
       dass ich damit nicht wetteifern wollte.«
       Ich war einst eine stolze Irin   21

II.   »Wir haben uns die Hand gegeben,
       und er hat mir viel Glück gewünscht.«
       Ich gehe nach Amerika   51

III.   »Ein Mädchen liest so etwas nicht ohne Lippenstift.«
       Ich erobere die Modewelt   77

IV.   »Verlieben Sie sich nie in ein wildes Geschöpf!«
       Ich pfeif auf die Moral   109

V.   »Ich liebe New York, obwohl es mir nicht gehört.«
       Ich bin das Stadtgespräch   139

VI.   »Na, Herzchen, kauft irgendjemand das, was Sie schreiben?«
       Ich bin eine Schriftstellerin   169

VII.   »Man braucht ungefähr vier Sekunden,
       um von hier zur Tür zu gehen. Dir gebe ich zwei.«
       Ich war einmal verheiratet   197

VIII. *»Kennst du die Tage, wo du das rote Elend hast?«*
Ich fühle mich manchmal einsam   225

IX.   *»Wenn ich im richtigen Leben mal einen Ort finde,*
wo ich mich so fühle wie bei Tiffany, dann werde ich Möbel
kaufen und dem Kater einen Namen geben.«
Ich fürchte, ich werde verrückt   257

X.   *»Es ist geschmacklos, Diamanten zu tragen,*
bevor man vierzig ist.«
Ich bin Holly Golightly   289

Epilog:
Von der Kunst, sich selbst in den Rücken zu schießen   313

Danksagung   315

ANHANG
Anmerkungen   319
Literatur und Dokumente   338
Personenregister   344
Bildnachweis   350

She loves the free fresh wind in her hair
Life without care
She's broke but it's »oke«

Frank Sinatra: The Lady is a Tramp

Prolog

The Lady is a Tramp

Verzeihen Sie bitte, dürfte ich Ihnen eine persönliche Frage stellen? Wenn Sie die Wahl hätten zwischen zwei Lebensmodellen, welchem würden Sie den Vorzug geben? Einem eher angepassten ruhigen Leben, vielleicht manchmal etwas langweilig, dafür aber frei von Zerwürfnissen mit Freunden und Familie, ohne Unsicherheit und Chaos, an dessen Ende Sie friedlich einschlafen?

Oder würden Sie sich für ein selbstbestimmtes Leben entscheiden, in dem Sie gegen alle Konventionen verstoßen, was zu großen Problemen mit Ihrem Umfeld führt? Ein Leben mit Höhen und Tiefen, das einer Achterbahnfahrt gleicht und an dessen Ende kein Happy End auf Sie wartet?

Die Frau, um die es in diesem Buch geht, hätte keine zwei Sekunden gebraucht, um diese Frage für sich zu beantworten: Maeve Brennan – Schriftstellerin, Urbanista und Stilikone. Ihre Maxime lautete schlicht und einfach: Die Freiheit ist auch im Scheitern jeden Versuch wert!

Wie Sie diese Frage beantworten, dürfen Sie selbstverständlich für sich behalten. Doch sofern Sie zumindest in der Literatur Lebensläufe mit Brüchen schätzen, werden Sie an Maeve Brennan Ihre wahre Freude haben und am Ende dieses Buches wohl auch keine Traurigkeit verspüren, sondern getragen von bittersüßer Melancholie Ihr Glas erheben auf eine außergewöhnliche Frau und Autorin, die lange Zeit zu Unrecht völlig vergessen war.

Maeve Brennan war gebürtige Irin, doch ihr Leben spielte sich überwiegend in New York City ab, genauer gesagt in Midtown Manhattan rund um den Times Square. Wenn Sie selbst schon einmal in der Millionenmetropole am Hudson waren, dann werden Sie auf den folgenden Seiten vermutlich einige Aha-Erlebnisse haben. Falls Sie hingegen noch niemals die Fifth Avenue entlanggelaufen sind, dann haben Sie in Maeve Brennan die beste Reiseführerin durch eine Stadt gefunden, die sie selbst als »die beschwerlichste, rücksichtsloseste, ehrgeizigste, konfuseste, komischste, traurigste, kälteste und menschlichste aller Städte« bezeichnete.[1] Kaum jemand durchdrang Herz und Seele dieser Stadt in den fünfziger und sechziger Jahren so sehr wie Maeve Brennan. Ich verspreche Ihnen, Sie werden bei Ihrem Stadtbummel echte Insiderinformationen erhalten, nicht nur statistische Fakten wie: »New Yorker blinzeln achtundzwanzig Mal pro Minute, aber vierzig Mal, wenn sie im Stress sind. Die meisten Popcorn-Esser im Yankee Stadium halten unmittelbar vor dem Pitch für einen Moment mit dem Kauen inne. Kaugummi-Kauer auf den Rolltreppen im Kaufhaus Macy's hören kurz mit dem Kauen auf, wenn sie die Rolltreppe wieder verlassen, um sich auf die letzte Stufe zu konzentrieren. [...] Täglich schlucken die New Yorker 460 000 Gallonen Bier; sie essen 3 500 000 Pfund Fleisch und ziehen sich vierzig Kilometer Zahnseide durch die Zähne. Täglich sterben in New York 250 Menschen, 460 werden geboren, und durch die City gehen täglich 150 000 Menschen, die Brillen mit Gläsern aus Glas oder Plastik tragen.«[2] Einer davon war Maeve Brennan, die ihre Brille allerdings nur an ihrer Schreibmaschine trug und ansonsten wie ein blindes Huhn durch die Gegend lief.

Das New York, in dem Maeve Brennan sich bewegte, war das der berufstätigen Frauen, deren Leben sich kaum von unserem heutigen unterschied, einzig, dass sie ausnahmslos besser gekleidet und trinkfester waren. Wenn Maeve Brennan in High Heels und Kleinem Schwarzen in der angeblich schönsten Hotellobby der Welt, im Commodore Hotel an der Grand Central Station, einen Sundowner nahm, dann tat sie dies zu den neusten Hits der Crooner um Frank Sinatra, die das Leben und die Liebe feierten und wussten, dass beides nicht immer gut ausgeht: »*We're drinking my friend/ To the end of a brief episode/ So make it one for my baby/ And one more for the road.*«[3] Die Männer, die die Drehtür bei dieser Gelegenheit in die Hotellobby spülte, versuchten allesamt wie Cary Grant auszusehen, und wenn man großes Glück hatte, benahmen sie sich auch so. Allerdings war das Leben auch damals weit entfernt von einem Wunschkonzert.

Mit Maeve Brennans Hilfe wird es Ihnen gelingen, sich an der strengen Empfangsdame vorbei in die Redaktionsräume von *Harper's Bazaar* zu schmuggeln, wo Mode-Legenden wie Carmel Snow und Diana Vreeland über die Flure stöckelten und Weisheiten von sich gaben, die fürs ganze Leben Bestand hatten: »Es geht nicht um das Kleid, das du trägst, sondern um das Leben, das du in dem Kleid führst.«[4]

An der Seite Maeve Brennans durch New York zu bummeln bedeutet, einzutauchen in eine Welt voll schöpferischer Genialität, herrlicher Exzentrik und schier unfassbarer Fehltritte. Es ist ein Abenteuer, das deutlich macht, dass die Welt Mitte des 20. Jahrhunderts, als es weder Twitter noch Instagram gab, kaum weniger interessant, sondern nur ein klein wenig diskreter war. Was Maeve Brennan und ihren Freunden ungeahnte Möglichkeiten eröffnete …

Diese Freunde arbeiteten fast ausnahmslos bei einer wahren »Ikone der amerikanischen Alltagskultur«[5] – dem *New Yorker*. Es waren brillante Journalisten, die in Oberhemd und Hosenträgern vor Schreibmaschinen, Fernsprechapparaten und überquellenden Aschenbechern saßen und Texte zum Niederknien verfassten. Große Exzentriker und noch größere Trinker, deren Bourbon im

Glas niemals zur Neige ging. Männer, die mit der Nonchalance eines Humphrey Bogart ihren Borsalino, Modell Fedora, auf dem Kopf trugen und in nichts anderem als einem Anzug von Brooks Brothers Madison Avenue das Haus verließen – abgesehen vom Tuxedo natürlich. Kosmopolitische Gentlemen mit perfekten Manieren, die jedes schickliche Benehmen ad absurdum führten und kultiviert, charmant und ohne mit der Wimper zu zucken nach Belieben sämtliche Konventionen missachteten.

Die Frauen, die für den *New Yorker* schrieben, waren emanzipiert, ehe die moderne Frauenbewegung Ende der sechziger Jahre auf den Plan trat. Es waren Frauen vom Typ Katharine Hepburn, die kein Problem darin sahen, um fünf Uhr morgens nach einer durchtanzten Nacht im wallenden Chiffon-Abendkleid noch rasch einen Artikel zu Papier zu bringen. Die Journalisten und Schriftsteller des *New Yorkers,* männlich wie weiblich, waren durch nichts zu erschüttern und stellten, ob ihrer Coolness und der engen Verbundenheit mit New York, die schreibende Entsprechung des Hollywood-Rat-Pack um Humphrey Bogart und Lauren Bacall und seinem harten Las-Vegas-Kern – Frank Sinatra, Dean Martin und Sammy Davis Junior – dar.

In den Augen vieler ihrer Kollegen und Freunde war die schöne Maeve eine wahrhaftige Märchenprinzessin. Ihre grünen Koboldaugen blitzten stets vor Schalk, und ihr Charme war schlichtweg umwerfend. Weniger wohlmeinende Zeitgenossen sahen in ihr darum auch eher die Circe des *New Yorkers*, die durchaus für Unstimmigkeiten und Dramen sorgen konnte. Gertenschlank und zierlich wie eine Ballerina, war sie, was ihre Figur anbelangte, außerordentlich diszipliniert. »Sie aß wie ein Vögelchen, ich hab mich oft gefragt, wovon sie gelebt hat«, erinnert sich ihre Cousine.[6] Viel war es vermutlich nicht: hartgekochte Eier und Martini sollen Maeve Brennans Hauptnahrungsmittel gewesen sein. Ihren makellosen Porzellanteint betonte sie durch dunkel getuschte Wimpern und einen rot geschminkten Mund. Das dichte braune Haar trug sie spätestens ab den sechziger Jahren kunstvoll zu einem Beehive aufgetürmt, und der Duft, den sie hinterließ, nannte sich *Cuir de Russie* und ist noch heute einer der exklusivsten Düfte von Chanel: schwer und exotisch. Im Kleinen Schwarzen mit Perlenkette wurde sie zu einer Stilikone und gilt als eine der Inspirationsquellen für eine andere bezaubernde Dame, die bevorzugt bei Tiffany frühstückte und schlechte Nachrichten nicht ohne geschminkten Mund entgegennahm. Mit Holly Golightly teilte Maeve Brennan die Erkenntnis, dass rote Lippen ein wunderbares Hilfsmittel waren, die Façon zu wahren. In den entscheidenden Situationen ihres Lebens waren beide Damen nie ohne Lippenstift anzutreffen.

Maeves Stilbewusstsein und ihre Disziplin halfen ihr, diverse Untiefen des Lebens zu umschiffen, ganz im Sinne ihrer Kollegin Diana Vreeland: »Du musst Stil haben. Er hilft dir, die Treppe hinunter zu kommen. Er hilft dir, morgens aufzustehen. Stil ist eine Lebensweise.«[7]

Maeve Brennan selbst bewunderte vor allem die Schönheit von Blumen. Diese würden ihren Zauber auch dann noch entfalten, wenn Menschen unschöne Dinge tun. Und so blühen Blumen in ihren Kurzgeschichten gerade dann am schönsten, wenn ihre Protagonisten böse, rachsüchtig und gemein sind. Wenn Maeve Brennan ihr Redaktionsbüro im *New Yorker* betrat, dann wartete dort unter einer in Wedgwood-Blau gestrichenen Zimmerdecke frisches Grün in Gestalt von zahlreichen Topfpflanzen auf sie sowie ein Strauß frischer Blumen. In den diversen New Yorker Hotels, in denen sie Stammgast war, pflegten die Zimmermädchen sie täglich mit einem Blumengruß zu erfreuen; und sie ohne eine frische Blüte im Revers anzutreffen war höchst ungewöhnlich.

Maeve Brennan liebte Hotellobbys und kannte jede Bar zwischen dem Central Park und der New Yorker Stock Exchange. In den schickeren konnte man sie rauchend vor ihrem Martini sitzen sehen. Zeitlebens eine starke Raucherin, qualmte sie ihre tägliche Schachtel *Camel* stilsicher mit einer langen Zigarettenspitze und seufzte dabei: »Ich bin das beste Beispiel – für das, was man nicht tun sollte.«[8] Mit ihrem Witz und ihrer Schlagfertigkeit erinnert sie an ihre Vorgängerin beim *New Yorker,* Dorothy Parker. Von Maeve Brennan hieß es, dass sie mit ihrer scharfen Zunge ohne weiteres eine Hecke schneiden konnte. Sie war die Elfe, der durchaus auch ein herzhaftes *Fuck you* über die Lippen kam.

Was sie für ihre Freunde so unentbehrlich machte, war ihre Fähigkeit, Alltägliches in Außergewöhnliches zu verwandeln. Dazu kam, dass sie unheimlich generös war: »Bei Maeve durfte man nie sagen, dass man für irgendwas schwärmte, weil man es sonst prompt am nächsten Tag bekam«, so ihre Cousine Ita, »ich habe da später immer sehr aufgepasst, ihre Großzügigkeit war grenzenlos.«[9] Dies beinhaltete auch die kostbaren Schriftstellerautographen, die sie ihr ganzes Leben lang sammelte. Obwohl sie diese hütete wie ihren Augapfel, war sie sogar bereit, die Signatur W. B. Yeats' wegzugeben, wenn sie fand, dass sie besser zu einem ihrer Freunde passte. Wenn Maeve für etwas brannte, dann war sie voller Enthusiasmus und Empathie – in einem Ausmaß, das so manchen Zeitgenossen überforderte.

Maeve Brennan hatte viele Liebhaber, aber nur zwei wirklich große Lieben: Bücher und Tiere. Sie verehrte Colette, James Joyce und Leo Tolstoi, ebenso zählte der irische Schriftsteller Oliver Goldsmith zu ihren Favoriten. Dessen Werk *History of Earth and Animated Nature* hütete sie wie einen kostbaren Schatz. Ihre literarische Lieblingsfigur jedoch war die kleine Seejungfrau aus dem gleichnamigen Märchen von Hans Christian Andersen, die für die Erfüllung ihres Lebenstraums einen so hohen Preis bezahlen musste: »›Aber bedenke‹, sagte die Hexe, ›hast du erst einmal menschliche Gestalt bekommen, so kannst du niemals wieder eine Seejungfrau werden! Du kannst niemals wieder durch das Wasser zu deinen Schwestern und zum Schlosse deines Vaters heruntersteigen. Und du gewinnst die Liebe des Prinzen nicht. [...] Am ersten Morgen, nachdem er mit einer anderen verheiratet ist, wird dein

Herz brechen, und du wirst zu Schaum auf dem Wasser.‹ – ›Ich will es‹, sagte die kleine Seejungfrau.«[10]

Was Tiere anbelangte, so bevorzugte Maeve Brennan Hunde und Katzen: »Der Hund ist brav und freundlich, Katzen aber haben Stil.«[11] Doch sie sorgte sich auch um andere Tiere. Als sie einmal in einem Billigkaufhaus gemarterte kleine Vögel ohne Wasser in einem Käfig sitzen sah, ließ sie erzürnt den Manager kommen. Gesegnet mit einem ausgeprägten Gerechtigkeitsempfinden, schimmert die Wut, die sie verspürte, wann immer ihr Unrecht begegnete, in vielen ihrer Kolumnen durch. Dies waren die seltenen Momente, in denen sie ihren erzählerischen Beobachtungsposten verließ und leidenschaftlich Partei ergriff, wie zum Beispiel an jenem Tag, als sie miterlebte, wie sich zwei Kunden in einem Antiquariat darüber amüsierten, dass ein Bildband über Marilyn Monroe reduziert worden war: »Ich setzte meine Brille ab, um sie zu mustern. Grausamkeit und Dummheit und roher Lärm […]. Eines schönen Tages wird ihre Fähigkeit, Gewalt zu provozieren, jemanden provozieren, der gewaltbereit ist. (Sagte ich mir.) Sie werden über ihre eigenen Schnürsenkel stolpern. Die Zeit wird es weisen. Sie werden nie etwas anderes kennen als den elenden Appetit des Neids. Wie Äsops Hirtenjunge, der zum Spaß immer ›Wolf!‹ schrie, werden sie die Erfahrung machen, dass Menschen, die einmal zu oft über andere höhnen, am Ende selbst den Schaden davontragen.«[12]

Maeve Brennan liebte Sonntage im Regen und hasste die Hitze des Sommers. Ihrer Ansicht nach geschahen an heißen Tagen immer ungute Dinge. Prompt ertappte sie an einem dieser Tage einen Obdachlosen dabei, wie er die Körbe auf der Rückbank eines Cabriolets durchsuchte. Sie kannte den Mann, denn er hatte sie schon mehrfach um Geld gebeten: »Ich fühlte mich schrecklich beschämt, weil ich ihn hatte stehlen sehen, und dankte dem Himmel, dass er mich nicht dabei ertappt hatte, wie ich ihm nachspionierte. Mir scheint, als sei alles, was ich über jenen Sommer und über alle Sommer empfinde, in den Gedanken enthalten, die ich mir damals über diesen Mann machte, denn in der Hitze war die Welt so verzerrt und so leblos, nichts war wirklich und nichts unwirklich, dass es ihm genauso selbstverständlich vorkam, zu stehlen, wie mir, einen Bus zu besteigen und mich von einem Ort zum anderen chauffieren zu lassen.«[13]

Maeve Brennan wird Sie mitnehmen auf ihre nie enden wollende Suche nach der perfekten und bezahlbaren(!) Ein- oder Zweizimmerwohnung mit Kamin, bevorzugt in der Gegend um den Washington Square. Sie wird mit Ihnen die luxuriösen Auslagen der Geschäfte auf der Madison Avenue bewundern, die leider nicht immer mit ihrem Budget zu vereinbaren waren. Und vielleicht wird Sie Ihnen sogar die Adressen der kleinen Restaurants mit den großen Fenstern zur Straße hin verraten, die sie so schätzte und die leider nachmittags geschlossen waren: »Die kleinen Lokale, die ich mag, sind selbstsüchtig genug, um die ruhige Nachmittagsstunde für sich zu behalten.«[14]

Ihr halbes Leben verbrachte Maeve Brennan beobachtend hinter der Scheibe solch eines Restaurants. Dieser Blick durch die Scheibe, den sie in ihren Kolumnen geradezu kultivierte, trug später entscheidend zu ihrem Image einer einsamen Seele bei. Dabei ist die Scheibe vor allem ein Symbol dafür, dass sie es ganz und gar nicht schätzte, wenn man ihr zu nahe kam.

Distanz und Diskretion sind unverzichtbar, wenn man sich Maeve Brennan nähern will. Das wussten schon ihre Freunde und Kollegen. Denn trotz ihrer auffälligen Erscheinung war sie eine zurückhaltende Person, der alles Laute ein Gräuel war. Dies schloss sogar das Empire State Building mit ein: »Wo man auch steht, das Empire State Building wirkt immer so, als wollte es mit jedem anderen Gebäude der Stadt Ellenbogenkontakt haben.«[15]

Nie ließ Maeve Brennan jemanden gänzlich in ihr Innerstes blicken. Freunden, Kollegen, selbst ihrer Familie blieb sie in mancherlei Hinsicht ein Rätsel. Stets auf Autonomie und Diskretion bedacht, wahrte sie diese Distanz sogar gegenüber ihren literarischen Figuren – was den besonderen Reiz ihrer Kurzgeschichten ausmacht: »Klatsch ist respektlos gegenüber den Menschen – es kümmert ihn nicht, wen er verletzt und ob die Person, die er trifft, jung oder alt, ganz oben oder ganz unten ist.«[16]

Nicht einmal in ihren zahlreichen Briefen gab sie viel mehr von sich preis, als dass ihr Orthographie im Allgemeinen und die Beachtung von Groß- und Kleinschreibung im Speziellen völlig egal waren und sie offenbar eine wahre Abneigung gegen Fragezeichen hatte, die in ihrer privaten Korrespondenz durch Abwesenheit glänzen.

So wie die Kolumnen, die sie unter dem Pseudonym der »langatmigen Lady« schrieb, Vermutungen über das Leben der anderen darstellten, so muss auch manches über ihr Leben reine Vermutung bleiben. Maeve ließ sich nur ungern in die Karten schauen, was für eine Informationsgesellschaft wie unsere, die an Bewertungs- und Beurteilungswahn krankt, nicht leicht zu akzeptieren ist. Doch es gibt ein Recht auf Privatheit. Maeve Brennan mahnt uns, dass ein wenig mehr Demut vor dem Leben anderer durchaus angebracht ist.

Viel Zeit ist vergangen, seit ich an Maeve Brennans Seite loszog, Midtown Manhattan zu erobern. Nun schlendere ich mit einem Kaffeebecher durch den Bryant Park, in dem schon Tulpen und Narzissen blühen. Vor mir liegt groß und beeindruckend die New York Public Library: Maeves erster Arbeitsplatz. Die Stadt erwacht gerade, noch sind außer ein paar Joggern und Hundesittern nur wenige Menschen unterwegs. Über die 42nd Street gelange ich zur Vorderseite der Bibliothek. Fast meine ich zu sehen, wie Maeve, die den frühen Morgen so liebte, anmutig die lange Treppe herunterkommt, in sich hinein lächelt und in Richtung Fifth Avenue entschwindet.

Ich muss gestehen, sie hat mich beeindruckt, diese Maeve Bren-

nan, die immer für das Verlassen der Komfortzone plädierte und erklärte: »Wir haben keine Sehnsüchte. Wir haben nur ein Leben.«[17]
Es ist Frühling in New York.

New York, Bryant Park,
im März 2019

Es gibt ein frohes Land
In weiter, weiter Ferne,
Wo man Ei und Schinken isst.
Dreimal am Tag und gerne.

Maeve Brennan, Die Besucherin

I.

»Du hast aus deiner Kindheit solch eine Tragödie gemacht, dass ich damit nicht wetteifern wollte.«

Ich war einst eine stolze Irin

»Ich weiß nicht, ob man sie in Irland für eine irische Schriftstellerin hält, oder für eine amerikanische. Faktisch ist sie beides, und beide Länder sollten stolz darauf sein, sie für sich reklamieren zu dürfen«, schrieb William Maxwell in seinem Vorwort zu einem Erzählband von Maeve Brennan.[1] Tatsächlich beschäftigt kaum eine Frage die Fangemeinde der Autorin mehr als diese. Was war sie nun? Stylish oder irish? Die Antwort darauf war nie einfach – nicht einmal für sie selbst. Denn ihr Geburtsland Irland prägte Maeve Brennan so sehr, dass sie selbst als New Yorker Stilikone ihre Wurzeln nie ganz verleugnen konnte – so sehr sie sich auch darum bemühte.

Maeve Brennan wuchs zu einer Zeit auf, in der die grüne Insel einmal mehr um Autonomie focht. Blutige Zusammenstöße mit den englischen Besatzern, aber auch zwischen Iren unterschiedlichen Glaubens waren an der Tagesordnung und prägten die irische Politik des 20. Jahrhunderts. Maeves nationalistische Eltern waren fanatische Kämpfer für die Unabhängigkeit – die irische Kultur war im Hause Brennan allgegenwärtig.

Als Maeve geboren wurde, gehörte Irland seit mehr als 100 Jahren zu Großbritannien, doch die Stimmen, die eine Loslösung vom Vereinigten Königreich forderten, waren nie verstummt und vor allem nach dem irischen Trauma der *Great Famine* lauter und lauter geworden.

Die Große Hungersnot war die größte Katastrophe in der Geschichte Irlands. Ihr fielen zwischen 1845 und 1849 mehr als eine Million Menschen zum Opfer. Die britische Regierung hatte auf den Fäulebefall der Kartoffel, dem Hauptnahrungsmittel der Iren, mit einem verfehlten Krisenmanagement reagiert – mit verheerenden Folgen. Die Iren werteten die ergriffenen Maßnahmen als versuchten Genozid. Allein durch Nahrungsmittellieferungen aus den USA konnte das Schlimmste verhindert werden. Dass die britische Regierung diese Hilfsleistungen erst nach internationalen Protesten ins Land ließen, steigerte den Hass der Iren auf die Besatzer ins schier Unendliche. Hilflos hatten sie mit ansehen müssen, wie Getreide aus Irland in Richtung England exportiert worden war, während die eigene Bevölkerung verhungerte. Als viele Pächter aufgrund des Ernteausfalls nicht mehr in der Lage waren, ihre Pacht zu bezahlen, wurden sie von den Großgrundbesitzern gnadenlos von ihren Höfen vertrieben, ohne dass die britische Regierung ihnen zu Hilfe kam. Mehr als eine Million Iren verließen während der Hungersnot ihre Heimat in Richtung USA, Kanada oder Australien.

In den folgenden Jahren verzeichnete die Unabhängigkeitsbewegung einen enormen Zulauf, und der Druck auf die britische Regierung, der Insel »Home Rule«, sprich Selbstverwaltung, zu gewähren, wuchs. Im ganzen Land kam es zu Unruhen und lokalen Aufständen. 1882 gründeten die Home-Rule-Anhänger um Charles Stewart Parnell die Irish Parliamentary Party, deren Abgeordnete durch Dauerreden die Arbeit des britischen Parlaments behinderten. Als Parnells Partei 1885 im Unterhaus zum Zünglein an der

Waage wurde, zeigte man sich in Downing Street erstmals zu Zugeständnissen in der Irlandfrage bereit. Die von Premierminister William Gladstone 1886 und 1893 eingebrachten Home-Rule-Gesetzesvorlagen scheiterten jedoch zunächst am Unterhaus, später auch am Oberhaus. Während im Parlament händeringend nach einer Lösung gesucht wurde, vertieften sich die Gräben auch innerhalb der irischen Nation. Im Norden formierten sich die Unionisten als Gegner der Home Rule, sie traten für einen Verbleib im Vereinigten Königreich ein. Im Süden gründete Douglas Hyde 1893 die »Gaelic League«, die sich auf die gälischen Wurzeln der Iren berief und von einer De-Anglisierung Irlands träumte, die vor allem durch die Verbreitung der irischen Sprache befördert werden sollte. Die von der Gaelic League angebotenen Irischkurse erfreuten sich im ganzen Land alsbald großer Beliebtheit.

In diese aufgeheizte Stimmung hinein wird Maeve Brennans Vater Robert am 22. Juli 1881 als Sohn eines Lebensmittelhändlers in Wexford geboren. Die alte Wikinger-Stadt im Südosten der Insel gilt als rebellisches Pflaster. 1798 war die Grafschaft Wexford das Zentrum der irischen Rebellion gegen die Engländer gewesen. Die Stadt lag lange in den Händen der Aufständischen, an ihren englandtreuen Mitbürgern wurden Massaker verübt. Die Bewohner von Wexford waren stolze irische Bürger, daran erinnert sich Maeve Brennan später gut: »Die Stadt blieb sich immer gleich, sehr alt und ständig in Bewegung, an jeder Ecke Menschen, und ganz gleich, um wen es sich handelte, stets wusste man, dass man dieselben Rechte genoss wie sie.«[2] Die kleine Maeve wird viel Zeit bei den Großeltern in Wexford verbringen und die Stadt auch zum Schauplatz einer ihrer besten Kurzgeschichten, *Die Quellen der Zuneigung,* machen: »Die Straßen von Wexford sind sehr eng, eher gekrümmt als gewunden. An einigen Stellen ist die Main Street eben breit genug, dass ein Auto hindurchpasst, und der Gehsteig schrumpft auf die Breite einer Planke zusammen. Dauernd kommen Kinder entlanggehüpft, einen Fuß auf der Straße, den anderen auf dem Gehsteig, andere sausen und flitzen in verschlungenen Mustern zwischen den langsam fahrenden Rädern und Autos hindurch. Es ist ein müdes, verwinkeltes Städtchen mit einfachen, nicht zueinander passenden Häusern, die von der Sonne farbig getrocknet und vom Regen farbig gespült werden. Wexford hat nichts Düsteres. Die Sonne kommt ganz nah an die Stadt heran und scheint bisweilen inmitten der Häuser aufzugehen. Der Wind streut Samenkörner gegen die Mauern und in die Dachrinnen, sodass man, wenn man aufblickt, zwischen sich und dem Himmel Ringelblumen blühen sieht.«[3]

Das Haus, in dem Robert Brennan aufwächst und in dem seine Mutter einen kleinen Gemischtwarenladen betreibt, verbindet durch die Vordertür und die Hintertür zwei Straßen miteinander und wird von Maeve in *Der Rosengarten* ausführlich beschrieben: »Eigentlich bestand das Haus aus zwei Eckhäusern, die miteinander verbunden worden waren. Die Häuser waren aufs Geratewohl zusammengelegt worden, und die Stiege wand sich entschlossen von einem Haus ins andere, wenngleich sich nicht feststellen ließ, ob sie vom ersten Stock nach oben oder vom zweiten Stock nach unten gebaut worden war, so unansehnlich und unbequem war sie. Sie schob sich, schief und krumm, durchs Haus nach oben, und einige ihrer Stufen waren so schmal, dass es schwierig war, den Fuß aufzusetzen; andere wiederum begannen breit und verengten sich auf der anderen Seite zu einem Nichts, sodass man sich beim Hinabsteigen nicht so auf sie verlassen konnte wie beim Hinaufsteigen. Es war eine tückische Stiege, doch soweit man wusste, war bislang noch nie jemand darauf ausgerutscht, denn sie nötigte Respekt und Aufmerksamkeit ab, und die Leute nahmen sich auf ihr in acht.«[4]

Robert Brennan wächst behütet, aber in ärmlichen Verhältnissen auf. Die sechs Pence, die das *Strand Magazine* kostet, in dem Woche für Woche die Fortsetzung des neuen Sherlock-Holmes-Romans von Sir Arthur Conan Doyle erscheint, kann er nicht aufbringen, und so wird die Leihbücherei des Mechanics' Institutes sein zweites Zuhause: »Ich lungerte im Lesesaal des Mechanics' Institutes in Wexford herum und wartete darauf, dass die neuste Ausgabe der Zeitschrift auf den Tisch gelegt wurde. Dann schnappte ich sie mir als erster und verfolgte atemlos die neusten Abenteuer von Holmes. Während er auf Leben und Tod mit dem Erzschurken Moriarty kämpfte, stand der linkische Dr. Watson immer etwas hilflos daneben.«[5] Seine ersten eigenen Schreibversuche bescheren Robert Brennan bald einen Preis für die beste Kurzgeschichte.

Als er 17 Jahre alt ist, stehen in Wexford große Feierlichkeiten zum Gedenken an die Rebellion von 1798 an. Höhepunkt der Festtage ist der Auftritt von Douglas Hyde, dem Begründer der Gaelic League. Dieser löst mit seinem Aufzug fast einen Skandal aus. Im Gegensatz zum feinen Tuch, das der Mann von Welt bei derartigen Ereignissen üblicherweise trägt, ist der bärtige Hyde wie ein einfacher Bauer in rauen irischen Tweed gekleidet. Hyde wettert gegen aus England importierte Billigstoffe und plädiert für Kleidung aus gutem irischem Tweed, die im Land gefertigt wird. Sein Anzug ist ein politisches Statement, das sogleich von der irischen Unabhängigkeitsbewegung übernommen wird und von nun an Teil des Kampfes gegen *shoddy imported goods* ist.

Die Ablehnung von britischer Importware wird zu einer Glaubensfrage, die weit über Kleidung hinausgeht und neben der Kritik an der englischen Massenproduktion auch den angeblichen moralischen Niedergang des Königreichs anprangert. 1908 kann man in einer Anzeige des *Enniscorthy Echo* lesen: »Um wie ein echter Mann, ein echter Ire auszusehen, müssen Sie einheimischen Tweed tragen.«[6] Robert Brennan ist von Hydes Auftritt so beeindruckt, dass er der Wexford Gaelic League beitritt und in seiner Freizeit Irischunterricht erteilt. Die gälische Sprache ist in den letzten Jahrzehnten mehr und mehr verschwunden und durch die Amtssprache Englisch abgelöst worden. Jeden Abend schwingt sich Robert Brennan nun auf sein klappriges Fahrrad und radelt in die Dörfer der Umgebung, um neue Mitglieder für die League anzuwerben.

Mit seinem Einsatz für die irische Kultur steht er nicht allein da. Viele junge Leute schließen sich dem »Gaelic Revival«, der sogenannten irischen Renaissance an, die es sich Anfang des 20. Jahrhunderts zum Ziel gesetzt hat, die irische Kultur wiederzubeleben und den Iren ihre verlorengegangene Identität zurückzugeben. Neben der Wiederbelebung irischer Sportarten wie Hurling oder Gaelic Football durch die 1884 gegründete Gaelic Athletic Association und die Irischkurse der Gaelic League ist es vor allem das 1904 in Dublin von W. B. Yeats und Isabelle Augusta Gregory gegründete Abbey Theatre, das zur Identitätsbildung der Iren beiträgt. Auf dieser Bühne wird ausschließlich Irisch gesprochen, englische Stücke werden übersetzt, moderne irische Dramen erleben hier ihre Uraufführung. Thematisch beschäftigen sich die Stücke meist mit der irischen Vergangenheit. Dabei wird die Einfachheit des Lebens reichlich eindimensional romantisiert, während die bittere Armut sowie die undurchdringbaren Klassenschranken, die Millionen Iren zum Auswandern genötigt haben, vernachlässigt werden.

Obwohl die irische Renaissance als reines Kulturprojekt beginnt, lässt sie sich schon bald nicht mehr von der Politik trennen. Während des Zweiten Burenkriegs 1899–1902 werden erstmals Stimmen laut, die die Situation in Südafrika mit der in Irland vergleichen. Beide Länder seien britische Kolonien, weshalb kein Ire für Großbritannien in diesen Krieg ziehen solle. Im »Irish Transvaal Committee« finden sich politische Aktivisten wie Arthur Griffith und James Connolly Seite an Seite mit W. B. Yeats und Maud Gonne, der irischen Jeanne d'Arc wieder. Die hochgewachsene Schauspielerin gilt nicht nur als die schönste Frau Irlands, sie ist auch eine der beeindruckendsten Persönlichkeiten des irischen Unabhängigkeitskampfes.

1905 gründet Arthur Griffith in Dublin die Sinn-Féin-Partei, die ein anglo-irisches Königreich mit einem gemeinsamen Monarchen, aber getrennten Regierungen anstrebt. Vorbild ist die Donaumonarchie Österreich-Ungarn. Wie eng die Verknüpfung zwischen

Politik und Kultur ist, zeigt sich am ersten Vorsitzenden der Partei, dem irischen Dramatiker Edward Martyn, Mitbegründer des Abbey Theatres und zusammen mit George Bernard Shaw, W. B. Yeats und John Millington Synge Mitglied des literarischen Zirkels von Dunguaire Castle.

Am 6. Juli 1909 heiratet Robert Brennan Una Bolger, eine Frau, die ihm in Sachen radikaler Nationalismus in nichts nachsteht. Geboren als Anastasia Bolger am 11. September 1888 in der Nähe von Oylegate, hat sie ihren englischen Namen Anastasia abgelegt und sich für den irischen Namen Una entschieden. Das Farmland samt zugehörigem Haus, in dem Una aufwächst, wird von Tochter Maeve, die einen Großteil ihrer Kindheit hier verbringt, in einer Kurzgeschichte hinlänglich beschrieben: »Das Haus ist weiß getüncht, die Haustür grün gestrichen. Die Haustür führt in eine quadratische Diele, eben groß genug, dass man eintreten kann. Rechter Hand befindet sich eine Tür, die ins Wohnzimmer führt. Diese Tür ist stets geschlossen. Auf der linken Seite liegt die Küche, deren Tür stets offensteht. In der gegenüberliegenden Wand ist ein ganz kleines Fenster eingelassen, so dass jeder, der am Küchenherd sitzt, hinausschauen und sehen kann, wer den Feldweg heraufkommt.«[7]

Als ältester Tochter der Familie wird Una gestattet, über die Volksschule hinaus die Schule des Loreto-Konvents in Enniscorthy zu besuchen. Dort soll sie Nonne werden. Irische Familien sind nicht nur gute Katholiken, sondern in der Regel auch sehr kinderreich und so wird oftmals zumindest ein Kind dazu auserkoren, dem Herrn zu dienen. Meist trifft dies eines der Mädchen, deren Chancen auf ein Auskommen einzig in der Heirat oder im Kloster liegen. Die Auswanderungsquote unverheirateter junger Mädchen ist folglich überdurchschnittlich hoch. Zwar fristen die meisten als Dienstmädchen in Übersee ein erbärmliches Leben, doch das hindert sie nicht, den Großteil ihres geringen Einkommens pflichtschuldig in die alte Heimat zu übersenden. Maeve Brennan thematisiert diese Problematik viele Jahre später in ihrer Kurzgeschichte *Die Braut*: »Als ihr Onkel ihr aus New York schrieb und sich erbot, ihr das Geld für die Überfahrt zu leihen, nahm sie sein Angebot sofort an, glaubte sie doch bis zur letzten Minute, dass ihre Mutter Vernunft annehmen und ihr verbieten würde, von zu Hause fortzugehen. Doch die Mutter schien hocherfreut [...]. Als die Schulden, die sie bei ihrem Onkel hatte, abbezahlt waren, kabelte sie immer mehr Geld nach Hause, sparte sich jeden Bissen vom Munde ab, um möglichst viel überweisen zu können. Dauernd wollte sie anfangen, das Geld für die Heimfahrt zusammenzusparen, aber im Grunde genommen glaubte sie, wenn der Zeitpunkt gekommen wäre, ihre Mutter wiederzusehen, werde sich die Summe ganz von selbst einfinden. [...] Alles hatte sich als trügerisch erwiesen: Die Mutter war vor fünf Monaten gestorben.«[8]

Una ist eine exzellente Schülerin, glänzt vor allem in Chemie und denkt überhaupt nicht daran, ins Kloster einzutreten. Allerdings fühlt sie sich nach ihrem Abschluss auf der elterlichen Farm nicht mehr willkommen. So oft wie möglich fährt sie mit dem Rad die sieben Meilen nach Wexford, um hier am kulturellen Leben teilzuhaben, das fest in der Hand der Anhänger der irischen Renaissance ist. Bald gehört auch Una dazu: Als erste Konsequenz legt sie ihren Taufnamen Anastasia ab und nennt sich von nun an offiziell Una, ein im Mittelalter sehr beliebter irischer Name. Damit folgt sie einem Aufruf irischer Nationalisten, die englischen Taufnamen abzulegen und auch in offiziellen Dokumenten die irische Entsprechung des ursprünglichen Namens zu verwenden.

Kurz nach der Hochzeit mit Una wird Robert, der als Straßeninspizient tätig ist, entlassen. Als es auf einer von ihm begutachteten Brücke zu einem Unfall kommt, nutzt man die Gelegenheit, den jungen Mann, dessen politisches Engagement mit Argwohn beobachtet wird, loszuwerden. Glücklicherweise bietet ihm der Chefredakteur des *Enniscorthy Echo* umgehend eine Stellung als Korrespondent für Wexford an, die Robert hocherfreut annimmt.

Una engagiert sich derweil bei den »Inghinidhe na hÉireann«, den Töchtern Irlands: »Irland braucht die liebevolle Unterstützung all seiner Kinder. Es ist den Irischen Frauen nicht hinreichend klar, dass es auch in ihrer Macht steht, die Irische Sache zu befördern oder zu verhindern. Wenn sie sich dessen bewusst wären, dann bliebe uns der traurige Anblick von irischen Mädchen erspart, die am Arm eines Mannes die Straße entlang flanieren, der die Uniform der Unterdrücker trägt.«[9] In der 1900 von Maud Gonne gegründeten feministisch-nationalistischen Frauenvereinigung treffen sich radikale Frauen, die für Unabhängigkeit und Frauenrechte streiten. Una ist im Juli 1908 beigetreten und hat seit dieser Zeit auch eine monatliche Kolumne im *Wexford Echo*. Bereits in ihrem ersten Artikel fordert sie nicht weniger als die Hälfte der Welt: »Wir Frauen übernehmen im täglichen Leben die Hälfte des Denkens und in vielen Fällen auch noch die Hälfte, wenn nicht gar weit mehr, der niederen Dienste. Aber wenn es darum geht, Gesetze zu verabschieden die beide Geschlechter betreffen, dann sagt der Mann zu uns: ›Das schaff ich schon alleine, danke. Geh du nur heim und kümmere dich um das Haus.‹ Und dabei ist es doch manchmal so, dass der Mann, der die Frau so verhöhnt, nicht einmal genügend Verstand besitzt, um die Katze von der Milch fernzuhalten.«[10] Die Töchter Irlands stehen den nationalistischen Männern in nichts nach, sie sind ein fester Bestandteil der irischen Freiheitsbewegung. Ihre wöchentlichen Treffen finden in den Räumen der Sinn Féin in der Monck Street in Wexford statt.

Mr. und Mrs. Brennan führen ihre gesamte Korrespondenz mittlerweile auf Irisch und werden Mitglieder der 1908 von Seán Mac Diarmada reaktivierten »Irish Republican Brotherhood« (IRB). Der alte Geheimbund, dessen Mitglieder, die Fenier, mit Waffengewalt die Unabhängigkeit Irlands erzwingen wollten, ist seit langem verboten. Der irische Revolutionär Thomas James Clarke, der 1883 zusammen mit anderen Feniern versucht hatte, die London Bridge zu sprengen, war nach einer 15-jährigen Haftstrafe und anschlie-

ßendem Exil erst vor kurzem aus den USA nach Irland zurückgekehrt und arbeitet nun eng mit Seán Mac Diarmada zusammen.
Während die Mitgliedschaft von Robert Brennan in der IRB nur
folgerichtig erscheint, ist Unas Aufnahme in den Männerbund eine
Sensation, wie Robert selbst berichtet: »In der IRB galt das un-
geschriebene Gesetz, dass Frauen nicht Mitglied der Organisation
werden konnten. […] Als ich mich jedoch mit dem Gedanken trug
zu heiraten, wurde das Geheimhaltungsgelübde, das ich geleistet
hatte, zum Problem. Ich fand, es sei Unrecht, meine Aktivitäten
vor der Frau, die meine Lebensgefährtin sein würde, zu verheim-
lichen. Aber etwas erzählen konnte ich ihr nur, wenn sie ebenfalls
Mitglied war. Ich habe dieses Dilemma den Verantwortlichen vor-
getragen, und ich war dabei so hartnäckig, dass Una in die Organisation aufgenommen wurde. […] Später habe ich erfahren, dass es
außer ihr nur eine einzige Frau gegeben hat, die ebenfalls Mitglied
war. Ich denke, das war Maud Gonne.«[11]

Neben all ihrem Engagement für die Politik bleibt den beiden
kaum Zeit für ihre am 21. Mai 1910 geborene Tochter Emer. Sie
erhält wie alle Töchter der Brennans den Namen einer irischen
Königin aus dem berühmten Ulster-Zyklus. Königin Emer, die
mit den sechs größten Gaben einer Frau gesegnet ist, Schönheit,
liebliche Stimme, süße Worte, Weisheit, Kunstfertigkeit im Nähen
und Keuschheit, ist Hauptfigur mehrerer Sagen des Zyklus und die
Frau eines der größten Helden von Ulster, Cú Chulainn. Ein kurz
nach Emer geborener Sohn stirbt zum großen Kummer der Eltern
noch im Kindbett.

Um 1912 hat es Robert Brennan bereits zu einer leitenden Funktion bei Sinn Féin und der IRB gebracht und arbeitet mit den
wichtigsten Persönlichkeiten der irischen Unabhängigkeitsbewegung zusammen, darunter mit den legendären irischen Gewerk-
schaftsführern Jim Larkin und James Connolly. Letzterer ist trotz
rudimentärer Schulbildung einer der einflussreichsten sozialisti-
schen Theoretiker seiner Zeit. Jim Larkin, Führer der irischen Ge-

werkschaftsunion, auch Big Jim genannt, ist in absoluter Armut aufgewachsen und verknüpft genau wie Connolly die Unabhängigkeitsfrage mit der sozialen Frage. Er wird von seinen Anhängern tief verehrt: »Hier war ein Mann, der den Verstand und den Mut hatte, durch seine Taten zu zeigen, dass der internationale Sozialismus nicht dafür steht, dass wir unsere Identität mit der der Engländer verschmelzen [...], sondern für freie Nationen und nationale Einheiten, die auf der Basis absoluter Gleichheit miteinander assoziiert sind, zu dem Zweck, für die Menschen national und für die Nationen international eine noble Zivilisation zu erreichen und zu bewahren, die auf nationalen Regierungen von Menschen für Menschen beruht.«[12]

1913 kommt es zum Arbeitskampf zwischen der Irish Transport and General Workers Union auf der einen Seite und der Guinness Brauerei sowie der Dublin United Tramway Company auf der anderen Seite. Er endet mit der Aussperrung von 25 000 Arbeitern. Der sieben Monate dauernde »Dublin Lockout« wird zur schwersten industriellen Auseinandersetzung in der Geschichte Irlands. Nachdem Gewerkschaftsführer Jim Larkin verhaftet wird, kommt es zu Straßenschlachten mit Toten und Verletzten. Robert und Una verstecken in ihrem Haus Gewerkschafter, die auf der Flucht vor der britischen Armee sind. Die Erfahrungen dieser Tage führen dazu, dass Jim Larkin und James Connolly im November 1913 eine Arbeiterarmee, die »Irish Citizen Army«, ins Leben rufen. Anfang 1914 endet der Streik, nicht zuletzt aufgrund der mangelnden Unterstützung der britischen Gewerkschaften. Jim Larkin emigriert in die USA.

Währenddessen schreitet die Militarisierung des irisch-britischen Konflikts voran. Nachdem im Norden Irlands die protestantischen Loyalisten der Ulster Unionists die »Ulster Volunteer Force« gegen das von der britischen Regierung geplante Selbstverwaltungsgesetz für Irland ins Leben rufen, gründen die katholischen Nationalisten als Antwort darauf das »Irish National Volunteer Corps«, den

Vorläufer der IRA, dem Robert umgehend beitritt. Auch Una radikalisiert sich weiter. Sie gründet mit Gleichgesinnten das Frauen-Bataillon »Cumann na mBan«. Die Frauen sind bereit, ebenfalls mit der Waffe in der Hand für die irische Freiheit zu kämpfen, dies zeigt auch ihr Erkennungszeichen: Die uniformierten Frauen tragen eine Brosche, auf der neben dem Schriftzug der Bewegung ein Gewehr abgebildet ist. Cumann na mBan besteht bis heute. Noch immer marschieren die Frauen in ihren Uniformen durch die Straßen Nordirlands. Wer dies für reine Traditionspflege hält, irrt gewaltig. Als die IRA 1986 offiziell ihren Gewaltverzicht erklärte und sich auflöste, wiedersetzte sich ein besonders radikaler Teil, der den Kampf gegen Großbritannien als »Real IRA« fortsetzte. Diesen Abtrünnigen schloss sich auch Cumann na mBan an. Cumann-na-mBan-Mitglied und Generalsekretärin des radikalen Flügels der Sinn Féin Josephine Hayden wurde 1995 zu fünf Jahren Haft verurteilt, nachdem man in ihrem Wagen Waffen gefunden hatte. Nach ihrer Entlassung erklärt sie, sich den Briten niemals zu ergeben. Noch im Jahre 2015 führte das britische Home Office Cumann na mBan auf der Liste der dem Terrorismus nahestehenden Organisationen.

Während Irland 1914 kurz vor einem Bürgerkrieg steht, beginnt im August der Erste Weltkrieg. Manche der irischen Nationalisten hoffen darauf, dass die britische Regierung die Bereitschaft der Iren, an der Seite Englands gegen Deutschland zu kämpfen, mit der Entlassung in die Selbstverwaltung belohnen werde, andere wiederum setzen auf den bewaffneten Widerstand und eine Zusammenarbeit mit dem Deutschen Reich, das bereitwillig Waffen für die irische Revolution liefert.

Als im Frühjahr 1916 der Osteraufstand gegen die britischen Besatzer beginnt, sind Una und Robert Brennan an vorderster Front beteiligt, auch wenn der Aufstand von Anfang an unter keinem guten Stern steht: Streitigkeiten unter den Revolutionären vermindern die Truppenstärke, Marschbefehle werden erteilt und wieder zurückgenommen, es herrscht das blanke Chaos. Obwohl die Übergabe einer Waffenlieferung aus Deutschland scheitert, setzen sich die Truppen am 24. April 1916 in Bewegung. Patrick Pearse führt die Irish Volunteers an, James Connolly die Irish Citizen Army. In Dublin besetzen die Soldaten das Hauptpostamt und andere wichtige Gebäude. Den Regierungssitz zu stürmen gelingt ihnen jedoch nicht. Lady Constance Markievicz, eine 48-jährige Adelige, die zur berühmtesten Kommandantin des irischen Unabhängigkeitskampfs wird, ist in ihrer grünen Militäruniform, mit Federhut und umgeschnallter Waffe Zweite Oberkommandierende im Abschnitt St. Stephens Green: »Die Stunde, auf die wir so sehnsüchtig gewartet haben, war endlich gekommen. Unser Herzenswunsch war erhört worden, und wir waren sehr glücklich.«[13] Patrick Pearse ruft mit der Verlesung der Osterproklamation die Irische Republik aus.

Una und Robert Brennan kämpfen in Enniscorthy, Emer haben sie zu den Großeltern gebracht. Robert dient als Quartiermeister einer lokalen Brigade, Una ist eine von drei weiblichen Freiwilligen, die auf das Athenaeum von Enniscorthy klettern und die Trikolore hissen. Eine Woche hat die Irische Republik Bestand, dann liegen allein in Dublin mehr als 1000 Tote in den Straßen, die Hälfte davon britische Soldaten.

Die Anführer des Osteraufstandes werden verhaftet. Von ihrer Zelle aus kann Lady Constance Markievicz die Hinrichtung von mehr als fünfzehn Männern verfolgen, darunter Patrick Pearse, Thomas James Clarke und Seán Mac Diarmada. James Connolly ist so schwer verwundet, dass man ihn auf einem Stuhl festbinden muss, um ihn erschießen zu können. George Bernard Shaw schreibt über diesen grausamen Akt: »Es ist absolut unmöglich, einen Mann in solch einer Position hinzurichten, ohne aus ihm einen Märtyrer oder einen Helden zu machen.«[14] Tatsächlich heizen die Vergeltungsmaßnahmen der britischen Regierung und die Hinrichtung der Anführer des Aufstandes die antibritische Stimmung auch bei den Iren, die der Rebellion skeptisch gegenüberstanden, weiter an.

Robert Brennan wird zusammen mit seinen Offizieren nach Dublin gebracht. Doch weil der Protest gegen die Hinrichtungen inzwischen so laut geworden ist, wird seine Todesstrafe in eine Haftstrafe umgewandelt, die er im englischen Dartmoor absitzen muss.

Als Una ihn in seiner Zelle in Dublin zum letzten Mal für ein langes Jahr zu sehen bekommt, ahnt sie noch nicht, dass sie wieder schwanger ist. Sie lässt sich nach Roberts Deportation mit Emer in Dublin nieder, wo Cumann na mBan die Frauen der Inhaftierten unterstützt. Am 6. Januar 1917 wird sie im Denmark House, einem Geburtshaus in Dublin, von einem kleinen Mädchen entbunden. Das Kind erhält die Namen Maeve Brigid Clarke Brennan. Brigid heißt sie nach Roberts Mutter, Clarke nach dem hingerichteten Rebellen Thomas Clarke. Der Name Maeve hingegen, der sich vom irischen Medb ableitet und so viel wie »berauschend« und »mitreißend« bedeutet, folgt einmal mehr der irischen Mythologie. *Táin Bó Cúailnge*, der Rinderraub von Cooley, ist die wichtigste Sage des Ulster-Zyklus, der zu den vier großen Zyklen der irischen Literatur zählt. Darin wird die Geschichte des Krieges zwischen den Ländern Connacht und Ulster erzählt. Die Connachter wollen den Bullen von Cooley stehlen, doch der junge Cú Chulainn tritt ihnen entgegen. Weibliche Hauptfigur der Sage ist die legendäre keltische Königin Medb. Sie gilt als eine zentrale Figur der irischen Mythologie, ist mutig, selbstbewusst, frei und emanzipiert – genau wie Maeve es einmal sein wird. Im Prolog der Sage lässt sie sich auf einen Wettstreit mit ihrem Gatten ein, in dem es darum geht, wer von beiden reicher ist. Ein Wettstreit, der schließlich zum Rinderraub von Cooley führt, denn genau dieser Bulle würde den Unterschied zwischen den Eheleuten ausmachen. Nachdem der Versuch, den Bullen für ein Jahr zu leihen, scheitert, zieht Medb in den Krieg, um ihn sich mit Gewalt zu holen.

Während Una Maeve nach Hause holt, leidet Robert im Gefängnis von Dartmoor: »Das Leben im Gefängnis war tödlich langweilig und die Routine zum Verrücktwerden monoton. [...] Wir standen vierundzwanzig Stunden rund um die Uhr unter Beobachtung.«[15] Lady Constance Markievicz, die in Aylesbury einsitzt, schildert in ihren Memoiren, wie schlecht die politischen Gefangenen behandelt werden: »Jeden Abend wurde unser Porridge mit einer großen Zinnkelle aus dem Kübel geschöpft. Die Kelle lag dann über Nacht in einem schmutzigen Eimer, in dem auch die Bürste lag, mit der die Klos gescheuert wurden. Die Matratze, die man mir bei meiner Einlieferung gab, war so schmutzig, dass es jeder Beschreibung spottet. Ich musste damit zurechtkommen, bis zum Tag meiner Entlassung. Man gab mir alte Kleider, die von anderen Gefangenen schon getragen worden waren. Die Schuhe waren voller Löcher, sodass Feuchtigkeit und Schnee durchdrangen. Und immer war da die Angst, man würde sich irgendeine fürchterliche Krankheit holen.«[16]

Die Gefangenen entwickeln eigene Strukturen, um in der Haft zurechtzukommen. An der Spitze der irischen Gefangenen in Dartmoor steht Éamon de Valera, der spätere Regierungschef der Republik Irland. Geboren 1882 in den USA, hatte ihn sein US-amerikanischer Pass nach dem Osteraufstand vor der Hinrichtung bewahrt. Dabei ist de Valera durch und durch Ire. Aufgewachsen bei der Großmutter in Irland, ist er seit langem eine der führenden Figuren der irischen Unabhängigkeitsbewegung. Robert Brennan, der im Gefängnis seine Bekanntschaft macht, ist sogleich fasziniert von de Valera und wird zum lebenslangen treuen Parteigänger.

Im Juni 1917 werden die Aufständischen im Zuge einer Generalamnestie entlassen. Robert Brennan kann Maeve zum ersten Mal in seine Arme schließen. Die Familie geht nach Wexford zurück, wo Robert seine Tätigkeit beim *Enniscorthy Echo* ebenso wieder aufnimmt wie seine politischen Aktivitäten: Er wird Kommandeur der Irish Volunteers von Wexford. Als er mit seinen Männern zum Gedenken an die Toten des Osteraufstands eine Parade abhält, wird er abermals verhaftet, kehrt aber bereits im November 1917 wieder nach Hause zurück.

1918 stehen in Großbritannien Wahlen an. Die Sinn-Féin-Partei will ihre Arbeit professionalisieren und ihr Programm international bekannt machen. Deshalb wird die Einrichtung einer Presseabteilung beschlossen, deren Leitung Robert Brennan übertragen wird. Seine neue Position hat die Rückkehr nach Dublin zur Folge. Die Familie lässt sich in der Belgrave Road nieder, in der viele Aufständische leben. Darunter Kathleen Lynn, Suffragette, Sinn-Féin-Aktivistin und eine der ersten Medizinerinnen Irlands. Nach Verbüßen ihrer Haftstrafe für die Beteiligung am Osteraufstand als Chief Medical Officer gründet sie das erste Kinderkrankenhaus Dublins. Auch die Suffragette Hanna Sheehy-Skeffington zählt zu den neuen Nachbarn der Brennans. Die Gründerin der »Irish Women's Franchise League« hatte viele Male für ihren militanten Einsatz ums Frauenstimmrecht im Gefängnis gesessen und mit ihrem Mann Francis Seite an Seite beim Osteraufstand gekämpft. Nachdem dieser von den Briten hingerichtet worden war, reiste sie als Agitatorin für die irische Unabhängigkeit durch die USA und wurde bei ihrer Rückkehr nach Großbritannien umgehend verhaftet. Seit ihrer Entlassung lebt sie in der Belgrave Road, die im Volksmund auch »Straße der Rebellen« heißt.

Am 16. Oktober 1918 wird hier Ita Deirdre geboren, die dritte Tochter der Brennans. Auch sie erhält mit Deirdre einen Namen aus der irischen Mythologie, respektive aus einer Vorgeschichte zum Rinderraub *Longas mac nUislenn (Das Exil der Söhne Uislius)*. Darin wird die Geschichte von Deirdre erzählt, die so schön ist, dass viele Krieger um sie werben. Sie aber flieht mit dem Mann, den sie liebt, nach Schottland, wo die beiden allerdings schon bald aufgespürt werden. Als der Geliebte getötet wird, weigert sich Deirdre, einen anderen Mann zu heiraten, und begeht Selbstmord. Der irische Nationaldichter John Millington Synge hat die Sage zusammen mit W. B. Yeats in *Deirdre of the Sorrows* 1909 dramatisch umgesetzt. Maeve Brennan erinnert sich Jahre später gemeinsam mit Deirdre an ihre Kindheit: »Das erste Mal, dass ich dich bewusst wahrgenommen habe, [...] war kurz bevor wir nach Ranelagh zogen. Das war, als wir noch in dem Haus in der Belgrave Road wohnten. Du musst wohl um die achtzehn Monate alt gewesen sein. Jemand hielt dich im Arm und du hast Emer die Mütze vom Kopf gerissen und sie ins Kaminfeuer geschleudert, und Emer hat geweint. Es war eine neue Wollmütze, die sie da hatte.«[17]

Vier Wochen nach Deirdres Geburt wird Robert Brennan erneut verhaftet und nach England gebracht, wo er zusammen mit Sinn-Féin-Gründer Arthur Griffith inhaftiert wird. Zu den Parlamentswahlen 1918 ist Robert jedoch wieder auf freiem Fuß. Sinn Féin erhält bei dieser ersten Wahl in Großbritannien, an der sich auch Frauen beteiligen dürfen, viele Stimmen. Die ehemalige Kommandantin Lady Constance Markievicz erobert als erste und einzige Frau in Großbritannien ein Mandat. Doch ebenso wie ihre Parteikollegen verzichtet sie darauf, ihren Sitz im Unterhaus einzunehmen. Stattdessen konstituieren die irisch-republikanischen Abgeordneten im Januar 1919 das Parlament der Irischen Republik, den Dáil Éireann, und rufen am 21. Januar die Irische Republik aus. Noch am selben Tag töten Angehörige der Irish Volunteers, die sich nun in »Irish Republican Army« (IRA) umbenennen, in einem Hinterhalt bei Soloheadbeg zwei britische Soldaten.

Während Éamon de Valera durch die USA tourt, um unter den dort lebenden Iren Verbündete für den Freiheitskampf in der alten Heimat zu finden, verbietet die britische Regierung den Dáil Éireann als terroristische Organisation und schreibt seine Mitglieder zur Fahndung aus. Robert Brennan muss untertauchen. Als Mitglied der Propaganda-Abteilung von Sinn Féin gibt er in den nächsten Monaten im Untergrund die Zeitschrift *Bulletin* heraus. Vorrübergehend mutiert die Wohnung der Familie Brennan in der Belgrave Road zum Redaktionsbüro.

Während Robert auf der Flucht ist, mal hier mal da schläft, durchkämmen britische Einheiten die Straßen nach den Flüchtigen. Die eigens für den Irlandkonflikt ins Leben gerufenen »Black

and Tans« schädigen durch ihr rücksichtsloses Vorgehen das Ansehen der britischen Regierung nachhaltig. Am 27. Februar 1919
halten die gefürchteten Lastwagen vor der Belgrave Road No. 10.
Heraus springen vermummte Soldaten mit Maschinengewehren.
Was Una und die Kinder in dieser Nacht erleben, dient Robert
Erskine Childers, prorepublikanischer Journalist der *Daily News,*
als Beispiel für die Grausamkeit der englischen Truppen: »Mrs. Robert Brennan […] allein zu Hause mit ihren drei kleinen Kindern,
wird in der Nacht vom 27. Februar durch heftiges Klopfen aus dem
Schlaf gerissen. Im Nachthemd läuft sie die Treppe hinunter, bittet darum, sich noch anziehen zu dürfen, und erhält zur Antwort:
›Hol dich der Teufel, mach auf, oder wir treten die Tür ein!‹ Sie
wird beiseite gestoßen. […] Was folgt, ist qualvoll. Einer der Soldaten ist betrunken und flucht. Statt dass man sich gnädig zeigt und
ihr erlaubt, zu ihren Kindern zu gehen, wird sie unter Bewachung
gestellt, während das Haus durchsucht wird. Die Durchsuchung
wird von einer Rohheit und Unverschämtheit begleitet, die den
Hunnen zur Ehre gereicht hätte. Es wird nichts gefunden. Keinerlei Entschuldigung. Das ist keine zivilisierte Kriegsführung.«[18]
Robert Brennan, von Freunden in seinem Versteck alarmiert,
kann nur hilflos aus der Ferne beobachten, was mit seiner Familie passiert: »Nachdem ich über die Mauer geklettert war, sah ich
Una blass und in sich gekehrt am Fenster stehen. Noch nie schien
sie einem Zusammenbruch so nahe wie in diesem Moment. Sie
hatte geweint. Man hatte sie die ganze Nacht unten festgehalten
und nicht zu den Kindern gelassen. Sie und Emer, die erst neun
Jahre alt war, waren über Stunden verhört worden […]. Die
Zimmer sahen aus, als ob eine Herde wilder Stiere durch sie ge-
trampelt wären. Die beiden Kleinen, Maeve, drei Jahre alt, und
Deirdre, gerade mal eineinhalb Jahre alt, waren völlig hysterisch,
was wirklich niemanden zu wundern braucht.«[19] Tatsächlich hätte
eine gründliche Hausdurchsuchung bei den Brennans allerhand zu
Tage fördern müssen. Nicht nur, dass im Haus Papiere und Doku-

mente versteckt werden, im Gartenhaus verbirgt Una immer wieder auch Rebellen. Selbst Robert taucht hin und wieder auf. Den Mädchen wird eingeschärft, niemals irgendetwas zu notieren, was auch nur den leisesten Hinweis auf das Versteck ihres Vaters geben könnte.

Während Roberts Flucht muss Una die Familie allein über Wasser halten. Als fliegende Händlerin zieht sie mit den Kindern von Haustür zu Haustür und preist ihre Waren an. Politisch steht sie voll und ganz hinter ihrem Mann – seine Sache ist auch die ihre. Ein wie auch immer geartetes Familienleben findet bei den Brennans nicht statt. Die glücklichste Zeit ihrer Kindheit verbringen die Kinder fern von ihren rebellischen Eltern bei den Verwandten in Wexford und Coolnaboy. Maeve besucht hier sogar die Vorschule. An ihrem ersten Schultag weint sie bittere Tränen, allein und ohne Eltern steht sie in der Klasse, bedauert von den Mitschülerinnen.

Am 1. April 1919 gründet sich im Untergrund eine irische Regierung unter Ministerpräsident Éamon de Valera. Robert Brennan übernimmt auf de Valeras Wunsch hin im Auswärtigen Amt den Posten eines Staatssekretärs für politische Angelegenheiten. Constance Markievicz wird Arbeitsministerin und damit die erste Ministerin Westeuropas. Die Mitglieder der neuen Regierung können sich nur heimlich treffen, flüchten über Dächer und durch Keller, aber sie halten die Regierungsgeschäfte aufrecht. Constance Markievicz tarnt sich als ältere Dame, um an öffentlichen Veranstaltungen teilzunehmen: »Es ist schrecklich komisch, auf der Flucht zu sein. […] Jedes Haus ist für mich offen & jeder ist bereit mir zu helfen. Ich rase auf meinem Fahrrad durch die Stadt & es ist zu lustig, den Ausdruck auf den Gesichtern der Polizisten zu sehen, wenn sie mich vorbeizischen sehen.«[20]

Die Verhaftungen von Sinn-Féin-Mitgliedern, IRA-Angehörigen und -Sympathisanten nehmen jetzt zu. Im Mai 1919 wird Constance Markievicz nach einer Veranstaltung vom britischen Militär verhaftet. Mit einem dreifachen Hoch auf die Republik Irland tritt sie ihren Gang ins Frauengefängnis nach Cork an. Der blutige Guerillakampf der IRA gegen die britischen Besatzer, unter der Führung von Michael Collins, beginnt.

Am 21. November 1920 kommt es zum ersten Blutsonntag in der irischen Geschichte. Nachdem republikanische Truppen zwölf britische Spione erschießen, feuern Angehörige der »Auxiliaries«, einer paramilitärischen Einheit innerhalb der königlich irischen Schutzpolizei, im Croke Park Stadion in Dublin während eines Gaelic-Football-Spiels in die Menge. Vierzehn Menschen sterben, Hunderte werden verwundet. Stunden später werden drei republikanische Häftlinge erschossen. Die Gewalt eskaliert. Allein zwischen Januar und Juli 1921 fordert der anglo-irische Krieg über tausend Tote.

Doch mit jedem Toten wächst auf beiden Seiten die Bereitschaft für Verhandlungen. Die IRA ist der britischen Armee zwar langfristig unterlegen, beschert dem Vereinigten Königreich aber hohe Opferzahlen und immense Kosten. Zudem sieht sich die britische Regierung immer größerer Kritik am Vorgehen ihrer Truppen in Irland ausgesetzt. Bereits im Dezember 1920 hatte Premierminister David Lloyd George im Parlament den Government of Ireland Act eingebracht, um den Konflikt zu entschärfen. Im Juli 1921 beginnen zwischen David Lloyd George und Éamon de Valera Waffenstillstandsgespräche.

Noch bevor der Vertrag unterschrieben ist, kommt es unter den irischen Nationalisten zu Unstimmigkeiten. De Valera, der die Gespräche zunächst angestoßen hat, weigert sich, die Verhandlungen weiterzuführen, ist mit dem Angebot der Briten nicht einverstanden. Am Ende unterzeichnet Michael Collins als Leiter der irischen Delegation im Dezember 1921 den Friedensvertrag, der 26 irischen Grafschaften eine Art Dominion Status gewährt. Dies bedeutet für Irland eine eigene Außenpolitik und volle Hoheit über die Innenpolitik. Allerdings bleibt der englische König das Staatsoberhaupt, auf das die irischen Abgeordneten einen Treueid schwören müssen.

Zudem bleibt Irland Mitglied des Commonwealth und ist zur Verteidigung des Königreiches verpflichtet. Die sechs nördlichen Provinzen Antrim, Armagh, Down, Fermanagh, Londonderry und Tyrone sowie die Stadtbezirke Derry und Belfast bilden von nun an Nordirland und bleiben Teil Großbritanniens.

Der Vertrag, der offiziell die Teilung der Insel einleitet, ist in Irland populär, einzig innerhalb der Sinn Féin, die für ein vereintes unabhängiges Irland kämpft, ist er höchst umstritten. Als die Abgeordneten im Dáil Éireann den Vertrag am 7. Januar 1922 absegnen, tritt de Valera als Ministerpräsident zurück. Die Vertragsbefürworter bilden eine neue provisorische Regierung, deren Vorsitzender Michael Collins wird. Collins, 1996 im gleichnamigen Film herausragend dargestellt von Schauspieler Liam Neeson, hält den Vertrag für das im Augenblick maximal Erreichbare. Robert Brennan, der wie de Valera zu den Vertragsgegnern gehört, legt sein Amt im Auswärtigen Amt umgehend nieder.

Ab jetzt verläuft nicht nur durch Irland eine Grenze, sondern auch zwischen Familien, Freunden und alten Kameraden. Aus ehemaligen Verbündeten werden Todfeinde, die sich bald bis aufs Blut bekämpfen werden. Auch die IRA spaltet sich auf. Aus einem Teil formt Michael Collins die regulären Streitkräfte des neuen irischen Staates, der andere Teil unterstützt als IRA die Vertragsgegner um de Valera. Ende März 1922 verlassen die Vertragsgegner die Ebene der Agitation und beginnen mit dem bewaffneten Kampf gegen die provisorische Regierung. Im April 1922 besetzen militante Vertragsgegner das Gerichtsgebäude in Dublin. Alle Versuche, die Besetzer zur Aufgabe zu überreden, scheitern. Daraufhin gehen die irischen Streitkräfte mit britischer Unterstützung gegen das Gerichtsgebäude vor. Es ist der Beginn eines blutigen Bürgerkriegs, geprägt von Attentaten und Hinrichtungen. Der pro-irische Journalist Robert Erskine Childers, der sein Leben dem irischen Unabhängigkeitskampf gewidmet und über die Hausdurchsuchung der Black and Tans bei Maeves Familie geschrieben hatte, ist einer von

77 ehemaligen Mitstreitern, die von der neuen irischen Regierung hingerichtet werden.[21]

Den irischen Bruderkampf erlebt die Familie Brennan in der Cherryfield Avenue in Ranelagh, einem Wohngebiet im Süden von Dublin, wo sie seit Oktober 1921 lebt. Das Haus mit der Nummer 48 wird zum Schauplatz vieler autobiographisch gefärbter Geschichten Maeve Brennans. Noch in ihrer letzten Geschichte *Ein Segen,* die am 5. Januar 1981 im *New Yorker* erscheint, kehrt sie in Gedanken zurück in die Cherryfield Avenue: »Dreizehn Jahre lang wohnten wir in diesem Haus. Es war eines in einer langen Reihe von Häusern, die einer langen Reihe von identischen Häusern auf der anderen Seite der ruhigen kleinen Straße gegenüberstanden, jedes mit einem kleinen Vorgarten und einem recht großen Garten hinter dem Haus. Jedes Mal, wenn mein Vater nach Hause kam und eintrat, ging er zuerst ins hintere Zimmer, um durch das große Fenster auf den Garten seiner Frau zu blicken und sich davon zu überzeugen, welche Veränderungen sie dort in den Stunden seiner Abwesenheit vorgenommen hatte. In diesem Haus feierte ich meinen fünften Geburtstag und auch meinen siebzehnten Geburtstag feierte ich dort. […] Und natürlich wurden auch alle meine Geburtstage zwischen fünf und siebzehn dort gefeiert. Alle unsere Geburtstage wurden dort gefeiert, mit Geschenken am Morgen und ganz besonderem High Tea mit Geburtstagstorte am Abend.«[22]

Das Haus der Brennans ist ein schönes Haus in einer schönen Straße, die auf ihre Weise die unschöne irische Realität widerspiegelt: Auf der einen Straßenseite leben die Protestanten, auf der anderen die Katholiken. Die Konfessionen pflegen keinerlei Umgang miteinander.

Robert Brennan ist ein seltener Gast im Hause seiner Familie und spielt auch später in Maeves Literatur keine große Rolle. Gleichwohl sorgt der Vater immer wieder für Aufregung und Schrecken. Denn jetzt durchkämmen nicht mehr die Black and Tans die Straßen nach Rebellen, sondern die regulären Streitkräfte der irischen Armee. Diese versuchen ihre ehemaligen Verbündeten mit Hilfe der britischen Artillerie in Schach zu halten. Erneut gibt es viele Hausdurchsuchungen, auch in Nummer 48: »Auf der Suche nach meinem Vater oder nach Informationen über seinen Verbleib kamen eines Nachmittags mehrere unfreundliche Männer zu unserem Haus. Sie trugen Zivil und waren mit Revolvern bewaffnet. Das war in Dublin, im Jahre 1922. Soeben war der Vertrag mit England unterzeichnet worden, der Irland zum Irischen Freistaat machte. Regiert wurde das Land von jenen Iren, die für den Vertrag eingetreten waren [...]. Diejenigen, die wie mein Vater auf einer Republik beharrten, rebellierten dagegen. Mein Vater wurde von der neuen Regierung gesucht und war untergetaucht. Er befand sich auf der Flucht, schlief eine Nacht hier, die nächste dort, und manchmal stahl er sich nach Hause, um uns zu sehen. Vermutlich nahm uns meine Mutter einige Male mit zu seinem Versteck, aber ich kann mich nur an einen dieser Besuche erinnern. [...] Wie auch immer, diese Männer waren ausgesandt worden, um ihn zu fassen. Sie drängten sich in unsere schmale, kleine Diele und trampelten durchs ganze Haus, oben und unten, stöberten überall herum und stellten Fragen. [...] Ich war fünf«, wird Maeve Brennan später schreiben.[23] Mehrmals werden die Kinder zu den Verwandten nach Coolnaboy geschickt, um sie zu schützen. Doch als sie schulpflichtig werden, ist das keine Option mehr. Von da an bleiben sie die meiste Zeit in Ranelagh und besuchen die nahegelegene Klosterschule der Dominikanerinnen in Muckross Park.

Im August 1922 wird Michael Collins in Cork von einem IRA-Kommando erschossen. Kurz nach Unterzeichnung des Vertrags hatte er einem Mitglied der britischen Delegation gegenüber angemerkt, dass er soeben sein eigenes Todesurteil unterschrieben habe. Am 6. Dezember 1922 wird der Irische Freistaat, der Vorläufer der Republik Irland, ausgerufen. Als Éamon de Valera im April 1923 einen einseitigen Waffenstillstand ankündigt, befinden sich mehr als 12 000 IRA-Mitglieder im Gefängnis oder in Internierungslagern. Es macht keinen Sinn mehr, weiterzukämpfen: »Soldaten der Republik Irland. Legion der Nachhut. Die Republik kann nicht länger erfolgreich durch Eure Hände verteidigt werden. Weitere Opfer an Menschenleben sind vergebens.«[24]

Am 24. Mai 1923 endet der irische Bürgerkrieg. Wie nach all den Toten und all dem Hass ein friedliches Miteinander gelingen soll, weiß niemand. Das Land ist tief gespalten, die Iren sind bettelarm. Täglich sieht die kleine Maeve Menschen an der Hintertür, die um Essen, Kleidung oder Geld bitten. Einige bieten Gemüse und Obst aus eigenem Anbau an, andere ihre Dienste in Haus und Garten. Die allgegenwärtige Armut, die sie in ihrer Kindheit in Irland erlebt, prägt sich tief in ihr Gedächtnis ein und wird auch in ihren in Irland angesiedelten Kurzgeschichten ein Thema sein: »Zu ihrer Tür ergoss sich ein ständiger Strom armer Männer und Frauen, die um Essen oder Geld bettelten. Nie hätte sie einen von ihnen zurückgewiesen. [...] Zwei oder drei kamen regelmäßig, einige dann und wann, wieder andere nur einmal. Es gab welche, die Strick- und Haarnadeln, Schnürsenkel oder Bleistifte feilboten. Ein Mann brachte seine Frau und eine große Anzahl kleiner Kinder mit und baute sich lauthals singend auf der Straße auf, bevor er zur Tür kam. Seine Frau trug einen Säugling auf dem Arm. Sie stellte sich neben ihn, warf ihrem Mann einen Blick zu und begleitete seinen Gesang mit schüchternem Gemurmel, während die Kinder mit hoffnungsfrohen Augen die leeren Fenster entlang der Häuserzeile absuchten.«[25]

Die Menschen sind so mit dem nackten Überleben beschäftigt, dass sogar die Politik in den Hintergrund tritt. Nach den Jahren des Krieges haben die meisten genug vom Töten und Sterben und sind bereit, sich den Realitäten zu beugen – auch Éamon de Valera. Im März 1926 verlässt er Sinn Féin und gründet die Partei Fianna Fáil (Soldaten des Schicksals). Robert Brennan tritt ihr umgehend bei. Schon bei den Wahlen im Juni 1927 kann die Partei große Erfolge verbuchen, während Sinn Féin an Bedeutung einbüßt. De

Valeras Umschwenken hin zur politischen Realität wird ihn von 1932 – mit kurzen Unterbrechungen – bis 1959 zum irischen Ministerpräsidenten und von 1959 bis 1973 zum irischen Staatspräsidenten machen. Dass er den Einsatz der Frauen für die irische Unabhängigkeit allerdings dadurch würdigt, dass er sie auffordert, sich nun wieder in die Küche zurückzuziehen und die Politik den Männern zu überlassen, stößt nicht nur Una sauer auf.

Bei Familie Brennan wird es jetzt ruhiger. Robert kümmert sich um den Aufbau der *Irish Press*, und am 24. April 1928 wird Maeves Bruder Robert Patrick geboren. Emer geht zur weiteren Ausbildung nach Frankreich, wo Leopold H. Kerney, einer von Irlands späteren Chefdiplomaten, sie aufnimmt. Maeve und Deirdre, die oftmals wie Zwillinge gekleidet sind, besuchen jetzt die St. Mary's National School in der Belmont Avenue: »Die Schule lag nicht weit entfernt – ein kurzer Gang die Hauptstraße entlang, dann ein längerer Gang eine Seitenstraße hinunter, die breiter und belebter war als diese hier. Dort waren die Häuser sehr viel stattlicher, nur zum Ende hin wurden sie plötzlich sehr klein und drängten sich eng zusammen. Gegenüber diesen kleinen Häusern lag die Schule, hinter einer hohen Zementmauer mit einem schmalen eisernen Tor in der Mitte. Das Tor führte auf einen zementierten Hof, wo die Kinder in der Mittagspause spielten, und das hohe graue Schulgebäude mit seinen wenigen großen, rechteckigen Anstaltsfenstern passte so genau zu dem Hof, als habe ein Kind es gezeichnet und ausgemalt. Der Schulhof war ganz von hohen Zementmauern eingefasst, und vom Tor aus gesehen rechts stand eine niedrige lange Holzbank, auf der mitunter die kleinsten Kinder aufgereiht saßen und Unterricht erhielten. In der Schule gab es Kinder, die kaum älter waren als drei. […] Aber sie konnten bereits laufen – mehr verlangte die Schule nicht.«[26]

Beide Mädchen sind zierlich und äußerst niedlich, doch während Deirdre oft kränkelt, ist Maeve strahlend und stark und hält sich zudem für schlichtweg brillant. Bereits als Kind empfindet sie die Enge der dezidiert frauenfeindlichen irischen Gesellschaft, in der jetzt katholische Fundamentalisten wie der spätere Erzbischof von Dublin John Charles McQuaid den Ton angeben, als bedrückend. Auch W. B. Yeats, Vorkämpfer der irischen Sache und 1923 mit dem Literaturnobelpreis ausgezeichnet, ist entsetzt über die Entwicklung. Das antiquierte Verständnis der Rolle der Frau war auch einer der Gründe, weshalb die nordirischen Protestanten nicht Teil der Republik Irland werden wollten. In den kommenden Jahren wird die katholische Kirche immer größeren Einfluss auf Politik und Gesellschaft erlangen. Von den Kanzeln wird gegen Jazz, kurze Röcke und vorehelichen Geschlechtsverkehr gewettert. Zahlreiche Protestanten kehren der Irischen Republik, in der britisch-rote Briefkästen nun irisch-grün gestrichen werden, den Rücken. 1929 wird mit dem Censorship of Publication Act eine Pressezensur eingeführt. Eines der ersten Bücher, das auf den Index kommt, ist die Studie der weltberühmten amerikanischen Anthropologin Margaret Mead *Coming of Age in Samoa*, in der sie darlegt, dass soziale Rollen kulturell vorgegeben und nicht biologisch determiniert sind.

Die kleine Maeve wird bald am eigenen Leib erfahren, was es bedeutet, sich mit der katholischen Kirche anzulegen. 1929 kommen sie und Deirdre in ein katholisches Nonneninternat – eine folgerichtige Entscheidung für katholische Iren der Mittelklasse –, trotz der Ängste, die Mädchen wie Maeve dort ausstehen müssen: »Wir fürchteten uns vor den beiden oberen Nonnen. Wir fürchteten uns vor jeder einzelnen von ihnen, doch unsere Furcht verdreifachte sich, wenn beide zugegen waren, denn sie schienen einander hochzuschaukeln, die Entscheidungen, die sie fällten, wenn ihre Blicke sich trafen, fielen stets zu unserem Nachteil aus und Beschwerden fruchteten nichts. Sie waren unberechenbar und unversöhnlich in ihren Anschuldigungen und in ihren Urteilen und wir wussten nie, woran wir mit ihnen waren.«[27] Eine Stunde mit dem Bus dauert die Fahrt zum Cross and Passion College von Kilcullen, einem Dorf in der Grafschaft Kildare. Sechzig Schülerinnen im Alter von 7 bis 18 Jahren drücken hier die Schulbank, einheitlich gekleidet in marineblaue Schuluniformen mit langen schwarzen Wollstrümpfen und schwarzen Slippern. Es gibt große Schlafsäle und Gemeinschaftsbäder, Rückzugsmöglichkeiten dagegen nicht: »Mein erstes Schuljahr verlief recht ruhig. Ich war nicht besonders erfolgreich, aber auch keine Versagerin. Es gab nichts zu lesen, da die bescheidene Schulbibliothek hinter den Glastüren eines hohen Bücherregals verschlossen war, und ich verabscheute Hockey und Basketball und all die anderen Sportarten, denen wir nachgehen sollten, aber dennoch war ich eine ziemlich fröhliche Schülerin.«[28]

Maeve, angesteckt durch den irischen Nationalismus ihrer Eltern, gründet an der Schule einen Geheimbund der Gaelic League. Von ihrem Taschengeld erwerben die Mitglieder irische Bücher und bringen sich gegenseitig die irische Sprache bei. Allerlei geheime Zeichen und Rituale vergrößern den Spaß, der sofort vorbei ist, als die Nonnen dahinterkommen. Obwohl weltanschaulich von Seiten der Nonnen absolut nichts gegen den Bund spricht, wird er verboten, weil er ein Geheimbund und damit außerhalb der Handhabe des Klosters ist. Einige Mädchen werden von der Schule verwiesen, Maeve darf zusammen mit anderen Mitstreiterinnen bleiben. Sie alle werden vor der gesamten Schulfamilie als »verdammt, verdammt, verdammt« gebrandmarkt.[29]

Als Maeve 1953 im sicheren Amerika ihre Zeit in der Nonnenschule in ihrer Kurzgeschichte *Der Teufel in uns* rekapituliert, nennt sie in der Rohfassung die wahren Namen der Lehrerinnen: Schwester Agnes und Schwester Stephanie. Als die Geschichte ein Jahr später veröffentlicht wird, sind die Namen in Schwester Veronica und Schwester Hildegard abgeändert. Was bleibt, ist die Erinnerung an zwei unberechenbare Tyranninnen, die Maeve und ihre »fehlgeleiteten und eigensinnigen« Freundinnen zu »Krückstöcken des Teufels« erklären, für deren Heilung alle Mädchen der Schule beten sollen.[30] Die Schreckensherrschaft der Nonnen bleibt ihr so lebhaft in Erinnerung, dass sie noch Jahrzehnte später in New York beim Anblick zweier Klosterschwestern zusammenzuckt: »Die beiden Nonnen, die das Internat geleitet hatten, waren gewalttätige Frauen gewesen. [...] Die meiste Zeit verbrachten sie damit, nach der Sünde ausschauzuhalten. [...] Ich hatte immer das Gefühl, dass ich die Sünderin war, und ich vermute, die anderen hatten das gleiche Gefühl.«[31]

Ein glücklicher Umstand führt dazu, dass sie die Schule bald verlassen darf. Ende der zwanziger Jahre ist aus ihrem Vater ein ziemlich erfolgreicher Bühnenautor geworden, und im Mai 1930 dürfen Maeve und Deirdre mit einer Sondergenehmigung der Nonnen nach Dublin reisen, um sein neues Stück zu sehen. Als Deirdre aus dem Bus aussteigt, trifft Una der Schlag: Maeve ist nicht an Bord, sie liegt krank im Bett. Die Nonnen haben die kleine Deirdre ganz allein in den Bus gesetzt, noch dazu in völlig ungeeigneter Kleidung. Deirdre kehrt nicht mehr an die Schule zurück, und auch Maeve wird umgehend abgemeldet.

Von nun an besuchen sie die private Tagesschule Scoil Bríghde, geleitet von Louise Gavan Duffy. Diese Schule ist einzigartig in ganz Irland, wird sie doch ausschließlich von Frauen geführt und verwendet als eine der ersten Schulen Irisch als Unterrichtssprache. Die Schule bietet ihren Schülerinnen interessante Ausflüge ins ganze Land an, ergänzt durch Theaterbesuche und andere Veranstaltungen. Robert Brennan kennt Louise Duffy aus alten Tagen, ihr Haus war eines der Verstecke der Redaktionsmitglieder des *Irish Bulletins*. Maeve glänzt an ihrer neuen Schule durchwegs mit guten Noten und fällt auch durch ihre schöne Singstimme auf. Während sie liebend gern Theater spielt und sich auch selbst mit dem Gedanken trägt Schauspielerin zu werden, ist Sport für sie eher eine Qual. Als sie 16 Jahre alt ist, erscheint in der *Irish Press* ihre erste Kurzgeschichte: Sie handelt von einer 200 Jahre alten Sammlung von Pamphleten über die irische Wirtschaft, die sie in Coolnaboy entdeckt hat.

Ende Dezember 1933 verändert sich das nun schon beinahe beschauliche Leben der Familie plötzlich und scheinbar über Nacht. Robert Brennan wird zum Legationsrat der irischen Gesandtschaft in Washington D. C. ernannt. Die Familie wird Irland verlassen und sich in ein neues großes Abenteuer stürzen. Ein Umstand, der der 17-jährigen Maeve gerade recht kommt.

Ich habe den beunruhigenden Verdacht,
dass sich meine Entscheidung
gegen mich wenden wird,
auch wenn ich nicht verstehe, wieso.

Maeve Brennan, Almosen

II.

»Wir haben uns die Hand gegeben, und er hat mir viel Glück gewünscht.«

Ich gehe nach Amerika

Als Robert Brennan mit seiner Familie nach Washington übersiedelt, ist der politische Status des Irischen Freistaats noch immer weitgehend ungeklärt. Aus diesem Grund hat Irland in den USA auch keine diplomatische Vertretung, mit dem verdienten Diplomaten Michael MacWhite aber seit 1929 zumindest einen Gesandten. Anfang Januar 1934 tritt Robert Brennan seinen Dienst als Legationsrat der irischen Gesandtschaft am idyllischen Tracy Place in Washington D. C. an. Die Familie folgt, nachdem das Haus in der Cherryfield Avenue gewinnbringend verkauft wurde.

Maeve nimmt mit einem lachenden und einem weinenden Auge von ihrem alten Zuhause Abschied, hat sie hier doch neben all den bedrohlichen auch viele schöne Momente, wie zum Beispiel einen außergewöhnlichen Jahreswechsel, verbracht: »An einem Silvesterabend ereignete sich etwas Wunderbares in unserer kleinen Straße. [...] Was an jenem Silvesterabend geschah? Am späten Nachmittag verbreitete sich von Haus zu Haus die Nachricht, dass wir alle etwa eine Minute vor Mitternacht in unsere Vorgärten oder gar auf die Straße hinaustreten und die Haustüren offen lassen sollten, damit das Licht hinter uns herausströmte, und dort sollten wir warten, bis die Glocken das Neue Jahr einläuteten. Ich wurde fast verrückt vor Aufregungen und Glück. Ich weiß noch, dass ich vor Freude einen Luftsprung machte. Jener Silvesterabend war eines der größten Ereignisse in unserem Leben.«[1]

Jetzt liegt das alles hinter ihr. Im Hafen von Cobh gehen Mutter und Kinder an Bord der SS Manhattan, die seit 1931 den Atlantik zwischen New York und Hamburg überquert. 1936 wird der Luxusliner mit seinen acht Passagierdecks gar die US-Olympiamannschaft über Hamburg zu den Olympischen Spielen nach Berlin bringen. 500 Crew-Mitglieder kümmern sich um die rund 1100 Passagiere, die in drei Kabinenklassen untergebracht sind. Familie Brennan, als Angehörige eines Diplomaten, reist in der Luxusklasse. 90 Jahre später wird Daniel James Brown in seinem Olympia-Roman *Das Wunder von Berlin* über die SS Manhattan schreiben: »Die mit Tropenhölzern getäfelten Kabinen waren geräumig und ausgestattet mit eingebauten Frisiertischen, Polstermöbeln, Perserteppichen, Telefon am Bett und privaten Bädern mit Duschen, aus denen warmes und kaltes Süßwasser kam. [...] Der Chinesische Palmengarten hatte echte Palmen, eine hohe, weiße Stuckdecke und Marmorsäulen, außerdem zarte, handgemalte asiatische Wandbilder und Chippendale-Möbel. Der Speisesaal der ersten Klasse besaß einen Orchesterbalkon, außerdem indirekte Beleuchtung hinter zurückgesetzten Fenstern, die die Illusion ständigen Tageslichts vermittelten, und runde Esstische mit Tischtüchern und Louis-seize-Lampen aus Messing. [...] Die erste Klasse war den Menschen vorbehalten, denen [man] auf dem Golfplatz in Princeton oder auf den gepflegten Rasenflächen der Anwesen am Ufer des Hudson begegnete.«[2]

Nachdem das Schiff im Hafen von New York eingelaufen ist, geht es mit dem Zug weiter in die Hauptstadt der Vereinigten Staaten. Man hat sich entschieden, gemeinsam auf die Suche nach einem passenden Haus zu gehen, und so müssen zunächst alle mit einem Zimmer im Fairfax Hotel an der Massachusetts Avenue vorliebnehmen. Dass das Hotel zur absoluten Luxusklasse gehört, macht dies um einiges erträglicher. Das elegante Haus im Kolonialstil beherbergt im Laufe der Jahre viele prominente Gäste wie die Familie Kennedy, das Ehepaar Clinton oder Nancy Reagan. 1927 erbaut, bietet es alle nur denkbaren Annehmlichkeiten für die illustre Gästeschar, die zumeist mit einer der vielen Botschaften, die sich in der Nachbarschaft wie Perlen auf einer Schnur aneinanderreihen, verbandelt sind. 1961 entsteht in den Räumen des Fairfax Hotels das legendäre Jockey Club Restaurant, in dem nicht nur John F. Kennedy zur Tafelrunde bittet, sondern auch Frank Sinatra, Liza Minelli und Jack Nicholson gern zu Gast sind. Die Brennans verweilen hier allerdings nur kurz, dann ziehen sie in ein schönes Haus im Nordwesten der Stadt, in die Cathedral Avenue, unweit der Irischen Gesandtschaft. Das Haus, ganz im spanischen Stil gehalten, hat fünf Schlafzimmer und ist auch ansonsten ganz auf die Bedürfnisse einer großen Familie zugeschnitten. Nicht zuletzt aufgrund ihrer privilegierten Wohnsituation werden die Brennans im schönen Washington D. C. schnell heimisch. Emer findet einen Job als Büroangestellte, und während Maeve und Deirdre erneut in einer Klosterschule angemeldet werden, besucht Robert die Katholische Grundschule. Maeves neue Schule liegt ganz in der Nähe der Botschaft. Sie heißt Immaculata Seminary und ist eine private High School mit Junior und Senior College für Mädchen. Geleitet wird sie von der Schwesternschaft Sisters of Providence. Die Schule ist sehr beliebt, und es wird allseits bedauert, als sie in den siebziger Jahren mangels Nachwuchs an Nonnen ihre Pforten für immer schließen muss.

Obwohl sich Maeve und Deirdre in Washington D.C nicht unwohl fühlen, erscheint ihnen doch vieles fremdartig und neu. Die Vereinigten Staaten sind so ganz anders als das rückständige und bigotte Irland. Wie viel Wert die Frauen hier auf ihr Äußeres legen! Maeve ist irritiert, aber nicht gänzlich uninteressiert an dem neuen

Frauenbild, das ihr hier begegnet. Zudem ist sie wild entschlossen, in den USA ihr Glück zu machen: »Ich will glücklich werden. Und ich werde alles tun, damit es mir gelingt.«[3]

Nach ihrem High-School-Abschluss verbringt Maeve ihre ersten Studienjahre als Freshman und Sophomore noch an der Immaculata Seminary, ehe sie an die American University (AU), eine methodistische Privatuniversität wechselt, um hier englische Literatur und Bibliothekswesen zu studieren. An der bekannten Universität wird von 1966 bis 1970 auch die spätere Grünenpolitikerin Petra Kelly studieren. Maeve lernt und arbeitet nun zum ersten Mal Seite an Seite mit jungen Männern. Zahlreiche Jahrbucheinträge zeigen, wie sehr sie sich ins Campusleben der Universität einbringt. 1937 ist sie eine der Mitherausgeberinnen des literarischen Teils des Jahrbuchs des American University College of Liberal Art *Aucola*. Ferner listet sie die populäre College-Zeitung *The American Eagle* als eine ihrer Redakteurinnen.[4] Als im Oktober 1937 die tägliche Campuszeitung *Newsnotes* ihren Betrieb aufnimmt, ist Maeve ebenfalls mit von der Partie.[5]

Obwohl die Brennans zum ersten Mal im Leben aller finanziellen Sorgen ledig sind, besteht Robert Brennan darauf, dass seine Töchter neben ihrem Studium arbeiten und Geld verdienen. Deirdre jobbt in einem Reitstall und Maeve für fünf Dollar die Woche im Intimate Bookshop. Sie trägt sich mit dem Gedanken, Bibliothekarin zu werden.

In ihren ersten Jahren in den USA begreift Maeve sich noch hauptsächlich als Irin. Neben ihrem Jahrbuchfoto ist als Heimatort nicht Washington D. C., sondern Dublin angeführt. Dem Jahrbuch kann man auch entnehmen, dass sie Mitglied in zahlreichen Studentenverbindungen und Clubs ist. Dazu gehören der French Club und – Ende der dreißiger Jahre ungewöhnlich genug – der German Club, der sich neben der deutschen Kultur vor allem mit der aktuellen politischen Situation in Deutschland beschäftigt. Im French Club hingegen geht es vor allem um Kunst, Literatur und Bridge. Auf dem Foto im Jahrbuch blickt Maeve Brennan sehr scheu in die Kamera und wirkt mit Haarkranz und sittsam gebundenem Tüchlein neben ihren eleganten Kommilitoninnen etwas provinziell. In ihrem ersten Studienjahr an der AU bewirbt sie sich zudem als »Pledge« beim Gamma Delta Chapter der traditionsreichen Verbindung Phi Mu. Sie ist die zweitälteste Frauenstudentenverbindung der USA und geht bis ins Jahr 1852 zurück. Ihr Wahlspruch lautet »The Faithfull Sisters«.[6]

Anfang 1938 wird Robert Brennans Vorgesetzter Michael Mac-White zum irischen Gesandten in Italien ernannt. Robert übernimmt als Interimsgeschäftsführer seine Aufgaben, wodurch die Familie vermehrt in den Fokus der Öffentlichkeit rückt. Erste Spekulationen werden laut, Robert Brennan könnte MacWhite als Gesandter nachfolgen. Bereits unter öffentlicher Beobachtung, macht Maeve 1938 ihren Abschluss. Aus Irland erreichen sie Glückwünsche per Postkarte: »Ich höre, du bereitest dich recht fleißig auf dein Examen vor. Ich weiß, du wirst eine der besten sein. Anders kannst du gar nicht.«[7] In ihrem letzten Jahr als Senior hatte sie sich vor allem auf ihre Prüfungen vorbereitet und sowohl dem French Club als auch dem German Club den Rücken gekehrt. Ihre Bemühungen, Mitglied beim Phi Mu Gamma Delta Chapter zu werden, sind nicht über das Pledge-Stadium hinausgekommen. Einzig Redaktionsmitglied von *Eagle* und *Aucola* ist sie geblieben. Blättert man im Jahrbuch von 1938, fällt auf, dass Maeves Kommilitoninnen samt und sonders den wallenden Locken-Look der Hollywoodstars ihrer Zeit kopieren, während Maeve ihr Haar apart zusammengebunden wie eine Balletttänzerin trägt.[8] Schon als junge Frau ist sie nie eine Kopie, sondern immer das Original. Am 6. Juni 1938 erhält Maeve Brennan in einer feierlichen Zeremonie ihr Bachelor-of-Arts-Diplom überreicht.[9]

Robert Brennans neue Aufgaben in der Gesandtschaft bringen ein verstärktes gesellschaftliches Engagement mit sich, sodass die Familie in ein größeres Haus in 3602 Newark Street umzieht, versorgt von einem afroamerikanischen Hausdiener, der Gärtner, Koch und Putzfrau in einem ist. Una leidet seit geraumer Zeit an schwerer Arthritis, weshalb Emer ihre Stellung als Sekretärin gekündigt und die Leitung des Haushalts übernommen hat. Dennoch stürzt sich Una, wann immer es ihre Gesundheit erlaubt, mit Begeisterung in die repräsentativen Aufgaben einer angehenden Botschaftergattin. Und tatsächlich, am 26. August 1938 wird Robert zum irischen Gesandten in Washington ernannt. Der *Washington Star* berichtet: »Der Gesandte spielte eine wichtige Rolle in der Irischen Unabhängigkeitsbewegung nach dem Ersten Weltkrieg. Er hat drei Töchter – Emer, Maeve und Deirdre, die allesamt nach irischen Königinnen benannt sind – und einen Sohn namens Robert. [...] Miss Brennan, die zweitälteste Tochter, hat im Juni ihren Abschluss an der American University gemacht und lebt nun, genau wie ihre ältere Schwester Miss Emer Brennan, bei ihren Eltern.«[10]

Bereits am 1. September 1938 erfolgt der Umzug nach 2425 Kalorama Road. Das neue Domizil ist näher an der irischen Gesandtschaft und um einiges größer. Auch das Personal wird nun aufgestockt. Es besteht jetzt aus Sylvia, Rose und Ethel sowie Peterson, dem Fahrer, der Robert Brennan in einem Chrysler zum Büro chauffiert. Während es für die Brennans nicht besser laufen könnte, gehen in der alten Heimat zum Unmut vieler ehemaliger Revolutionäre die Uhren sukzessive rückwärts. Mehr und mehr bestimmt die katholische Kirche die Richtung der irischen Politik. Frauenrechte werden massiv eingeschränkt, seit 1932 ist es verheirateten Frauen untersagt, als Lehrerinnen zu arbeiten, später werden verheiratete Frauen sogar ganz aus dem Öffentlichen Dienst verbannt. 1934 wird per Gesetz die künstliche Empfängnisverhütung verboten, ein Jahr später ist es dem Arbeitsminister bereits möglich, die Anzahl von Arbeiterinnen in der Industrie zu beschränken. Die Gleichheit der Geschlechter, für die viele Frauen während der Revolution eingetreten waren, rückt in unerreichbare Ferne. De Valera unterdrückt mit allen ihm zur Verfügung stehenden Mitteln den Einfluss von Frauen in der Öffentlichkeit. In seinen Reden weist er ihnen zwar eine herausragende Rolle im Privaten zu, die Politik aber sollten sie besser den Männern überlassen. Eine kurze Stippvisite mit ihrem Vater in Irland im Sommer 1938 zeigt Emer deutlich, um wie viel besser es die Mädchen in den USA haben.

Die späten dreißiger Jahre sind für Irland einmal mehr ereignisreiche Jahre. Diesmal jedoch bleibt es friedlich. 1937 legt de Valera den Iren eine neue Verfassung vor, über die die Bevölkerung per Referendum abstimmen kann. Bis auf die Außenpolitik, die in britischer Hand bleibt, sollen künftig alle Aufgaben auf das neugeschaffene Amt des Präsidenten und die irische Regierung übergehen. Dabei legt die Verfassung die Staatsform des irischen Staates nicht auf die Republik fest. Auch wird der Präsident in der Verfassung nicht als Staatsoberhaupt bezeichnet, sodass eine Menge Interpretationsspielraum bleibt. Tatsächlich hofft Premierminister de Valera noch immer darauf, dass sich die sechs abtrünnigen nordirischen Grafschaften der irischen Republik anschließen werden. Deshalb vermeidet er es, klare Fakten zu schaffen, die die Vereinigung Irlands erschweren würden.

Nach dem positiven Ausgang des Referendums wird der Dichter Douglas Hyde zum ersten Präsident Irlands ernannt, das rein rechtlich nun in einer diffizilen Situation feststeckt: Ist der irische Staat nun eine unabhängige Republik mit einem Staatspräsidenten an der Spitze oder eine konstitutionelle Monarchie mit dem englischen König George VI. als Oberhaupt? Bis 1949, als Irland endgültig unabhängig wird, bleibt dieser rechtlich ungeklärte Status bestehen. Erst dann wird die Republik als Staatsform festgelegt, dem englischen König werden alle außenpolitischen Aufgaben entzogen. Irland tritt aus dem Commonwealth aus. Von 1952 an heißt die Königin von England nicht mehr »Königin von Großbritannien, Irland und den britischen Dominions«, sondern »Königin des Vereinigten Königreiches von Großbritannien und Nordirland sowie ihrer anderen Reiche und Territorien«.

Obwohl die Verfassungsänderung von 1937 also kaum rechtliche Konsequenzen hat, wird Robert Brennan in Washington D. C. jetzt mehr denn je als Botschafter Irlands wahrgenommen. Die ganze Familie wird zu Repräsentationszwecken herangezogen. Vor allem Maeve, charmant und humorvoll wie ihr Vater, erweckt die Aufmerksamkeit der örtlichen Presse und wird ein ums andere Mal für die Gesellschaftsseiten verschiedener Zeitungen abgelichtet.

Im Gegensatz zu ihren Schwestern, die lieber im Hintergrund agieren, genießt die lebensfrohe Maeve das Interesse der Öffentlichkeit. Hier im Scheinwerferlicht kann sie sich auch in Zukunft ihren Platz gut vorstellen. Sie ist gerade zum ersten Mal unsterblich verliebt: Solly Paul, ein hübscher junger Mann aus der Nachbarschaft wird ihr erster fester Freund. Bald jedoch muss sie schmerzlich erfahren, dass nicht nur im fernen Irland die Religion ein Hindernis für ein gemeinsames Leben sein kann. Solly erklärt ihr eines Tages, dass er als Jude mit Rücksicht auf seine Familie unmöglich eine Katholikin heiraten könne.[11] Als er die Beziehung beendet, ist Maeves Herz zum ersten, aber beileibe nicht zum letzten Mal gebrochen.

Nach ihrem Bachelorabschluss studiert Maeve ab 1938 Bibliothekswissenschaften an der Catholic University of America in Washington, kurz CUA, einer der führenden Privatuniversitäten des Landes. Hier studieren später unter anderem der Schriftsteller Carl Amery, die Schauspielerin Susan Sarandon, die feministische Theologin Mary Daly sowie zahlreiche amerikanische Politiker und kirchliche Würdenträger. Die CUA wurde einst mit Genehmigung des Heiligen Stuhls in Rom von den katholischen Bischöfen der USA gegründet. Finanziert von der amerikanischen Bischofskonferenz, stellen die Universität und die um sie herum entstandenen katholischen Einrichtungen eine Art Miniatur-Vatikan innerhalb der USA dar. Die Universität ist zudem Sitz der amerikanischen Bischofskonferenz. Für eine irische Katholikin ist die CUA also eine durchaus naheliegende Wahl.

Kurz nach ihrer Aufnahme an der CUA verliebt sich Maeve in den Theaterkritiker Walter Kerr, den sie noch im Alter als die Liebe ihres Lebens bezeichnen wird. Kerr, nach dem heute gar ein Theater am Broadway benannt ist, kommt im selben Jahr wie Maeve an die CUA, allerdings als Dozent. 1913 in Evanston, Illinois, am Lake Michigan geboren, hat Kerr schon früh eine große Leidenschaft für Theater und Film entwickelt. Als Teenager verfasst er Filmkritiken für die Lokalzeitung, später studiert er an der Northwestern University in Evanston, die zu den besten des Landes gehört. Berühmt ist vor allem das dortige Institut für Theaterwissenschaften, zu dessen Absolventen neben Hollywoodlegenden wie Warren Beatty und Charlton Heston auch der Literaturnobelpreisträger Saul Bellow gehört. Der Northwestern University angeschlossen ist auch die weltberühmte Kellogg School of Management. Nach seinem Masterabschluss in Theaterwissenschaften erhält Kerr 1938 einen Lehrauftrag für Drama und Rhetorik an der CUA. Er ist ehrgeizig, witzig, charmant und unglaublich gutaussehend. Die Studierenden sind begeistert, vor allem die weiblichen. Der junge Dozent, der selbst Stücke schreibt, schafft es spielend, seine Studenten fürs Theater zu begeistern. Eine seiner Studentinnen wird später über ihn schreiben: »Walter war der einzige wirklich heiratswürdige Mann, der mir je begegnet ist. Er war ein Assistenz-Professor, dessen Seminare nie vor drei Uhr nachmittags begannen und der die ganze Nacht hindurch Stücke inszenierte. Tatsächlich stand er immer erst um zehn Uhr morgens auf, aber das war schon in Ordnung. Darauf ließ sich aufbauen. Und um fair zu bleiben, er hatte eine ganze Menge anderer liebenswerter Qualitäten. Er konnte *Ja-Da* auf dem Klavier spielen und ganze Strophen aus *The Waste Land* zitieren, und er konnte passables Buttercaramel machen.«[12] Mit Maeve teilt Kerr nicht nur die Leidenschaft fürs Theater, sondern auch den katholischen Hintergrund. Zum ersten Mal seit der Trennung von Solly ist Maeve wieder rundum glücklich.

Den Sommer 1939 verbringen die Brennans in ihrem Strandhaus

in Margate, New Jersey. Robert sieht die Familie nur an den Wochenenden, kann er doch bei der weltpolitischen Lage Washington D. C. nicht allzu lange fernbleiben. Ein Krieg steht vor der Tür – mit ungeahnten Folgen. Für Diplomaten aller Herren Länder bedeutet dies Dauereinsatz.

Es wird nun ruhig im Washingtoner Haus der Brennans. Maeves Schwestern schicken sich an, das Elternhaus zu verlassen. Emer ist fast 30 Jahre alt und plant, noch in diesem Jahr in den Hafen der Ehe einzulaufen. Auch die 21-jährige Deirdre ist verlobt. Zwei Jahre später sind die beiden Schwestern bereits Mütter. Einzig bei Maeve läuft erneut alles schief, obwohl auch sie sich mit Walter Kerr verlobt und von Heirat die Rede ist. Eines Tages beobachtet sie ihn in der Cafeteria bei einem Gespräch mit einer anderen Frau. Die Vertrautheit der beiden ist so offensichtlich, dass Maeve entsetzt die Flucht ergreift. Nur wenige Tage nach diesem Zwischenfall löst Kerr die Verlobung. Die andere Frau ist Bridget Jean Collins, sie wird im August 1943 Kerrs Frau werden. Zusammen bekommen die beiden insgesamt sechs Kinder, und Jean Kerr wird über ihr turbulentes Familienleben den Bestseller *Please, Don't Eat the Daisies* schreiben. Verfilmt mit Doris Day und David Niven in den Hauptrollen, wird *Meisterschaft im Seitensprung* auch in Deutschland ein Publikumserfolg. Gemeinsam wird das Paar einige sehr erfolgreiche Theaterstücke verfassen, darunter *Goldilocks*, ein mit zwei Tony Awards ausgezeichnetes Broadwaystück.

Nachdem Walter sie verlassen hat, flieht Maeve ohne Abschluss von der CUA. Nichts wie weg aus Washington, auch wenn dies die Trennung von der Familie bedeutet.

Walter Kerr, der später zu New Yorks wichtigstem Theaterkritiker aufsteigt, wird übrigens niemals für den *New Yorker*, Maeves spätere journalistische Heimat, schreiben. Chefredakteur William Shawn wird dies, trotz Kerrs unbestreitbarem Können, nicht einmal in Erwägung ziehen. Auf Fragen warum nicht, wird er stets kurz und knapp antworten: »Wegen Maeve.«[13]

Anfang der vierziger Jahre kommt Maeve Brennan nach New York. Dort wird sie bald so erfolgreich sein, dass die *Washington Post* ihr 1945 einen Artikel widmet: »Washington war für die hübsche Tochter des dynamischen irischen Gesandten nicht sonderlich attraktiv. Ihr Ziel war New York. Sie ist dort vollkommen glücklich und kehrt nur noch für kurze Familienbesuche in die Hauptstadt zurück.«[14] In New York erfüllt sich für Maeve das, wovon ihre spätere Chefin Diana Vreeland immer überzeugt war: »Wenn man jung ist, sollte man viel mit sich und seiner Qual allein sein. Dann geht man eines Tages hinaus, dorthin, wo die Sonne scheint und der Regen regnet und der Schnee schneit, und alles fügt sich zusammen.«[15]

Ihre erste Bleibe ist das Holley Hotel am Washington Square, das 1956 der Hayden Hall der New York University weichen muss.[16] Einzig die große Pan-Statue von Gutzon Borglum, dem Schöpfer des Präsidentendenkmals von Mount Rushmore, wird aus der Lobby des Hotels gerettet und erinnert bis heute in einer Nische der Hayden Hall, die 2016 in Lipton Hall umgetauft wurde, an Maeves erste Unterkunft: »Als ich das erste Mal nach New York kam, wohnte ich eine Zeitlang im Holley Hotel […] und wenn ich in letzter Zeit an der Stelle vorbeikomme, sehe ich die schmale – erstaunlich schmale – Lücke, wo sich das kleine alte Hotel zwischen seine Nachbarn, hohe Apartmenthäuser, gekauert hatte. Als ich dort wohnte, vor nur zwölf Jahren, erstreckten sich auf der Südseite des Platzes eine Reihe verwohnt aussehender Häuser, in denen auch Künstler ihre Ateliers hatten. Ich fand diese Gebäude schön und romantisch, und ich sehnte mich nach einem Apartment oder wenigstens einem Zimmer in einem davon, doch sie waren immer schon vergeben. Jetzt sind sie verschwunden, und an ihrer Stelle steht ein Universitätsgebäude mit langweiliger Fassade. Damals und später ging ich in den meisten der hübschen alten Häuser auf der Nordseite des Platzes ein und aus – auf der Suche nach einer Wohnung. Einige von ihnen wurden abgerissen, um einer Anzahl nagelneuer, trostlos einförmiger Apartments Platz zu machen, und von den übrigen sind die meisten in Büros verwandelt worden.«[17]

Maeve verliebt sich in Greenwich Village mit seinen Backsteinhäusern, den schmiedeeisernen Treppengeländern und Alleen. Dass der Stadtteil ein wenig heruntergekommen ist, stört sie nicht. Er ist bunt und vergnügt und voller Leben und damit genau das, was Maeve jetzt braucht. Hier will sie leben, und so beschränkt sich ihre Suche nach einer geeigneten Wohnung zunächst auf die Gegend rund um den Washington Square. Doch auch Anfang der vierziger Jahre ist es nicht einfach, in Manhattan eine halbwegs bezahlbare Wohnung zu finden. Ihr erster Versuch endet in einem winzigen Apartment in der Sullivan Street 224, »das ungefähr drei mal dreieinhalb Meter maß, einen winzigen Kamin, aber keinen Wandschrank hatte«.[18] Ihre nächste Unterkunft in der Hudson Street ist da schon ein wenig komfortabler: »Das Zimmer [...] war größer und hatte einen riesigen Kamin, aber keine Küche, und in dem Zeitungs- und Erfrischungsladen im Erdgeschoss nebenan stand eine Jukebox, aus der den ganzen Sommer über in voller Lautstärke *You Always Hurt the One You Love* plärrte. Ich wohnte im dritten Stock und mein Scheck für die Miete landete versehentlich im Briefkasten der Dame im vierten Stock, und die Vermieterin, die mitsamt ihrem Argwohn im ersten Stock wohnte, fragte mich dauernd nach dem Scheck, und schließlich musste ich ihr einen anderen Scheck geben und den ersten stornieren, und dann tauchte die Mieterin aus dem vierten Stock mit dem ursprünglichen Scheck auf, und niemand schien sich daran zu stören, dass mir nun die beiden Dollar fehlten, die ich der Bank für die Stornierung hatte zahlen müssen.«[19]

Die Suche nach der perfekten Wohnung wird für Maeve, die für ihr Leben gerne umzieht, zur Lebensaufgabe: »Im Sommer finde ich die Welt laut und aufdringlich, und in den heißen Monaten bin ich mir zu sehr der Zimmer bewusst, die ich bewohne, werde ungeduldig mit ihnen und habe Angst zu ersticken, und aus diesem

Grund werde ich, wenn das Sommerwetter in New York seinem Höhepunkt entgegengeht, von Erinnerungen an andere Sommer und andere Zimmer in den verschiedenen Stadtteilen, in denen ich gewohnt habe, erfasst, wie von starken Böen.«[20] Manchmal ist die Tinte unter einem Mietvertrag noch nicht trocken, da unterschreibt sie schon den nächsten. Zurück bleiben nur kalter Zigarettenrauch und der Duft von Chanel *Cuir de Russie*.

Maeve ist ein wacher, stets neugieriger Geist und da sie gerne weiterzieht, wenn es sie nach etwas Neuem drängt, bevorzugt sie das Leben aus dem Koffer. Obwohl sie New York rasch als ihre neue Heimat empfindet, bleibt sie eine Reisende, die sich ungern auf einen Ort festlegen will. Mag sein, dass die Unruhe und Unsicherheit, die Robert Brennans politisches Engagement in die Familie hineingetragen hat, Maeves Rastlosigkeit zum Teil bedingt. Sie damit zu begründen, wäre allerdings zu kurz gegriffen, denn die Geschwister sind kaum im selben Maße ruhelos wie Maeve, ganz im Gegenteil. Die empfindet ihre Rastlosigkeit keineswegs als störend. Unbedingte Mobilität gehört zu ihrer Art zu leben. Sie hasst es, sich festzulegen, beharrt auf ihrer Freiheit und erkennt schon früh, dass zu viel Besitz nur belastet. Aus diesem Grund bleibt ihre Habe bis zuletzt überschaubar. Das, was sie aufhebt, ist niemals überflüssiger Tand, sondern für sie persönlich immer von großer Bedeutung, wie ein Freund berichtet: »Jedes Teil hatte eine Geschichte, ja fast eine Persönlichkeit: die Teelöffel, die sie von ihrer Tante Nan hatte […] oder die Reitgerte, die sie zum zwölften Geburtstag bekommen hatte, weil sie Pferde so liebte, und das, obwohl ihre Familie es sich niemals hätte leisten können, ein Pferd zu halten und so weiter und so weiter.«[21]

Je nach Sichtweise wird Maeve Brennan deshalb entweder als getrieben oder als unabhängig beschrieben. Weder als Person noch als Schriftstellerin lässt sie sich eindeutig verorten, weder in Irland noch in den USA, weder in einer Wohnung noch in einer Beziehung. Die einzige Konstante in ihrem Leben ist ihre Liebe zu Tieren.

Bis zu fünf Katzen und später ihre geliebte Labradorhündin Blue-bell leben mit ihr zusammen. Die Katzen tragen Namen wie Juno, Daisy, Rupert und Basil und spielen auch in ihren Kurzgeschichten eine Rolle. Sie sind Freigeister wie ihr Frauchen und dürfen sich in den verschiedenen Wohnungen aufhalten, wo immer sie möchten. Die Streuner passen Maeves Ansicht nach charakterlich perfekt zu ihr. Ihre Tiere sind das Einzige, was sie »einpackt«, wenn es sie weiterzieht. Aufzubrechen fällt ihr nie schwer, passt doch ihr gesamter Hausstand samt Katzen mühelos in ein Taxi.

Nach ihrer Ankunft in New York erobert sich Maeve Brennan Manhattan Straßenzug für Straßenzug, von Downtown aus in Richtung Midtown. Nicht jede Straße findet dabei Gnade vor ihren Augen: »Ich habe lange überlegt, was sich Gutes über die Sixth Avenue sagen ließe, aber meine Überlegungen waren nicht von Erfolg gekrönt. Ihr wahres Gesicht zeigt die Sixth Avenue nur in den beiden Stunden nach dem Morgengrauen, wenn sie fast leblos ist. In diesen beiden Stunden, in der Stille und dem schönen klaren Licht, tritt die gespenstische, seelenlose Unordnung dieser Häuserblocks zutage, und jeder, der dort allein entlang geht und von solcher Hässlichkeit umgeben ist, kann mühelos erkennen, dass die Sixth Avenue gar keine von Menschenhand gebaute Durchgangsstraße ist, sondern nur die mit Requisiten ausgestattete Imitation einer solchen und dass ihr Zweck nicht darin besteht, den Bewohnern der Stadt eine sichere, angenehme oder schöne Durchfahrt zu gewähren, sondern, und sei es nur für eine kurze Weile, jene Macht versöhnlich zu stimmen, die sich von der Erwartung des Chaos nährt. So weit das Auge reicht, bieten diese Häuserblocks nichts als die Drohung, oder die Verheißung, dass sie einstürzen werden.«[22]

Auch über die berühmte Park Avenue fällt sie ein vernichtendes Urteil: »Die Park Avenue gibt sich der Menschheit gegenüber so gleichgültig, dass es sich nicht lohnt, dort spazieren zu gehen. Ihr Antlitz ist verschlossen, und die hübschen Blumenbeete, die auf dem gesamten Mittelstreifen angelegt sind, weisen lediglich darauf hin, dass die Straße ohne sie ganz und gar öde wäre. Freundlich sieht die Park Avenue zur Weihnachtszeit aus, wenn die großen Bäume voller Lichter sind, doch offensichtlich ist es eine Avenue, in der es sich zwar prächtig wohnen lässt, die aber nicht zum Verweilen oder zu einem Spaziergang einlädt.«[23] Die Ansicht, dass sich über die Lexington Avenue nicht viel Gutes berichten lässt, teilt sie mit vielen New Yorkern:»Ich mache mir nicht sonderlich viel aus der Lexington Avenue. Es ist eine nützliche Straße, gesäumt von Geschäften, die mit interessanten Artikeln gefüllt sind, aber sie ist lärmig und verstopft und ich finde, dass sie mehr Beachtung fordert als sie verdient.«[24]

Obwohl neu in der Stadt, hat sie kein gesteigertes Interesse, die vornehmen Apartmenthäuser am Central Park in Augenschein zu nehmen, geschweige denn den Park selbst. Einer der beliebtesten und schönsten Orte der Stadt wird es daher nie in eine ihrer späteren New-York-Kolumnen schaffen. Ihr Radius bleibt beschränkt, ganz so wie der ihrer späteren Kolumnenfigur, der langatmigen Lady:»Nie hat sie wie andere den Drang verspürt, die Stadt bis in den letzten Winkel zu erkunden. Große Teile des städtischen Lebens sind ihr unbekannt. Sie weiß fast nichts über die Lower East Side, und schon gar nichts über die Upper West Side. […] Sie ist keine Touristin, keine Forschungsreisende. Ungewöhnliche Lokalitäten müssen sich in unmittelbarer Nähe zu ihrem gerade aktuellen Wohnort befinden, damit sie sie entdecken kann.«[25] Ihre Heimat bleibt für immer die Gegend zwischen Times Square und Greenwich Village.

Da trifft es sich gut, dass sich nicht nur ihr erster Arbeitsplatz, sondern auch alle weiteren hier befinden. 1941 beginnt sie als Bibliothekarin in der wunderschönen New York Public Library am Bryant Park. Wie so viele New Yorker verbringt sie in dem verträumten Park an der 42nd Street ihre Mittagspause und genießt diese Oase der Stille inmitten des Trubels zwischen der Sixth Avenue und der von ihr hoch geschätzten Fifth Avenue:»Die Fifth

Avenue ist schön und breit und genügt allen Ansprüchen. [...] Von ihrer besten Seite zeigt sich die Fifth Avenue zwischen acht Uhr abends und acht Uhr morgens. An verkaufsoffenen Abenden streift sie ihr verlassenes Aussehen erst nach zehn Uhr über, dafür ist es an Sonntagen selbst nach zehn Uhr morgens noch ziemlich ruhig.«[26]

Mit ihrem Job als Bibliothekarin in der New York Public Library hat sie nun eigentlich erreicht, was sie während des Studiums immer wollte. Eigentlich – denn die Dynamik New Yorks hat sie längst gepackt und alle bisher feststehenden Grundsätze ins Wanken gebracht. Maeve besinnt sich ihres großen Schreibtalents, das sich schon in Schule und Universität zeigte. Heimlich beginnt sie an einer Geschichte zu schreiben, zu kurz für einen Roman, zu lang für eine Kurzgeschichte. Zu ihren Lebzeiten wird niemand von dieser ersten großartigen Novelle erfahren, die erst nach ihrem Tod veröffentlicht wird. 1997 wird *Die Besucherin* in den Archiven der University of Notre Dame gefunden. Sie liegt zwischen den Papieren von Maisie Ward, die zusammen mit ihrem Mann Frank Sheed in London 1926 den katholischen Verlag Sheed & Ward gegründet hatte. Ward ist zudem als Autorin einer Bestsellerbiographie über G. K. Chesterton bekannt. 1933 hatte das Ehepaar den Sitz des Verlags nach New York verlegt und ihn hier zu neuer Blüte geführt. Maisie Ward galt als überzeugte Linkskatholikin. Dass Maeve ihre ersten Schreibversuche gerade ihr schickte, ist bemerkenswert. Aus welchen Gründen es nicht zu einer Veröffentlichung kam und warum die junge Autorin ihr Ziel nicht weiterverfolgte, bleibt im Dunkeln.

Die Besucherin spielt in Dublin. Beim Lesen stechen einem drei Dinge ins Auge, die von nun an beinahe zur Grundausstattung einer Maeve-Brennan-Story gehören werden: ein tiefer düsterer Groll sowie eine geradezu schmerzhafte Sehnsucht nach Liebe – und Katzen. Der Tag der Abrechnung fällt in die Zeit um Weihnachten. Auch dies ein wiederkehrendes Moment, das vermuten lässt, dass das hohe Fest in Maeves Erinnerung mit einigen Enttäuschungen verbunden ist. Im Mittelpunkt der Geschichte steht die 22-jährige Anastasia King, die nach dem Tod ihrer Mutter aus Paris nach Dublin ins Haus ihrer Kindheit zurückkehrt. Hier würde sie gerne für immer bleiben, wird jedoch von ihrer Großmutter barsch zurückgewiesen. Die alte Dame hat ihr nie verziehen, dass sie den Vater zurückgelassen hat, um bei ihrer Mutter zu leben, die aus der unglücklichen Ehe nach Paris geflohen war. Der Vater ist längst tot und die Großmutter, die seine Ehe stets missbilligt hat, innerlich verhärtet. Sie lehnt es strikt ab, die Enkelin wieder aufzunehmen, und verweigert auch die Bestattung der Mutter im Familiengrab in Dublin. Selbst die offensichtliche Einsamkeit ihrer Enkelin, die einzig aus Sorge um die Mutter in Paris geblieben ist und jetzt in der Hoffnung auf einen Neuanfang zurückgekehrt ist, vermag das versteinerte Herz der Großmutter nicht zu erweichen. Anastasia bleibt eine Besucherin in dem Haus, in dem sie aufgewachsen ist. Das zentrale Gefühl der Geschichte ist das der Heimatlosigkeit: nirgendwo wirklich dazuzugehören, allein zu sein und zu bleiben – eine Empfindung, die Maeve, allein in der großen Stadt, ohne Familie und zum Zeitpunkt der Entstehung der Novelle noch ohne die vielen Freunde, gut nachvollziehen kann.

Maeve Brennans Figuren sind nie eindimensional gut oder böse. Dafür kennt sie die Menschen an sich viel zu gut, auch als junge Frau schon. So zeigt sich auch Anastasia anderen Menschen gegenüber hartherzig und kalt. Sie ist nicht in der Lage, die Liebe, die sie von der Großmutter einfordert, selbst zu geben. Ohne schlechtes Gewissen verweigert sie der alten Miss Kilbride, die ihr von einer heimlichen Liebe berichtet, die sie in ihrer Jugend verbotenerweise ausgelebt hatte, den letzten Wunsch. Die alte Dame bittet Anastasia, ihr auf dem Sterbebett einen Ehering an den Finger zu stecken, ein Andenken an diese letztlich unvollendet gebliebene Liebe. Doch Anastasia wirft den Ring voller Verachtung in den Fluss und entledigt sich damit auch selbst ein für alle Mal der wahren Liebe. Die durchaus eindeutigen Schilderungen von Miss Kilbrides Liebesleben sind für eine katholische Irin wie Maeve Brennan äußerst gewagt. Ohne falsche Scham spricht der Text von den sexuellen Bedürfnissen unverheirateter Frauen und hat damit beste Chancen, im Irland der vierziger Jahre auf dem Index zu landen. Die Geschichte hat kein Happy End – Umkehr und Versöhnung sind ausgeschlossen, obgleich sowohl Anastasia als auch ihre Großmutter sich trotz aller Kälte und Mitleidlosigkeit nach Wärme und Heimat sehnen. Die beiden Frauen sind einander ähnlicher, als sie glauben. Nicht nur in ihrer Gefühlskälte entsprechen sie sich, auch der tiefe Schmerz, den sie mit sich herumtragen und die Trauer über den Verlust ihrer Träume gleichen sich. Dennoch sind sie außerstande, aufeinander zuzugehen und die zwischen ihnen herrschende Distanz zu überwinden. Die irische Schriftstellerin Clare Boylan nennt *Die Besucherin* deshalb zu Recht eine »Studie der Einsamkeit und monströser Selbstsüchtigkeit«.[27]

Am Ende tanzt Anastasia halb wahnsinnig barfuß auf der Straße vor dem Haus der Großmutter, obdachlos und allein. In Anbetracht von Maeve Brennans eigenem Schicksal ein geradezu gespenstisch anmutender Schluss.

Christopher Carduff, Cheflektor des Bostoner Verlags Houghton Mifflin, der nach Maeve Brennans Tod vier Sammelbände der Autorin herausgibt, entdeckt das achtzigseitige Typoskript in den neunziger Jahren im Archiv der Universität von Notre Dame und stellt nach Durchsicht fest, dass es der Autorin gelungen war, die ganze »unfreundliche, engherzige, emotional unerreichbare Seite des irischen Temperaments«[28] zu zeigen. Der Brennan-Übersetzer und -Kenner Hans-Christian Oeser findet gar, dass *Die Besucherin* einen Vergleich mit James Joyce' *Dubliners* nicht zu scheuen braucht.[29] Umso mehr verwundert es, dass bis zur Erstveröffentlichung sechzig Jahre vergehen mussten.

Maeve Brennans große Kunst ist bereits in dieser ersten Geschichte sichtbar: die Fähigkeit, in eleganter, vornehm zurückhaltender Sprache eine Geschichte zu erzählen, in der es nahezu körperlich spürbar unter der Oberfläche brodelt. Der Leser kann die Wut und die Trauer der Protagonisten fühlen, er wird Augenzeuge von Verrat und Leidenschaft, Hass und Liebe. Emotionen, die einzig und allein durch die Sprache in Schach gehalten werden.

Vermutlich hielt Maeve ihre Geschichte anfangs nicht für gut genug, um die Veröffentlichung weiter voranzutreiben, schließlich war es ihr erster längerer Text, und sie war, was ihre Arbeit anbelangte, sehr kritisch. Um sie im *New Yorker* zu veröffentlichen, bei dem sie später arbeitete, war sie womöglich zu umfangreich. Dass sie sie vergessen hat, ist kaum vorstellbar. Erzählt hat sie dennoch niemandem davon, nicht einmal die engsten Freunde wussten von ihrer Existenz. So kapriziös Maeve Brennan im Alltag war, so eigenwillig war sie auch, wenn es um ihre Texte ging. Niemals gab sie einen Text aus der Hand, ohne bis zuletzt an ihm zu feilen. Erst wenn sie ganz zufrieden war, durften andere ihn lesen. Ihre Texte waren der einzige Besitz, den sie mit Klauen und Zähnen verteidigte.

1943 zieht ihre Schwester Deirdre mit den Kindern nach New York. Ihr Mann gründet zu dieser Zeit in Algerien eine Schule, und so ist sie froh über Maeves Hilfe. Die ist eine begeisterte Tante und verwöhnt ihre Nichten und Neffen nach Strich und Faden. Sie lebt damals gerade in einer schönen, aber schlecht isolierten Dachgeschosswohnung in der 10th Street: »Die Decke war niedrig, das Flachdach über mir geteert und die Hitze gewaltig, aber trotzdem war es ein hübsches Zimmer. [...] Eines Samstagabends brachte ich in den zweihundertfünfzig Grad Hitze, die im Zimmer herrschten, fast zwei Stunden damit zu, mich halbwegs herzurichten, und als ich endlich losgehen konnte, war es schon spät, und ich musste die sechs Stockwerke hinunterrennen, was ich auch erfolgreich tat, bis ich zum letzten Treppenlauf gelangte, denn dort stolperte ich und stürzte kopfüber nach unten. Meine Arme waren schmutzig, meine weißen Handschuhe ruiniert, meine Haare hatten sich gelöst, und bei dem Gedanken, dass ich in diesem heißen, schmutzigen Haus wohnte, setzte ich mich auf den Boden und weinte vor Zorn.«[30]

Zwei Jahre nach Kriegsende wird Robert Brennan nach Irland zurückbeordert. Mit knapp 66 Jahren wird er zum Direktor der irischen Rundfunkanstalt Radio Éireann in Dublin ernannt. Die Wahl 1948 verändert allerdings die politische Landschaft in Irland, sodass er nach nur einem Jahr im Amt pensioniert wird. Gemeinsam mit Una lässt er sich in Rathfarnham, südlich von Dublin nieder. Ihre drei Töchter entscheiden sich dafür, in den USA zu bleiben. Deirdre und Emer haben hier eine Familie gegründet, und auch Maeve zieht es nicht zurück nach Irland. Einzig Robert junior folgt den Eltern und nimmt ein Ingenieurstudium am Trinity College in Dublin auf. Nun ist die Familie zwischen den Kontinenten zerrissen. Die Geschwister bleiben Wanderer zwischen den Welten, hin- und hergerissen zwischen den USA und der alten Heimat. Alle besuchen sie Irland und die Eltern so oft es geht, doch die rigide Religiosität und der irische Konservatismus machen es vor allem Maeve unmöglich, dauerhaft dort zu leben.

Als Schriftstellerin hätte sie es dort ungleich schwerer als in den USA. Einen dauerhaften Kampf gegen die Rückständigkeit von Land und Denken zu führen kann zermürbend sein. In Irland hat man, was die Rolle der Frau anbelangt, ganz konkrete Vorstellungen, die mit Maeves Wünschen absolut nicht kompatibel sind. Frauen, die sich der rückständigen »Kinder, Küche, Kirche«-Tradition widersetzen, werden geächtet, aus der Gemeinschaft ausgestoßen, bekommen die geballte Enttäuschung ihrer Familien zu spüren. Sogar die emanzipierte Maeve, die Tausende von Meilen zwischen sich und ihre Familie gebracht hat, plagen Zeit ihres Lebens Schuldgefühle, weil sie nicht so lebt, wie es ihr Glaube und ihr Land ihr vorgeben. Immer wieder wird sie die Religion, vor allem die Katholische Kirche, in ihren Briefen ansprechen, nur um dann schnell das Thema zu wechseln. Dafür porträtiert sie in ihren Kurzgeschichten sowohl die braven irischen Hausfrauen als auch die irischen Dienstmädchen in Amerika als verbittert, bösartig, unglücklich und voller Hass auf das Glück der anderen. So wie

Margaret Casey in *Die Braut*, die als Dienstmädchen nach Amerika gegangen ist und dort einen Mann heiraten wird, den sie für unter ihrer Würde hält. Unfähig zum selbstbestimmten Handeln, hofft sie zeit ihres Lebens, dass andere sie von ihren Entscheidungen, die keine bewussten Entscheidungen, sondern Versuche emotionaler Erpressung sind, abhalten. Doch nie reagiert jemand so, wie Margaret sich das ausgemalt hat. Niemand erkennt die Opfer an, die sie nie für andere Menschen, sondern aus reiner Selbstsucht bringt. Handlungs- und kommunikationsunfähig geht sie durch ein Leben, das sie niemals so führen wollte: »Keine ihrer Hoffnungen hatte sich erfüllt. Alle ihre Hoffnungen hatten sich in Bedauern verwandelt; einzig das angespannte Gefühl der Kränkung in ihrem Herzen war das gleiche. Alles hatte sich als trügerisch erwiesen.«[31]

Irische Frauen kommen in Maeve Brennans Geschichten beinah immer schlecht weg. Es wimmelt in ihnen nur so von bösartigen Frauengestalten. Da sind die hartherzigen älteren Damen wie Mrs. King aus *Die Besucherin*, Mary Ramsay, die Toilettenfrau des Royal Hotel in Dublin oder Mary Lambert, die Witwe aus *Der Rosengarten*. Dann gibt es die jungen Frauen, die verzweifelt um Liebe kämpfen wie Anastasia aus *Die Besucherin* oder Delia Bagot aus dem Erzählzyklus über das Ehepaar Bagot. Dazu gesellen sich Figuren wie Rose Derdon und Margaret Casey, die ihre vorgebliche Demut und Opferbereitschaft zur Manipulation ihrer Mitmenschen einsetzen.

Auch Una und Robert Brennan müssen Kritik einstecken. Obwohl Maeve als Kind, wie aus ihren Briefen hervorgeht, ein durchaus positives Verhältnis zu ihren Eltern hatte, stehen Vater und Mutter in ihren Geschichten selten für Vertrautheit und Geborgenheit. So arbeitet sie sich an ihnen ab, doch die Schuldgefühle bleiben, und zwar nicht nur, weil sie so lebt, wie sie lebt, sondern vor allem, weil sie sich erdreistet, zu schreiben, ihr Talent voll und ganz auszuleben. In einem Brief an einen Freund erklärt sie: »Ich werde dir später etwas schicken über den ganz speziellen Unterschied zwischen denjenigen Autoren, die von Anfang an ein gesundes Selbstvertrauen besitzen, und den wenigen Schriftstellern, die von einer schier unnatürlichen Courage angetrieben werden, die daraus resultiert, dass es für sie keine Alternative gibt. Es ist ein bisschen wie ein Seiltanz – manche gehen auf dem Seil und manche gehen auf dem Seil weiter, selbst nachdem sie festgestellt haben, dass es gar nicht da ist.«[32] Und 1963 wird sie aus Dublin schreiben: »Der Schmerz, den der Große Neider ausstrahlt, ist schrecklich zu ertragen. Der Schmerz, den neidische Menschen empfinden, ist fürchterlich, er muss so sein. Und diese Scham habe ich mein ganzes Leben lang empfunden – ich habe mich dafür geschämt, ein wenig Talent zu besitzen, so wie jemand anders sich dafür schämen würde, ohne Nase auf die Welt gekommen zu sein.«[33]

Der Große Neider ist niemand Geringerer als ihr eigener Vater. Robert Brennan hat sein Leben lang nicht nur Politik gemacht, sondern auch geschrieben. Als es mit der Politik vorbei ist, will er sich als Schriftsteller positionieren, am liebsten international. Doch mit seinen Theaterstücken und seiner Biographie wird er nicht halb so erfolgreich werden wie seine berühmte Tochter, die er sogar darum bitten muss, ihren Einfluss geltend zu machen und in den USA einen Verleger für ihn zu suchen. Seine Pläne lassen sich nicht realisieren, und seinen Neid auf Maeves Erfolg kann er offensichtlich nur schlecht verbergen. Für die Tochter eine unerträgliche Situation, die ihr Irland noch mehr verleidet.

Maeve Brennan gilt heute in erster Linie als irische Schriftstellerin. Eine Zuschreibung, die aufgrund ihres Geburtsortes nicht einer gewissen Logik entbehrt. Zudem rechnet sie in vielen ihrer Geschichten, vor allem in denen über ihre Kindheit, mit der alten Heimat geradezu ab. Wenn sie Fiktionales schreibt, dann schreibt sie über Irland – traurige Geschichten von Hass und unerfüllten Sehnsüchten. Von Menschen, die sich gegenseitig das Leben zur Hölle machen. Verschmitzt, *sophisticated* und mit Augenzwinkern schreibt sie nur über New York und Umgebung. Auf den ersten

Blick mag sie eine irische Schriftstellerin im Exil sein – doch dieses Exil wird ihr bald mehr Heimat sein, als die alte Heimat es jemals war. Allerdings braucht es etwas, bis sie zu dieser Einsicht kommt. Noch in *Die Besucherin* begreift sie Heimat als etwas nicht Fassbares, als einen Ort, den man stets zu verlieren droht: »Zuhause ist ein geistiger Ort. Wenn er leer ist, füllt er sich. Mit Erinnerungen, Gesichtern, Stätten, vergangenen Zeiten. Geliebte Bilder steigen ungerufen auf und halten der Leere einen Spiegel vor. Welch verärgertes Staunen, welch ziellose Suche! Es ist ein alberner Zustand.«[34]

Sie weiß, dass sie in Irland niemals so leben könnte wie sie möchte – nicht als Frau und auch nicht als Autorin. Irland ist kein Land für selbstständige Frauen. Alles dort ist starr und beengt. Sie selbst verdeutlicht diese Beengtheit in ihren Texten immer wieder durch die von ihr beschriebenen irischen Häuser, die Wand an Wand in engen Straßen stehen und für maximale soziale Kontrolle und vernichtend geringe Privatsphäre sorgen. Wie hätte sie in einem Land leben sollen, das 1937 in Artikel 41.2 seiner Verfassung die Rolle der Frau auf das Hausfrauendasein reduziert: »Der Staat anerkennt insbesondere, dass die Frau dem Staat durch ihr Leben in der häuslichen Gemeinschaft eine Stütze verleiht, ohne die das allgemeine Wohl nicht erlangt werden kann. [...] Der Staat wird sich daher auch bemühen sicherzustellen, dass Mütter nicht aus wirtschaftlicher Notwendigkeit gezwungen werden, zum Schaden ihrer häuslichen Pflichten Arbeit aufzunehmen.«[35]

Damit wird einer Intellektuellen wie Maeve Brennan die Rückkehr nach Irland völlig unmöglich gemacht. Im Laufe ihres Lebens wird es kaum besser werden: Erst 1985 legalisiert Irland die Empfängnisverhütung, Homosexualität ist bis 1988 kriminalisiert, erst ab 1995 ist es offiziell möglich, sich scheiden zu lassen. Dazu kommt, dass irische Schriftstellerinnen lange überhaupt nicht wahrgenommen werden. In der 1991 erschienen 4000 Seiten starken dreibändigen Anthologie von Seamus Deane über irische Literatur kommen Frauen kaum vor. 2002 werden zwei Ergänzungsbände über irische Schriftstellerinnen nachgeschoben. Maeve Brennan ist ihren Landsleuten lange Zeit kein Begriff. Solange sie lebt, wird sie dort weder gelesen noch verlegt – mit einer kleinen Ausnahme. David Marcus, der unzähligen irischen Schriftstellern den Weg geebnet hat, veröffentlicht 1973 in *The Irish Press* ihre Kurzgeschichte *Heiligabend.*

Als Maeve in den siebziger Jahren eine Zeitlang in Dublin lebt, lädt Marcus sie zum Dinner in sein Haus ein. Um sich zu bedanken, spricht Maeve eine Gegeneinladung in ihr Apartment in Ballsbridge aus. Doch als das Ehepaar Marcus wie verabredet dort erscheint, ist die Wohnung leer und Maeve in die USA zurückgekehrt. Trotzdem nimmt David Marcus sie in seine Anthologie irischer Weihnachtsgeschichten auf, die 1995 bei Bloomsbury erscheint.[36]

Im Januar 1998, ein Jahr nachdem in den USA der Kurzgeschichtenband *The Springs of Affection* erschienen ist, der viele ihrer Dubliner Geschichten beinhaltet, wird schließlich auch die *Irish Times* auf sie aufmerksam. Fintan O'Toole stellt seinen irischen Landsleuten eine Autorin vor, über die im Vorwort zu lesen steht: »Ihre besten Geschichten spielen immer in Irland, und es gibt darin keine Figur, die nicht irisch ist.«[37]

Doch erst als 2004 Angela Bourkes Biographie über sie erscheint, wird Maeve Brennan voll und ganz zu einer irischen Schriftstellerin. Dabei hat sie sich genau das zu Lebzeiten strikt verbeten, wie ihre Kollegin beim *New Yorker* Katharine White berichtet: »Maxwell und ich begingen einmal den Fehler, sie als unsere beste irische Autorin zu bezeichnen. Wir meinten damit eigentlich nur, dass sie in Irland geboren war, aber ich kann Ihnen sagen, sie mochte das überhaupt nicht. [...] Man konnte sie auch nicht in irgendeine Schublade stecken, ihr Werk war viel zu universell.«[38] Und als ihr guter Freund Howard Moss einmal mit dem Gedanken spielt, in Irland ein Haus zu kaufen, ist er sich Maeves Ablehnung gewiss: »Ich bin immer noch total begeistert von Irland. Wenn du nicht voller Vorurteile wärst, dann könntest du sehen, dass es dort einfach ideal für dich wäre: anonym und verschwiegen, billig, mit vielen Tieren und guter Wolle und Leinen und leckerem Essen. Und erst die piekfeine Seite von Dublin mit seinen Bars und den Häusern aus dem 18. Jahrhundert und dem Gate Theater und so weiter und so weiter. Für Ausschweifungen und Verlagsfeste könntest du ja immer nach London reisen. Und auch die vielen Boote und das Fischen und die Wälder. Dazu die ständigen Wetterumschwünge, kalt und heiß. Wenn du dir ein Haus in Wexford kaufst, kauf ich dir ein Grammophon dafür.«[39]

Maeve bleibt lieber in New York, in der Stadt, in der sie schon zu Lebzeiten eine Berühmtheit ist. Das *Time Magazine* schreibt über sie: »Maeve Brennan gehört zu den Menschen, die New York lieben, ›weil man hier so schön unsichtbar sein kann‹. Zierlich, versteckt hinter einer großen dunklen Brille, verbringt sie die meiste Zeit beobachtend und zuhörend, getarnt nur mit einem Buch: ›Niemandem ist je aufgefallen, dass ich niemals die Seite umblättere.‹«[40] Sie liebt die Anonymität der Millionenstadt, in die sie eintauchen und davonschwimmen kann. So wird die Irin Maeve Brennan im Laufe ihres Lebens immer mehr zu einer New Yorkerin. Die Exilantin wird zur Immigrantin und am Ende zur irischstämmigen Amerikanerin. Dazu kommt, dass die durch und durch urbane Schriftstellerin die über New York und Dublin schreibt, keineswegs dem entspricht, wofür irische Autoren gemeinhin stehen. Die irische Schriftstellerin und Literaturkritikerin Anne Enright schreibt zu Recht, dass Maeve die übliche irische »Moor-und-Donner-Variante des Erzählens« völlig fremd war.[41]

Ihr Leben in Irland hat Maeve im nachhinein als ein Leben voller Einschränkungen beschrieben, und die Freiheit, die ihr New York bot, tagtäglich geschätzt. Wie frei sie hier ist, wird ihr einmal mehr bei einer unerwarteten Begegnung mit zwei Nonnen klar. Es ist ein sonniger Tag in Manhattan, sie sitzt allein und zufrieden in einem Restaurant, als sie die beiden vorbeihuschen sieht: »Ich hatte mir für den Nachmittag freigenommen, doch weshalb, welche Entschuldigung ich mir selbst gegenüber vorgebracht hatte, weiß ich nicht mehr. Vielleicht fühlte ich mich frei, weil es wieder Herbst war. Trotzdem, drei Uhr nachmittags ist nicht der rechte Zeitpunkt, um in einem öffentlich zugänglichen Restaurant am Fenster zu sitzen, vor sich einen Martini oder vielmehr, als die Nonnen vorübergingen, einen halben Martini, und es kam mir wie ein Wunder vor, so frei und unabhängig zu sein, dass ich in meinem Lieblingsrestaurant sitzen und trinken konnte, was ich wollte, essen konnte, was ich wollte, Bücher meiner Wahl lesen und zwei Nonnen vorübergehen sehen konnte, ohne irgendetwas zu empfinden, außer einer gelinden Überraschung – keine Beklommenheit, keine heftige Befragung eines ängstlichen Gewissens, nichts dergleichen.«[42]

> Wenn man über Leute auf der Straße schreibt,
> dann muss man deren Kleidung beschreiben.
> Jede Einzelheit.
> Kleidung sagt eine Menge über den Menschen aus.
>
> *Maeve Brennan, Time Magazine*

III.

»Ein Mädchen liest so etwas nicht ohne Lippenstift.«

Ich erobere die Modewelt

Neben der komplizierten gesellschaftspolitischen Situation, die in Irland herrscht, gibt es aber auch einen anderen und vor allem erfreulichen Grund, weshalb Maeve unbedingt in New York bleiben will. Noch während sie an ihrer ersten Novelle arbeitet, ergattert sie einen Job, für den so manche junge Frau töten würde. 1943 fängt sie als Werbetexterin bei der Modezeitschrift *Harper's Bazaar* an, dem schärfsten Konkurrenten der *Vogue*.

Am 2. November 1867 war das High-End-Fashion-Magazin aus New York zum ersten Mal erschienen: »Eine Fundgrube für Mode, Vergnügen und Unterweisungen.«[1] Damals allerdings noch ohne das zweite »a« in *Bazaar*. Die Idee zu diesem neuartigen Magazin entlehnten die Gebrüder Harper bei Louis Schäfer und dessen illustrierten Damenzeitschrift *Der Bazar*, die in Berlin erschien und neben Mode- und Frauenthemen auch eine literarische Unterhaltungsbeilage beinhaltete. Dieser Zeitschrift, die mit eleganten Holzstichen illustriert war und die Mode an exquisiten Orten rund um den Globus zeigte, wollten die Brüder nacheifern.[2]

Erste Chefredakteurin von *Harper's Bazaar* war Mary Louise

Booth. Bereits für die ersten Ausgaben konnte die überzeugte Abolitionistin und Suffragette namhafte Schriftsteller wie Charles Dickens, George Eliot und Henry James gewinnen und so das literarische Niveau der Zeitschrift innerhalb kürzester Zeit in schwindelerregende Höhen schrauben. 1891 erschien hier als Fortsetzungsroman Thomas Hardys neues Werk *Tess von den d'Urbervilles*.

Einzig, dass auf Wunsch der Harper-Brüder Politik kein Thema sein sollte, dürfte einer so engagierten Frau wie Mary Louise Booth kaum gefallen haben. In ihren Augen zeichnete sich die moderne Frau nicht allein durch modischen Chic, sondern auch durch politisches Denken und emanzipiertes Handeln aus. Tatsächlich hielt sich Booth mitnichten an die Doktrin ihrer Herausgeber. Schon in den ersten Heften fanden sich zwischen all den Berichten über die neuste Pariser Damenmode auch Reportagen über die höchst umstrittene Frauenstimmrechtsbewegung. Die Redakteurinnen von *Harper's Bazaar* nannten Frauen, die ihr Leben ganz traditionell Mann und Kindern weihten, »Sklavinnen« und feierten stattdessen die »neue Frau«, für die die gleichen Rechte bezüglich Bildung, Wahlrecht und Berufswahl gelten sollten.

1913 übernahm Pressemogul William Randolph Hearst die Zeitschrift, die sich plötzlich einem neuen Konkurrenten gegenübersah – der *Vogue* aus dem Hause Condé Nast. Es folgten einige kleine An- und Abwerbungsscharmützel zwischen beiden Zeitschriften, doch nachdem Hearst der *Vogue* den berühmten Fotografen Adolphe de Meyer für das Dreifache seines bisherigen Gehalts abgeworben hatte, einigten sich die beiden Verleger auf ein Gentlemen's Agreement, wonach man sich gegenseitig keine Talente mehr abspenstig machen wollte. Eine Übereinkunft, die selbstredend über die Jahre von beiden Seiten nach Lust und Laune gebrochen wurde. Obwohl 1915 mit dem gebürtigen Russen Romain de Tirtoff, genannt Erté, einer der wichtigsten Vertreter des Art déco als Illustrator zu *Harper's Bazaar* kam und in den zwanziger Jahren Berühmtheiten wie Zelda und F. Scott Fitzgerald oder Dorothy

Parker dort veröffentlichten, hatte die *Vogue* unter ihrer legendären Chefredakteurin Edna Woolman Chase *Harper's Bazaar* Anfang der dreißiger Jahre längst den Rang abgelaufen. Erst der neuen Chefredakteurin Carmel Snow gelang 1933 die Trendwende.

Geboren 1887 in Dalkey in Irland, kam Snow als Kind mit ihrer Mutter in die USA. In Vertretung ihres kurz zuvor verstorbenen Mannes war Annie bei der Weltausstellung 1893 in Chicago für den irischen Pavillon verantwortlich. Die Familie blieb in den USA, und Carmels Mutter wurde eine der berühmtesten Damenschneiderinnen der New Yorker Upperclass. So kam die kleine Carmel früh mit der High-Fashion in Berührung und besuchte schon als Kind jährlich die berühmten Pariser Modenschauen. 1921 heuerte sie bei Condé Nasts *Vogue* an, wo sie der Liebling des Herausgebers und der strengen Chefredakteurin Edna Woolman Chase wurde. Beide förderten sie nach Kräften, bremsten sie aber auch in ihrem Eifer, das Blatt zu modernisieren. Nachdem Snow klar wurde, dass sie bei der *Vogue* zwar eine wichtige Position einnahm, in absehbarer Zeit aber nicht zur Chefredakteurin avancieren würde, nahm sie 1933 das Angebot von Nasts Erzrivalen William Randolph Hearst an und wechselte zu *Harper's Bazaar*. Ein Verrat, den ihr weder Nast noch Chase jemals verzeihen. Auf eine versöhnliche Einladung zum Dinner im Jahr 1936 wird Chase ihr antworten: »Ich danke Dir für Deine freundliche Einladung zum Dinner am Freitag. Ich wünschte wirklich, ich könnte sie annehmen, aber die alte Verbindung, die es einmal zwischen uns gab, speiste sich aus den vielen Jahren der gemeinsamen Arbeit und des Vergnügens. Mit Deiner Entscheidung, dies alles wegzuwerfen und stattdessen für den Mann zu arbeiten, der unser größter Feind ist, hast Du in mir alle Zuneigung und allen Glauben an Dich zerstört. Niemandem außer Dir wäre dies jemals gelungen.«[3] Obwohl Carmel Snow in Interviews immer wieder betont, dass sie alles, was sie über Modejournalismus weiß, von Condé Nast gelernt hat, wird auch er nie wieder mit ihr sprechen.

Die elegante Carmel, die aus ihren in Paris erworbenen Couture-Kleidern vor dem Abflug in die USA die Etiketten entfernt, um den Zoll zu umgehen, pflegt ein inniges Verhältnis zu Perlen und Martini: »Jeder kannte diese verrückte, brillante Irin. Ob betrunken oder nüchtern, alle liebten sie. Sie war immer perfekt angezogen. Und sie war oft sehr betrunken – und ich meine nicht beschwipst. Sie unterhielt die Gesellschaft aufs Brillanteste – aber sie konnte keinen Fuß mehr vor den anderen setzen.«[4]

In Paris logiert sie meist im Hotel Saint Régis, wo sie vom Bett aus Besucher empfängt und eine Modezeitschrift leitet. Manchmal sogar vom Badezimmer aus, wie sich eine Fotografin erinnert: »Einmal ging ich um sechs Uhr morgens in ihre Suite. Sie saß perfekt frisiert und geschminkt mitsamt ihren Perlen in der Badewanne – man sah sie niemals ohne ihre Perlen –, und auf dem Kopf trug sie ein Hütchen. Der Kellner wuselte um sie herum, brachte Croissants und anderes. Sie war die Ruhe selbst, wie sie da so in der Badewanne saß. Ich wünschte, ich hätte eine Kamera bei mir gehabt.«[5]

Carmel Snow wird zu einer der einflussreichsten Moderedakteurinnen der Welt. Eingedenk der Ursprungsidee der Harper-Brüder versucht sie aus *Harper's Bazaar* erneut eine Zeitschrift zu formen, die nicht nur den Körper, sondern auch den Geist der Leserinnen ins Visier nimmt. Dazu umgibt sie sich mit Literaten, Fotografen und Künstlern aller Art, deren Beiträge aus dem Modemagazin mit der Zeit eine Kulturzeitschrift machen.

Im Sommer 1939 erscheint ein atemberaubendes Modefoto des deutschen Fotografen Erwin Blumenfeld, der Lisa Fonssagrives, das erste echte Supermodel, in schwindelerregender Höhe auf dem Pariser Eiffelturm posieren lässt. Zwei Jahre später muss Blumenfeld Europa verlassen und macht sich in einem mit geliehenem Geld gekauften Anzug auf den Weg in die Redaktionsräume von *Harper's Bazaar*: »Carmel Snow thronte, beide Füße unbeschuht auf dem mit Photos übersäten Schreibtisch, inmitten ihrer jasagenden

Redaktricen und ihres nichtssagenden Artdirektors Brodowitsch in ihrem glühendheißen Privatkontorchen. Ohne aufzustehen, ohne aufzusehen, befahl sie hocherfreut, als hätte kein Weltkrieg uns vor zwei Jahren getrennt: ›Blumenfeld! Vom Himmel gesandt: Zwei Seiten von Huené sind unmöglich, und er ist wieder in Ferien. Wir müssen morgen die Septembernummer abschließen. Gehn Sie schleunigst rauf ins Studio und machen fabelhafte Retakes. Ich sitze mitten in den Herbstkollektionen, eine der nächsten Wochen werden wir lunchen, und Sie dürfen mir dann Ihre Kriegserlebnisse auftischen. You look splendid. Jetzt machen Sie rasch ein paar echte Blumenfeldseiten, sensationelle masterpieces! We have to keep deadlines! So long!‹«[6] Weil Blumenfeld schnell liefern will, macht er die Aufnahmen in den Studios von *Harper's Bazaar* – wofür Carmel ihm pro Foto 100 Dollar abzieht. Willkommen in Amerika!

Tatsächlich wird Carmel Snow von ihren Mitarbeiterinnen gleichermaßen verehrt wie gefürchtet. Eine Kollegin erinnert sich, dass Maeve Brennan den eleganten Stil der Chefredakteurin zwar über alle Maßen bewunderte, andererseits aber nur unter Androhung von Gewalt dazu gebracht werden konnte, an den Redaktionssitzungen in Snows Büro teilzunehmen. Sie habe sich vor ihr zu Tode gefürchtet.[7] Mit derselben Seelenlosigkeit, mit der sie selbst oft ihren Mitmenschen begegnet, wird man Carmel Snow nach 25 Jahren an der Spitze von *Harper's Bazaar* nahelegen, ihren Stuhl zu räumen. Sie hat zu viele Modenschauen durch ihren übermäßigen Alkoholkonsum gestört und wird deshalb durch ihre Nichte ersetzt. Bis dahin jedoch ist sie eine legendäre Chefredakteurin, der es gelingt, ebenso legendäre Mitarbeiter um sich zu scharen. Allen voran Diana Vreeland, die sie auf dem Tanzparkett des St. Regis Hotels in New York entdeckt. Beeindruckt von ihrer Grazie und ihrem extravaganten Stil, engagiert Snow die eigentlich unwillige Vreeland am nächsten Tag per Telefon: »Aber Mrs. Snow […]. Ich habe meiner Lebtage noch keinen Fuß in ein Büro gesetzt. Ich bin erst mittags angekleidet.«[8]

Wie so oft beweist Carmel Snow mit diesem Engagement ein glückliches Händchen, auch wenn Diana Vreelands erste glorreiche Idee darin besteht, das Ende der Damenhandtasche auszurufen: »Der Mann lief so schnell aus meinem Büro, als wollte er die Polizei holen. Er stürzte in Carmels Büro und sagte: ›Diana ist übergeschnappt! Nimm sie dir mal vor.‹ Also kam Carmel zu mir und sagte: ›Jetzt hör mal, Diana, ich glaube, du bist nicht ganz bei Verstand. Ist dir klar, dass wir durch Handtaschenwerbung jedes Jahr weiß Gott wie viele Millionen verdienen?‹«[9]

Vreeland wird 1903 als Tochter eines Briten und einer Amerikanerin in Paris geboren, was ihrer Ansicht nach die Voraussetzung für ein erfolgreiches Leben ist: »Das Erste, was man tun muss [...], ist, dafür zu sorgen, dass man in Paris geboren wird. Alles Weitere folgt dann ganz natürlich.«[10] Ende des Ersten Weltkriegs übersiedelt die Familie in die USA, wo sie Teil der New Yorker High Society wird. Als junge Frau zumeist im Schatten ihrer wunderschönen Schwester stehend, entwickelt Vreeland für sich die Maxime: »Man muss nicht als Schönheit zur Welt kommen, um maßlos attraktiv zu sein.«[11] 1924 heiratet sie ihre große Liebe, den Bankier Thomas Reed Vreeland, einen der begehrtesten Junggesellen der Stadt. Mit ihm zieht sie nach London, wo sie in der Nähe des Berkeley Square eine kleine, sehr exklusive Lingerie-Boutique eröffnet. Zu ihren Kundinnen zählt unter anderem Wallis Simpson, die spätere Herzogin von Windsor. Ganz heimisch wird sie auf der Insel allerdings nie: »Das Beste an London ist Paris.«[12] Bei einer Modenschau in Paris lernt sie Coco Chanel kennen, mit der sie eine lebenslange Freundschaft verbinden wird.

1937 kehren die Vreelands nach New York zurück. Hier beginnt Dianas journalistische Karriere. Die spätere Chefredakteurin der US-*Vogue* prägt den Beruf der Moderedakteurin maßgeblich und ist schon zu Lebzeiten eine Legende. Ihre Kolumne in *Harper's Bazaar* trägt den Titel »Versuchen Sie doch mal ...«, und die geneigte Leserin sieht sich mit Aufforderungen wie dieser konfrontiert:

»Waschen Sie blondes Kinderhaar in abgestandenem Champagner, wie man es in Frankreich tut.«[13]

Vreelands Kolumne wird so berühmt, dass Sidney Perelman 1938 im *New Yorker* eine Satire darüber veröffentlicht: »Nach einem kurzen Blick ins Kinderzimmer beschloss ich, mein blondes Kind nach seinem Gusto zur Hölle fahren zu lassen, so wie wir das in Amerika zu tun pflegen. ›Warum‹, fuhr die Autorin fort und spuckte sich dabei in die Hände, ›binden sie ihr die Zöpfe nicht rund um die Ohren wie bei einem Macaroon?‹ Ich habe diese Stelle mehrmals gelesen, nur um sicherzugehen, dass ich nicht träume. Dann habe ich im Impressum nachgesehen, wem die Zeitung gehört. Auch wenn der Marquis de Sade dort nicht aufgeführt ist, mich kann man nicht täuschen. (Bis die nächste Ausgabe erscheint, schlafe ich mit einem Fuß an der Wiege, mit geladener Pistole).«[14]

Diana Vreeland ist unkonventionell und extravagant. Wenn ihr die Welt nicht gefällt, kreiert sie kurzerhand eine neue. »Faction« nennt sie diese Mischung aus Fiktion und Fakten. Gutes Entertainment ist ihr allemal lieber als langweilige Wahrheiten. So stellt sie ihren guten Freund, den Modeschöpfer Bill Blass, hartnäckig als Briten vor, auch wenn dieser nicht müde wird zu betonen, er sei nur ein Strumpfwarenhändler aus Indiana. Eingehüllt in kostbarste Stoffe und schweres Parfum, kann man sie mit rotbemalten Ohrläppchen bei Erdnussbutter-Marmeladen-Sandwiches und einem Glas Whiskey in den New Yorker Szenebars sehen. Ihr extravaganter Geschmack wird prägend für den Stil einer ganzen Nation, obwohl sie an den berühmten New Yorker Luxuskaufhäusern nicht ein gutes Haar lässt: »Bloomingdale's ist das Ende des Einkaufens, weil es niemanden gibt, der einen bedient. Man bewundert die Sachen nur. Dann sieht man einen Mann, und hält ihn für einen Verkäufer, aber nein: ›Es tut mir leid gnä' Frau, ich kann Ihnen nicht helfen. Mir geht es wie Ihnen, ich suche auch nach jemandem, der mir hilft.‹ Also geht man mit Tränen in den Augen wieder hinaus: Man hat nichts geschafft und obendrein seine geistige Gesundheit aufs Spiel gesetzt. Oder ich gehe, sagen wir, zu Saks Fifth Avenue, und dort hängen an einer fahrbaren Kleiderstange zwei Dutzend Kleider zu jeweils fünftausend Dollar. An einer Kleiderstange! Ich meine, überhaupt durch Saks zu gehen, ist eine Leistung an sich. Man verlässt den Lift, man ist in der falschen Etage, man geht zurück, tritt wieder in den Lift. Dann steigt man wieder aus, geht an der Wäsche vorbei, an der Kosmetik, meilenweit durch die Schuhabteilung, um schließlich vor den Fünftausend-Dollar-Kleidern zu stehen, Oscar de la Renta, Bill Blass, alle nebeneinander, alle an einer Stange.«[15] Maeve teilt diese Einschätzung amerikanischer Luxuswarenhäuser übrigens nicht. Sie kauft ihre Büstenhalter stets bei Saks Fifth Avenue – für 50 Dollar das Stück.

Die Memos, die Diana Vreeland in späteren Jahren als Chefredakteurin der *Vogue* schreibt, sind so geschliffen, dass sie nach ihrem Tod als Buch veröffentlicht werden. Dabei versteht sie sich ganz und gar nicht als Intellektuelle:»Mein Lebenstraum ist, heimzukommen und an absolut nichts zu denken. Schließlich kann man nicht die ganze Zeit denken. Wenn man unablässig jeden Tag seines Lebens denkt, kann man sich genauso gut gleich umbringen und wenigstens morgen glücklicher sein.«[16]

Nachdem man ihr, ähnlich wie Carmel Snow bei *Harper's Bazaar*, 1971 nahelegt, die *Vogue* zu verlassen, wird die Frau, die ungeputzte Schuhe für das Ende der Zivilisation hält,[17] vom Kostüminstitut des Metropolitan Museums engagiert. Unter ihrer Ägide finden sensationelle Ausstellungen statt, die letztlich dafür sorgen, dass Mode endgültig als Teil des Kunstbetriebs anerkannt wird.

Für die Macher von *Harper's Bazaar* stellt sich diese Frage ohnehin nicht: Fashion ist Kunst! Zu den wichtigsten Mitarbeitern gehört hier deshalb Alexei Brodowitsch, den Carmel Snow als Art Director eingestellt hat. Er ist es, der für *Harper's Bazaar* das weltberühmte Didot-Logo entwirft. Der gebürtige Russe wird für die Bühnenbilder, die er für Sergej Djagilews *Ballets Russes* entworfen hat, genauso gefeiert wie für seine experimentelle Bühnenfotografie. Seine legendären Layouts mit den großen bunten angerissenen Bildern ohne Überschrift, seine schiefen Texte und die unübersehbaren Einflüsse von Kubismus, Surrealismus und russischem Konstruktivismus sind eine Sensation, allerdings nicht jedermanns Geschmack. Verleger William Randolph Hearst schreibt einmal völlig entgeistert an seine wilde Truppe: »Finden Sie, es ist wirklich nötig, so grauslige Bilder abzudrucken, um modern zu wirken?«[18] Bei den Bilderstürmern von *Harper's Bazaar* stößt er damit auf taube Ohren, auch wenn sie ihm seinen eigenen eher traditionellen Geschmack nicht übel nehmen. Oder um es mit Diana Vreeland zu sagen: »Ein klein wenig schlechter Geschmack ist wie eine Prise Paprika. Wir alle brauchen ab und an eine Prise schlechten Geschmacks. [...] Keinen Geschmack zu haben – dagegen verwahre ich mich.«[19]

Der neue Stil von *Harper's Bazaar* ist vor allem den Fotografen zu verdanken, die Snow, Vreeland und Brodowitsch zum Magazin holen. Darunter sind Koryphäen wie Gleb Derujinsky, Lillian Bassman oder Richard Avedon, der bereits in den fünfziger Jahren so berühmt ist, dass Hollywood 1957 mit Fred Astaire und Audrey Hepburn in den Hauptrollen unter dem Titel *Ein süßer Fratz* sein Leben verfilmt. Zuvor allerdings hat Brodowitsch Avedon glatte vierzehnmal versetzt, ehe er ihn in seinem Büro gnädig empfängt, um ihn vom Fleck weg zu engagieren. Die Hauptverantwortlichen von *Harper's Bazaar* suchen Fotografen, die – genau wie sie – wegwollen von den die Modebranche noch immer dominierenden Schwarz-Weiß-Studioaufnahmen. Unmittelbar nach ihrem Amtsantritt bei *Harper's Bazaar* nötigt Carmel Snow den ungarischen Fotografen Martin Munkácsi, an einem stürmischen Oktobertag ein Bademodenshooting am Strand von Long Island abzuhalten. Mit dem Foto, auf dem das Model Lucile Brokaw im Badeanzug auf ihn zuläuft, schreibt Munkácsi Modegeschichte: Es ist das erste bewegte Modefoto. Dabei ist seine Entstehung allein einem Missverständnis geschuldet. Lucile Brokaw hüpft hin und her, weil ihr kalt ist, und als Munkácsi auf Ungarisch zu rufen und wild zu gestikulieren beginnt, damit sie endlich stillhält, glaubt Brokaw fälschlicherweise, sie solle auf ihn zulaufen. Munkácsi wird später übrigens mit *Nude with Parasol* auch das erste Nacktfoto schießen, das im Juli 1935 in *Harper's Bazaar* erscheint.

1936 wirbt Carmel Snow Louise Dahl-Wolfe an, die bisher vor allem für das legendäre Modehaus Saks Fifth Avenue fotografiert hat. Dahl-Wolfe, eine der einflussreichsten Modefotografinnen des 20. Jahrhunderts, wird berühmt für ihre bunten Outdoor-Settings. Ihrem Ruf ist es zu verdanken, dass Stars wie Ingrid Bergman, Vivien Leigh oder Bette Davis, die zuvor ausschließlich Studiofotografien von sich anfertigen ließen, sich plötzlich auf Parkbänken dem grellen Tageslicht aussetzen. Für das Cover der März-Ausgabe 1943 lichtet Dahl-Wolfe eine unbekannte Schönheit ab, die vom *Esquire* jüngst zur hübschesten Platzanweiserin des Broadways gekürt worden ist. Nachdem Regisseur Howard Hawks das Cover sieht, lädt er die junge Schauspielerin zu Probeaufnahmen nach Hollywood ein. Der Rest ist eine Geschichte, wie sie nur die Traumfabrik schreiben kann. Lauren Bacall wird einer der größten Stars der Filmbranche und Gattin von Schauspieler Humphrey Bogart, an dessen Seite sie in *Sein oder Nichtsein* ihre erste Hauptrolle spielt.

Getreu Diana Vreelands Motto »Das Auge muss auf Reisen gehen« werden die Models für *Harper's Bazaar* auf der ganzen Welt vor den großartigsten Bauwerken und Landschaften in Szene gesetzt. Für ein perfektes Bild lässt Vreeland schon mal Tausende von Orchideenpflanzen nach Alaska verschiffen. So nimmt es nicht Wunder, dass ein ikonisches Foto der Modefotografie im Auftrag von *Harper's Bazaar* entsteht: 1955 fotografiert Richard Avedon das amerikanische Supermodel Dovima in einem Abendkleid von Dior zwischen zwei Elefanten. Während Dovima nach Ende ihrer Modelkarriere ihren Lebensunterhalt als Restaurantleiterin einer Pizzeria in Fort Lauderdale verdienen muss, erwirbt das Modehaus Dior einen Abzug des Bildes aus Richard Avedons Nachlass für sage und schreibe 700 000 Euro. Heute ist das Bild Teil der Dauerausstellung des Museum of Modern Art in New York.

Nach wenigen Jahren hat Carmel Snow erreicht, wofür sie einst angetreten war: Sie hat ein Magazin geschaffen, das die perfekte Melange aus Hochkultur und Modezirkus darstellt und in dem Autoren wie Carson McCullers, John Dos Passos, Gertrude Stein, Evelyn Waugh und Truman Capote ihre Texte veröffentlichen. Fotos von Man Ray und Henri Cartier-Bresson schmücken die Zeitschrift ebenso wie Zeichnungen von Jean Cocteau und Salvador Dalí.

Dass Maeve von diesem Schmelztiegel aus Kultur, Kunst und Kommerz fasziniert ist, ist nur allzu verständlich. Ebenso faszinierend wie ungewohnt muss dabei das Frauenbild sein, das *Harper's Bazaar* propagiert und dem Maeve voll und ganz entspricht: die urbane, berufstätige Single-Frau. Obwohl die Kleider, die das Magazin zeigt, das gesamte Monatsgehalt einer Frau wie Maeve auffressen würden, suggeriert man hier, dass die Frau von heute sich diese Kleider selbst kauft und nicht vom reichen Gatten schenken lässt. *Harper's Bazaar* hat als Zielgruppe nicht mehr länger die gelangweilte Upperclass-Lady im Blick, deren einzige Aufgabe hie und da ein klein wenig Charity ist. Nein, die *Harper's-Bazaar*-Leserin ist modern und unabhängig, kommt durch einen interessanten Job selbst für ihren Lebensunterhalt auf, ist ständig auf Reisen, lässt keine Party aus und genießt champagnertrinkend das Leben. Willkommen bei *Sex and the City 1945*.

Für modeaffine junge Frauen ist es der Traum schlechthin, hier zu arbeiten – wenn auch ein schlecht bezahlter Traum. Mit größtem Vergnügen unterwerfen sich die jungen Damen den strengen Kleidervorschriften, die in New York herrschen: Es ist ein Muss, weiße Handschuhe zu tragen und nach Möglichkeit auch im Büro immer einen Hut. An den Wochenenden ist es gar heilige Pflicht, sich in den Trubel von Manhattan zu stürzen, um neue Trends aufzuspüren, die Diana Vreeland dann in legendäre Einzeiler ummünzt: »Jede Frau hat eine Taille, und dieses Jahr muss sie sie finden.«[20] *Harper's Bazaar* geriert sich versnobt, ironisch, tabulos – und so sollen auch seine Mitarbeiter sein.

Warum ausgerechnet Maeve, die noch nicht lange in New York lebt, dort eine Stellung erhält, ist unklar. Möglicherweise geschieht es auf Fürsprache des späteren Pulitzer-Preisträgers Joseph Kingsbury-Smith, einem der wichtigsten Reporter in William Randolph Hearsts Presseimperium. Kingsbury-Smith ist ein enger Freund von Maeves Vater und nach dem Krieg als Vertreter der amerikanischen Presse bei den Nürnberger Kriegsverbrecherprozessen zugegen. Während der Berlin-Blockade 1949 wird er durch seine Korrespondenz mit Josef Stalin weltweit für Furore sorgen, da seine Vermittlungsversuche maßgeblich zum Ende der Krise beitragen. Dass Carmel Snow selbst Irin ist, wird der Tochter des irischen Gesandten in Washington D. C. sicherlich ebenfalls nicht geschadet haben.

Zu Maeves großer Freude befindet sich das Redaktionsbüro von *Harper's Bazaar* in der, wie sie sagt, »lebensbejahenden«[21] Madison Avenue: »Meine Lieblingsavenue, in der ich mich zu jeder Tages- oder Nachtzeit und zu jeder Jahreszeit wohlfühle, ist die Madison Avenue. Wann immer ich die Madison Avenue entlanggehe, muss ich an schöne Kleider und an Fröhlichkeit denken und an die Möglichkeit, beides auf einmal zu haben. In der Avenue, die jedes Jahr schmaler und interessanter zu werden scheint, herrscht eine sorglose, entspannte Atmosphäre. Sogar romantisch ist es dort. Die Schaufenster sind fast ebenerdig, […] so niedrig und so nahe, dass Sie, ganz gleich, wie eilig Sie es haben, gar nicht umhin können, die Auslagen zu betrachten […]. Gott behüte, dass in der Stadt jemals eine Revolte ausbrechen sollte, denn wenn es dazu kommt, werde ich mit meinem Stein oder Ziegel unverzüglich zur Madison Avenue gehen, die Augen schließen und einfach werfen, denn dort gibt es kaum ein Schaufenster, das nicht etwas enthält, das ich gern haben möchte.«[22]

Wie sehr hat sich die junge irische Katholikin bereits verändert. *Harper's Bazaar* und seine Themen sind wohl schwerlich das, was in Irland als schicklich für ein junges Mädchen angesehen wird. Das ist Maeve wohl bewusst, und es ist sicher kein Zufall, dass die Besucherin ihrer gleichnamigen Novelle ausgerechnet aus Paris nach Dublin zurückkehrt. Auch wenn Maeve selbst noch nie in Paris war, so ist die französische Hauptstadt doch gerade in der Welt der Mode, in der sie sich nun bewegt, ein Synonym für Freiheit, Modernität und Frivolität – all das, was das katholische Irland ablehnt und Maeve trotz der räumlichen Distanz zur alten Heimat Schuldgefühle verursacht. In *Die Besucherin* wird es ganz deutlich: Wer sich einmal für diese Welt entschieden hat, für den gibt es kein Zurück mehr. Der Schritt in Richtung Unabhängigkeit wird mit dem Verlust von Heimat bezahlt. Auch Maeve hat die Unabhängigkeit gewählt und dadurch Distanz zu Familie und alter Heimat geschaffen. Sie vermisst die alten Bande zweifellos, aber niemals so sehr, dass sie bereit ist, die neugewonnenen Freiheiten wieder aufzugeben. Die Frauen, denen sie nun nacheifert, stellen sicher den größtmöglichen Kontrast zum Frauenbild des katholischen Irlands dar. Auch wenn Maeves Wurzeln in Irland liegen, ihre Zukunft liegt in den USA.

Hier versucht sie nun auch ohne Familie heimisch zu werden. Sie hat ein paar lose Affären mit Soldaten, die auf ihren Einsatz in Übersee warten, nettes Geplänkel, aber nichts Ernstes. Einer, der nicht zum Zuge kommt, aber dennoch begeistert von Maeve berichtet, ist Francis William Lovett, Angehöriger der 10th Mountain Division. Er ist ein großer Verehrer des New Yorker Lästermauls Dorothy Parker, weshalb er im März 1944 mit zwei Kameraden in der Lobby des Hotels Algonquin sitzt, wo sich Parker und ihre Freunde am Round Table zu treffen pflegen. Die schmucken jungen Männer, die in ihren Mountie-Uniformen in einem New Yorker Hotel einen Drink nehmen, erregen großes Aufsehen. Dorothy Parker lernen sie an diesem Tag nicht kennen, dafür aber Maeve

Brennan und ihre Kollegin Rhona Ryan. Die beiden Frauen sind begeistert von der ausgefallenen Kleidung der Männer und lassen sich in ein Gespräch verwickeln: »Wir kamen auch auf Irland zu sprechen … und Maeve irritierte mich sehr, als sie meinte, dass man dort dauernd nur alte Wunden lecken würde, statt nach vorn zu schauen. Das klang ganz schön giftig, aber sie war so wunderschön, dass ich dahinschmolz.«[23] Doch muss Lovett an diesem Abend die bittere Erfahrung machen, dass Maeve eine sehr eigenwillige Person ist. Weil er sie gerne wiedersehen möchte, bittet er sie am Ende des Abends, ihm doch zu schreiben. Sie fragt ihn daraufhin, warum er sich denn ausgerechnet zu den Mounties gemeldet habe. Als er ihr erklärt, er klettere nun mal gern und liebe es, über den Wolken zu sein, erhält er eine saftige Abfuhr: »Ich schreibe keinem Mann, der Todessehnsüchte hat.«[24] Er wird Maeve nie wiedersehen.

Ein anderer, dem man eine Affäre mit ihr nachsagt, ist der Journalist Brendan Gill, der sich als Architekturkritiker und Denkmalschützer um den Erhalt des Central Parks verdient gemacht hat. Gill ist irischer Abstammung, ein Jahr älter als Maeve und lebt mit seiner Frau und den drei gemeinsamen Kindern an der Upper East Side. Im Sommer 1939 war er nach Irland gereist, um Éamon de Valera zu interviewen. In diesem Interview erklärte de Valera aus tiefster Überzeugung, dass es keinen Krieg geben werde. Das Gespräch wird ausgerechnet am 3. September 1939 im *Courant* veröffentlicht, dem Tag, an dem England und Frankreich dem Deutschen Reich nach dem Überfall der deutschen Wehrmacht auf Polen den Krieg erklären. Die Schlagzeile lautete: »Brendan Gill sagt, es wird keinen Krieg geben.«[25]

Brendan Gill ist einer der Ersten, mit dem sich Maeve in New York anfreundet – die gemeinsamen irischen Wurzeln verbinden ebenso wie die Tatsache, dass Maeves Vater jedem irischstämmigen Amerikaner ein Begriff ist: »Maeve hatte einen schnellen Witz, eine scharfe Zunge, und sie war sehr stilsicher«, wird sich Gill später erinnern, »sie konnte dem unscheinbarsten Objekt eine Bedeutung verleihen – einer bemalten Obstschale oder einem Rattantischchen – einzig und allein dadurch, dass sie besonderen Wert darauf legte oder durch die außergewöhnliche Verwendung, die sie dafür hatte.«[26] Bereits 1944 wabert das Gerücht durch Manhattan, Maeve und Gill seien ein Liebespaar. Philip Hamburger, Brendans Kollege beim *New Yorker,* erinnert sich, wie er eines Tages in Lower Manhattan warten musste, bis der Wagen von US-Präsident Roosevelt vorbeigefahren war. Während er so dastand, habe er Brendan Gill aus dem Haus an der 5 East 10th Street kommen sehen, in dem sich im sechsten Stock Maeves Apartment befand.[27] Er habe nichts gesagt, sich nur seinen Teil gedacht.

Die Kriegsjahre stellen für *Harper's Bazaar* ob seiner unpolitischen Leitlinie eine große Herausforderung dar. Einerseits fühlt man sich weiter den schönen Dingen des Lebens verpflichtet, andererseits kann niemand die Augen vor der grausamen Realität verschließen. Tatsächlich konfrontiert *Harper's Bazaar* seine Leserinnen, lange bevor die USA in den Zweiten Weltkrieg eintreten, mit den Geschehnissen in Europa. Carmel Snows »Brief aus Paris«, in dem sie zwei Mal jährlich die neusten Trends der Pariser Modehäuser vorstellt, fällt im Oktober 1939 durch eine neue Tonalität auf: »Diejenigen von uns, die in der Modebranche tätig sind, kennen Paris im düsteren Februar bei Regen oder in der schwülen Augusthitze, eine Stadt voll von Einkäufern – hektisch, vergnüglich, anstrengend und wunderbar. Heute sehe ich ein anderes Paris. In der letzten Woche wurde es, fast über Nacht, zu einer Geisterstadt. Die Taxis sind aus den Straßen verschwunden. Alle Telefone wurden lahmgelegt. Man kann kilometerweit marschieren, ohne auch nur einem einzigen Kind zu begegnen. Sogar die Hunde – und Sie wissen, wie sehr die Pariser ihre Hunde lieben – wurden weggebracht. Niemand der Paris in diesen erschütternden Tagen voller Anspannung erlebt hat, wird die Stille, die in der Stadt herrschte, je vergessen, genauso wenig wie den Mut der Französinnen. Nachdem ein Mann nach dem anderen eingezogen wurde, machen diese Frauen mit ihren alltäglichen Verrichtungen einfach weiter, ohne eine Spur von Hysterie.«[28]

In wenigen Monaten wird die deutsche Wehrmacht in Paris einmarschieren. Snow beobachtet, wie die großen Modehäuser evakuiert werden, die berühmten Designer die Modehauptstadt der Welt mit ihren siebzig registrierten Couture-Häusern verlassen. Die Deutschen sind nicht mehr aufzuhalten, das weiß auch Christian Dior: »Wir zogen unter dem surrealistischen Vorsitz von Mme Schiaparelli von einem Ball zum anderen. Da wir die unausweichliche Katastrophe fürchteten, waren wir entschlossen, in Pracht und Herrlichkeit unterzugehen.«[29]

Carmel Snow sieht mit Trauer im Herzen die gähnend leeren Schaufenster bei Chanel, wobei Coco Chanel selbst noch immer in Paris ist: »Mademoiselle Chanel höchstpersönlich saß in ihrem kleinen Büro, umgeben von den phantastischen Kostümen, die sie für Dalís neues Ballett entworfen hatte. Gigantische Klauen aus Pappmaché, surrealistische Gerippe, alles, was den verrückten bayerischen König Ludwig im Ballett in seinen Albträumen heimsuchte. Sie hat angewiesen, alle Arbeiten daran einzustellen. ›In Zeiten wie diesen‹, sagte sie ›kann man niemandem zumuten, mit solchen Monstern zu arbeiten …‹«[30]

Spätestens mit dem Überfall der Japaner auf Pearl Harbor verändert sich auch das Leben der Leserinnen von *Harper's Bazaar*. Die Zeitschrift reagiert unmittelbar. Von nun an werden die meisten Cover in den Nationalfarben Rot, Weiß und Blau gestaltet. Die Covermodelle werden zusammen mit militärischen Symbolen, dem Roten Kreuz oder kriegswichtigen Maschinen abgelichtet. Das Titelbild mit Lauren Bacall zeigt die Schauspielerin vor der Tür einer Rotkreuzstation, in der Blutspenden durchgeführt werden.[31] In der Januar-Ausgabe 1943 versucht *Harper's Bazaar* einen Balanceakt. Die verständlicherweise veränderten Interessen der amerikanischen Leserinnen sollen mit dem Kernthema Mode in Einklang gebracht werden: »*Harper's Bazaar* beginnt das neue Jahr mit einer

Änderung seiner bisherigen Programmatik, weil das Leben von Frauen sich verändert und Mode nicht Mode ist, wenn sie nicht auch auf aktuelle Entwicklungen eingeht. In dem Maße, wie wir uns langsam an Lebensmittelmarken, Haushalte ohne Dienstboten, fleischlose Donnerstage und einen Alltag ohne Männer gewöhnen, müssen wir uns Gedanken darüber machen, wie wir in Zukunft aussehen wollen: Seien Sie Sie selbst, sagt diese Ausgabe. Seien Sie unverwüstlich, seien Sie unentbehrlich, seien Sie flexibel und als Fünftes fügen wir hinzu: Werden Sie unvergesslich – komme, was wolle, wir müssen es an unsere Overalls und an unsere Spiegel pinnen: Unsere wahrhafte Bestimmung ist es, Frauen zu bleiben, als Erstes, als Zweites und für alle Zeit.«[32]

Für die amerikanische Modeindustrie sind die Kriegsjahre ein entscheidender Einschnitt. Bisher waren alle Modeinspirationen aus Paris gekommen, niemand hatte von heimischen Designern überhaupt Notiz genommen. Die ganze Welt trug Pariser Mode – Originale oder billige Kopien. Jetzt aber ist Paris belagert, und statt neuer Trends kommen nur Schreckensnachrichten über den großen Teich. Dies ist der Augenblick, in dem lokale Designer eine eigene US-Mode kreieren, einen amerikanischen Stil entwickeln, der nicht länger ausschließlich von Europa beeinflusst ist. Eine der wichtigsten Modeschöpferinnen dieser Jahre wird Claire McCardell, deren Modelle sich heute in zahlreichen amerikanischen Museen finden. Sie entwickelt den »American Look«, der vor allem von der Sportmode inspiriert ist.

Obwohl McCardell selbst in Paris studiert hat, weigert sie sich, europäische Mode zu kopieren. Stattdessen überlegt sie, was die Menschen einer so sportbegeisterten Nation sowohl beim Sport als auch im Alltag tragen können. Nicht umsonst gilt sie als die Erfinderin der amerikanischen Streetwear: »Alle Kollektionen, die ich entworfen habe, waren für den ganz normalen amerikanischen Lebensstil gedacht. Ich möchte nicht wie eine Prinzessin aussehen oder wie eine weltberühmte Gastgeberin, denn ich lebe nicht in einem Schloss, und meine Abendeinladungen sind für sechs, nicht für sechzig Leute. Ja, ich würde mir total albern vorkommen, wenn ich mit einer Schleppe um den Hals drapiert in einem Taxi sitzen müsste, ängstlich darauf bedacht, mich nicht schmutzig zu machen. Die große Eleganz hat ihren Platz an ganz vielen Orten auf dieser Welt, aber ich denke, wir in Amerika sollten auf schlichte Eleganz setzen.«[33]

Als es immer schwieriger wird, Stoffe aus Europa zu importieren, stellt sie in einer Kollektion ein Material in den Mittelpunkt, das bis dahin nur für Arbeitskleidung verwendet wurde: Denim. Im Mai 1943 erscheint zum ersten Mal ein Kleidungsstück aus Denim auf dem Cover von *Harper's Bazaar* und damit zum ersten Mal überhaupt auf dem Cover einer High-End-Fashion-Zeitschrift: ein Jeansoverall von Claire McCardell.[34] Die enge Freundin von Diana Vreeland hatte bereits 1942 für Furore gesorgt, als sie einen Wettbewerb von *Harper's Bazaar* für sich entscheiden konnte. Gefordert war, ein Kleidungsstück zu entwerfen, das man sowohl beim Hausputz als auch auf einer Cocktailparty tragen konnte. McCardell entwirft dafür ihr legendäres Popover-Kleid und wird so zur eigentlichen Erfinderin des Wickelkleids, das in den siebziger Jahren im Design von Diane von Fürstenberg zum emanzipatorischen Statement schlechthin wird. McCardells Modell ist ein Kleid aus grauem Baumwolldenim mit einem passenden Topflappen, der exakt in die große Tasche passt, die am Kleid aufgesetzt ist. Das Kleid, das zum Sensationspreis von 6,95 Dollar angeboten wird, wird ein Verkaufsschlager und geht allein in seiner ersten Saison mehr als 75 000 Mal über den Ladentisch. Heute befindet sich das Original in den Beständen des Metropolitan Museums in New York. Für Maeve Brennan, die Hausarbeit verbscheute, wäre es wohl nicht das passende Kleid gewesen.

McCardell beeinflusst mit ihrem American Look Designer wie Calvin Klein, Donna Karan und Anna Sui, die sich oftmals direkt auf sie beziehen. Ihre Kleidung ist alltagstauglich und günstig, sie wird aus hochwertigen, aber erschwinglichen Stoffen hergestellt, trägt sich angenehm und wird zum Modestil eines jungen, sportlichen Amerikas. Noch heute wirkt vieles, was sie in den dreißiger und vierziger Jahren kreierte, modern und schick und könnte jederzeit auf der Straße getragen werden. Mit ihren Entwürfen demokratisiert Claire McCardell die Modebranche: »Natürlich fahre ich wieder nach Paris, und das werde ich auch in Zukunft noch oft tun, allein um die stimulierende Luft dort einzuatmen, schöne Stoffe zu kaufen und die Arbeit von so talentierten Leuten zu bewundern. [...] Aber ich bin mir einfach dessen bewusst, dass ich aus einem Land der Massenproduktion komme, in dem jeder das Recht hat, gute Mode zu tragen, und wo gute Mode für alle erschwinglich sein muss.«[35] Kleidung muss alltagstauglich sein und die Trägerin nicht einschränken. Getreu dieser Maxime entwirft McCardell 7/8-Hosen, rückenfreie Sommerkleider und trägerlose Badeanzüge.

Auch wenn McCardell die wichtigste Designerin des American Look wird, den Namen des neuen Modestils kreiert die Einkäuferin des New Yorkers Kaufhauses Lord & Taylor, Dorothy Shaver. Liebevoll »First Lady des Einzelhandels« genannt, startet Shaver trotz ihrer Vorliebe für Haute Couture in den dreißiger Jahren ein Förderprogramm für inländische Modetalente. Von 1932 bis 1939 finden in den Räumen von Lord & Taylor Modenschauen von amerikanischen Designern statt. Die meisten der jungen Talente, die tragbare sportliche Mode aus guten Stoffen herstellen, sind Frauen, darunter Bonnie Cashin, die spätere Designerin der Handtaschenmarke Coach, Claire McCardell und die in Wien geborene Hattie Carnegie, die vor allem mit ihrem Modeschmuck für Furore sorgte. Da diese amerikanische Mode deutlich günstiger ist als die importierte französische Mode, wird sie vom Fachpublikum zunächst als minderwertig abqualifiziert. Doch die kluge Dorothy Shaver lanciert für »ihre« Designerinnen eine aufwendige Anzeigenkampagne in High-Fashion-Magazinen, die nie zuvor über amerikanische Mode berichtet haben. Und bald können sich auch *Harper's Bazaar* und die *Vogue* nicht mehr dagegen wehren, über den American Look zu berichten, der mit so gut wie allem bricht, was bisher in der Modewelt zum guten Ton gehörte. Inspiriert von der Männermode, haben die Kleider große Taschen und sind aus Denim, Baumwolle und Leinen gefertigt.

Das Korsett wird ein für alle Mal aus dem Kleiderschrank verbannt und durch bequeme funktionelle Unterwäsche ersetzt. Handtaschen und Handschuhe werden, ebenso wie große Hüte, kurzerhand abgeschafft. Dazu passend wird ein Schuh modern, den man bis dato nur auf der Ballettbühne gesehen hat: der Ballerina. McCardell wird die erste Designerin sein, die ihre Mannequins in Ballerinas steckt und den Schuh aus dem Theater alltagstauglich macht. 1949 wird der Ballerina zum ersten Mal auf dem Titelbild der *Vogue* abgebildet. Zum endgültigen Durchbruch aber verhilft ihm Audrey Hepburn, die sehr groß ist und deshalb in ihren Filmen flache Schuhe tragen muss, um ihre männlichen Partner nicht zu überragen. Überhaupt sorgt gerade Hollywood dafür, dass sich die neue Mode durchzusetzt. Denn erst nachdem Ikonen wie Katharine Hepburn sich im American Look kleiden, wird er auch für die Frau auf der Straße tragbar.

Dass die Modemagazine New Yorks den American Look plötzlich auf dem Schirm haben, liegt aber auch an der Kaiserin der 7th Avenue, Eleanor Lambert, einer der gefürchtetsten Modejournalistinnen der Stadt. Von 1940 an veröffentlicht sie einmal im Jahr eine Liste mit den international am besten gekleideten Frauen, und 1943 organisiert Lambert in New York die erste Modewoche, auf der vor allem amerikanische Designer vorgestellt werden. Von den geladenen 150 Journalisten lassen sich bei dieser ersten Schau nur 50 blicken, und auch die kommen nur, weil Lambert ihnen versprochen hat, für ihre Unkosten aufzukommen. Heute ist die New York Fashion Week eine der wichtigsten Schauen der Welt, und die Journalisten reißen sich um eine Akkreditierung.

Dorothy Shaver wird für ihre modische Hellsichtigkeit den American Look betreffend später mit Ehrungen überhäuft. 1945 wird sie zur Chefin von Lord & Taylor ernannt. Sie ist damit die erste Frau in Amerika, die einem Multi-Millionen-Dollar-Unternehmen vorsteht und stellt mit ihrem Jahresgehalt von 110 000 US-Dollar manchen Hollywoodstar in den Schatten. Der American Look, für den gerade eine Frau wie die Schauspielerin Katharine Hepburn steht – unabhängig, spröde und eigenwillig –, verdrängt das Glamour Girl, das Hollywood so lange dominiert hat. Viele sehen das als Befreiung, auch *Harper's Bazaar* feiert diese Entwicklung: »Sie ist fort, lassen wir sie gehen. Gott schütze sie. Sie hatte ihre Zeit, aber jetzt ist sie von vorgestern. [...] Sie stammt aus den ersten Kinofilmen der Garbo, und sie wuchs zu einer Karikatur heran, die eine Mischung aus drei Filmstars und einer Debütantin war – Garbo, Dietrich, Crawford und Brenda Frazier. Und die Veronica-Lake-Lockenpracht, die das Land in einer Art Masseninvasion überrollt hatte, hat das Fass schließlich zum Überlaufen gebracht.«[36]

Der Peek-a-boo, die Frisur der Hollywood-Schauspielerin Veronica Lake, deren wallende Mähne über einem Auge hing, wurde von Millionen Frauen im ganzen Land kopiert. Nachdem mehrere Fabrikarbeiterinnen mit ihren Haaren in die Maschinen geraten waren und dabei skalpiert wurden, war Lake von der US-Regierung gebeten worden, ihre Frisur doch bitte zu ändern.

Der American Look passt zum neuen Frauentyp, den Amerika nun bejubelt: die Kriegsbraut, die auf den Soldaten wartet und zu Hause alles am Laufen hält. Auch Maeve Brennans erster Essay in *Harper's Bazaar*, der im Juni 1943 unter dem Titel »They Often Said I Miss You« erscheint, behandelt dieses Thema. Sie schreibt darin über die Briefe, die zwischen den Soldaten und den Frauen, die auf sie warten hin und her gehen. Der erste Brief, unmittelbar nach dem Abschied geschrieben, ist im Grunde ein weiterer Abschiedsbrief. Dann heißt es warten, bis weitere Briefe ankommen. In den kommenden Wochen und Monaten sind diese Briefe die einzige

Kommunikationsmöglichkeit zwischen zwei Menschen, deren Alltag unterschiedlicher kaum sein könnte. Aufgrund der langen Zeit, die zwischen zwei Briefen liegt, ist ein Dialog kaum möglich. Man versucht es dennoch, dabei liegt das Berichtete längst in der Vergangenheit, wenn der Brief den Adressaten erreicht. Zumeist geht es deshalb um gemeinsame Erinnerungen. Die Aufregung, die jedem neuen Brief vorausgeht, weicht irgendwann der Routine. Und doch versuchen die Paare, auf diese Weise ihre Liebe lebendig zu halten. Man schickt sich Gedichte und getrocknete Blumen, und der meistgeschriebene Satz der abertausend in diesem Krieg geschriebenen Briefe lautet: »Ich vermisse dich.«[37]

Dem neuen Frauenideal zollt im Übrigen auch die Werbung Tribut. Pond's Cold Cream, einer der größten Anzeigenkunden von *Harper's Bazaar,* wirbt mit einer Kriegsbraut,[38] eine Anzeige für Cutex feiert Frauen in Munitionsfabriken und Krankenhäusern,[39] und das Modehaus Chanel spricht in einer Annonce ganz kriegsmäßig vom »Dienst an der Schönheit«.[40]

Als endlich alles vorbei ist und mit dem Sieg über Hitler-Deutschland der Zweite Weltkrieg endet, erscheint zum ersten Mal in der Geschichte von *Harper's Bazaar* ein Cover ohne Fotomodell. Es ist ein schlichtes weißes Cover, auf dem nur ein einziges Wort steht: »Victory«.[41]

Mit Ende des Krieges können sich die Macher von *Harper's Bazaar* wieder dem Thema zuwenden, für das sie eigentlich stehen: Mode. Maeve Brennan ist hierbei von besonderer Bedeutung für die Zeitschrift. Die junge Frau hat sich in den letzten Jahren von der einfachen Werbetexterin zum Trendscout hochgearbeitet, sie spürt für das Magazin die neuesten Modetrends auf. Im Mai 1945 berichtet das *Life Magazine* in einer großen Fotostrecke über Maeve und ihre Arbeit. Fotografiert wird sie dabei von Nina Leen, einer gebürtigen Russin, die in Berlin Kunst studiert und Europa 1939 verlassen hatte. Leen wird vor allem für ihre Tierfotos berühmt, schießt im Laufe ihrer Karriere aber auch viele Modestrecken für diverse

Magazine. In ihrem bekanntesten Bild *The Irascibles* von 1950 lichtet sie die New Yorker Künstlerelite ab, darunter Jackson Pollock, Mark Rothko und Barnett Newman, die gegen eine Retrospektive amerikanischer Kunst des Metropolitan Museums protestieren.

Nina Leens Fotos zeigen Maeve beim Shopping auf der Fifth Avenue. Mal betrachtet sie die Auslagen der noblen Boutiquen, mal probiert sie in einem Brillengeschäft eine sehr auffällige Brille. Auf allen Bildern bewahrt sie eine damenhaft elegante Haltung, niemals ist auch nur die Andeutung eines Lächelns zu sehen. Nach erfolgreichem Einkaufsbummel kann man Maeve in den Redaktionsräumen von *Harper's Bazaar* dabei beobachten, wie sie eine Handtasche prüft, die es vielleicht ins Magazin schaffen könnte. Die Fotos beweisen, dass Maeve bereits 1945 ihren später oft kopierten Stil gefunden hat. Die Haare trägt sie elegant nach oben gesteckt, dazu ein schwarzes Etuikleid, eine Perlenkette und weiße Handschuhe. Schlichte Eleganz, die Maeve zur absoluten Trendsetterin macht, denn schwarze Kleider trugen bislang vor allem Witwen.

Doch Maeve spricht nicht nur über aktuelle Mode, sie hat auch ein feines Gespür für Stil und für das, was einmal angesagt sein wird. Unter dem Titel »Trendscout: Maeve Brennan spürt Neuheiten auf und berichtet darüber in Modemagazinen« schreibt das *Life Magazine*: »Durch die vielen kleinen Läden in New York City, die sich auf neue, interessante Dinge spezialisiert haben, wuselt eine Gruppe junger Frauen, die in den Shopping-Kolumnen der verschiedenen Modemagazine darüber berichten, was sie dort gefunden haben. *Vogue* nennt seine Reporterin ›Shop Hound‹. *Mademoiselle* nennt sie ›Mlle Wearybones‹. *Harper's Bazaar* hat seine Reporterin niemals mit einem Pseudonym geehrt, aber seit zwei Jahren hat die Zeitschrift einen sehr kenntnisreichen und tüchtigen Trendscout. Es ist die hübsche, 1,50 Meter große Maeve Brennan, Tochter des irischen Gesandten in den USA. Maeve Brennan hat grüne Augen, einen leichten irischen Akzent und ein untrügliches

Gespür dafür, genau die Neuheiten zu finden, auf die Modemagazine so großen Wert legen. Bei ihren Ausflügen sieht sie Lampen für die Entlausung von Hunden, den neusten Schrei bezüglich falscher Busen, Damenpfeifen und eine unendliche Vielfalt an allen möglichen Accessoires. Von den hundert und mehr Dingen, die sie sieht oder die in ihr Büro geschickt werden, berichtet sie über die, die ihr am besten gefallen. Vergangene Woche begleitete *Life* Maeve Brennan bei ihrer Shopping Tour, und auf den folgenden Seiten zeigen wir einige der Sachen, die ihr gefallen haben.«[42]

Maeve ist das, was man heute eine Influencerin nennen würde, und so ganz nebenbei ist sie auf dem Sprung zur gefeierten Stilikone. Ihr späterer Chef William Maxwell fasst dies in einem Satz zusammen: »In ihrer Nähe zu sein bedeutete mitzuerleben, wie Stil erfunden wurde.«[43] In einer Stadt, in der die Redakteurinnen von Modemagazinen selbst zu Modeikonen werden, ist Maeve genau richtig. Ihre neue Eleganz zeigt sich auch in ihrem neuen Apartment: »Ich wohnte in einem riesigen Zimmer ganz oben in einem schönen Haus in der East Tenth Street, nahe der Fifth Avenue, wenige Schritte vom Grosvenor Hotel entfernt. Das Zimmer lag im sechsten Stock, und die vordere Wand bestand nur aus Fenstern – einer soliden Reihe von Flügelfenstern, die nach Süden gingen. [...] Damals war das Village noch nicht zugebaut, und ich hatte einen weiten Blick auf Dächer und Schornsteine, den selbst die kritischste Pariserin hätte bewundern müssen – Dächer, Dachgärten, Terrassen, Ateliers und die ungeheure Weite eines sich ständig verändernden Himmels.«[44]

Ihr Gespür für kommende Trends verschafft Maeve alsbald einen neuen Job als Redaktionsassistentin bei einem Imprint von *Harper's Bazaar*, das William Randolph Hearst unmittelbar nach Kriegsende gründet. Der *Washington Post* ist Maeves Berufung gleich einen ganzen Artikel wert: »Maeve Brennan, die dynamische, zierliche Tochter des irischen Gesandten und seiner Frau hat einmal mehr einen Erfolgstreffer im Modejournalismus gelandet.

Diesmal wurde sie zur Redaktionsassistentin des neuen Mode-magazins *Junior Bazaar* ernannt. Die schöne Maeve [...] hat Washington vor drei Jahren verlassen, um ihr Glück auf literarischem Gebiet in New York zu suchen. [...] Vermutlich ist dies nur ein weiterer Schritt auf der Karriereleiter dieser in Dublin geborenen jungen Frau, deren markanter Beehive eine Menge Grips bedeckt. Ihre Talente beinhalten profunde Kenntnisse der schwierigen keltischen Sprache ebenso wie einen Witz, der es mit den besten seiner Zunft aufnehmen kann.«[45]

Von 1945 bis 1948 erscheint das Schwestermagazin *Junior Bazaar*, das gezielt ein jüngeres Publikum ansprechen will. Die erste Ausgabe vom November 1945 ist sage und schreibe 275 Seiten dick. »Die meiste redaktionelle Arbeit wird offensichtlich auf dem Fußboden erledigt«, schreibt das *Life Magazine* etwas spöttisch über die neue Publikation. »Die Art Direktorin arbeitet barfuß. All der seltsame Krimskrams, der scheinbar zu Modemagazinen gehört, wurde einfach so in einen einzigen prall gefüllten Schrank gestopft. [...] Die Redakteurinnen kleiden sich wie ihre Leserinnen sich wohl kleiden würden, wenn sie sich trauen würden, und sie essen auf eine Weise, die ihren Artikeln darüber, wie Teenager nicht essen sollen, absolute Authentizität verleihen.«[46]

Die älteste Mitarbeiterin ist gerade einmal 30 Jahre alt, doch das Sagen haben ohnehin die alten Hasen von *Harper's Bazaar*: Carmel Snow ist auch bei *Junior Bazaar* die redaktionell Verantwortliche und Alexei Brodowitsch der Art Director. Allerdings betraut er die junge Fotografin Lillian Bassman mit der künstlerischen Leitung der Zeitschrift und lässt ihr dabei weitgehend freie Hand. Das Redaktionsteam besteht aus fünf jungen kreativen Frauen: neben Maeve sind das Melanie Witt, die Fotografin Lillian Bassman, die Malerin Eleanor Barry Lowman und die spätere Modedesignerin Ann Campion. Sie residieren im siebten Stock der Madison Avenue 572, der Heimat von *Harper's Bazaar*. »Eine konfuse Welt von Novizinnen mit Ballerinas und Haarreifen, eine Atmosphäre von ein wenig amateurhaftem Eifer – das ist ganz nach meinem Geschmack«, pflegt Snow über ihre junge Truppe zu sagen.[47]

Als Redakteurin bei *Junior Bazaar* wird Maeve einmal mehr zur gefragten Modeexpertin, die, wie die *Washington Post* im September 1946 zu berichten weiß, auch außerhalb New Yorks als Referentin geschätzt wird: »Miss Maeve Brennan, Redaktionsassistentin bei *Junior Bazaar*, wird am morgigen Treffen des Women's Advertising Club und der Soroptimistinnen um 12.30 Uhr im Congressional Room im Hotel Willard teilnehmen. Miss Brennan wird über Mode sprechen und den Werbedamen dabei einen Blick hinter die Kulissen eines der jungen Modemagazine Amerikas gewähren. Das Thema ihres Vortrags lautet: Die Methoden der Modemagazine.«[48]

Harper's Bazaar versteht sich als Leitmedium für die Frau der Nachkriegszeit und will mit dem Imprint für junge Frauen sichergehen, dass alle Altersgruppen erreicht werden: »Heute gibt es eine neue Art, schön zu sein (und es ist auch die einzige Art schön zu sein), und die ist bestimmt von einem neuen Geist, der sich aus neuen Anforderungen speist. Die Frau dieses Landes ist weder die Konkurrentin des Mannes noch sein Kamerad – sie ist seine Ergänzung, macht ihn vollständig. Er ist aus dem Krieg zurückgekehrt mit einem stärkeren Bewusstsein dafür, was ihn als Mann ausmacht, und dem unbestimmten Gefühl, dass die amerikanische Traumfrau gar kein Traum bleiben muss.«[49]

Doch auch wenn der Krieg nun vorbei ist und die Moderedaktionen dieser Welt zurück an ihre Arbeit gehen, das alltägliche Leben hinkt den Hochglanzseiten meilenweit hinterher. Europa ist vom Krieg gezeichnet, viele Städte liegen in Schutt und Asche. Auch wenn die Modehauptstadt Paris nur wenige bauliche Schäden zu verzeichnen hat – Coco Chanel hat auch zwei Jahre nach Ende des Krieges ihr Atelier noch nicht wieder eröffnet. Elsa Schiaparelli ist nach New York ausgewandert und hat beschlossen, dort zu bleiben. Nirgends gibt es Stoffe zu kaufen, nur ein geringer Teil der Mitarbeiter der Modehäuser ist an seinen Platz zurückgekehrt.

In einer Zeit, in der selbst Alltagsgüter rar sind, steht niemandem der Sinn nach Haute Couture und Luxus. So glaubt man zumindest – und ist bass erstaunt, als ausgerechnet eine Luxuskollektion von fast unanständigem Ausmaß die Modewelt auf den Kopf stellt.

Am 12. Februar 1947 stellt Christian Dior, ein Mann, den außerhalb von Paris kaum jemand kennt und der seinem Erscheinungsbild nach, wie das *Life Magazine* schreibt, eher einem »französischen Bestattungsunternehmer«[50] gleicht, in Paris seine erste Kollektion unter eigenem Namen vor. Als die ersten Mannequins in seinem Salon in der Avenue Montaigne den Laufsteg betreten, ist die Sensation perfekt. Diors erste Kollektion trägt den blumigen Namen »Ligne Corolle« (»Blütenkelch-Silhouette«). Die Mannequins stecken in Tellerröcken, die 35 Zentimeter über dem Boden enden, ihre Taillen sind geschnürt und ihre Hüften gepolstert. Dior betont die Büste und setzt auf eine leicht abfallende Schulterlinie. Was der Designer hier auffährt, zeigt die ultimative Weiblichkeit – und den ultimativen Luxus. Manche der Kleider sind aus sage und schreibe 41 Metern Seide genäht – nach Jahren der Entbehrungen, Kleidermarken und Stoffrationierungen wahrlich eine ungeheure Dekadenz. Der Preis für ein Abendkleid von Dior entspricht nach heutigen Maßstäben etwa 12 500 Euro – das ist für die meisten Frauen unerschwinglich. Die, die es sich leisten können, prügeln sich in den kommenden Jahren nicht nur um Eintrittskarten für seine Fashionshows, sondern auch um die einzelnen Modelle.

Star seiner ersten Show ist das Modell »Bar«, ein Kostüm, bestehend aus einer cremefarbenen Schößchenjacke aus Shantung-Seide und einem schwarzen Plisseerock, der mit einem Guêpière-Korsett über einem Hüftpolster getragen wird. Zur besseren Vermarktung wird Diors deutscher Fotograf Willy Maywald das Bar-Kostüm am Ufer der Seine fotografieren und dadurch suggerieren, ganz Paris sei voller eleganter Frauen. Diors Modenschau wird zu einer Sternstunde der Modegeschichte. Das *Life Magazine* berichtet von einer »kreischenden Menge von Reportern, Redakteuren und

Einkäufern«,[51] die Dior am Ende der Show mit stehenden Ovationen empfängt. Carmel Snow gratuliert ihm mit den legendären Worten: »Es ist eine echte Revolution, mein lieber Christian. Ihre Kleider haben wirklich einen new look!«[52] Damit gibt sie Diors Kollektion ihren bis heute gültigen Namen: »New Look«. Ein Korrespondent der Agentur Reuters notiert ihren Ausruf und übermittelt ihn durch einen Laufburschen an seine Redaktion. Noch ehe Snow das Modehaus Dior verlassen hat, ist der Begriff »New Look« in aller Munde. Willy Maywald ist darüber kein bisschen erstaunt: »Carmel Snow war wirklich die größte Persönlichkeit in der Modewelt. Sie leitete *Harper's Bazaar* seit endlosen Zeiten, Sie wusste alles, konnte alles, und ohne sie passierte nichts. Sie schien so wichtig, dass man glauben konnte, bei ihrem Tode würde die Welt stehenbleiben.«[53]

Diors neue Mode macht Paris mit einem Schlag wieder zur Modehauptstadt Nummer eins. Von hier aus erobern jetzt Modeschöpfer wie Dior, Balmain und vor allem Carmel Snows Lieblingsdesigner Balenciaga die Modewelt. Doch Diors üppiger Luxus gibt auch Anlass zu heftiger Kritik. Ein derartiger Luxus wirkt wie eine Ohrfeige für die darbenden Massen. Der *Combat* ruft gar zum Sturm gegen das Modehaus auf: »Zu den Scheren, ihr Bürgerinnen.«[54] Auf den Straßen werden Mannequins in Dior-Kleidern von wütenden Passantinnen angegriffen, die die teuren Kleider in Stücke reißen. In Großbritannien warnt die Handelskammer die britische *Vogue* eindringlich davor, über die Dior-Kollektion zu berichten, da die Bürgerinnen des Landes ansonsten womöglich gegen die Rationierungen aufbegehren würden.

Dazu kommt, dass Diors Mode alles andere als alltagstauglich ist, vor allem nicht für die berufstätige Frau. Viele Frauen befürchten, dass sie im Krieg gewonnene Freiheiten wieder aufgeben sollen, um erneut in schönen Kleidern repräsentative Aufgaben zu übernehmen. Carmel Snow wird folgendes Statement eines Dior-Mannequins zugetragen: »Das ist das erstaunlichste Kleid, das ich je gesehen habe. Ich kann weder gehen noch essen, ja mich nicht einmal hinsetzen.«[55] Coco Chanel wirft ihrem Kollegen vor, Frauen nicht einzukleiden, sondern zu tapezieren.[56] Tatsächlich ist die Rückkehr von der praktischen Mode der Kriegsjahre zu alter Eleganz eher reaktionär als innovativ. Dior selbst sieht in seiner Kollektion dagegen allenfalls eine Rückbesinnung auf die Belle Époque – auf Genuss ohne Reue.

In den USA macht er sich mit dieser Haltung zunächst nur wenig Freunde. Das 24-jährige texanische Exmodel Bobbie Woodward gründet im August 1947 in Dallas den Verein für das bis kurz über das Knie reichende Kleid »Little Below the Knee Club« und wird damit zur Jeanne d'Arc der Dior-Gegner. Sie will verhindern, dass die Amerikanerinnen erneut lange Röcke tragen müssen. Nackte Beine sind spätestens seit Betty Grables Pin-ups etwas Uramerikanisches: »Alamo ist gefallen, aber unsere Rocklänge nicht.«[57] Diors Röcke gelten als unpatriotisch und sogar dem *Time Magazine* ist der »Little Below the Knee Club« einen Bericht wert: »Mädchen mit kurzen Röcken jagten mit Besen Mädchen in langen Röcken. Sie schrien ›Weg mit den Langen! Her mit den Kurzen‹.«[58]

Viele schimpfen, sie fühlen sich in die Zeit ihrer Großeltern zurückversetzt. Kurz nach Diors Modenschau zeigt das Magazin *Elle* ein Foto der Waden Marlene Dietrichs, den »schönsten Beinen der Welt«, und empfiehlt ihren Leserinnen, diese noch einmal aufmerksam zu betrachten, denn man werde sie nie wieder zu sehen bekommen, da der Star gerade zehn New-Look-Kleider bestellt habe.[59]

Vor ganz andere Probleme sehen sich amerikanische Ehemänner gestellt, deren Gattinnen auf Dior-Modellen bestehen und die sich weigern, ihr sauer verdientes Geld für Unmengen an Stoff auszugeben. Aus Kansas erreicht Christian Dior der wütende Brief eines Mitglieds der »Liga der verlassenen Ehemänner«: »Sie Crétin, wagen Sie es ja nicht, in Topeka aufzukreuzen!«[60]

Leider ist es völlig ausgeschlossen, die vorhandene Garderobe dem neuen Stil anzupassen: Wer mit der Mode gehen will, muss sich komplett neu einkleiden. Die Schriftstellerin Nancy Mitford schreibt aus Paris nach Hause: »Mein Leben ist ein wahres Jammertal, seit die Kollektion unsere gesamte Garderobe mit einem Schlag zu alten Plünnen degradiert hat. [...] Trotz der Preise (Abendkleider für 430, nichts unter 100 Pfund) war es wie in der hintersten Schnäppchenabteilung, so als müsse man geradezu darum kämpfen, eine Bestellung aufgeben zu dürfen.«[61]

Allerspätestens nachdem Hollywoodstars wie Ingrid Bergman und Ava Gardner in Dior gesichtet werden, setzt sich Diors New Look auch in den USA durch. Einzig den britischen Prinzessinnen Elizabeth und Margaret wird von König George VI. höchstpersönlich verboten, Dior zu tragen. Erst an ihrem 21. Geburtstag darf Prinzessin Margaret ein Kleid des Designers ihr Eigen nennen.

Diors Silhouette mit schmaler Taille und Tellerrock wird der Look der Nachkriegszeit – tausendfach kopiert und auch für die Frau auf der Straße das Must-have. Sogar die rebellischen Teenager der fünfziger Jahre übernehmen den New Look – mit Petticoat, Söckchen und Pferdeschwanz.

Einzig Maeve Brennan behält ihren ureigenen Look bei und lässt sich auch nach Diors Moderevolte in schlichtem Schwarz fotografieren, wie die Aufnahmen des amerikanischen Porträtfotografen Karl Bissinger zeigen, die Ende der vierziger Jahre entstehen. Mit Bissinger hat sie einen der berühmtesten amerikanischen Fotografen an ihrer Seite, dessen bekanntestes Foto die junge Kulturelite Amerikas, Gore Vidal, Tennessee Williams, die Ballerina Tanaquil Le Clercq, die Malerin Buffie Johnson und andere an einem Tisch im Garten des Café Nicholson in Manhattan zeigt. Es wird im Magazin *Flair* unter einem Artikel mit der Überschrift »Die neue Boheme« veröffentlicht.

Bissinger arbeitet hin und wieder für *Junior Bazaar*, und 1948 bittet Maeve ihn, sie abzulichten. In einem Sammelband seiner besten Fotos, *The Luminous Years*, sieht man neben Truman Capote, Colette, Carson McCullers, Katharine Hepburn, Marlon Brando und John Wayne auch das Foto von Maeve Brennan am Kamin: im schwarzen Kleid, mit Hochsteckfrisur und Zigarette. Einzige Reminiszenz an Dior ist, dass ihr Kleid einen Tellerrock hat.

Die Aufnahmen werden in der Wohnung des irischen Theaterkritikers Thomas Quinn Curtiss gemacht,[62] dem ehemaligen Lebensgefährten Klaus Manns, von jenem in seinen Tagebüchern zärtlich Tomski genannt. 1937 hatten sich die beiden in Budapest kennengelernt und über Jahre hinweg immer wieder getroffen. Im Oktober 1942 schrieb Mann in sein Tagebuch: »Tomski ruft an und fragt, wie es mir geht. Ich sage ihm, miserabel, und dass ich nichts zu essen habe und kein Geld für den Friseur und ganz und gar nichts. Er sagt, das ist ja furchtbar, und warum wir nicht zusammen essen. Er hat sich um sechs Uhr auf ein paar Drinks mit jemandem vom Camp Steward verabredet [...]. Er verspricht, mich um sieben anzurufen. Also sage ich o. k. und verschiebe den Selbstmord.«[63] Nach dem Krieg lebt Curtiss vorwiegend in Paris, wo er so oft im Spitzenrestaurant »La Tour d'Argent« diniert, dass man dort ihm zu Ehren *Œufs à la Tom Curtiss* als 22 Francs teure Vorspeise auf die Speisekarte setzt.[64]

Karl Bissinger und Maeve Brennan sind in jenen Jahren eng befreundet und wie Brendan Gill erzählt, gehört er zu den Fotografen, die Maeve, die eine ganz eigenwillige Schönheit ist, immer wieder als Modell auswählen: »Manchmal sprang Maeve für Fotografen von *Harper's Bazaar* als Model ein. Die bewunderten ihre schiefstehenden Augen, ihre hohen Wagenknochen und ihre etwas schräge Nase, ganz abgesehen von ihrer bizarr hochtoupierten Frisur und dem extremen Make-up, das sie immer trug: ihre knallrot überschminkten Lippen und das dick aufgetragene schwarze Mascara.«[65] Bissinger hält Maeve für eine in sich ruhende, starke Persönlichkeit. Sie sei, gibt er einmal an, sehr zurückhaltend gewesen und habe Experimenten stets misstraut.

1948 knüpft Maeve zum ersten Mal berufliche Kontakte nach Irland. Anna Kelly, eine alte Freundin ihres Vaters, hat in Dublin die

Society-Zeitschrift *Social and Personal* gegründet, die noch heute die führende Modezeitschrift der Insel ist. Sie bittet Maeve, eine Kolumne beizusteuern, und so erscheint im März 1949 das erste Mal »News from New York«. Die Kolumne wird in loser Folge fortgesetzt, Maeve berichtet darin über berühmte New Yorker, Arthur Millers neustes Drama *Tod eines Handlungsreisenden,* das gerade der größte Hit am Broadway ist, die neuste Mode oder Greta Garbo. Und sie äußert sich zu Diors New Look: »Die Mehrheit der Frauen hat sich offenbar damit einverstanden erklärt, auch in Zukunft Röcke zu tragen, die 30 bis 40 Zentimeter über dem Boden enden. Denn der New Look ist einfach zu teuer, um gleich wieder verworfen zu werden.«[66]

1949 wird Maeve erneut befördert, sie soll zurück zum Muttermagazin *Harper's Bazaar.* Obwohl sie hier kurz vor dem Sprung zu einer großen Karriere als Modejournalistin steht, kann sie das kurz darauf folgende Angebot von William Shawn, dem Chefredakteur der Zeitschrift *The New Yorker,* nicht ablehnen: »Nachdem der *New Yorker* einige kleinere Sachen von ihr genommen hatte, hat William Shawn, der damalige Chefredakteur, ihr eine Festanstellung angeboten«, erinnert sich ein Kollege.[67] Noch im selben Jahr wird sie *Harper's Bazaar* verlassen und beim *New Yorker* anheuern. Zu verlockend ist die Aussicht, an der Seite der Besten ihrer Zunft zu schreiben. *Harper's Bazaar* bleibt sie dennoch freundschaftlich und kollegial verbunden. Sogar ihre erste Kurzgeschichte wird sie hier veröffentlichen.

Aber fürs Erste hat sie sich entschlossen zu kündigen. Auf zu neuen Ufern!

Gestern hatte ich eine Gelegenheit, das Richtige zu tun.
Ich bin sehr froh, dass ich sie nicht wahrgenommen habe,
und ich hoffe, dass sich mir diese Gelegenheit
auf lange Zeit nicht noch einmal bieten wird.

Maeve Brennan: Kommen und gehen in Nimmernimmerland

IV.

»Verlieben Sie sich nie in ein wildes Geschöpf!«

Ich pfeif auf die Moral

Maeves neuer Arbeitsplatz ist eine Welt für sich, denn der *New Yor-ker* – politisch, *sophisticated*, kosmopolitisch – ist mit keinem Magazin dieser Welt vergleichbar. Sämtliche Versuche, in anderen Großstädten eine ähnlich geartete Zeitschrift zu etablieren, scheiterten kläglich – der *New Yorker* funktioniert nur in New York. Gründer und Herausgeber dieser einzigartigen Zeitschrift ist Harold Ross, ein eher linkisch und unbeholfen wirkender Mann, dem anfangs kaum jemand eine solch journalistische Großtat zutraut. Er gilt als wenig belesen und soll einem seiner Mitarbeiter angeblich die legendäre Frage gestellt haben: »Ist Moby Dick nun der Wal oder der Mann?«[1] Als er zu Beginn der zwanziger Jahre davon spricht, ein eigenes Magazin gründen zu wollen, hält seine gute Freundin Dorothy Parker das Ganze für ein gewagtes Unterfangen – noch dazu für einen so wenig intellektuellen Mann. Und sie weiß, wovon sie spricht. Einmal hatte Ross sie zu einer Aufführung von Tschechows *Kirschgarten* begleitet und ihr bei dieser Gelegenheit freimütig gebeichtet, von diesem Stück noch nie gehört zu haben: »Der war von Berufswegen leicht durchgedreht; ich weiß aber nicht recht, ob er nicht doch was los hatte. Er durfte sich jedenfalls einer sagenhaften Unkenntnis rühmen. Bei einem Manuskript von Mr. Benchely schrieb er neben den Namen ›Andromache‹ an den Rand: ›Wer is'n der?‹ – ›Lass die Finger davon‹, schrieb Mr. Benchley darunter.«[2] Und doch ruft gerade dieser Mr. Unbedarft eine der berühmtesten Zeitschriften der Welt ins Leben.

Schon mit dreizehn hat der Sohn irischer Einwanderer die Schule abgebrochen, um bei der *Denver Post* als Journalist anzuheuern. Acht Jahre später schreibt er für sieben verschiedene Zeitungen, doch sein großer Traum ist die Gründung einer noch nie dagewesenen Publikation: »Der *New Yorker* wird in Wort und Bild Spiegelbild des Großstadtlebens sein. […] Er wird nicht das sein, was man gemeinhin hochintellektuell oder radikal nennt. Er wird das sein, was man gemeinhin sophisticated nennt. […] Der *New Yorker* wird keine Zeitschrift für die nette alte Dame aus Dubuque sein. Er wird sich nicht damit beschäftigen, was sie über die Dinge denkt. Das ist nicht despektierlich gemeint, aber der *New Yorker* ist ein Zeitschrift, die für eine großstädtische Leserschaft herausgegeben wird.«[3] In den zwanziger Jahren werden eine ganze Reihe von Magazinen gegründet, die sich einem ganz ähnlichen Credo verschreiben: 1922 entsteht *Reader's Digest,* ein Jahr später das *Time Magazine.* Dennoch ist Harold Ross davon überzeugt, dass noch Platz für ein weiteres, besseres Magazin ist. Mit der finanziellen Unterstützung von Raoul H. Fleischmann, einem reichen Erben, den er nicht besonders leiden kann – »Der Haupteigentümer des *New Yorkers* ist ein Dummkopf«, wird er zitiert[4] –, setzt er sein Vorhaben 1925 in die Tat um. Bei der Suche nach einem passenden Namen sind ihm seine Freunde vom Round Table des Hotels Algonquin in der 44th Street behilflich. Die Gruppe giftiger Federn und spitzer Zungen, die sich jeden Tag an New Yorks berühmtester Tafelrunde versammelt und dabei verbal über alles und jeden herfällt, unternimmt zu diesem Zweck ein ausgiebiges Brainstorming. Dabei fallen allerhand Namen, bis der Schriftsteller John Peter Toohey Harold Ross die Frage stellt, welche

Leser seine Zeitschrift denn ansprechen soll. Als Ross antwortet, er denke dabei hauptsächlich an die New Yorker, ist der Name geboren.

Um weitere Geldgeber zu gewinnen, setzt Ross zunächst ungefragt all seine Algonquin-Freunde auf die Liste der potenziellen Redakteure der neuen Zeitschrift. Ein Einfall, den er bald bereut. Zwar sind die Damen und Herren des Round Tables New Yorks beste Schreiber, aber auch legendär unzuverlässig, launisch und divenhaft. Von Ross einmal auf einen versprochenen Artikel hin angesprochen, erwidert Dorothy Parker entschuldigend: »Jemand hat meinen Bleistift benutzt.«[5]

Nach einigen Startschwierigkeiten wird der *New Yorker* mit seinen Kurzgeschichten, Essays, Kritiken, Kolumnen und Cartoons ein sagenhafter Erfolg. Schriftsteller wie J. D. Salinger, Vladimir Nabokov, John Updike, Philip Roth oder Richard Yates veröffentlichen hier, die Karikaturen von James Thurber erlangen Weltruhm. Zudem wird der *New Yorker* mit den Jahren zu einer Plattform für politischen Journalismus. John Herseys Reportage »Hiroshima«, über den Abwurf der Atombombe, wird die gesamte August-Ausgabe 1946 gewidmet. 1999 wird sie von einer Expertenkommission der New York University zur bedeutendsten journalistischen Arbeit des 20. Jahrhunderts erklärt. Bei ihrem Erscheinen muss sie gar übers Radio verlesen werden, weil die Nachfrage so groß ist, dass die Ausgabe in Windeseile vergriffen ist. Harold Ross selbst wird über diesen Coup sagen: »Ich glaube, nichts hat mir in meinem Leben eine größere Befriedigung verschafft als das.«[6]

Bis zu seinem Tod 1951 bleibt Ross Herausgeber des *New Yorkers,* redigiert jeden einzelnen Artikel höchstpersönlich. Er gilt als pedantischer Workaholic, dessen protestantische Arbeitsethik seine drei Ehen ruiniert. Ihm ist es zu verdanken, dass beim *New Yorker* bis heute ein Journalistenethos herrscht, wonach Fakten noch genauer überprüft werden als bei anderen Publikationen.

Als Maeve Brennan beim *New Yorker* anfängt, schreibt hier die Crème de la Crème amerikanischer Autoren – und nun eben auch sie. Kollege Brendan Gill erinnert sich an ihre Anfänge: »Einige Jahre verfasste sie eine ganze Menge Buchrezensionen für die Rubrik ›Briefly Noted‹.«[7] Die sieben- bis zwölfzeiligen Buchkritiken sind bei den Lesern sehr beliebt, sind sie doch meist ebenso boshaft wie komisch. Selten wird beißende Kritik besser auf den Punkt gebracht. So ist hier über Daphne du Mauriers neuen Roman *Meine Cousine Rachel* zu lesen: »Miss du Maurier beweist leider kein glückliches Händchen mit dieser einfallslosen Geschichte über eine Lady aus dem 19. Jahrhundert, die vielleicht oder vielleicht auch nicht einmal eine Gefangene gewesen ist. Ihr Name ist Rachel, sie war zweimal verheiratet, kennt sich mit Heilkräutern aus und hat, wie uns versichert wird, eine magische Anziehungskraft auf Männer.«[8] Verantwortlicher Redakteur für »Briefly Noted« ist Gardner Botsford, der einer von Maeves engsten Vertrauten wird.

Zu Beginn ihres Arbeitsverhältnisses zieht Maeve erst einmal um, diesmal in die 22nd Street, nahe der 9th Avenue. Die Wohnung hat ausnahmsweise eine Küche, doch da sie ohnehin nicht vorhat, diese zu benutzen, ist das unerheblich. Es ist eine turbulente Gegend: »Draußen auf der 22nd Street stritten die Leute sich den ganzen Tag, und dann stritten sie die ganze Nacht, aber nachts lauter, weil es dunkel war. Wenn es regnete, traten sie in die Hauseingänge, um zu streiten, und dann traten sie aus den Hauseingängen, um sich die Köpfe einzuschlagen.«[9] Als ihr Vermieter den wunderbaren großen Spiegel, der ihr Apartment schmückt, entfernen lässt, zieht sie kurzerhand aus: »Er sagte, es handle sich um ein Familienerbstück, und er und sein abscheulicher Begleiter schleppten ihn weg, so groß und schwer er war und so sehr ich ihn liebte, luden ihn in ihren Kombi und fuhren mit ihm davon. Wie sehr ich sie hasste! Wie sehr ich hoffte, der Spiegel würde zerbrechen und ihnen sieben Jahre Unglück bescheren!«[10]

Sie zieht weiter in die East 9th Street in die Nähe der Fifth Avenue in eine Zweizimmerwohnung mit offenem Kamin und Dachterrasse. Maeve liebt offene Kamine und zieht ein Kaminzimmer jedem anderen Raum vor. Diesmal gibt es keine Küche, aber natürlich eine Katze: »Eines frühen Sonntagmorgens kletterte mein Kätzchen von der Terrasse auf den kleinen Dachvorsprung darunter, setzte sich auf eine Fensterbank und starrte den Pudel an, der unter mir wohnte, und der Pudel kläffte und weckte seine Besitzer auf, und sie wurden sehr unangenehm, lehnten sich aus dem Fenster, sahen zu mir herauf und sagten, meine Katze sei eine Zumutung. Ich ging nach unten und rettete sie, und immer, wenn ich meinen Nachbarn danach auf der Treppe begegnete, warf ich ihnen finstere Blicke zu.«[11]

Von ihrer neuen Wohnung aus geht sie am liebsten zu Fuß zum *New Yorker*, dessen Redaktionsräume sich auf drei Stockwerke in einem Gebäude in der 25 West 43th Street verteilen. Maeves Büro liegt im 20. Stock, direkt neben dem von William Maxwell: »Ich nahm das Klackern ihrer High Heels und ihren wunderbaren Dubliner Akzent wahr, noch ehe ich sie auf dem Korridor sehen konnte. Sie war Anfang 30 und trug einen Pferdeschwanz, was sie jünger aussehen ließ, als sie war. Ich glaube, wir wurden Freunde, weil wir beide Tolstois *Der Tod des Ivan Iljitsch* und Turgenjews *Aufzeichnungen eines Jägers* liebten, genau wie die Romane von Colette. [...] Sie pflegte in mein Büro zu kommen, sich zu setzen und dann gedankenvoll zu bemerken: ›Das *Time Magazine* ist nur ein Traum.‹«[12]

Die Büros des *New Yorkers* sind so winzig, dass der Journalist Ben Yagoda sie mit Affenkäfigen oder Gefängniszellen vergleicht. Sie liegen dicht an dicht in einem langen Korridor, den Maeves Kollege Philip Hamburger nur »Sleepy Hollow« nennt. Maeves Bürotür steht immer offen, denn sie hasst es, in engen Räumen eingesperrt zu sein. Zudem ist sie Kettenraucherin und würde bei geschlossener Zimmertür über kurz oder lang ersticken. Läuft sie über den Flur, hinterlässt sie eine Wolke ihres schweren Parfums, das es kaum vermag, den Zigarettenqualm zu überdecken. Die Wände ihrer Kemenate lässt Maeve genau wie die Wände in ihren

Wohnungen weiß streichen, die Decke hingegen wird himmelblau. Überall stehen Topfpflanzen und frische Blumen. In dieser für sie angenehmen Atmosphäre sitzt sie rauchend und tippend mit ihrer großen Brille an der Schreibmaschine und macht sich Gedanken über den menschlichen Charakter und seine alltäglichen Kämpfe mit sich selbst: »Später kam mir in den Sinn, dass wir uns, um es vereinfacht auszudrücken, wenn wir uns schaden wollen, normalerweise nur nach einer Sache wirklich sehnen; nehmen wir hingegen die Anstrengung auf uns, etwas Tugendhaftes oder etwas Gutes zu tun, ist die Auswahl so groß, dass wir im Grunde schon erschöpft sind, noch bevor wir uns dafür entscheiden, was wir denn nun tun wollen. Damit will ich sagen, dass der Antrieb zum Guten eine freie Wahl voraussetzt und hoch kompliziert ist, der Antrieb zum Bösen dagegen abscheulich einfach und leicht.«[13]

Neben William Maxwell ist Brendan Gill ihr nächster Büronachbar: »Es wurden so viele Notizzettel unter seiner, ihrer und meiner Tür unten durchgeschoben, und es gab so oft Lachanfälle, nachdem wir sie gelesen hatten, dass – so wurde es uns zugetragen – Mr. Shawn entschied, das Ganze sei der Büromoral abträglich und Maeve an den Ende des Ganges auf die andere Seite des Gebäudes versetzt wurde.«[14] Spötter sagen, Shawn hätte diese Entscheidung vor allem eingedenk seiner eigenen, Jahrzehnte währenden außerehelichen Beziehung zu Lillian Ross, mit Harold Ross weder verwandt noch verschwägert, getroffen. Zwar bleibt Shawn bis zu seinem Tod mit seiner Frau Cecile, mit der er drei Kinder hat, verheiratet, lebt aber gleichzeitig offen mit seiner Kollegin Lillian Ross zusammen, mit der er gemeinsam Adoptivsohn Eric großzieht. Lillian Ross erinnert sich in ihrer Enthüllungsbiographie später, dass Shawn, der ein Verehrer begabter schöner Frauen war, auch ein großer Bewunderer Maeve Brennans gewesen sei: »Bill hatte sie engagiert, damit sie über Mode schrieb, doch dann entdeckte er, dass sie Kurzgeschichten schreiben konnte, die wahrhaftig, lustig, traurig und bewegend waren. [...] Bill war entzückt von ihr und ihrem Dubliner Akzent. Er nannte sie ›eine Märchenprinzessin‹ und erfand ständig neue Ausreden, um bei ihr im Büro aufzutauchen.«[15]

Auch Mary Rudd, die jugendliche Sekretärin von William Shawn bewundert Maeve aus vollem Herzen. Als sie von der Büroverlegung erfährt und sich nach dem Grund dafür erkundigt, erhält sie zur Antwort: »Sie ist wie eine Märchenprinzessin. Sie lenkt alle einfach zu sehr ab.«[16]

Tatsächlich wirbelt Maeve das Redaktionsbüro des *New Yorkers* ganz schön durcheinander. Gardner Botsford erinnert sich gleich an mehrere Liebschaften: »Sie war zierlich, nicht größer als 1,50 – aber ungeheuer geistreich und wahnsinnig attraktiv. […] Brendan Gill war der Erste, den sie ins Wanken brachte. Auf ihn folgte Joseph Mitchell und nach Mitchell Charles Addams und nach Addams McKelway, den sie sogar heiratete. Und Wolcott Gibbs war auch irgendwann dran.«[17]

Entgegen den herrschenden Moralvorstellungen ihrer Zeit unterhält Maeve vor allem Beziehungen zu verheirateten Kollegen. Augenscheinlich kommt dies ihrer Vorstellung von Freiheit am ehesten entgegen. Sie hasst es, sich festzulegen, Verpflichtungen, feste Termine und Arrangements sind ihr ein Gräuel. Nicht auszudenken, wenn sie gerade mit einem klugen Einfall über ihrer Schreibmaschine säße und dann zu einer Verabredung müsste. Sie will frei sein in all ihren Entscheidungen – immer und zu jeder Zeit. Kollege Gardner Botsford hält sie für einen Menschen, der ausgezeichnet mit sich allein zurechtkommt: »Ich habe in Maeve immer jemanden gesehen, der gerne mit sich alleine war. Ich denke, sie akzeptierte die ständige Schar Männer um sich herum als etwas, das sie nicht beförderte und für das sie auch nichts konnte.«[18]

Dies macht Verabredungen zum Lunch schwierig, noch schwieriger macht es Freundschaften und am unmöglichsten wohl Liebesbeziehungen. Gleichwohl hat Maeve einige davon, und ihre Partner gehören zu den begehrtesten Männern der Stadt. Neben

Brendan Gill ist dies Joseph Mitchell, der seit 1938 für den *New Yorker* schreibt und als einer der großartigsten Reporter der USA gilt. Auch von den Kollegen wird er hochgeschätzt: »In den Augen von vielen ist der beste Autor des *New Yorkers* Joseph Mitchell.«[19] Seine besondere Gabe sind einfühlsame literarische Porträts über Außenseiter. Mitchell interessiert sich für die Menschen am Rande der Gesellschaft, und seine Texte sind vor allem deshalb so gut, weil er diesen Menschen auf Augenhöhe begegnet. Sein Credo lautet: »Mein Thema sind nicht die kleinen Leute. Sie sind so groß wie du und ich, ganz egal wer wir sein mögen.«[20]

Wochenlang begleitet er seine Protagonisten diskret durch ihr Leben. »Man lässt jemanden so nahe an sich heran, dass man in Wirklichkeit über sich selbst schreibt«, wird er später sagen.[21] 1964 erscheint sein erfolgreichstes Porträt, *Joe Goulds Geheimnis*, ein Buch über einen legendären Greenwich-Village-Schnorrer, der sein ganzes Leben dem Verfassen eines schieren Mammutwerks gewidmet hat: der mehrtausendseitigen *Oral History of Our Times*. Gould übt eine eigenartige Faszination auf Mitchell aus, gleicht seine Sicht der Dinge doch so sehr der des Journalisten. Am Ende muss Mitchell jedoch feststellen, dass Joe Goulds angekündigtes Werk nichts als ein großer Bluff ist, einzig ein Hirngespinst in dessen Kopf. Gould bleibt ein Künstler ohne Werk.

Nachdem er den Bluff entdeckt, verstummt der 56 Jahre alte Mitchell literarisch. Zwar erscheint er bis zu seinem Tod 1996 Tag für Tag pünktlich in seinem Büro beim *New Yorker*, doch er wird nie wieder eine Zeile schreiben. In seinem Nachruf auf ihn erinnert sich Kollege Roger Angell: »Jeden Morgen trat er in Gedanken versunken aus dem Fahrstuhl, nickte stumm, wenn man ihm entgegenkam, und schloss sich in seinem Büro ein. Um die Mittagszeit tauchte er wieder auf, immer mit seinem braunen Filzhut auf dem Kopf und in seinem gelbbraunen Regenmantel; anderthalb Stunden später kehrte er zurück und schloss sich wieder in seinem Büro ein. Von innen war nie viel Tipparbeit zu hören, und Menschen, die er in sein Büro ließ, berichteten, dass sein Schreibtisch bis auf Papier und Bleistifte vollkommen leer war. Am Ende des Tages ging er nach Hause. Manchmal, wenn er am Abend im Aufzug stand, hörte ich ihn leise seufzen, aber er beklagte sich nie und erklärte sich auch nie.«[22]

Es spricht für den *New Yorker*, dass Mitchell nicht nur sein Büro behielt, sondern auch auf der Gehaltsliste blieb – 32 Jahre lang. Und auch wenn die Kollegen all die Jahre spekulieren, an was er wohl schreibt, niemand ist je so taktlos, ihn danach zu fragen: »Das wäre eine unvorstellbare Verletzung unserer Gepflogenheit gewesen. Wir gingen davon aus, dass jeder von uns mit einem wichtigen und sehr delikaten Thema beschäftigt war, das sich, sollte auch nur das Geringste durchsickern, sofort in Luft auflösen würde.«[23]

Mitchell bleibt Maeve nach ihrer Affäre ein enger Freund, ein Fels in der Brandung, auf den sie jederzeit zählen kann. Mitchell ist der Mann, den man zu jeder Tages- und Nachtzeit anrufen kann, der zur Stelle ist, wenn die Dämonen kommen. Maeve braucht ihn oft, und meist findet er am nächsten Tag ein kleines Post-it auf seinem Schreibtisch, auf dem sie ihm dankt. Immer ist darauf ein riesengroßer Smiley zu sehen.[24]

Mitchells Nachfolger an Maeves Seite, Cartoonist Charles Addams, muss sich, was seine Berühmtheit anbelangt, keineswegs hinter seinem Kollegen verstecken. Von Beginn der dreißiger bis in die achtziger Jahre greift er für den *New Yorker* zum Zeichenstift. Sein Faible für Skurrilität und schwarzen Humor drückt sich auch in seinen Zeichnungen aus und lässt ihn eine Familie kreieren, die noch heute jedes Kind kennt: die Addams Family. Schon während seiner Schulzeit arbeitet der Fan mittelalterlicher Folterinstrumente, den die meisten seiner Mitschüler für völlig verrückt halten, an den makabren Charakteren. Zu dieser Zeit bricht er mit Vorliebe in leerstehende alte Villen ein und treibt sich auf Friedhöfen herum. Nach der Schule studiert er an der Universität von Pennsylvania, wo man später ein Institut nach ihm benennen und eine lebensgroße Figurengruppe der Addams Family aufstellt. Seine Wohnung in Manhattan ist vollgestopft mit mittelalterlichen Waffen, Folterinstrumenten und Rüstungen. In der Mitte des Wohnzimmers steht ein antiker Einbalsamierungstisch. Das 16. Jahrhundert ist seine bevorzugte Zeit: »Wahrscheinlich war es fürchterlich, damals zu leben, schließlich wurde ständig jemand geköpft, und es gab eine Menge Seuchen. Aber es ist eine romantische Zeit, die mich sehr anspricht.«[25]

Obgleich seiner oft drastischen Karikaturen wegen als Kinderhasser verschrien, beschreiben ihn Kollegen und Freunde als äußerst angenehmen Zeitgenossen: »Ein urbaner, entspannter, genialer Typ, der von ausgesuchter Höflichkeit ist. Er frisst keine kleinen Kinder.«[26] Die erste Folge der Addams Family erscheint 1938 im *New Yorker* und wird über die Jahre ein so großer Erfolg, dass die Geschichten schließlich fürs Fernsehen verfilmt werden, wobei Addams ein gewichtiges Wort mitzusprechen hat. Immerhin sind die Figuren zum Teil dem echten Leben entsprungen. Vorbild für Morticia Addams ist zum Beispiel seine erste Ehefrau Barbara Jean Day. Seine zweite Ehefrau, die Anwältin Barbara Barb, vereint sogar, wie Addams sagt, »das Aussehen von Morticia mit einer teuflischen juristischen Hinterhältigkeit«.

Seine beiden Ehefrauen teilt er übrigens in die gute und die böse Barbara ein. Die böse Barbara vertritt Addams Rechte bei der Verfilmung seiner Zeichnungen so schlecht, dass er später sagen wird: »Ich bekam für jede Folge Geld, aber nach der Erstausstrahlung bekam ich gar nichts mehr. Keinerlei Tantiemen. Ein Fehler dieser unmöglichen Anwaltskanzlei, die mich damals vertreten hat.«[27] Als sie ihn eines Tages auffordert, eine 100 000 Dollar hohe Lebensversicherung zu ihren Gunsten abzuschließen, gibt ihm ein Freund den guten Rat, sich doch einmal den Film *Frau ohne Gewissen* mit Barbara Stanwyck anzusehen. Darin plant Stanwyck die Ermordung ihres Ehemanns. 1956 wird auch Addams zweite Ehe geschieden, und er nimmt sich fest vor: »In Zukunft werde ich darauf achten, mit Frauen auszugehen, die Clarisse oder sonst wie heißen.«[28]

Beim nächsten Mal heiratet er eine Marylin – und diesmal passt es. Die Hochzeit mit Marylin »Tee« Miller findet auf einem Tierfriedhof statt – die Braut trägt Schwarz. In den achtziger Jahren zieht das Paar in ein Anwesen in Sagaponack, New York, dem sie den romantischen Namen »Der Sumpf« verleihen. Trotz seiner Spleens gilt Addams als wahrer »Lady Killer«, und nicht nur Maeve Brennan, sondern auch Greta Garbo und Jackie Kennedy werden in seiner Begleitung gesehen.

Maeves Affäre mit dem Womanizer Addams fällt unmittelbar in die Zeit nach seiner ersten Scheidung. Er ist da offiziell eigentlich mit der Filmschauspielerin Rosemary Pettit liiert, was ihn nicht von zahlreichen anderen Liebschaften abhält. Die Liaison mit Maeve ist leidenschaftlich und explosiv, Freunde und Kollegen können ein Lied davon singen. Bei einer Party des *New Yorkers* in New Yorks einzigartigem Gartenensemble Turtle Bay Garden im März 1952 fliegen einmal mehr die Fetzen. Etwa 130 Leute, viele von ihnen aus der Redaktion, sind da, Maeve erscheint in Begleitung von Charles Addams: »Irgendwann erhob sich Maeves Stimme über den Partysound. Als Erstes geriet sie mit dem Kritiker Anthony West in Streit. Der scheue E. B. White hörte das Wort ›Bastard‹ und floh in die Küche. Die Party ging weiter. Erneut übertönte Maeves Stimme den Lärm: ›Charlie Addams, du bist ein Schwein!‹, schrie sie. Gardner Botsford schnappte irgendetwas auf, wonach sie Charlie in ihr Bett gelassen hatte, und vermutete, die Affäre sei wohl beendet. Die respekteinflößende Katharine White, deren ergrauter Dutt mit altmodischen Elfenbeinnadeln und Schildpattkämmen zusammengehalten wurde, erschien an Botsfords Seite: ›Maeve benimmt sich daneben‹, sagte sie und bat ihn, sie nach Hause zu bringen. Im Taxi mit Gardner und Tess Botsford schrie Maeve die ganze Fifth Avenue entlang immer wieder ihr Lamento aus dem Fenster: ›Charlie Addams ist ein Schwein! Charlie Addams ist ein Schwein!‹«[29]

Was immer ihr Addams auch angetan hat, augenscheinlich ist sie darüber hinweggekommen, denn sein Notizbuch verrät, dass er sich in den sechziger Jahren erneut mit Maeve – und natürlich diversen anderen Frauen – verabredete: »Dinner mit Maeve bei Delmonico's; ein Drink mit Maeve und Dawn Powell im Fifth Avenue Hotel. Eine Verabredung mit der Schauspielerin Joan Fontaine, dann ein Wochenende am Strand von Westhampton Beach mit der britischen Schriftstellerin Barbara Skelton, danach wieder zwei Tage mit Fontaine.«[30]

Für manchen Zeitgenossen kommt es durchaus überraschend, dass Maeves elegante Erscheinung und ihre charmante, leicht distanzierte Art nicht immer mit ihrem Benehmen korrespondieren. Die irische Märchenfee kann nämlich fluchen und schimpfen wie ein Droschkenkutscher, und das sogar schriftlich: »Meine Putzfrau hat sich Samstag vor einer Woche in ihrem Garten den Fuß verknackst, was eine ganze Woche lang Gestöhne und Lamentieren zur Folge hatte. Sie wollte einfach nicht zum Arzt gehen, und als ich gestern aus der Stadt zurückkehrte, durfte ich mir unter Jammern und Wehklagen anhören, dass die Schmerzen so unerträglich geworden sind, dass sie schließlich um 5.30 Uhr doch den Arzt angerufen hatte. Sie ist dann sofort rübergegangen, nur um zu hören, dass der Fuß bereits entzündet ist und ›Ich mindestens eine Woche auf Krücken laufen werde, Miss Brennan‹. Gottverdammt. Das sage jetzt ich – sie ist eine strenggläubige Katholikin und sagt niemals ›verdammt‹, stattdessen sagt sie ›AOUEW CHEEZE‹.«[31]

Maeves loses Mundwerk wird noch viel loser, wenn sie zu viel getrunken hat, und das passiert bei Partys des *New Yorkers* des öfteren. Zumeist vergisst sie es, den Rat ihrer ehemaligen Chefin Diana Vreeland zu beherzigen: »Der beste Zeitpunkt, eine Party zu verlassen, [ist] der Moment […], wenn sie gerade beginnt. Kein Glas schadet so sehr, wie das Glas, das man nicht trinken wollte, wie man so schön sagt, und keine Stunde schadet so sehr wie die Stunde, nachdem man eigentlich schon hatte gehen wollen.«[32]

Zu ihrem Glück gehört es beim *New Yorker* schon fast zum guten Ton, sich daneben zu benehmen. Niemand wundert sich hier über irgendein noch so abstruses Verhalten. Es gibt nichts, was nicht schon mal dagewesen wäre. Die Redaktionsräume des *New Yorkers* sind Manhattans Sammelstelle für Exzentriker, Alkoholiker, Depressive und Neurotiker. Hier sind Menschen, die unter Akrophobie, Agoraphobie, Klaustrophobie, Pyrophobie und allen anderen überhaupt je diagnostizierten Phobien leiden, herzlich willkommen. Im Büro der Zeitschrift finden all diese Geplagten mit Hilfe ihrer Arbeit und ihrer verständnisvollen Kollegen den Weg durch all ihre Ängste hindurch ans Tageslicht. Für Außenstehende scheint es, als seien beim *New Yorker* mehr oder weniger alle verrückt: »*The New Yorker* war ein Ort, an dem man ungeheuer tolerant gegenüber ungewöhnlichem Aussehen und Benehmen war, ein Hort für die ›geborenen Unbrauchbaren‹ wie Roger Whitaker und A. J. Liebling angeblich sagten.«[33]

So ist Wolcott Gibbs, einer von Maeves Liebhabern und Mann der ersten Stunde beim *New Yorker*, ein an schweren Depressionen leidender Alkoholiker. Der begnadete Cartoonist und Humorist James Thurber verarbeitet seine Neurosen und Ängste in Geschichten und erfindet dabei legendäre Figuren wie Walter Mitty, jenen lebensuntüchtigen versponnenen Träumer, der Thurber hilft, das Leben zu meistern. Der Schriftsteller John O'Hara ist wohl der größte Säufer unter all den Alkoholikern beim *New Yorker*. Erst als seine zweite Frau Bell stirbt, schüttet er die noch volle Flasche Whiskey in den Ausguss und trinkt von diesem Tage an nie wieder auch nur einen Tropfen. Eine Entwicklung, die so mancher Kollege bedauert: »Ich finde, er schrieb besser, als er noch getrunken hat. Seine Themen und sein Stil waren irgendwie frischer.«[34]

Dass der *New Yorker* austrocknet, ist jedoch nicht zu befürchten. Edith Iglauer, die Frau von Philip Hamburger, bringt es auf den Punkt: »Mir kam es vor, als würde diese Generation von Journalisten des *New Yorkers* ununterbrochen trinken. Manchmal hatte ich das Gefühl, ich würde in unserem Apartment im East End jeden Sonntagnachmittag einen Saloon betreiben.«[35] Die morgendliche Routine eines Mitarbeiters des *New Yorkers* wird gern wie folgt beschrieben: aufstehen, kotzen, duschen, rasieren. Als der junge Brendan Gill einmal E. J. Kahn Jr. etwas erschrocken fragt, ob er sich denn wirklich jeden Morgen übergebe, antwortet der ganz verdutzt: »Klar, macht das denn nicht jeder?«[36]

Sogar William Shawn, der 1952 nach dem plötzlichen Tod von Harold Ross im *New Yorker* das Ruder übernimmt, ist ein von allerlei Ängsten geplagter Mensch. Gleichwohl ist er ein herausragender Zeitungsmann und ein großartiger Chef, wie Philip Hamburger bestätigt: »Er arbeitete so hart und schien dabei so beständig, dass viele von uns sich der Illusion hingaben, er würde für immer leben. [...] Irgendwie, wohl dadurch, dass er seine Autoren immer dazu ermutigte, sich völlig frei zu fühlen, mutig und wahrhaftig zu sein, gelang es ihm aus jedem das Beste herauszuholen.«[37]

Shawn war es, der Maeve zum *New Yorker* holte. Betrachtet man ihre Arbeitsweise, so sind sie sich sehr ähnlich: Auch Shawn ist fasziniert vom täglichen Gewusel der Stadt, das er als interessierter Betrachter, um Himmels willen aber niemals als Teilnehmer erlebt. Man kann ihn dabei beobachten, wie er irgendwo sitzt, in einem Buch blättert und dabei genau erfasst, was um ihn herum geschieht. William Shawn wird 48 Jahre lang für den *New Yorker* arbeiten und dabei für großartigen Journalismus verantwortlich sein. Er ist es, der Hannah Arendt zum Eichmann-Prozess nach Jerusalem schickt, und unter seiner Ägide erscheint im *New Yorker* der erste Teil ihrer Prozessbeobachtungen, die in ihr bahnbrechendes Werk *Eichmann in Jerusalem* münden. Shawn höchstpersönlich lektoriert für den *New Yorker* den Text, der die berühmte Formel von der »Banalität des Bösen« enthält.

Ebenso wie Ross ist William Shawn ein Arbeitstier: Der *New Yorker* steht bei ihm an allererster Stelle. Als einmal ein Blizzard über die Stadt fegt, pinnt Shawn folgenden Zettel ans schwarze Brett: »Jeder soll heute so früh nach Hause gehen, wie es ihm angemessen erscheint.«[38] Shawn verlangt viel von seinen Redakteuren, doch er muss auch einstecken können. Seine bunte Truppe ist, wie ein Brief Maeves zeigt, auch ihrem Chef gegenüber nicht auf den Mund gefallen: »Auch auf das Risiko hin, eine weitere verlorene Schlacht zu schlagen, möchte ich meinen schärfsten Protest gegen das neue weiße Papier einreichen. Joe Mitchell sagt, es sei nicht einmal echtes Papier. […] Ich kann nicht verstehen, warum nicht anständige Schreibmaschinen angeschafft werden. Würden die Farbbänder richtiges Blau beinhalten, dann könnten sie mit jeder Art von Papier zurechtkommen. Wo kommen wir denn da hin, wenn die Sensibilität und die Befindlichkeit der Maschine über die Bedürfnisse der Autoren gestellt wird. Wir wurden aus unseren Büros vertrieben, um Phalangen von Schreibkräften und Legionen von Buchhaltern Platz zu machen, und nun werden unsere Nerven mit weißem Papier und Venus-Bleistiften gequält. Letzte Woche war die Welt unwirklich genug, jetzt ist sie nicht mehr tolerierbar. Gestern (Sonntag) war ich den ganzen Tag allein mit dem weißen Papier im Büro, und ich habe wieder angefangen zu rauchen.«[39]

Die Reporter des *New Yorkers* stammen zum Großteil aus Kleinstädten, vielfach aus dem Mittleren Westen. Sie alle wollen in New York ihr Glück machen. Als Fremde in einer großen Stadt wird die Redaktion ihr Zuhause, und die Kollegen ersetzen nach und nach die anfangs schmerzlich vermisste Familie. Die große Vertrautheit, die zwischen ihnen herrscht, ergibt sich durch ihre vergleichbaren Lebensumstände und hilft, so manches Tal zu durchschreiten. Auch wenn einige mit privaten Katastrophen homerischen Ausmaßes konfrontiert werden, beim *New Yorker* sind sie geborgen und glücklich. Fast alle stecken ihr Leben lang bis zum Hals in Schulden, haben Probleme mit der Steuer oder dem Partner, leiden unter zu viel Alkohol und Schreibblockaden – doch beim *New*

Yorker zählt das alles nicht. Hier sind sie unter ihresgleichen, hier herrscht Verständnis für alles und jeden.

Es sind die Büroräume des *New Yorkers,* in denen Maeve in den Momenten der Krise Halt und Heimat sucht – nicht in Irland. Während dies für Maeve erst in späteren Jahren wichtig wird, ist es für viele Kollegen bereits gang und gäbe, ganze Nächte hier zu verbringen, nicht nur um zu arbeiten, sondern auch weil sie nicht nach Hause können oder wollen. Von A. J. Liebling wird berichtet, dass er in seinen besten Zeiten von Kollegen immer wieder in Unterhosen vor dem Spiegel der Herrentoilette vorgefunden wurde, wo er sich nach einer Nacht im Büro für den Tag zurechtmachte.[40]

Zwischen den Kollegen herrscht stumme Übereinkunft und Solidarität. Auch Maeve, die eigentlich wenig Geduld mit den Fehlern und Marotten ihrer Mitmenschen hat, wird rasch Teil dieser Großfamilie. Zusammen mit Philip Hamburger gehört sie zu den Nachteulen in der Redaktion. In der Stille des nächtlichen Büros treffen sich Hamburger und Maeve in der Kaffeeküche immer wieder mal zu einem spontanen Plausch. Hamburger macht es sich zur Gewohnheit, hin und wieder ein Päckchen Zigaretten der Marke *Camel* auf Maeves Schreibtisch zu legen, die sie ihrerseits wortlos und ohne Dank einsteckt. Als jedoch 1952 Hamburgers Mutter stirbt, wartet Maeve vor seiner Wohnung, um ihm beizustehen.[41]

Maeves Lieblingskollege beim New Yorker wird William Maxwell, den John Updike für eine der klügsten und scharfsinnigsten Stimmen der amerikanischen Literatur hält. Der 1908 in Lincoln, Illinois, geborene Harvard-Absolvent ist seit 1936 in verantwortlicher Position Mitglied der Redaktion und bringt Schriftsteller wie Salinger, Nabokov und Updike zur Zeitung. Neben seinem Job als Redakteur verfasst er zahlreiche sehr erfolgreiche Romane, unter anderem *Also dann bis morgen,* für den er 1982 mit dem National Book Award ausgezeichnet wird. Aus den Kollegen Brennan und Maxwell werden nicht nur enge Freunde, sondern William Maxwell wird über ihren Tod hinaus zu Maeves Förderer.

Er hat maßgeblichen Anteil daran, dass Maeve Brennan nicht vergessen wird.

In ihren ersten Jahren beim *New Yorker* schreibt Maeve auch über Mode. Die verantwortliche Redakteurin, unter der sie arbeitet, ist Lois Long, eine der großartigen Frauen, die beim *New Yorker* sind. Wie die meisten Zeitungsredaktionen ist auch der *New Yorker* eine Männerdomäne, doch die wenigen Frauen, die hier arbeiten, sind Koryphäen ihres Faches und mit ihren Kollegen absolut auf Augenhöhe. Lois Long kommt von der *Vogue,* hatte aber unter dem Pseudonym »Lipstick« bereits auch Texte für den *New Yorker* verfasst. In den wilden zwanziger Jahren war sie als »Flapper Girl« durch die Stadt gezogen, einen Martini in der einen, die Zigarette in der anderen Hand. Flapper Girl ist sie nun keines mehr, Martini trinkende Raucherin ist sie geblieben. Neben Mode ist ihr bevorzugter Themenbereich das New Yorker Nachtleben. Während der Prohibition hat sie im Magazin sogar Empfehlungen für illegale Flüsterkneipen ausgesprochen. Sie kennt alles und jeden. Ihre nächtlichen Touren lassen die Damen von *Sex and the City* allesamt etwas bieder wirken. Long hat mit ihrem skandalösen Benehmen dafür gesorgt, dass die illegale Bar, die Harold Ross während der Prohibition im Keller des Nachbargebäudes zum *New Yorker* eröffnen ließ, um seine Journalisten besser im Griff zu haben, geschlossen wurde. Eines Morgens fand man Lois Long und den Kollegen Peter Arno nackt, wie Gott sie schuf, schlafend auf dem Sofa in der Bar. Lois Long erinnert sich nur vage: »Mag sein, dass Arno und ich da sogar schon verheiratet waren; ich weiß es wirklich nicht mehr. Wir hatten wohl getrunken und dann vergessen, dass wir verheiratet waren und ja ein gemeinsames Apartment hatten, wohin wir gehen konnten.«[42]

Sie ist so einflussreich, dass ihre Kolumne ein Etablissement ruinieren oder für einen Sturm auf ein Warenhaus sorgen kann. Eine Zeitlang fährt sie auf Rollschuhen durchs Büro, und wenn es ihr zu heiß wird, dann zieht sie auch mal ihren Slip aus. Dreimal verheiratet, findet sie die Suche nach einem passenden Mann ziemlich mühsam: »Es ist zum Verzweifeln, so so so traurig. Sechs Millionen Menschen leben in New York, und ganz offensichtlich gibt es keinen einzigen Mittelklassemann, der sich für einen Moment in der Achterbahn gehen lassen würde. Sechs Millionen Menschen in New York und jeder einzelne von ihnen ist eine Studie über Verhaltensstörung wert. Tausende von jungen Männern, die ein Dinnerjacket besitzen, und ich suche mir immer denjenigen aus, der mir in aller Öffentlichkeit eine Szene macht, weil er mal eine kleine Katze hatte, die gestorben ist, und er niemals darüber hinweggekommen ist.«[43]

Sie lebt als alleinerziehende Single-Frau in Manhattan und taucht manchmal um fünf Uhr morgens angetrunken im Abendkleid im Büro auf, um sofort etwas zu Papier zu bringen. Harold Ross sind Lois Longs Auftritte meist ziemlich peinlich, doch die genießt ihr Leben und ihre zahlreichen Liebhaber: »Würde mir jemand bitte den Gefallen tun und mich gegen elf nach Hause bringen? Und bitte dafür sorgen, dass niemand eine Party schmeißt, während ich mich erhole? Ich hasse es, etwas zu versäumen.«[44] Lois Long ist wild, verrückt und bis 1969 eine feste Größe beim *New Yorker*. Von ihren Leserinnen verabschiedet sie sich in ihrer letzten Kolumne mit dem gutgemeinten Rat: »Machen Sie eine gute Partie!«[45]

Maeve ist es von *Harper's Bazaar* schon gewohnt, mit beeindruckenden Frauen zu arbeiten. Als Frau fühlt sie sich niemals in die zweite Reihe zurückversetzt, und auch ihre männlichen Kollegen haben kein Problem damit, die Leistung ihrer Kolleginnen anzuerkennen. Zudem stehen sie ja auch unter Kuratel von Feuilletonchefin Katharine White, die nicht nur Harold Ross für die wichtigste Person des *New Yorkers* hält. Von manchen ihrer Kollegen wird sie hinter vorgehaltener Hand auch »Katharine die Schreckliche« genannt. Ross' Privatsekretär William Walden berichtet, wie furchteinflößend sie auf manchen wirkte: »Wenn sie den Flur entlangstapfte, zitterten alle.«[46] »Mrs. White«, wie sie von jedermann genannt wird, ist die graue Eminenz der Zeitschrift und genießt Ross' absolutes Vertrauen: »Mrs. White ist essenziell für das Magazin [...] viel wichtiger als die komplette Geschäftsführung und wichtiger als die meisten unserer Autoren. [...] Sie ist unersetzlich, und das sind außer ihr nur ganz wenig Leute.«[47]

Wen Katharine White jedoch mag, dem ist sie ein treuer, verlässlicher Freund. Dazu zählt unter anderem die verantwortliche Redakteurin für Lyrik, Louise Bogan, über die White sagt: »Wenn man darüber nachdenkt, ist es schon verblüffend, dass sie eine so differenzierte Kritikerin wurde – sie war schließlich Autodidaktin ... Die ganze Sache mit der Trinkerei wird viel zu sehr aufgebauscht ... Gott sei Dank war sie trinkfest! Und den meisten ihrer Urteile kann ich mich nur vollumfänglich anschließen, vor allem dem über Horace Gregory, mit dem ich einmal in der Jury beim Houghton-Mifflin-Poetry-Wettbewerb saß. Ich weiß nicht, ob der Mann noch lebt oder ob er schon tot ist, ich hoffe fast, er ist schon tot, denn ihr Urteil war grausam. Doch ich sehe es leider genauso, ich konnte weder den Mann noch seine Gedichte leiden.«[48]

Die Frauenpower im *New Yorker* nimmt bis in die sechziger Jahre hinein derart stark zu, dass sich James Thurber zu folgendem Lamento hinreißen lässt: »Beim *New Yorker* haben jetzt anscheinend die jungen Frauen von *Harper's Bazaar* die Macht übernommen. Die ganze Vitalität aus Ross' Tagen ist dahin. Jetzt wird dort nur mehr heiße Luft produziert und vornehm geflüstert, von Leuten die Gummisohlen an den Schuhen haben.«[49]

In ihren ersten Jahren erscheinen Maeves Texte noch ohne Namensnennung. Das ist bei kurzen Einwürfen sowie bei der Literaturkritik »Briefly Noted« durchaus üblich. So bleibt unbekannt, wer tatsächlich hinter der Rezension von *The Sleeping Beauty* der britischen Schriftstellerin Elizabeth Taylor steckt: »Es ist ein melancholisches, verklemmtes, unbeabsichtigt lächerliches Buch, [...] verfasst in einem ausschweifenden Stil, der an Gestelztheit grenzt.«[50] Dabei hätte Maeve absolut kein Problem damit, ihre Kritik auch öffentlich zu machen, vor Konfrontation hat sie sich noch nie gescheut.

Am 5. Januar 1952 erscheint Maeves erste namentlich gekennzeichnete Buchbesprechung. Unter der Überschrift »The Need of Love« bespricht sie einen Kurzgeschichtenband der französischen Autorin Colette: »Colette, diese schon beinah überirdisch talentierte Französin, schreibt über Liebende, aber nicht über Paare. Ihre Aufmerksamkeit gilt denen, die am meisten lieben, die am meisten leiden, und sie spürt in ihren Geschichten den Zugeständnissen nach, die diese Menschen machen und ständig machen müssen, um geliebt zu werden. Sie schreibt über die Zerstörungskraft der Liebe, über die allmähliche Erosion des Verstandes durch das Bedürfnis und die schlichte Wahrheit, dass in der Welt der sexuellen Liebe [...] der Gedanke an Gleichberechtigung oder gar Fairness lächerlich ist. Die Gleichberechtigung ist ohnehin nichts, was sie als Schriftstellerin interessiert. Ihre Welt besteht aus zwei Menschen, und einer davon kämpft darum, bleiben zu dürfen; das ist das Einzige was zählt.«[51]

Die Art, wie Colette die Liebe beschreibt, liegt Maeve sehr. Es ist auch ihre Art zu lieben und die Liebe zu begreifen – oder auch nicht. Sie bewundert Colette, hängt sogar ein gerahmtes Porträtfoto von ihr auf. Dies nutzt sie zum stummen Protest, wie William Maxwell erzählt: »Eines Tages kam ich in mein Büro, und das Bild hing an der Wand neben meinem Schreibtisch. Dort blieb es einige Monate, und dann war es plötzlich verschwunden. Ich wusste, ich hatte irgendetwas falsch gemacht, wusste aber nicht genau was. Nach einer kurzen Weile kehrte das Bild zurück. Gleich einem Schatten verschwand es von da an immer mal wieder und kam dann zurück.«[52]

Ihre nächste Buchkritik trägt den Namen »Lives in Limbo«, über Elsa Morantes Roman *Lüge und Zauberei*. Obwohl Morante heute als große alte Dame der italienischen Literatur gilt, fällt Maeves Fazit über das Buch klar und deutlich aus: »Miss Morante, so viel ist klar, hat keine Angst vor romantischen Schlüssen. Sie hat auch keine Angst vor Leidenschaft oder Melodramatik oder den extravaganten, kunstvollen Phrasen, die sie so meisterhaft beherrscht. Sie scheint vor nichts Angst zu haben, außer der möglichen Langeweile einer logischen Auflösung.«[53] William Maxwell wird später zu Recht darauf hinweisen, dass Maeves Buchrezensionen so originell und gut geschrieben waren, dass es ein Wunder ist, dass man sie nicht bat, mehr davon zu verfassen. Eine Antwort darauf hat Maxwell ebenfalls parat: »Der Grund dafür war vermutlich, dass zur selben Zeit auch W. H. Auden Buchkritiken für den *New Yorker* verfasste.«[54]

Maeve macht es sich als Kritikerin nie leicht. Manches findet sie so grässlich, dass sie nicht einmal darüber berichten will. Über *Cloud of Arrows* von Mary Frances Doner schreibt sie an William Shawn: »Das ist in jeder Hinsicht ein katastrophales Buch, und ich denke, wir sollten darüber auf keinen Fall berichten.«[55] Anders sieht es beim neuen Buch des von ihr sehr geschätzten Kollegen Robert Coates *The Farther Shore* aus: »Ich bin wirklich sehr beunruhigt, denn ich mochte das Buch überhaupt nicht, und Robert Coates mag ich so sehr. Ich fand es absolut enervierend, und dabei habe ich so großen Respekt vor Coates. Es scheint, als sei das ein großes Werk, und vielleicht wäre es möglich, dass irgendein Mann das Herausragende darin findet, das ich beim besten Willen nicht entdecken kann?«[56]

Zwei Jahre bevor sie im *New Yorker* zum ersten Mal namentlich erwähnt wird, ist im Dezember 1950 ihre erste Kurzgeschichte in *Harper's Bazaar* erschienen. Sie heißt *Plagegeist* und spielt in einem Hotel in Dublin. Die Hauptperson Mary Ramsay, die Toilettenfrau der Damentoilette, ist eine unsympathische Frau voller Groll, Bosheit, Neid und Tücke gegenüber den Gästen, den Kollegen, ja der ganzen Welt: »Die Damentoilette war ihre Bühne und ihr Reich. Sie hasste es, auch nur eine Minute dort zu versäumen. [...] Sie hatte ihre Augen und Ohren überall. Sie genoss diese tägliche Wacht und fand gnadenloses Vergnügen daran, die Frauen zu mustern, wenn sie in ihren weiblichsten, verzweifeltsten und komischsten Notlagen an ihr vorübermussten. Immer wieder sagte sie: ›Ich kann jede Frau abschätzen‹, und ihr schwerer, spöttischer Blick taxierte einen von oben bis unten. Einer Frau wie ihr, die sympathisch ist, gibt man ein Trinkgeld. Da Mary so unsympathisch war, legte man ihr den doppelten Betrag hin und verließ die Toilette unter vielen Entschuldigungen, während einem ihr hämischer Blick ein Loch in den Nacken brannte.«[57] Im Laufe der Geschichte trifft die boshafte Mary aber ihre Meisterin und schaufelt sich beim Versuch, sich an ihr zu rächen, ihr eigenes Grab: »Nachdem sie ihre Saat gesät hatte, machte Mary sich aus dem Staub. Erst als sie Miss Williams' Brief erhielt, knapp und zur Sache, begriff sie, dass es keine Rückkehr mehr für sie gab, und da war es schon zu spät.«[58] Maeves Geschichte zeigt ein düsteres Irland mit schwierigen Menschen, ganz so wie sie es bei ihrer Reise Ende der vierziger Jahre erlebt hat. Zum ersten Mal seit der Auswanderung hatte sie die alte Heimat und ihre Eltern besucht. Geblieben ist sie nicht – warum auch?

Auch ihre zweite Kurzgeschichte erscheint in *Harper's Bazaar*, im April 1952. Sie heißt: *Die armen Männer und Frauen* und ist die erste von mehreren meisterhaft erzählten Geschichten über das Ehepaar Rose und Hubert Derdon. Den Lesern ist sofort klar, dass es eine Fortsetzung geben wird, allerdings müssen sie zehn Jahre warten, bis ihre Neugier gestillt wird. Dann erscheinen, statt des von vielen erhofften Romans, weitere Kurzgeschichten über zwei vergeudete Leben. Auch in *Die armen Männer und Frauen* findet sich vieles, was charakteristisch für Maeve Brennans Geschichten ist: arme Leute, die an Hintertüren betteln, edle Spender mit keineswegs edlen Motiven, Selbstsucht, Egoismus und nicht zuletzt die völlige Unmöglichkeit jeglicher echter Kommunikation. Die Protagonisten sind Gefangene ihrer eigenen Sprach- und Gefühllosigkeit und finden keine Worte, weder füreinander noch für andere, mit denen sie gerne in Kontakt treten würden. Das unausgesprochene Wort ist die Mauer, die jeden Einzelnen umgibt, ein Gefängnis, aus dem es kein Entrinnen gibt.

Am 27. Dezember 1952 erscheint in der Weihnachtsausgabe des *New Yorkers* Maeves erste Weihnachtsgeschichte. *Der Spaßvogel* handelt von Isobel Bailey und den von ihr so getauften »Kümmerlingen«, jenen Menschen, »die aus dem Zug gedrängt worden waren, weil es keinen Platz für sie gab. Sie hatten ihre Fahrkarte verloren. Einige von ihnen hatten nie eine Fahrkarte besessen. Vielleicht hatten ihre Eltern es versäumt, ihnen eine Fahrkarte zuzustecken.«[59] Den Lesern ist der Familienname Bailey natürlich ein Begriff, kennt doch jedes Kind den amerikanischen Weihnachtsklassiker *Ist das Leben nicht schön?* von 1946: George Bailey, verkörpert von James Stewart, ist ein durch und durch guter Mensch, der just an einem Weihnachtsabend verzweifelt und durch einen Engel vorgeführt bekommt, wie das Leben auf der Erde ohne ihn verlaufen wäre. Isobel Bailey mag sich selbst zwar für eine Schwester im Geiste George Baileys halten, doch Maeve zeigt ganz deutlich, dass sie genau das nicht ist, steht der Name Bailey doch für etwas, zu dem Isobel gar nicht fähig ist: Selbstlosigkeit, Güte und Menschenliebe.

Jedes Jahr lädt Isobel Bailey an Weihnachten ein paar »Verlierer« ein, um sich in ihrem schönen Haus noch ein wenig besser zu fühlen und andere mit ihrer Großherzigkeit zu beschämen: »Weihnachtskümmerlinge [...] standen nicht nur außerhalb der Gesellschaft, sie standen außerhalb organisierter Wohltätigkeit, niemand bezog sie in seine Pläne ein. Und es geschah im Geist der Weihnacht, dass sie sie an ihre Tafel lud. Sie waren Teil der Weihnachtstradition, Teil der Festlichkeit, die sie so liebte.«[60] Diesmal aber machen ihr sowohl ein geladener als auch ein ungebetener Gast einen Strich durch die Rechnung, verhalten sie sich doch ganz und gar nicht so unterwürfig und dankbar, wie Isobel sich das vorgestellt hat. Die Einladung zum Weihnachtsfest, für die man sich dankbar erweisen soll, ist Maeve Brennan als alleinstehender Frau nur allzu vertraut: An Weihnachten gehört auch sie manchmal zu den »Kümmerlingen«. Vielleicht ist dieser Text die Revanche für so manche unangenehme Weihnachtseinladung.

Lieber als im trauten Kreise verbringt sie ihren Weihnachtsabend bei Costello's in der Third Avenue, einer Bar, die über viele Jahre hinweg Treffpunkt der bunten Truppe des *New Yorkers* ist. Maeves geschätzter Kollege John McNulty widmet *This Place on Third Avenue* gleich mehrere seiner Kurzgeschichten: »Dieser Ort ist ein Saloon, der mit der Nachbarschaft so verwurzelt ist wie die Kinder, die miteinander im selben Block an der Third Avenue zwischen 43rd und 44th Street aufgewachsen sind. Er ist irgendwie schummrig und verraucht und wird in einem Catch-as-catch-can-Stil betrieben und das ganz und gar nicht effektiv. Zwar ist er nicht mit einem dieser knallharten Läden entlang der Straße zu vergleichen, aber jeder, der hier drin ist, ob Kunde oder Mitarbeiter, weiß sich auf seine Weise zu behaupten. Der Saloon hat eine angenehme Atmosphäre, ohne billig zu wirken, auch wenn alles schlicht und einfach gehalten ist. Die Bar selbst ist ohne Schnörkel, aber solide. Die Holzstühle vor dem Tresen sind stabil genug, damit man sich bequem draufsetzen kann. Die Gläser sind dickwandig und groß. Gläser und Flaschen sind das Einzige hier drinnen, das glänzt. Gelegentlich scheint die Sonne ganz nett durch die angestaubten Fenster, von denen einige auf die 45th Straße und andere auf die Third Avenue hinausgehen. Manchmal fährt die ›L‹ vorbei. [...] Es ist rund um die Uhr geöffnet.«[61]

Die Journalisten, die sich hier treffen, nennen sich etwas sarkastisch »Square Table«, um sich vom weltberühmten »Round Table« von Dorothy Parker und Robert Benchley im Algonquin Hotel nur ein paar Blocks weiter abzugrenzen. Dort war einst der Glamour zu Hause, hier sitzen nun die Hartgesottenen. Bei Costello's ist alles eine Spur rauer, das Essen ist schlechter, die Gespräche deftiger. In der ehemaligen Flüsterkneipe aus Zeiten der Prohibition verkehren Ernest Hemingway und John O'Hara, und selbst von

Marilyn Monroe gibt es wunderbare Aufnahmen, die sie entspannt und ungestört bei Costello's zeigen. Hier darf jeder sein, wie er will, Aufregung verursachen hier nur hitzige Debatten. Als James Thurber eines Tages nicht in der Lage ist, seine Rechnung zu begleichen, malt er kurzerhand einen großflächigen Cartoon an die Wand. Aus Dankbarkeit erlässt Tim Costello die Order, die Bar niemals zu schließen, wenn James Thurber zugegen ist. Eine Anweisung, die sich als schwere Prüfung für das Personal erweist.

1976 bittet Tim Costello Bill Gallo, Cartoonist der *Daily News,* die dem Thurber-Gemälde gegenüberliegende Wand zu bemalen. Eingedenk der Genialität James Thurbers ein nahezu blasphemischer Einfall. Gallo zieht sich aus der Affäre, indem er New Yorks Zeichnerelite zum Mitmachen einlädt. Als Bezahlung winkt eine rauschende Partynacht. Und so bemalen Stan Lee *(Spider Man),* Mort Walker *(Beetle Baily),* Al Jaffee *(Mad Magazine)* und Dik Browne *(Hägar der Schreckliche)* die leere Wand. Als das Costello's später seinen Besitzer wechselt, lässt Tim Costello das Gemälde von James Thurber abtragen, dem Gemälde aus den siebziger Jahren droht hingegen der Abriss. Erst mit Hilfe des Smithsonian Museums gelingt es den Zeichnern, ihr Gemälde zu retten. Heute ist es in der Bar Overlook in der 44th Street zu bestaunen.

In den fünfziger Jahren ist die Mahagoni Bar des Costello's, geführt von Tim und Joe Costello, vor allem ein Treffpunkt irischer Autoren. Tim Costello selbst ist zu Beginn des 20. Jahrhunderts aus Irland in die USA eingewandert. Während der Prohibition verkaufte er illegal Whiskey, nach Ende der trockenen Phase eröffnete er zusammen mit seinem Bruder eine legale Bar: »Was Costello's so einzigartig machte […] war Tim selbst, dessen Präsenz den Laden sowohl in einen Salon als auch in einen Saloon verwandelte. Er war ein schwerer, hochgewachsener Ire mit klugen blauen Augen und einem immer leicht gespitzten Mund. Er war die Verkörperung eines Mannes, der schon alles gesehen hatte, aber sich mit Kommentaren zurückhielt. Wenn ihn etwas amüsierte, dann lächelte er breit, seine Augen funkelten unter seinen buschigen Augenbrauen, und er polierte das Glas, das er gerade abtrocknete, noch ein klein wenig stärker. Er war ein Mann voller Würde und Stolz, der alles verabscheute, was unecht war, vor allem unechte Iren. John erzählte mir, dass Tim einmal einem dieser St.-Patrick's-Day-Patrioten, der im Kilt an der Bar stand und seinen Drink hinunterschüttete, einen vernichtenden Blick zugeworfen und gesagt hat: ›Zieh deine Strümpfe hoch, Klein-Adlerauge.‹«[62]

Bei Costello's wird über alles und jeden diskutiert, es gibt nur zwei Tabus, wie Philip Hamburger einmal in einem Interview verrät: Geld und die Frage, worüber man augenblicklich schreibt. Tatsächlich sind die meisten Journalisten eher schlecht bezahlt, erhalten nur dann einen Scheck, wenn ihr Artikel auch wirklich gedruckt wird. Dazu kommt, dass man beim *New Yorker* Verhandlungen über Geld strikt vermeidet. Dafür genießt man andere Freiheiten, wie Hamburger deutlich macht: »Ich hatte in meinen Verträgen 56 Jahre lang solche Extravaganzen drinstehen, das könnte ich keinem erzählen.«[63]

Für Maeve ist Costello's ein zweites Zuhause. Und vermutlich schildert Brendan Gill in seiner Autobiographie eine Episode mit Maeve Brennan, wenn er ganz diskret und ohne Namen zu nennen schreibt: »Ich erinnere mich an eine unserer talentiertesten Autorinnen, eine hübsche junge Frau, immer perfekt gepflegt, und wie sie neben ihrem Liebhaber saß, eine Zigarette nach der anderen rauchte, einen Drink nach dem anderen in sich hineinschüttete und bis zum frühen Morgen kein einziges Wort sprach. Dann war der Moment gekommen, wo sie ihn arg strapazierte dadurch, dass sie bewusstlos wurde und ihr exquisites Köpfchen vorne auf die Bar fiel, als hätte man sie geköpft.«[64]

Bei Costello's treffen sich diejenigen, die, wie John McNulty erklärt, an einer speziellen Krankheit leiden: »Es gibt Parkinson und Alzheimer und so vieles mehr, aber Einsamkeit ist eine Krankheit, die jeder kennt … die schlichte alltägliche Einsamkeit.«[65] Costello's ist ein Mikrokosmos New Yorks und spiegelt das wider, wofür die Stadt berühmt ist: »New York ist ein Konzentrat aus Kunst und Kommerz, aus Sport und Religion, aus Unterhaltung und Finanzwelt. Hier kommen in einer einzigen Arena der Gladiator, der Evangelist, der Promotor, der Schauspieler, der Spekulant und der Kaufmann zusammen.«[66]

Als Maeve in den sechziger Jahren eine Sammlung ihrer New-York-Kolumnen für eine Buchveröffentlichung vorbereitet, da wünscht sie sich im Vorwort, »Costello wäre nie gestorben«.[67] Wo sonst hätte es einen Ort gegeben, an dem niemand Anstoß daran nimmt, dass eine erboste Maeve, als sie zu lange auf die Bedienung warten muss, die randvolle Zuckerschale mit einem Knall auf den Boden wirft, um auf sich aufmerksam zu machen. Nein, bei Costello's fühlt sich jeder geborgen, was wohl auch daran liegt, dass hier, wie John McNulty verrät, eine ganz spezielle Medizin verabreicht wird: »Es gibt eine besondere Medizin, die versierte Barkeeper der Third Avenue an versierte Trinker ausgeben, nicht an Touristen, und vermutlich haben auch die Mayo-Brüder aus Rochester davon noch nichts mitbekommen. Vielleicht ist es nicht exakt eine Medizin, aber es dient medizinischen Zwecken. Na, egal, der Hauptbestandteil besteht jedenfalls aus zwei Sätzen die zur rechten Zeit fallen. Einer lautet: ›Das hältst du nicht mehr lange durch.‹ Und der andere, der in einem schon beinahe pastoralen Ton geäußert wird: ›Es ist kurz vor zwölf.‹ Keine dieser Aussagen hat etwas mit der normalen täglichen Barkeeper-Medizin gegen einen Kater zu tun.«[68]

Costello's ist einer der Orte, an dem einmal mehr eine neue Elite aus Leuten entsteht, die qua Geburt nicht zur Elite New Yorks gehören. Seit den Tagen des Algonquin Round Table besteht die Elite der Stadt nicht mehr allein aus den Reichen, sondern aus diversen Intellektuellen, die nicht länger durch Familienbande, Geld oder Schulen miteinander verbunden sind, sondern durch Talent, Witz, und Exzentrik. Nun kann plötzlich jede und jeder dazugehören.

Weder die richtige Religion, noch eine Ahnentafel bis zu den Pilgervätern ist notwendig, um neuerdings in New York den Ton anzugeben. Habenichtse, die ihr Leben lang knapp an der Pleite vorbeischrammen und Geld ausgeben, das ihnen nicht gehört, haben die Dollar High Society abgelöst. Und wie Maeve findet, völlig zu Recht: »Wie kann es sein, dass eine Person wie ich, mit den besten Manieren, die man je gesehen hat, niemals auch nur einen Penny hat?«[69] Die neuen Stars, die vor allem der schreibenden Zunft zuzuordnen sind, berichten nicht mehr nur über andere, sie produzieren auch eigene Schlagzeilen. Berühmt-berüchtigt für ihre Eskapaden schreiben sie vorwiegend über sich und ihr eigenes Leben.

Je unbedeutender der familiäre Hintergrund wird, umso einfacher ist es, sich aus engen Familienbanden zu lösen. Maeves Freunde kommen fast alle aus der Provinz, sie selbst stammt aus Europa. Einst hatten sie sich als Neuankömmlinge in New York zurechtfinden müssen, doch jetzt geben sie, was Mode, Geschmack und Kultur anbelangt, hier den Ton an: »In New York gibt es keine Ausländer, wohl aber Insider und Outsider«, schreibt Eliot Weinberger über die Vereinigten Staaten von New York.[70] Zu den Insidern zählt bald auch die irische Katholikin Maeve Brennan, die spätestens mit ihrer Arbeit beim *New Yorker* zur New Yorkerin wird: todschick, selbstbewusst, berufstätig und eine feste Größe in einer männerdominierten Öffentlichkeit.

Die neue Elite aus Künstlern und Schriftstellern, die die Stadt mit ihren Bonmots erheitert, ist überall präsent: im Film, im Radio, in Zeitschriften, auf Fotos. Sie sitzt in den einschlägigen Restaurants, Kneipen und Bars. Man kann sie auf der Straße sehen und auf öffentlichen Veranstaltungen treffen. Sie ist keine Elite, die unter sich bleibt und wie die Astors und Vanderbilts vergangener Zeiten ihr Heil in der Anonymität sucht. Im Gegenteil, sie will gesehen und wahrgenommen werden – die neue Elite drängt ins Rampenlicht, um sich zugleich eine gewisse Privatheit zu bewahren. Maeve Brennan und ihre Freunde bestimmen sehr genau, welches

Bild sie nach außen hin zeigen und wie sie von der Gesellschaft wahrgenommen werden wollen.

Wie weit dieses Leben von den Werten ihrer Kindheit entfernt ist, erfährt Maeve, als sie 1953 einmal mehr die Familie in Irland besucht. Die Gräben haben sich vertieft, die Erwartungen, die die Familie an Maeve hat, kann und will diese nicht erfüllen. Schon rein optisch erscheint die junge Frau ihren Verwandten wie ein Wesen von einem andern Stern. Die Alten sind schockiert, doch ihre Cousine Ita Doyle, Mutter des Booker-Preisträgers Roddy Doyle, erinnert sich noch Jahre später, dass sie einmal bei den Brennans zum Essen eingeladen war und bei dieser Gelegenheit Maeve persönlich begegnete: »Ich kannte sie nur flüchtig, denn sie war älter als ich und schon sehr jung nach Amerika gegangen. [...] Als einmal Maeve [die Tür] aufmachte, dachte ich nur ›Ja, das ist die große weite Welt!‹ Sie trug ein Twinset, aber da gibt es ja auch Unterschiede, und ihres war das Feinste vom Feinen, und eine wunderschöne Perlenkette und das Haar hochgesteckt. Ich fand sie hinreißend. Sie lächelte und war sehr herzlich, ich mochte sie auf Anhieb.«[71]

Maeves Liebe zu Irland kühlt hingegen weiter ab, was vor allem an der Familie und ihren Landsleuten liegt. In einem Brief an William Maxwell schildert sie ihre durchaus ambivalenten Gefühle gegenüber der alten Heimat: »Es ist wundervoll, wieder in Dublin zu sein, aber niemand scheint davon Notiz zu nehmen, dass ich hier bin, verstehst du, was ich meine? Beim letzten Mal war es ganz genauso. Die Stadt macht einen großartigen Eindruck, aber man fühlt sich verloren.«[72] Irland ist nicht mehr länger ihr Zuhause, das spürt sie deutlich, auch als sie sich einen Wagen samt Chauffeur mietet, um pflichtbewusst die Verwandten auf dem Land zu besuchen: »Ich habe keinen von ihnen in den letzten 19 Jahren gesehen. Mein jüngster Onkel hat acht Kinder, die alle in den letzten 16 Jahren zur Welt gekommen sind. Es gab wirklich eine Menge zu sehen.«[73] Gleichwohl ist all dies sehr weit weg von ihrer eigenen

Lebenswelt. Sie freut sich unendlich auf New York, auf ihre Kollegen, ihre Arbeit und die Ruhe ihres kleinen eigenen Apartments, in dem sie vor allem dem Dauerreden ihrer Mutter, dem sie auf dieser Reise ausgesetzt ist, endlich entkommen kann: »Ich habe fast Kopfschmerzen bekommen von ihrem dauernden Geschnatter.«[74]

Überglücklich landet sie wieder in New York, der Stadt, die ihr Raum lässt, sowohl für ihr kreatives Schaffen als auch für ihre persönlichen Vorlieben. Hier ist sie frei von den gesellschaftlichen Fesseln wie Ehe, Familie und der ökonomischen Abhängigkeit von einem nicht vorhandenen Ehemann. Sie, die einst als Fremde in die Stadt kam, verbindet mit New York längst mehr als pure Faszination. Maeve Brennan liebt diese Stadt, in der sie ein neues weibliches Selbstverständnis entwickelt und über die E. B. White, Ehemann von Maeves Vorgesetzter Katharine White, einst schrieb: »New York […] kann einen Menschen zerstören oder erfüllen, das hängt ganz erheblich davon ab, ob man Glück hat. Niemand sollte nach New York kommen, um hier zu leben, wenn er nicht vor hat, glücklich zu werden.«[75] Und dazu ist Maeve wild entschlossen.

V.

»Ich liebe New York,
obwohl es mir nicht gehört.«

Ich bin das Stadtgespräch

Unmittelbar nach ihrer Rückkehr aus Irland landet Maeve, zumindest was ihre berufliche Laufbahn anbelangt, einen absoluten Glückstreffer. Ihr wird die große Ehre zuteil, Kolumnistin für »Talk of Town« zu werden, eines der Aushängeschilder des *New Yorkers*. Wer hier schreibt, sollte in jedem Fall Harold Ross' Maxime beherzigen: »Wenn du nicht witzig sein kannst, sei zumindest interessant.«[1] Einzelautoren und ganze Autorenteams plaudern in dieser Rubrik in ihrem eigenen, unverwechselbaren Ton über *ihre* Stadt: »Über New York zu reden ist eine Art und Weise, über die Welt zu reden.«[2] Dabei stehen meist Ereignisse oder Beobachtungen jenseits des Rampenlichts im Mittelpunkt. Wer für Talk of Town schreibt, richtet seinen Blick auf den Rand des Geschehens, lenkt das Auge dorthin, wo nur selten jemand hinsieht. Das Prinzip von Talk of Town lautet: »Stopf deinen Text mit Fakten voll und dann sieh zu, dass er so leicht und geschmeidig wie eine Wolke blauer Schmetterlinge daherkommt.«[3] Talk of Town ist die Liebeserklärung des *New Yorkers* an New York.

Viele Autoren kreieren für ihre Kolumne ein Alter Ego, das meist durch ein homerisches Epitheton eingeführt wird. Philip Hamburger schreibt als »unser Mann Stanley«: »Irgendwie hat unser Mann Stanley es geschafft, Tickets für das Liberace-Konzert letzten Mittwoch im Madison Square Garden zu ergattern. Einige Tage später kam er, noch immer unter dem Eindruck der Ereignisse stehend, im Büro vorbei, um die folgenden Anmerkungen zu hinterlassen.«[4] Tony Hiss und Roger E. M. Whitaker erschaffen »E. M. Frimbo, der Welt größter Eisenbahn-Fan«, und Whitaker schreibt auch unter »unser Freund der Griesgram«. Manche Autoren benutzen die Namen ihrer Freunde, andere den ihres Psychiaters, und Susan Lardner schreibt unter »unsere Freundin Janet«. Eine der berühmtesten Figuren wird eine gute Freundin von George Trow, »unsere freche schwarze Freundin Jamaika Kincaid«.[5]

Maeve Brennan wird »The Long Winded Lady« – »die langatmige Lady«. Ihre Geschichten beginnen mit: »Wir haben eine weitere Mitteilung von unserer Freundin, der langatmigen Lady, erhalten« oder »Unsere Freundin, die langatmige Lady, hat uns wie folgt geschrieben«.

Am 23. Januar 1954 erblickt ihr Alter Ego das Licht der Öffentlichkeit. In dieser ersten Kolumne will sich die langatmige Lady zu einer Pelzhandtasche ein passendes Cape anfertigen lassen, was allerlei Probleme mit sich bringt, die letztlich in grundsätzlichen Überlegungen münden: »Ich vermute, so wie jeder andere auf dieser Welt haben Sie gelernt, wenn Sie jemanden dafür bezahlen, etwas für Sie zu tun, dann bekommen Sie alles, was sie wollen, außer dessen Aufmerksamkeit. Ich will damit sagen, dass die Maler ganz bewusst Ihre Wohnung orangefarben streichen, obwohl Sie ausdrücklich reinweiß verlangt haben. Und wenn Sie eine Rose kaufen, kann es der Florist gar nicht erwarten, diese zu kürzen, mit Draht und klebrigem grünem Papier zu erwürgen und selbstverständlich alle Blätter und Dornen zu entfernen. Die Handwerker, die ihren Wohnzimmerfußboden abziehen sollen, kommen natürlich just an dem Tag, an dem Sie Gäste erwarten, und wenn Sie dann nach

Hause kommen, ist zwar der Wohnzimmerboden gemacht, aber der Fußboden im Badezimmer sieht aus, als wäre die Sowjetarmee durchmarschiert. Und das, obwohl Sie diese Leute beschworen haben, im Hinterkopf zu behalten, dass Sie den Boden erst vor kurzem auf den Knien geschrubbt haben. Das verrückte daran ist, dass Sie für all dies niemanden in Regress nehmen können. Die Farbe ist an den Wänden, und es ist schließlich Ihre Schuld, wenn Sie nicht genau erklären, wie die Farbe Weiß aussieht. Die Rose ist ruiniert, und was den Fußboden betrifft, bleibt Ihnen nichts anderes übrig, als nochmals auf die Knie zu gehen und ihn erneut zu schrubben und darauf zu hoffen, dass Sie fertig sind, ehe die Gäste kommen. Aus irgendeinem Grund bleibt man auf dem Schaden sitzen, und aus einem anderen Grund soll man dafür auch noch bezahlen. Und wenn man dann wütend wird, nehmen sich die Handwerker oder Floristen das Recht heraus, darüber zu lächeln, was für eine unmögliche Person man doch sei. Ich meine, man kann ihre Fehler ausbaden, und dann stellt sich auch noch heraus, dass es irgendwie wohl doch der eigene Fehler war.«[6]

In ihrer ersten Kolumne erscheint die Lady noch ohne einführende Worte. Mag sein, Maeve Brennan war noch unschlüssig, ob die Lady eine dauerhafte Figur werden soll. Doch schon in ihrer zweiten Kolumne, die am 18. September 1954 folgt, heißt es: »Eine etwas langatmige Lady, von der wir gelegentlich hören […] hat uns Folgendes geschrieben: […].«[7] Zwischen 1954 und 1981 werden die Leser in unregelmäßigen Abständen immer wieder Nachrichten der langatmigen Lady erreichen. In manchen Jahren eine ganze Menge, in anderen keine einzige, ganz so wie es Maeve und der Lady gefällt.

Bis 1969 erscheinen die Geschichten rund um die langatmige Lady unsigniert. Dies ist bei Talk of Town nicht ungewöhnlich, die meisten Autoren schreiben noch in anderen Rubriken und lassen ihre Kunstfigur für sich sprechen. Erst als 1969 ein Sammelband mit den besten Kolumnen der langatmigen Lady erscheint, wird

Maeve Brennans Urheberschaft offenbar. Nun erfahren die neugierigen Leser, wer tatsächlich hinter der langatmigen Lady steckt.

Ihrer Zeit bei *Harper's Bazaar* hat merklich Einfluss auf ihre Kolumnen. Maeve hat gelernt, nicht nur mit Prominenten umzugehen, sondern auch, sich auf das Wesentliche zu konzentrieren. Talk of Town ist kein besonders umfangreiches Format, alles was gesagt werden soll, muss kurz und prägnant auf den Punkt gebracht werden. Und Maeve Brennan bringt einen neuen Ton in Talk of Town. Ihre Geschichten sind melancholisch, handeln oft von verpassten Gelegenheiten und von der Frage nach der richtigen Entscheidung. Davon, dass es nicht immer leicht ist, in New York zu leben und dennoch alternativlos. Dank ihrer Scharfzüngigkeit und ihres zynischen Humors wird Maeve von ihren Kollegen bald als legitime Nachfolgerin Dorothy Parkers gesehen, die ebenfalls lange Jahre für Talk of Town geschrieben hatte. Die langatmige Lady wird übrigens niemals über Irland schreiben, noch irgendwelche Hinweise darauf geben, dass sie selbst aus Irland stammt. Erst in ihrer letzten Geschichte 1981 wird sie dem Leser offenbaren, keine gebürtige New Yorkerin, sondern in Irland aufgewachsen zu sein. Bis dahin aber präsentiert sich die langatmige Lady so durch und durch als New Yorkerin, dass niemand auch nur ansatzweise auf die Idee käme, sie anderswo zu verorten.

Das, was an der langatmigen Lady am meisten ins Auge sticht, ist ihre Begeisterung für den Moment. Sie ist vor allem am Zufälligen interessiert, ist niemals bewusst auf der Suche nach einer Story. Ihre Geschichten entstehen in dem einen besonderen Augenblick, den nur sie erkennt und schriftlich festhält. Ihr Interesse gilt der Geschichte neben der Geschichte, der Kleinigkeit, die andere gerne übersehen. Maeve Brennan betreibt Kulturanthropologie mit einem Blick, der das Allgemeine im Besonderen und das Besondere im Allgemeinen sucht. Sie streift durch die Stadt wie eine Fotografin, mit wachem Blick für das Alltägliche, dessen Einzigartigkeit die langatmige Lady einfängt: »Die langatmige Lady zeigt

Schnappschüsse, die sie bei einer langen, langsamen Reise nicht *durch*, sondern *in* New York [...] aufgenommen hat.«[8]

Ihre Texte gleichen den Fotos von Lee Friedlander, Garry Winogrand und Diane Arbus, die etwa zur selben Zeit entstehen. Maeve Brennan ihrerseits versucht zu schreiben, »als ob der Fotoapparat niemals erfunden worden wäre«.[9] Wenn Diane Arbus, die vorwiegend Außenseiter fotografiert, von sich selbst sagt, dass sie Dinge festhält, die sonst niemand wahrnehmen würde, dann beschreibt sie damit ebenso Maeves Schreibweise. Wenn Garry Winogrand mit seiner Straßenfotografie den amerikanischen Alltag festhält, dann interessiert ihn beim Fotografieren genau dasselbe wie Maeve beim Schreiben. So wie Straßenfotografie im öffentlichen Raum entsteht, sich auf Straßen, in Geschäften oder in Cafés Einzelne herausgreift und aus einer Momentaufnahme eine Milieustudie zaubert – so fängt Maeve Brennan mit ihrem Kugelschreiber den Moment ein. Gleich einem Fotografen bleibt auch sie stets auf Distanz, nicht hinter der Kamera, sondern hinter ihrem Notizbuch. In Restaurants verweilt die langatmige Lady mit Vorliebe an Einzeltischen, bevorzugt am Fenster. Dort, wo man sie kennt, steht, noch ehe sie Platz genommen hat, ein Martini auf dem Tisch. Bewaffnet mit einem Stapel Bücher wartet sie darauf, dass der Zufall ihr eine Geschichte in die Hände spielt. Sie sitzt mitten auf der Bühne, dort, wo sich jeden Augenblick etwas abspielen kann. Und doch bleibt sie Beobachterin, verlässt diesen Posten nie. Ihre besondere Gabe besteht darin, den Augenblick zu erfassen und zu erkennen, dass sich hier etwas abspielt, was anderen Leuten gar nicht auffallen würde – und genau darüber berichtet die langatmige Lady später im *New Yorker*: »Wenn sie sich umsieht, ist es nicht das befremdliche oder exotische Verhalten der Menschen, das sie interessiert, sondern der Moment, da sich in ihrem ganz gewöhnlichen Verhalten etwas zeigt, womit sie vertraut ist. Hingezogen fühlt sie sich zu dem, was sie wiedererkennt, oder doch halbwegs wiedererkennt. [...] Jemand hat mal gesagt: ›Wirklich sind wir nur in Momenten der Freundlichkeit«: Momente der Freundlichkeit, Momente des Wiedererkennens – falls es überhaupt einen Unterschied gibt, dann nur einen geringen. Ich glaube, wirklich ist die langatmige Lady nur dann, wenn sie wie hier über einige der Dinge schreibt, die sie in der Stadt, die sie liebt, gesehen hat«,[10] notiert Maeve im Vorwort zur Buchausgabe ihrer Kolumnen.

Die Menschen, über die sie schreibt, sind und bleiben ihr unbekannt, man erfährt weder ihre Namen, noch erhält man irgendwelche Hintergrundinformationen. Maeve Brennan begegnet den Menschen wertneutral. Nur manchmal denkt sie über deren unmittelbare Vergangenheit und Zukunft nach: »Wenn der Hochmut von ihrem Gesicht wiche, was würde ich sehen? Verzweiflung, bilde ich mir ein. Nicht die passive, in sich gekehrte Verzweiflung, die sich stumm auslebt, sondern die rasende Verzweiflung, die alles in Reichweite zu Asche verbrennt.«[11]

Einmal sieht sie im Washington Square Park ein junges Liebespaar, das ganz offensichtlich in Streit geraten ist. Sie beobachtet von einer Bank aus, wie die Frau ein ums andere Mal weggeht und der Mann ihr folgt. So geht es eine Zeitlang hin und her, dann wendet sich der Mann ab und geht davon. Der Rat der langatmigen Lady an das Mädchen ist unromantisch aber pragmatisch: »Ich hoffe, das Mädchen hat genug Verstand besessen, um dem jungen Mann nachzugehen und ihn einzuholen. Ich glaube nicht, dass er die Absicht hatte zurückzukommen.«[12]

Ein andermal trifft sie auf einer Verkehrsinsel inmitten des Broadways eine verwirrte, stark alkoholisierte Frau, die aus Leibeskräften »Bei mir bist du schejn« singt. Ein Moment zum Fremdschämen, dem die langatmige Lady am liebsten aus dem Weg gehen würde, gleichwohl denkt sie über die Dame nach, und ihre Überlegungen erscheinen angesichts ihres eigenen Schicksals fast visionär: »Ich mache mir Gedanken über sie, und darüber, wie es wohl dazu gekommen war, dass sie sich in der Öffentlichkeit so hilflos zeigte. Ich mache mir Gedanken über die Macht ihres Albtraums – dass er jahrelang abwarten und sie eines Tages auf dem Heimweg in eine Falle locken konnte. Ich mache mir Gedanken darüber, an wie viel von alldem sie sich morgen erinnern wird. Nicht viel, denke ich. Ein freundliches Gedächtnis wird sie im Stich lassen und sie für einen weiteren Tag retten. Sie wird sagen: ›Oh, gestern Abend hatte ich einen richtigen Aussetzer!‹ Ich glaube, morgen wird sie die Gefahren, die sie überstanden und die Abenteuer, in die sie sich heute Abend auf dem Heimweg gestürzt hat, ganz und gar vergessen haben.«[13]

Ihre Schilderungen von Orten, Menschen und Tieren sind immer detailverliebt und fotografisch genau: »Sie trug ein ärmelloses, vorn geknöpftes Kleid aus blassrosa Baumwolle, das mit grünen Blättern und cremefarbenen Blüten bedruckt war, es hing gerade von ihren Schultern und war mit einem Volant gesäumt. Ihre nackten Beine waren von Hautmalen, blauen Flecken und dunkelblauen Krampfadern entstellt und sie trug flache braune Mokassins, die wie Hauspantoffeln mit Gold bestickt waren, Sie hatte keine Handtasche bei sich, nicht einmal einen Geldbeutel – überhaupt kein Gepäck.«[14]

Die amerikanische Essayistin Kennedy Fraser merkt über Maeves Kolumnen an: »Die oberflächlichen Details in Maeves kleinen Geschichten entwickelten einen ungeheuren Charme – […] Floristen und Zeitungskioske, Götterbäume und Tauben, Zeitunglesen beim U-Bahn-Fahren, ein Friseurbesuch bei Monsieur Paul, dem Friseur im zweiten Stock des Royalton Hotels. […] Sie schaffte es, dass man die Dinge sehen und fühlen konnte. Lange bevor ich in Manhattan lebte, wusste ich durch sie, wie die Sixth Avenue während eines Blizzards aussieht oder wie die Bürgersteige der Stadt nach einem Regenguss riechen.«[15]

Wenn die langatmige Lady nicht in einem Restaurant sitzt, dann schlendert sie durch die Stadt ohne wirklichen Kontakt zu den Menschen, denen sie begegnet. Die langatmige Lady ist ein Geschöpf der Großstadt, eine kosmopolitische Flaneurin, die durch die Metropole New York streift wie dereinst Franz Hessel durchs hektische Berlin, und wahrscheinlich muss auch sie feststellen: »Hier geht man nicht wo, sondern wohin. Es ist nicht leicht für unsereinen.«[16] Im Gegensatz zu den vorbeieilenden New Yorkern nimmt Maeve Brennan sich Zeit, das Treiben auf der Straße zu beobachten. Sie ist unterwegs ohne Ziel, oder wie Hessel es formulierte, auf »kleinen Entdeckungsreisen des Zufalls«.[17]

Flanieren, das ist spazieren ohne Zweck, ohne Ziel, ohne Absicht, aber dennoch aufmerksam und reflektiert. »Der Flaneur«, schreibt Walter Benjamin »ist der Priester des genius loci. Dieser unscheinbare Passant mit der Priesterwürde und dem Spürsinn eines Detektivs.«[18] Maeve Brennan liest die Straße wie ein Buch und macht aus ihren Beobachtungen ganz im Hessel'schen Sinne »ein Bilderbuch in Worten«.[19] Dabei bleibt die langatmige Lady immer in Bewegung, schwimmt mit dem Strom der vielen fremden Menschen mit. Ihre bevorzugte Gegend ist Midtown Manhattan, noch näher lässt sie sich nicht verorten, sie bleibt, wie sie selbst sagt, eine »sesshafte Reisende«, vogelfrei und ungebunden.

Mit den Jahren verändern sich ihre Kolumnen, spiegeln die eigene unsichere Lebenssituation wider. In jungen Jahren sind sie genau wie Maeve selbst wendig und dynamisch, um mit fortschreitendem Alter der Autorin langsamer, beschwerlicher und melancholischer zu werden. Anfangs noch mehr ins Geschehen involviert, zieht sie sich später völlig auf den Beobachterposten zurück und verwebt höchst kunstvoll Stadtgeschichte mit ihrer eigenen Geschichte, die Geschichte von fremden Menschen mit der Geschichte ihr vertrauter Orte.

Der Leser erfährt dabei einiges über die persönlichen Vorlieben der langatmigen Lady. Zum Beispiel, dass sie Aufmärsche und Umzüge liebt. Gleichwohl macht sie sich, als sie einmal einen Marsch dunkelgekleideter Männer auf der menschenleeren Fifth Avenue beobachtet, so ihre Gedanken: »Ich sagte: ›Aber es könnte doch alles Mögliche sein‹, und dachte an Atomwaffen, die Russen, Verschwörer, politische Komplotte, Mordanschläge und Trojanische Pferde. Die Stadt schien verlassener denn je, jedermann schlief, und ich dachte: Bis zum Chaos ist es nur ein kleiner Schritt.«[20] Chaos ist etwas, das sie ganz und gar nicht schätzt. Umso mehr liebt sie die Lobby des Biltmore Hotels oder Schrafft's in der Fifth Avenue, wo man im eleganten Ambiente wunderbaren Lobster und zum Nachtisch Bananensplit essen kann. Der Enkel des Besitzers Frank M. Shattuck erinnert sich 2004 in einem Interview mit der *New York Times* an das legendäre Restaurant: »Alle trugen Hüte und maßgeschneiderte Anzüge. Und wenn man eine Dame war, dann saß man am Sodabrunnen und trank Gin aus der Teetasse.«[21]

Die langatmige Lady hasst Sommerhitze und liebt kühles Herbstwetter – dann ist New York für sie die wunderbarste Stadt der Welt: »Es war ein träger Nachmittag, und die Stadt gab sich liebenswert und erschöpft – Beschwerden hörte ich keine. In New York ist eine solche Siesta-Stimmung bemerkenswert und, mitten im Herzen der Stadt, eigenartig. Es herrschte eine rätselhaft vergnügte Atmosphäre, als hätten sämtliche Bürger die ihnen in diesem Quartal zustehende Menge Zeit zugeteilt bekommen und festgestellt, dass sie mehr als genug hatten – Zeit in Hülle und Fülle, mehr als sie sich je ausgemalt hätten.«[22]

Sie teilt mit den Lesern auch manche Marotten: »Ich gehöre zu jenen Morgenzeitungslesern, die sich zuallererst der Seite mit den Nachrufen zuwenden. Wenn ich sehe, dass jemand, den ich kenne – sogar jemand, von dem ich nur gehört habe –, gestorben ist, bin ich erstaunt und meist auch traurig. Wenn ich keinen mir bekannten Namen entdecke, bin ich erleichtert, ja froh, und vermutlich, um Abbitte für das gesteigerte Lebensgefühl zu leisten, welches sich angesichts der täglichen Liste mit unbekannten Toten als kostenlose Zugabe bei mir einstellt, lese ich die Schilderungen ihres Lebens mit ungeteilter Aufmerksamkeit und betrachte stets auch ihre Fotos. Ich kann es kaum ertragen, wenn sie darauf lächeln. Vielleicht ist es Neugier, was mich zu der Nachrufseite hinzieht, doch die Regung hinter der Neugier – falls es sich denn um Neugier handelt – ist weit interessanter und mysteriöser als die Neugier selbst, und vielleicht muss ich noch lange reden, bis ich zur Wahrheit vordringe.«[23]

Bei den mit autobiographischen Details durchsetzten Kolumnen handelt es sich im Grunde um das Tagebuch der langatmigen Lady, die ihre Leser an ihren alltäglichen Erlebnissen teilhaben lässt. Einmal bricht ihr mitten auf der Park Avenue der Absatz einer ihrer sündhaft teuren High Heels ab: »Ein Taxi fuhr vorbei, ich hielt es an, stieg ein und nannte dem Fahrer den Namen des Geschäfts, in dem ich die Schuhe gekauft hatte. Ich wollte hingehen und den Geschäftsführer zur Rede stellen. Dann begriff ich, dass ich viel wirkungsvoller würde auftreten können, sozusagen, wenn ich ein Paar brandneuer, teurer Schuhe aus einem anderen Geschäft anhätte, statt in den Schuhen, die man mir angedreht hatte, hereingehumpelt zu kommen. Ich bat den Fahrer, mich zu Bergdorf Goodman zu bringen.«[24]

Wie viele New Yorker Singles kocht die langatmige Lady niemals selbst, sondern liebt es, im Restaurant zu speisen. Neben Schrafft's und dem Biltmore Hotel schätzt sie besonders das Le Steak de Paris in der West 49th Street: »Heute Abend hörte ich im Le Steak de Paris, wo ich zu Abend aß, schlechte Neuigkeiten. ›Das Gebäude wird abgerissen‹ – das kleine Restaurant soll weggefegt werden, einfach so, nach mehr als sechsundzwanzig Jahren zähen Lebens. [...] Ich fragte den Eigentümer, M. Guy l'Heureux, ob er ein neues Heim für sein Restaurant gefunden habe, und er sagte traurig: ›Nein, nicht in der Stadt. Es war sehr schwierig. Wir haben die ganze Zeit gesucht, überall. Es gab nichts. Wir haben beschlossen, nach Miller Place auf Long Island zu ziehen. Jetzt werden wir Englisch lernen. Es wird da niemanden geben, mit dem wir Französisch sprechen können.‹«[25] Gott sei Dank bleibt ihr noch Marta's, ein Kellerlokal in der Gegend rund um den Washington Square: »Wie früher beim The Old Place geht es zu Marta's drei Stufen

hinab in ein angenehmes Souterrain, und wie das Le Steak de Paris
bietet es eine Aussicht – ein Fenster zur Straße. Marta's Fenster liegt
zum Teil unterhalb des Straßenniveaus, sodass man, wenn man
drinnen sitzt, halbe Männer und halbe Frauen sieht, ganze Kinder
und auch ganze Hunde, von der Nase bis zur Schwanzspitze. Es
ist zugleich beruhigend und aufregend, Menschen zu beobachten,
ohne ihr Gesicht sehen zu können. Es ist wie Schäfchenzählen.«[26]

Ihre Kolumnen sind aber auch ein Tagebuch Manhattans, das
detailliert in all seinen Facetten beleuchtet wird. Kein Wunder,
dass John Updike nach der Buchveröffentlichung der Kolumnen
voll Begeisterung schrieb, dass Maeve Brennan »New York wieder
einen Platz im *New Yorker* verschaffte [...] und über die Stadt in
den sechziger Jahren mit Ehrlichkeit und Zuneigung schrieb [...].
Sie ist immerzu hellwach, scharfsichtig wie ein Spatz stürzt sie sich
auf die Krumen des menschlichen Treibens, dem Überhörten und
dem Flüchtigen.«[27]

Auch Ben Yagoda, Kollege und Chronist des *New Yorkers,* empfindet Maeves Stil als ungeheuer wohltuend: »Mit ihr bekam Talk
endlich die Eloquenz, die Qualität, [...] die Verbindung zur Stadt,
den ungekünstelten Humor [...] und diese undefinierbare Traurigkeit zurück, die man so lange vermisst hatte.«[28]

Ihre Texte sind ein wunderbarer Reiseführer durch Manhattan.
Blättert man darin, spult sich vor dem inneren Auge ein Farbfilm ab,
der die Stadt in warmes, gedämpftes Licht taucht. Man kann den
Windhauch spüren und die kalte Morgenluft einatmen. Der Duft
des Frühlings und die erdrückende Hitze des Sommers, die einem
schier die Luft zum Atmen nimmt, werden gegenwärtig. Und
man erfährt so manches über die Gewohnheiten der Menschen,
die hier leben: »In dieser Stadt beginnt die Mittagszeit um halb
zwölf. Um halb vier haben selbst diejenigen, die zuletzt eintreffen
und am längsten bleiben, ihren Tisch geräumt. Danach ist in den
Restaurants bis fünf Uhr kaum Betrieb, man kann ohne Reservie-
rung hingehen und sich am Tisch seiner Wahl einrichten, kann

sich in der verschwenderischen Einsamkeit eines kleinen Meeres stiller weißer Tischdecken ungeniert umsehen, so neugierig oder teilnahmslos, wachsam oder träge sein, wie einem gerade zumute ist – mit anderen Worten, man kann an einem öffentlichen Raum ganz man selbst sein und sich doch für einen höflichen Menschen halten.«[29] Ein Umstand, der Maeve Brennan, die so gerne mit sich allein ist, sehr entgegenkommt. Sie liebt die Mischung aus Anonymität und Geborgenheit, die ihr New York schenkt. Und doch stellen die Menschen hier sie auch immer wieder vor sehr persönliche Entscheidungen: »Ich habe schon immer dazu geneigt, Leuten, die mich auf der Straße anbetteln, Geld zu geben, etwas gebe ich immer – früher ein Zehn-Cent-Stück, heute meist einen Vierteldollar. Ich kenne Leute, die behaupten, Bettlern auf der Straße Geld zu geben heiße sich erpressen zu lassen, und die meisten Bettler seien ohnehin Betrüger. Ich dagegen meine, dass ich lieber einen Vierteldollar gebe und unbeschwert weitergehe, als ihnen nichts zu geben und den restlichen Tag oder auch nur eine Stunde oder zehn Minuten des Tages mit Zweifeln zu bezahlen: Hätte ich den Vierteldollar nicht doch geben sollen? Immerhin besteht eine fünfzigprozentige Chance, dass der Bettler kein Betrüger war. Ich finde, dass mir die Entscheidung, etwas zu tun, Freiheit verschafft, während die Entscheidung, etwas nicht zu tun, mich mit unerledigten Dingen und unendlich vielen leidigen Chancen, mich anders zu besinnen, umstellt.«[30]

An der Seite der langatmigen Lady bummelt man als Leser durch New York und erobert sich die Metropole Straßenzug für Straßenzug: »Am Broadway gibt es etwas, das es zu Hause nicht gibt, und jeder, der diese großartige Straße entlangflaniert, beginnt danach zu suchen. Kein anderer Ort ist so aufdringlich und so geheimnisvoll, so leer und so lebhaft, so unwirklich und so vertraut, so privat und so laut. Den Broadway entlangzuflanieren ist, als wäre man ein Lotterielos – ein Lotterielos in einem Glaszylinder, das mit all den anderen Losen umhergeschleudert wird. Überall sind Augen.«[31]

Maeve liebt die heruntergekommene Gegend rund um den Times Square. Hier verspürt sie den Hauch einer großen Vergangenheit, von der heute nur noch Überreste vorhanden sind. Die Mischung aus Touristen, Einheimischen, Obdachlosen und Spinnern hat es ihr besonders angetan. Aber auch der Gegend rund um den Washington Square Park bleibt sie lebenslang treu: »Neulich morgens um sechs Uhr verströmte der Washington Square Park eine Aura von Ankunft und auch von Rückkehr. Die übersättigte Universitätsatmosphäre war von ihm abgefallen, und die ängstlichen akademischen Fassaden, die den Park umgeben, hätten ebenso gut aus Papier sein können, so unwirklich waren sie. Die Bäume, erfrischt von der Nacht und der feuchten Luft, regten sich mit einer Fröhlichkeit, die voller Echos schien – Echos von Heiterkeit, Echos von Scherzen, Echos von raschen Schritten, Echos von Freundlichkeit. Eine Dame, die vielleicht schon vor vierzig und dreißig und zwanzig und zehn Jahren im Park spazieren gegangen ist, hätte neulich morgens in ihm spazieren gehen und dabei feststellen können, dass sich eigentlich nicht viel verändert hat.«[32]

Sie ist eine kritische, aber immer liebevolle Chronistin des Alltags in New York, auf den sie wie auf eine alte Fotografie manchmal auch einen nostalgischen Blick wirft. Dann zeichnet sie das Bild einer Stadt, in der man selbst in schlechten Zeiten eine gute Zeit haben kann. Ein Kollege wird nach Erscheinen des Sammelbands über ihre Texte sagen: »Hier versammelt, bilden sie nicht nur eines der besten Portraits der Stadt New York, die ich kenne, sondern bieten uns auch […] eine kleine zwischenmenschliche Komödie – Miss Brennans Gespür für Schauplätze ist absolut, und ihre Fähigkeit, sowohl das offen Sichtbare als auch den Kern eines Zwischenfalls zu Papier zu bringen, ist respekteinflößend und sehr speziell. Sie macht uns auf die menschlichen Dramen aufmerksam, die überall um uns herum geschehen, einfach weil sie weiß, wo sie hinschauen muss, und weil sie versteht, was sie sieht. Und über ihre Art zu schreiben, nun was soll man da schon sagen? Die ist von einer so raren und hohen Qualität, dass allein dies zu bemerken oder gar zu erwähnen unwürdig ist. Und dies ist, so denke ich zumindest, genau das, was Miss Brennan möchte.«[33]

Die langatmige Lady streift durch ein New York, das den Lesern des *New Yorkers* vertraut ist. Sie trinkt heiße Schokolade in einem der Läden der Chocolaterie Rosemarie de Paris und Martini in der Bar des Jumble Shop East am Waverly Place. Die gehobenen Art-déco-Restaurants der Longchamps-Kette gehören zu ihren bevorzugten Lokalitäten, allen voran das im Empire State Building. Hier gibt es wundervolles Ragout vom Ochsenschwanz, Krebsfleisch à la Dewey, Nesselrode Pudding und phantastische Eiscreme, bei der nicht einmal sie auf die Figur achtet.

Sie bummelt durch die New Yorker Warenhäuser und trifft dabei so manchen Prominenten: »Eines Nachmittags vor vielleicht fünf Jahren sah ich im Erdgeschoss von Lord & Taylor Judy Holliday umherschlendern. […] Eigentlich bin ich mir sicher, dass es zur Weihnachtszeit war, denn außer zur Weihnachtszeit, wenn ich nach Geschenken für Leute suche, die Duftkissen und Reisepantoffeln und feminine Brieftaschen und dergleichen bekommen, laufe ich nie im Erdgeschoss eines Kaufhauses herum.«[34]

Während ihre Kolumnen oft beißende Gesellschaftskritik atmen, hält sich die langatmige Lady mit politischen Kommentaren sehr zurück. Sie, deren Kindheit bestimmt war von Politik, hat sich als erwachsene Frau nie offen politisch geäußert. Auch ihre Geschwister haben der Politik entschlossen den Rücken gekehrt, was durchaus auf ein Kindheitstrauma schließen lässt und angesichts der direkten Verwicklung der Familie in den irischen Freiheitskampf nicht verwunderlich wäre. In einer Zeit, in der Politik das Leben so vieler Menschen bestimmt, streut Maeve Brennan ihre Meinung so subtil ein, dass sie bei flüchtigem Lesen überlesen werden kann.

Mitte der sechziger Jahre, als die Rassendiskriminierung und der Kampf dagegen allgegenwärtig sind, klingt das Thema aber auch in einer ihrer Kolumnen an. Einmal will sie nachts Zigaretten holen und hört, wie draußen auf der Straße ein Mann aus Leibeskräften brüllt. Die vorbeieilenden Passanten sind peinlich berührt und lachen über den seltsamen Mann, der da an der Straßenecke steht und gen Himmel schreit. Die langatmige Lady fühlt sich an ein Erlebnis erinnert, das bereits ein Jahr zurückliegt. Damals hatte sie beobachtet, wie ein gut gekleideter Mann mit einem langstieligen Rosenstrauß in der Hand das Glasfenster von Schrafft's einschlug. Die Passanten damals hätten ihn voller Mitleid gemustert und sogar der Polizist, der den Fall aufnahm, habe Mitgefühl gezeigt: »Das Merkwürdige an jenem Nachmittag an der Straßenecke war der Gesichtsausdruck der Menge. Es gab nicht eine einzige gleichgültige oder belustigte Miene. Man sieht auf der Straße nicht eben oft eine Menschenmenge, die nachdenkt oder doch nachzudenken scheint. Dass einer der beiden Männer ein Schwarzer und der andere ein Weißer war, ist das Einzige, was ich über die beiden Protestierer oder Protestanten noch sagen kann.«[35]

Im September 1968 erscheint ein weiteres politisches Statement der Lady. Diesmal geht es um die ČSSR, den Prager Frühling und die Zerschlagung aller Hoffnungen auf einen Sozialismus mit menschlichem Antlitz durch den Einmarsch der Truppen des Warschauer Paktes. Zum ersten und einzigen Mal beginnt Maeve ihre Kolumne mit den Worten eines Kollegen. Sie zitiert den tschechoslowakischen Schriftsteller Ludvík Vaculík, der mit seinem Manifest der 2000 Worte den Widerstandsgeist seiner Landsleute beschwört: »Die Wahrheit siegt somit nicht, die Wahrheit bleibt einfach übrig, wenn man alles sonstige verschleudert! Dieser Frühling ist soeben zu Ende gegangen und wird nicht wiederkehren. Im Winter werden wir alles erfahren.«[36]

Maeve sitzt fassungslos am Radioapparat, als Jerry Landay, Nachrichtenkommentator von Radio WINS aus Prag berichtet. Am 21. August 1968, dem Tag des Einmarsches, verliest Landay lange Passagen aus Vaculíks Manifest übers Radio. Maeve lauscht wie gebannt, hält wie alle Welt den Atem an, als die Panzer durch

Prag rollen. Aufgewühlt durchforstet sie die *New York Times* nach weiteren Neuigkeiten und stößt dabei auf eine Meldung aus Südafrika, die sie so beeindruckt, dass sie sie ebenfalls in ihre Kolumne aufnimmt. Die *New York Times* hatte ein Foto abgedruckt, auf dem zwei weiße südafrikanische Studenten zu sehen sind, die regungslos und mit hoch erhobenem Haupt dastehen, während sie von ihren Kommilitonen mit weißer Farbe beworfen werden. Eine Gruppe Studenten der Witwatersrand Universität war zuvor zum Sitz des Premierministers nach Pretoria gefahren, um eine Petition zu überreichen, mit der sie dagegen protestieren wollten, dass die Regierung gegen die Berufung eines schwarzen Sozialanthropologen an die Uni Cape Town ihr Veto eingelegt hatte. Die beiden mit Farbe beworfenen weißen Studenten hatten zu jener Abordnung gehört. Maeve ist beeindruckt von der Haltung, mit der die beiden jungen Männer die Demütigung durch ihre Kommilitonen über sich ergehen lassen: »Das einzige Anzeichen, das auf Selbstverteidigung hindeutet, sind ihre halb geschlossenen Augen. Ihre Mienen sind düster, aber nicht wütend oder gequält, und sie sehen aus, als wollten sie nicht von der Stelle weichen, weder jetzt noch in Zukunft. Es gab eine Menge zu lesen in dieser Ausgabe der *Times*, während ich WINS und Jerry Landay hörte, aber immer wieder kehrte ich zu den beiden südafrikanischen Jungs zurück.«[37]

Später am Nachmittag, nachdem sie in der Stadt vergebens nach einem Gottesdienst für Prag gesucht hatte, den sie hätte besuchen können, sitzt sie bei einem Drink im Algonquin Hotel und blättert in der Spätausgabe der *Times*: »Ich würde gern einen Hochruf auf die südafrikanischen Studenten ausbringen. [...] Einen Hochruf auf Jerry Landay. Einen Hochruf auf die *New York Times*. [...] Keine Hochrufe auf Ludvík Vaculík. Ich bat Gott, ihn zu segnen und zu schützen, damit er bald wieder in Freiheit schreiben könne. ›Der Frühling ist soeben zu Ende gegangen und wird nie wiederkehren. Im Winter werden wir alles erfahren.‹«[38]

Der Vietnamkrieg, der die USA in den sechziger Jahren tagein tagaus beschäftigt, findet nur in einer einzigen ihrer Kolumnen Erwähnung. Im April 1967 beobachtet die langatmige Lady eine Anti-Vietnam-Demonstration von Oberschülern in der Nähe des Washington Square Parks. Dabei konstatiert sie die Ernsthaftigkeit, mit der die Schüler ihr Anliegen vertreten, prognostiziert aber zugleich auch die Aussichtlosigkeit des Protests. Dennoch reagiert sie mit großem Unverständnis auf ein paar Studenten, die aus den Fenstern eines nahegelegenen Studentenwohnheims Papierklumpen auf die Schüler werfen: »Ich wunderte mich über die Studenten in Hayden Hall. Ein einziger von oben geworfener Papierklumpen hätte die Demonstranten genauso erschreckt und gedemütigt wie die zwei oder drei, die sie geworfen hatten. Weshalb nur hatten sie sich die Mühe gemacht, mehr als einen zu werfen?«[39]

Statt um Weltpolitik kümmert sich die langatmige Lady lieber um Stadtpolitik. Ihre Kolumnen stellen eine Art literarisches Archiv Manhattans dar, das sich über die Jahre hinweg mehr und mehr verändert. Maeve Brennan sieht es mit großer Sorge und hält das sich verändernde Gesicht der Stadt in ihren Texten fest. Bereits 1955 entsteht die Kolumne »Die letzten Tage der Stadt New York«, in der sie davor warnt, die Stadt gesichtslos werden zu lassen und weiterhin alte Häuser abzureißen, um teureren Hochhäusern und Hotels Platz zu machen.

Auch wenn ihre Texte mithin nostalgisch klingen, es ist nicht allein Nostalgie, die sie antreibt, sondern wohldurchdachte Architekturkritik und das Plädoyer für die Erhaltung der sozialen Stadt, beispielsweise rund um den Broadway: »Die kleinen Häuser dort unten markieren die Überreste einer Straße, in der ein gewöhnliches Leben gelebt wurde – ein gesellschaftliches Leben, ein häusliches Leben, ein wirkliches Leben, mit Kindern und Eltern und Großeltern und Onkeln und Freunden der Familie, mit Weihnachtsbäumen und Schulbüchern und Hochzeitskleidern und Geburtstagen –, inzwischen aber ist diese Gegend kaum mehr als ein Nachtquartier für Flaneure, Reisende, Touristen und Nomaden jeder Art. Sie alle ziehen weiter. Ein paar Leute bleiben hier, weil sie keine andere Wahl haben, und einige bleiben, weil sie sich um der alten Zeiten willen der Gegend verbunden fühlen und es nicht ertragen können, sie zu verlassen, obwohl sie es sich eigentlich nicht leisten können, zu bleiben. Jeder kapselt sich vom anderen ab, selbst – wie aus Furcht vor Verrat – von den Menschen, mit denen er einen morgendlichen Gruß wechselt.«[40]

Sie greift damit ein Thema auf, dass den New Yorkern in den fünfziger und sechziger Jahren unter den Nägeln brennt. Unter der Ägide des berühmten New Yorker Stadtplaners Robert Moses wird Viertel um Viertel saniert und modernisiert. Moses ist der oberste Baumeister der Vereinigten Staaten und bestimmt mehr als 40 Jahre lang die Architektur der Stadt. Gerne vergleicht er sich mit dem französischen Präfekten Georges-Eugène Haussmann, der Paris im 19. Jahrhundert ohne Rücksicht auf Verluste architektonisch umgestaltete und so das Paris schuf, das wir heute bewundern. Unter Moses entstehen herausragende Bauwerke wie die Verrazzano-Bridge und die den Hudson überspannende George-Washington-Bridge. Er ist auch verantwortlich für das Lincoln Center, für dessen Errichtung 15 000 Bewohner vertrieben werden, sowie das Gebäude der Vereinten Nationen. Die Unordentlichkeit und Dysfunktionalität alter Städte sind ihm ein Gräuel. Sein Ziel ist die moderne Stadt, in der auch prekäre Schichten in hygienisch einwandfreien Umständen und warmen Wohnungen leben können. Seiner – in dieser Hinsicht durchaus reformorientierten – Ansicht nach haben nicht nur die Reichen ein Anrecht auf städtebauliche Annehmlichkeiten, sondern alle Bürger. So sorgt Moses für den Bau von über 600 Kinderspielplätzen verteilt über die ganze Stadt, er baut Schwimmbäder in Queens und der Bronx, mehrere Strandanlagen, 700 Baseballfelder, Schulen, Bibliotheken, Kanalisationen und Golfplätze für alle Bürger. Zudem lässt er über 150 000 durchaus bezahlbare Wohnungen errichten und hat maßgeblichen

Anteil daran, dass New York eine moderne Großstadt wird. Doch im Gegenzug dazu hat er nur wenig Verständnis für alte Bausubstanz und gewachsene Nachbarschaften, für deren Erhaltung Maeve plädiert, auch wenn ihr klar ist, dass zum Beispiel mit dem Abriss der Häuser rund um den Broadway nichts architektonisch Wertvolles verloren geht: »Verloren gegangen ist ein weiteres Stück jener Gemeinsamkeit, die wir miteinander und mit der Stadt teilen – jener Gemeinsamkeit, die als Einziges zwischen uns und der Großen Maschine steht.«[41]

Mag sein, es ist nun aufgeräumter, sauberer, *cleaner*, doch für viele Menschen ist mit der Sanierung unwiederbringlich ein Stück Heimat verloren gegangen: »Früher gab es Hunderte von Restaurants jeder Nationalität, mit unterschiedlichem Charme, unterschiedlicher Atmosphäre und unterschiedlichen Preisen. Allen diese Restaurants war gemeinsam, dass sie dem Mann gehörten, der hinter der Theke stand, oder dem Mann, der hinter der Registrierkasse stand, oder dem Mann, der einem beim Eintreten entgegeneilte, um einen zu begrüßen. In all diesen Restaurants waren wir gewöhnlichen New Yorker Herr und König, selbst wenn der Besitzer missmutig tat oder es tatsächlich war. Wir konnten uns die Rosinen herauspicken, unsere Lieblingsgerichte entdecken und auf erfreulich normale Art in der Stadt heimisch fühlen.«[42] Doch damit kann sie bei Robert Moses nicht punkten. Der große Baumeister ist auch ein großer Zerstörer, der Migranten und Arme aus Manhattan vertreibt, um Schnellstraßen bauen zu können. Nahezu alle Autobahnen, die heute den Rhythmus New Yorks bestimmen, werden unter seiner Ägide gebaut. Gegenden, die Moses' Vision von der modernen Stadt nicht entsprechen, erklärt er kurzerhand zu Elendsvierteln. Sie werden abgerissen, um neuen, höheren Geschäfts- und Wohnbauten und vor allem Straßen Platz zu machen. Eine Entwicklung, die Maeve scharf kritisiert: »Mit unserem Alltag hat die Architektur dieser Stadt immer weniger zu schaffen. Die Bürogiganten, die in ganz Manhattan hochgezogen werden, sind

über der Erde blind, und zu ebener Erde überlässt man sie Bank-
instituten und Ausstellungsräumen und Geschäften, ferngesteuert
von Großkonzernen, die reich genug sind, um sich die schwindel-
erregenden Mieten leisten zu können. Die durch die Bürohoch-
häuser entstandenen engen, gesichtslosen Durchgangsstraßen sind
todbringend, wenn man tagsüber dort entlanggeht und nachts sind
sie still und gefährlich. Die neuen Notstandsgebiete unserer Stadt
sind sehr wohlhabend.«[43]

Anfang der sechziger Jahre wendet Moses sich Greenwich Village zu, Maeves bevorzugter Wohngegend. Heute eine der beliebtesten und teuersten Gegenden der Stadt, gilt das Viertel aufgrund
seiner gemischten Struktur und seines unübersichtlichen Gewirrs
aus Straßen, großen und kleinen Häusern, Geschäften und Büros
in der Stadtplanung der sechziger Jahre als unmodern. Moses plant,
Maeves geliebten Washington Square Park zugunsten einer Schnell-
straße durch Lower Manhattan wegzureißen. Doch die Bewohner
wehren sich, und eine von ihnen wird nicht nur zu Moses erbit-
tertster Gegnerin, sondern zu einer der berühmtesten Architektur-
kritikerinnen des 20. Jahrhunderts: die Journalistin Jane Jacobs, die
1961 ihr bahnbrechendes Werk *Tod und Leben großer amerikanischer Städte* veröffentlicht. 1916 in Scranton, Pennsylvania, geboren,
ist sie mit einem Architekten verheiratet und schreibt für das Magazin *Architectural Forum*. Als eine der ersten Bewohnerinnen von
Greenwich Village erkundet sie die Gegend mit dem Fahrrad und
ist eine harsche Kritikerin modernistischer Planung, die keinerlei
Rücksicht auf gewachsene Strukturen nimmt. Sie fordert ein neues
Verständnis von städtischer Entwicklung und Planung. Das, was
heute im Städtebau Common Sense ist, klingt Anfang der Sechziger revolutionär: Selbstorganisation und Vielfalt des städtischen
Raums sowie die Erhaltung gewachsener Nachbarschaften.

Jane Jacobs lehnt das Konzept des »Urban Renewal« rundweg
ab und beweist am Beispiel von Greenwich Village, das aufgrund
seiner Kleinteiligkeit und Bausubstanz sowie seiner gemischten

Nutzungs- und Sozialstruktur nach modernistischen Planungs-
grundsätzen eigentlich ein sozialer Brennpunkt sein müsste, dass
eine solche Gegend ganz im Gegenteil ein hohes Maß an Ordnung und Vitalität aufweisen kann. Ihre Beobachtungen in der
Nachbarschaft lassen sie zu dem Ergebnis kommen, dass gerade
die Mannigfaltigkeit, die das Viertel bietet, dazu beiträgt, dass es
hier lebenswert und stabil bleibt. Mannigfaltigkeit steht städtischer
Entwicklung und Prosperität nicht entgegen, wie die Befürworter
einer nach Funktionen unterteilten Stadt glauben, sondern Mannigfaltigkeit nützt der Vitalität städtischer Räume. Jacobs kann
nachweisen, dass gerade Diversität dazu beiträgt, dass der öffent-
liche Raum intensiver genutzt wird, was zu einem hohen Maß an
sozialer Kontrolle führt, die wiederum zur Sicherheit von Straßen
und Plätzen beiträgt. Ihre Thesen führen zur Rehabilitierung der
durchmischten Stadt alter Prägung, die durch die Stadtplanung der
Moderne eigentlich für beendet erklärt worden war.

Bis dahin ist es jedoch ein weiter Weg. Zunächst wird Jacobs
von den Großen der Branche nicht ernstgenommen, weil sie keine
Architektin ist. Zudem sind ihre Ansichten ein Verstoß gegen die
Thesen der ordnungsliebenden Moderne. Erst Jahre später wird ihr
Buch als Pionierleistung des sozialen Städtebaus gewürdigt. In den
neunziger Jahren wird es von der *New York Times* als das vielleicht
wichtigste Einzelwerk der Stadtplanungsgeschichte gepriesen.[44]

Heute zeichnet sich, auch dank Jane Jacobs, eine attraktive Stadt
vor allem durch ihre soziale, ökonomische und kulturelle Heteroge-
nität aus – ein Fakt, der von niemandem mehr in Frage gestellt wird.
Jacobs bleibt mit ihrem Unbehagen dem modernen Städtebau gegenüber nicht lange allein. In Deutschland erschienen hierzu unter
anderem von Alexander Mitscherlich *Die Unwirtlichkeit unserer
Städte: Anstiftung zum Unfrieden* und von Jobst Siedler *Die gemor-
dete Stadt*. Doch Jacobs ist die Erste, die modernen Städtepla-
nern vorwirft, intakte Nachbarschaften als Slums zu geißeln, um
deren Abriss zu ermöglichen. Ihr Buch wird zur Hommage an den

Schwung und die Lebendigkeit städtischen Lebens, eines Lebens, das sich vor allem auf der Straße, in Restaurants und Geschäften abspielt. Jacobs nennt es das »Ballett der Straße«: »Unter der scheinbaren Unordnung der alten Stadt herrscht, wo immer sie gute Funktionen hat, eine wunderbare Ordnung, welche die Sicherheit der Straßen und die Bewegungsfreiheit in den Straßen gewährleistet. Es ist eine sehr komplexe Ordnung. Ihr Wesen ist ein enges Ineinandergreifen verschiedener Benutzungsmöglichkeiten der Bürgersteige, die ein ständiges Defilieren vieler Augen mit sich bringt. Diese Ordnung setzt sich zusammen aus Bewegung und Wechsel, und obwohl es sich um Leben und nicht um Kunst handelt, könnten wir es als eine städtische Kunstform bezeichnen und mit einem Tanz vergleichen. Das Ballett eines gut funktionierenden Bürgersteigs ist an jedem Ort ein anderes, es wiederholt sich nie und wird an jedem Ort stets erneut mit Improvisationen angereichert.«[45]

Die komplexe Choreographie dieses Tanzes wird bestimmt durch die Straße selbst, ihre Architektur, ihr Raster und die Häuser, die eine Mischung aus Restaurants, Läden und Wohnungen bilden. Jacobs favorisiert die überschäumende Dichte und die Mischung aus Wohnen und Gewerbe, die Greenwich Village ausmacht. Der Bürgersteig sei die Seele einer Stadt, denn hier findet die Interaktion zwischen den Menschen statt. Wird eine solch lebendige Straße verändert, verschwindet die Einzigartigkeit dieser Choreographie.

Maeve Brennan spürt genau diese Veränderung im Adano, einem alteingesessenen Lokal in der 48th Street, wo sie den Silvesterabend 1968 verbringt und kurz darauf einen Abgesang auf diese Straße verfasst: »Es wäre schön, wenn all die Männer vom Latin Quarter am nächsten Silvesterabend wieder ins Adano kommen, genau das gleiche Abendessen zu sich nehmen und die gleichen Scherze machen würden und wenn Mr Sammy Bidner im Saal wieder auf seinem Saxophon spielen würde. Doch am nächsten Silvesterabend wird es keine 48th Street mehr geben. Einige Häuser sind bereits abgerissen, und an Wochentagen ist die Straße vom stickigen weißen Staub der Abbrucharbeiten erfüllt. Die 48th Street muss weichen. Es geht um Büroflächen, aber jemand sollte ein Klagelied für die 48th Street schreiben – ein fröhliches Klagelied, denn die 48th Street war stets eine fröhliche Straße.«[46] Die Geschichte über das Adano ist einer der wenigen Texte der langatmigen Lady, in der sie die Namen ihrer Protagonisten nennt, ja, vom Barkeeper über die Gäste bis zur Garderobenfrau alle kennt. Umso mehr ist ihre Trauer um den Verlust des Adanos zu spüren.

Nach Jane Jacobs sollten die Bewohner einer Viertels mehr Mitsprache bei der Gestaltung ihrer Gegend haben als Architekten und Städteplaner, und am Beispiel von Greenwich Village versucht sie dies gegen den Willen von Robert Moses durchzusetzen. Zusammen mit dem 1955 von Norman Mailer und anderen gegründeten alternativen Stadtmagazin *The Village Voice* setzen sich die Bürger von Greenwich Village gegen Moses' Plan, den Washington Square Park abzureißen, um den Lower Manhattan Expressway zu bauen, zur Wehr. Sie sind entschlossen, einen Teil des kulturellen Erbes New Yorks, das damit unweigerlich zerstört würde, zu schützen. Robert Moses, der Jane Jacobs als Hausfrau verspottet, hält dies nur für einen Kollateralschaden: »Ich beglückwünsche diejenigen Köche, denen ein Omelette gelingt, ohne Eier aufzuschlagen.«[47]

Das Gewusel von Greenwich Village ist für Moses ein Albtraum, der all das verkörpert, was städtischem Fortschritt und Wachstum entgegensteht. Die alten Sandsteinhäuser sollen modernen Bürotürmen weichen, doch Maeve Brennan warnt: »Die neuen Bürogiganten haben mit unserem Alltagsleben oder mit gewöhnlichen Dingen nichts zu schaffen, und sie nehmen uns unsere Straßen.«[48] Jane Jacobs und die von ihr mitbegründete Bürgerinitiative organisieren Demonstrationen und Unterschriftensammlungen gegen den weiteren Abriss von Gebäuden in Lower Manhattan. Noch gibt es Straßen, die unangetastet sind und die auch Maeve für bewahrenswert hält: »Die gesichtslose Architektur, an die wir uns allmählich gewöhnen, hat unseren Blick getrübt und wird uns von unserer

Gewohnheit, die Stadt, in der wir leben, aufmerksam zu betrachten, bald kurieren, aber dieser Teil der Lower Fifth Avenue erlaubt uns noch immer, davon zu träumen, dass es hier und da Platz für ein menschliches Leben jenseits vorgefertigter Muster gibt.«[49]

Maeve ist selig, wenn sie hie und da noch ein Plätzchen findet, das den Baggern nicht zum Opfer gefallen ist. Dabei behauptet sie keineswegs, dass früher alles besser gewesen sei. Niemals nimmt sie eine rein rückwärtsgewandte Perspektive ein. Sie erinnert nur daran, dass all diese Veränderungen auf Kosten der Menschen vorgenommen werden, die hier leben. Sie erinnert ihre Leser daran, dass Wanamaker's und Stern Brother's, Geschäfte des täglichen Bedarfs, längst geschlossen sind. Dass Restaurants wie das Longchamps und Schrafft's, die normale Leute aufsuchen, gesichtslosen Ketten oder Luxuslokalen weichen müssen. Zusammen mit ihren Lesern bedauert sie den Abriss von erschwinglichen Apartment-Hotels wie dem Astor, in dem viele New Yorker zeitweilig zu Hause waren. Ihre Texte sind eine Elegie auf das Leben der New Yorker Mittelklasse, für die sie schreibt und die das Kernpublikum des *New Yorkers* darstellen. Maeves Texte werden zum Gedächtnis der Stadt, zur Fotografie, die zeigt, wie Manhattan aussah, ehe die Bagger anrollten. Sie sind ein Plädoyer für die menschliche Stadt, gegen die Zerstörung von Öffentlichkeit und Lebensraum im Sinne der Ordnung, des Geldes und der Macht: »Das schlimmste für *mich* war der Tag, an dem Mr Joseph Kling seinen International Book & Art Shop [...] dichtmachte und ihn zwei, drei Blocks nach Westen zur Greenwich Avenue verlegte, weil er sich die neuen hohen Mieten in der Eighth Street nicht leisten konnte. [...] Im Laden gab es nicht ein Regal, an dem das Auge einfach so vorübergehen konnte, ohne etwas Sehenswertes zu entdecken. Hier konnte man Stunden zubringen und vergeudete nicht eine Minute. Selbst wenn man nichts kaufte, verließ man den Laden in einer besseren Verfassung als zuvor.«[50]

Jane Jacobs und ihre Mitstreiter schaffen es, dass das West Village zumindest nicht mehr als Elendsviertel klassifiziert wird und so einem Abriss entgehen kann. Und sie verhindern den Lower Manhattan Expressway (»Lomex«), eine achtspurige Schneise durch Little Italy und das heute denkmalgeschütze SoHo. 1971 beerdigt Gouverneur Rockefeller das Projekt Lomex und degradiert Moses vom obersten Baumeister zum einfachen Berater. Jane Jacobs kann ihren Erfolg nur mehr aus der Ferne genießen. 1968 hat sie mit ihrer Familie bei Nacht und Nebel im VW Bus die USA in Richtung Kanada verlassen, um ihren ältesten Sohn vor der Einberufung nach Vietnam zu bewahren. Dort bleibt sie bis zu ihrem Tod. Robert Moses stirbt 1981, verachtet als Zerstörer der Stadt. Allerdings gilt Jane Jacobs heute nicht nur als »Schutzheilige von Greenwich Village«,[51] sondern auch als unfreiwillige Vorreiterin der »Not In My Backyard«-Bewegung. Ihr Plädoyer für Greenwich Village hat unbeabsichtigt die Gentrifizierung der Gegend vorangetrieben und in den Folgejahren einen Austausch der angestammten Bevölkerung mit sich gebracht, der sicherlich nicht in ihrem Sinne war.

Vielleicht ist es dieser Kampf um das Gesicht der Stadt, der Maeve Brennan endgültig zur New Yorkerin macht. Immer wieder schreibt sie von »unserer Stadt« und »unserer Straße«. Mit Beginn ihrer Kolumnentätigkeit fühlt sie sich mehr und mehr als New Yorkerin. Hier heimisch zu werden ist in einer Stadt, in der es kaum gebürtige New Yorker gibt, nicht einmal so schwer, wie es auf den ersten Blick scheint. In der Stadt geborene New Yorker, das wusste schon Dorothy Parker, lassen sich an einer Hand abzählen: »Nüchtern betrachtet ist die Seltenheit von gebürtigen New Yorkern eines der Mythen unserer Insel. Ich kenne mindestens vier davon persönlich und habe gute Chancen, wenn alles glatt läuft, noch zwei weitere zu treffen.«[52]

Nein, ein echter New Yorker ist man nicht allein qua Geburt, eine Stadt wie New York muss man sich erobern. Zunächst einmal geht es da, wie die langatmige Lady bestätigt, allen gleich. Man ist ein Fremder in einer fremden Stadt: »Im Alltag, auf der Suche nach

Restaurants und Geschäften und Wohnungen, lernen wir, uns in der Stadt zurechtzufinden. Und sich in New York zurechtzufinden ist eine Notwendigkeit. New York ist nicht sehr gastlich. Die Stadt ist sehr groß und hat kein Herz. Sie ist nicht charmant. Sie ist nicht mitfühlend. Sie ist gehetzt und laut und ungepflegt, ein anstrengender, ehrgeiziger, unentschlossener Ort, nicht sehr beschwingt und niemals fröhlich. Wenn sie glitzert, ist sie sehr, sehr grell, und wenn sie nicht glitzert, ist sie schmuddelig. Die Stadt New York tut nichts für diejenigen unter uns, die geneigt sind, sie zu lieben, außer unseren Herzen ein Heimweh einzupflanzen, das uns rätselhaft bleibt, bis wir sie verlassen, dann erst merken wir, weshalb wir unruhig sind. Ob zu Hause oder anderswo, wir haben Heimweh nach New York, nicht weil New York früher besser war, auch nicht, weil New York früher schlechter war, sondern weil diese Stadt eine Macht über uns ausübt und wir den Grund dafür nicht kennen.«[53]

Maeve fühlt sich hier nun nicht mehr fremd, sie fühlt sich wohl: »Tatsächlich ist dies eine wunderbare Stadt. Immerzu gibt sie mir Denkanstöße. Jetzt zum Beispiel denke ich an die Madison Avenue. Die schönste Busstrecke in der Stadt führt durch die Madison Avenue, aber ich glaube, heute Abend werde ich zu Fuß dort entlang nach Hause gehen. […] Vielleicht gibt es nach dem Spaziergang, den ich heute Abend zwischen zehn nach sechs und fünf nach halb sieben unternehmen werde, eine andere Geschichte zu erzählen.«[54]

New York ist die Stadt, in der jeder nach seiner Façon selig werden darf. Das weiß Maeve zu schätzen: »Wenn jeder in dieser Stadt zur Raison gebracht und in die richtige Richtung geschickt würde, wäre New York schon bald ein sehr ruhiger Ort.«[55] Sie wird zu einer glühenden Verteidigerin New Yorks, die man mit jeglicher Kritik an der Stadt verärgern kann. Als sie eines Tages die Tauben vor dem Brunnen des Plaza Hotels füttert, hört sie eine junge Touristin sagen, dass New York zwar sicher ein schöner Ort sei, um es zu besuchen, aber wohl kaum, um hier zu leben. Erbost schickt die langatmige Lady eine Nachricht an den *New Yorker* und seine Leser: »Ich versuchte, ihrer Äußerung einen Sinn abzugewinnen. […] Ihre hohle Bemerkung ging mir im Kopf herum. Sie war nichtssagend, und je länger ich darüber nachdachte, desto nichtssagender wurde sie, aber sie ging mir nicht aus dem Kopf. Es war eine geisttötende Bemerkung – eine von der Art, die einen weinen macht.«[56] Wie kann man nur gerade hier, rund um das Plaza gleich am Central Park auf die Idee kommen kann, in New York zu leben sei nicht die beste aller Möglichkeiten. Oder hatte die unbedachte Bemerkung der jungen Frau einen wunden Punkt getroffen? »Heute Morgen, in der menschenleeren Sommerzeit, dehnten sich die Straßen, der Park und die beachtlichen Gebäude der Fifth Avenue zu voller Länge, voller Höhe und voller Größe aus, das Plaza Hotel machte einen wohlhabenden Eindruck, und die ganze Szenerie wirkte ungezwungen, liebenswürdig und improvisiert. Die wenigen Menschen, die unterwegs waren, trugen helle Sommerkleidung, und sie schlenderten, bummelten oder blieben stehen, um sich umzusehen, wie Komparsen in einer Operette, kurz bevor die Hauptdarsteller auftreten und die Mitte der Bühne für sich beanspruchen. Als ich gerade die Vögel fütterte, wurde die Mitte der Bühne von einer Reihe geduldiger Pferde, darunter einem hübschen Schecken, beansprucht, die vor ihre Droschken gespannt waren und zusammen mit ihren Kutschern auf Kunden warteten. Es war ein schöner Sonntagmorgen in New York. Das rothaarige Mädchen hatte einen unbeschwerten Gang. Wenn ihr so elend zumute war, warum ließ sie dann nicht den Kopf hängen, reiste woandershin und hielt den Mund.«[57]

Ihre englische Kollegin Kennedy Fraser, eine große Bewunderin Maeve Brennans, bringt es auf den Punkt: »Sie war eine Auswanderin, genau wie ich, aber wie es scheint, war sie in Manhattan zu Hause. Sie bezeichnete die Stadt als ›gekentert, wenn auch nicht gesunken, denn die Bewohner harren aus und die meisten können sogar noch lachen, während sie sich an diese Insel klammern, die das große Dilemma ihres Lebens ist‹.«[58]

Besonders am frühen Morgen liebt Maeve Brennan ihre Stadt. Einmal ist sie an einem kalten Wintertag schon um fünf Uhr morgens unterwegs ins Bickford's, um einen Kaffee zu trinken: »Es ging kein Wind. Der Morgen war still und dunkel, mit jenem Anflug von Angst, der sich einstellt, wenn man wartet. Es war Zeit, dass der Tag begann. Als ich eilends um die Ecke bog, um so schnell wie möglich das hell erleuchtete Bicksford's zu erreichen, sah ich, dass die Avenue – die Sixth Avenue – leergefegt war: kein Autoverkehr, keine Fußgänger. Sie war eine lange, eckige Oase der Stille, in ihren Umrissen sehr hart und unnahbar, aber nicht unfreundlich. Nicht einmal meine eigenen Schritte konnte ich hören. Ich trug Pelzmukluks, die ich mir bei Lord & Taylor gekauft hatte, und stapfte lautlos dahin.«[59]

Obwohl ihre Kolumnen immer elegant bleiben, schleicht sich im Laufe der Jahre ein melancholischer Unterton ein. Ihre Themen werden vergänglicher, ihre Beobachtungen zunehmend schwermütiger. Es geht nun nicht mehr um Prominente und streitende Liebespaare, sondern um Sterbende oder einsame alte Damen: »Ich blickte über die Schulter und sah eine grauhaarige Dame von etwa siebzig Jahren, die hier wohnt. Sie hat ein Zimmer ohne Bad und hält sich oft im Foyer auf. Schlechte Laune steht ihr ins Gesicht geschrieben, schlechte Laune und Arroganz, und ihre Augen huschen voll unfreundlicher und aufdringlicher Neugier umher. Dauernd hat sie Streit mit jemandem, und dauernd beschwert sie sich. Zweimal habe ich mit anhören müssen, wie sie den jungen Verkäufer im Lebensmittelgeschäft nebenan beschimpfte, und einmal habe ich sogar gesehen, wie sie sich mit einem der kleinen Zigeunerkinder anlegte, die auf der Straße herumlungern. Sie wirkt, als wolle sie sich unbedingt mal jemanden vorknöpfen, um einen besseren Menschen aus ihm zu machen.«[60]

Ende der sechziger Jahre wird Maeve nicht mehr im Taxi zu Bergdorf Goodman hasten, sondern kommt zu spät zu einer Party, weil es ihr schwerfällt, sich anzuziehen. Am Ende spiegeln ihre Texte die Fragilität ihrer Urheberin wider, die sich ein Leben lang auf dünnem Eis bewegt. Dass es nicht bricht, liegt auch an der Stadt, in der sie lebt. New York gibt ihr Halt, wird zu einem Ort, an dem selbst die unbehauste Maeve ein Gefühl von Heimat verspürt: »Andere Städte sind mysteriös. Amsterdam und London und Hongkong sind mysteriös. Rom und Berlin sind mysteriös. New York ist nicht mysteriös. New York ist ein Mysterium. Was ist das für ein Ort, an dem sich das Chaos breitmacht und sich niederlässt und sich heimisch fühlt? Wir, die wir hier leben, werden Teil des Mysteriums. Gemeinsam mit dem Chaos fühlen wir uns hier heimisch.«[61]

Wenn ich nur einmal einen Monat
für mich allein sein könnte,
dann würde ich ein besseres Buch schreiben,
als »Krieg und Frieden«

Maeve Brennan an William Maxwell, 1957

VI.

»Na, Herzchen,
kauft irgendjemand das, was Sie schreiben?«

Ich bin eine Schriftstellerin

Ende der sechziger Jahre unterbreitet William McPherson vom Verlag William Morrow & Company Maeve den Vorschlag, die Kolumnen der langatmigen Lady in Buchform zu publizieren. Er trifft sie und ihren Busenfreund Howard Moss zu einem Business Lunch im Algonquin, um alles einzutüten, und ist fasziniert: »Sie war eine Frau von legendärer, aber verblassender Schönheit, spektakulärem rotem Haar und herrlich exzentrischer Intelligenz«, erinnert er sich.[1] Auch McPherson beeindruckt Maeve bei dieser Gelegenheit offenbar so sehr, dass sie ihm den Rat gibt, selbst Schriftsteller zu werden: 1977 gewinnt er den Pulitzerpreis.

In Hinblick auf das avisierte Buchprojekt hat er Erfolg: 1969 erscheint unter dem Titel *The Long-Winded Lady: Notes from the New Yorker* eine von der Autorin höchstpersönlich zusammengestellte Sammlung ausgewählter Kolumnen. Für die Veröffentlichung erhalten die Texte Überschriften und werden in einer von Maeve vorgegebenen thematischen Reihenfolge editiert, die nicht ihrer chronologischen Reihenfolge entspricht. Im Vorwort stellt die Autorin die langatmige Lady und ihre Eigenheiten den neuen Lesern vor:

»Sie glaubt, dass kleine, preiswerte Restaurants die eigentlichen Herdfeuer der Stadt New York sind. Sie geht nur selten ins Theater oder ins Kino, in Kunstgalerien oder Museen. Sie mag Festumzüge. Sie wünscht sich Straßenmusik – umherziehende Geiger oder Sänger, Drehorgeln ohne Äffchen. Sie ist der Meinung, dass man den schönsten Blick auf die Stadt von der Bar oben auf dem Time-Life Building hat. Aber auch den Blick aus den Fenstern ebenerdiger Restaurants mag sie. Sie hasst es, sich beim Essen eingesperrt zu fühlen. Sie wünscht sich die alten Longchamps Restaurants mit ihren Orangetönen, Indianer-Mosaiken und künstlichen Pflanzen zurück.«[2]

Mehr als 25 Jahre später wird Kennedy Fraser in der Weihnachtsausgabe des *New Yorkers* über das Buch schreiben: »Im Frühling habe ich wieder einmal etwas von den alten Autoren des *New Yorkers* gelesen, darunter auch was von Maeve Brennan, der irischstämmigen Schriftstellerin. Ich fand eine Sammlung mit Kolumnen der langatmigen Lady von 1969, die jetzt leider nicht mehr auf dem Markt ist. Diese Vignetten erschienen in ›Talk of Town‹, als ich gerade beim *New Yorker* anfing, und sie erzählen vom Leben einer Flaneurin in dieser Stadt – oder, besser gesagt, vom Leben zwischen den paar Blocks rund um unser früheres Büro in 25 West 43rd Street. Ich beneide sie nicht um die Einsamkeit und Unsicherheit ihres Daseins, aber ihre Texte sind noch immer außergewöhnlich.«[3]

Maeve widmet das Buch ganz diskret »W. S.«, William Shawn, dem Herausgeber und Chefredakteur des *New Yorkers*. Die langatmige Lady und der scheue, von Phobien geplagte Shawn, der sich für seine Autoren einsetzt wie kein Zweiter, begreifen sich als Seelenverwandte. Maeve weiß um Shawns hundertprozentige Unterstützung und Loyalität und ist dankbar, dass er sie das ein oder andere Mal auffängt. Kennedy Fraser kann Shawn dabei beobachten, wie er voller Stolz Maeves Buch auf das Bücherregal in seinem Wohnzimmer in der Fifth Avenue stellt: »Obwohl die langatmige

Lady kein Geheimnis daraus machte, auf welch dünnem Eis sie sich bewegte, war ich fasziniert von ihrem Leben als Schriftstellerin: mit W. S., der auf sie acht gab – so wie der Barkeeper im Le Steak de Paris, der schweigend seine Gläser polierte und mit ihr die Welt betrachtete, die an ihnen vorbeizog.«[4]

Nach der Buchveröffentlichung ihrer Kolumnen ist Maeve ein Star, und sie genießt es: »Gestern rief Howard an, um mir zu erzählen, dass er letzte Woche mit jemandem von Scribner's beim Lunch war, der nur von mir gesprochen hat. Nur von mir, die ganze Zeit, nicht ein Wort, nicht eine Silbe über ›vous‹ oder wie du und ich sagen würden ›toi‹. Diese Person war ganz besessen von mir und möchte mich abwerben. Ich bin der Dizzy Dean vom *New Yorker* und wenn Capt. Billy Shawn seine Einstellung mir gegenüber nicht ändert und wieder so freundlich wird, wie er mal war, dann mache ich mich selbstständig.«[5]

Den *New Yorker* zu verlassen, daran denkt sie natürlich nur im Scherz. Dort weiß man im Übrigen sehr genau, welches Juwel man in den eigenen Reihen hat. Bereits im Dezember 1962 bietet man ihr einen »First-Reading-Vertrag« an, in dem Maeve sich – gegen ein stattliches Honorar versteht sich – verpflichtet, alles, was sie schreibt, ganz gleich welches Genre, zuerst dem *New Yorker* anzubieten. Wird ihr Text angenommen, erhält sie zusätzlich zu ihrem üblichen Honorar eine Prämie von 25 Prozent.[6] Dass man ihr einen Vertrag für jegliche literarische Gattung anbietet, liegt daran, dass die Journalisten des *New Yorker*s auf mehreren Bällen tanzen, was allerdings nicht immer eine gute Idee ist, wie Maeve in einem Gespräch mit Howard Moss, dem neuen Leiter der Lyrik-Redaktion, erfährt: »Er erzählte mir, dass er einen ganz schrecklichen Freitag im Büro hatte. Offensichtlich hat jemand aus dem Büro einen langen, langen, langen Text eingereicht, vorwiegend in Versform, sodass Howard damit betraut wurde. Als er das Ganze gelesen hatte, erlitt er einen Nervenzusammenbruch, so schlecht war das Gedicht. Nachdem er sich einigermaßen erholt hatte, ist er runter zu Shawn ins Büro gestürmt. Der fand zwar auch, es sei ein schlechtes Gedicht, doch er meinte hoffnungsvoll, irgendwie könne man das doch sicher hinkriegen. Sie haben dann hin und her diskutiert. Schließlich ist Howard gegangen, hat sich aber an der Tür noch mal umgedreht und gequiekt, wenn das Gedicht tatsächlich abgedruckt werden würde, verlange er den Zusatz: ›Nur über die Leiche von Howard Moss.‹ Er wollte mir aber nicht verraten, wer den Text geschrieben hat.«[7]

Ebenfalls 1969 erscheint bei Scribner's eine Sammlung von 22 Kurzgeschichten von Maeve, die in den fünfziger und sechziger Jahren im *New Yorker* publiziert wurden: *In and Out of Never-Neverland*. Auch dieser Band wird wohlwollend aufgenommen, ein Bestseller wird er nicht, eine Taschenbuchausgabe unterbleibt. Dabei enthält die Ausgabe ein paar ihrer besten Texte, darunter einige über die Ehepaare Bagot und Derdon, sowie autobiographisch gefärbte Geschichten aus der Cherryfield Avenue ihrer Kindheit. Sie sind aus der Perspektive eines kleinen Mädchens erzählt und Teil ihrer Vergangenheitsbewältigung, handeln sie neben der Familie doch auch von den politischen Irrungen und Wirrungen, denen Maeve als Kind ausgesetzt war. Für den Leser lässt sich nur schwer ausmachen, was Erinnerung und was Erfindung ist.

Mit den Erzählzyklen über die unglücklichen irischen Ehepaare Rose und Hubert Derdon sowie Delia und Martin Bagot, die ihren Weltruhm als Kurzgeschichtenautorin begründen, beginnt Maeve Brennan so richtig erst nach dem Tod ihrer Eltern. Maeves Mutter stirbt 1959, ihr Vater 1964. Erst danach taucht sie erzählerisch in die gescheiterten Ehen der beiden Paare ein, die unter ihrer ehemaligen Dubliner Adresse in der Cherryfield Avenue No. 48 im Stadtteil Ranelagh leben. Das weitaus unglücklichere Paar sind die Derdons, über die jener erste Sammelband drei Geschichten enthält, die in späteren Veröffentlichungen bis 1973 fortgesetzt werden. Ihre Geschichten über Mr. und Mrs. Derdon sind das Psychogramm einer unglücklichen Ehe im Stil von Edward Albees *Wer hat Angst vor Virginia Woolf?* Sie lesen sich fast wie ein Roman, doch Maeve Brennan belässt es dabei, ihren Lesern Ausschnitte aus diesen verkorksten Leben zu präsentieren. Ausschnitte, die sich in der Rückschau als die ausschlaggebenden Momente präsentieren, als die alles entscheidenden Situationen, die alles verändert hätten, hätte man sie nur richtig zu deuten gewusst. Katharine White gegenüber erwähnt Maeve, dass sie plant, aus den Geschichten einen Roman zu machen. Ein Vorhaben, dass sie allerdings nie realisiert.[8]

Rose und Hubert Derdon leiden schwer aneinander und an sich selbst. Es ist ein freudloses, eintöniges Leben, unglücklich und voll unterschwelliger Aggression. Dennoch wagt keiner der beiden auszubrechen, die unsichtbare Gefängnismauer aus Schweigen zu überwinden oder ganz einfach zu gehen. Maeve Brennan erzählt die Geschichte des Paares nicht chronologisch. Der Leser erfährt oft erst aus Rückblenden die Gründe für manches zunächst unerklärliche Verhalten. So hat Rose schon früh ihren geliebten Vater verloren, der zugleich ihre wichtigste Bezugsperson war. Er hatte sie stets aufgefordert zu träumen und war auch selbst ein von seiner Frau verachteter Träumer gewesen. Die hartherzige Mutter wird in der Folgezeit übermächtig und sorgt mit Verboten und Demütigungen dafür, dass aus Rose ein gebrochener Charakter wird, der sich auch als erwachsene Frau nicht behaupten kann. Sie pflanzt Rose ein tiefes Misstrauen gegenüber anderen Menschen ein, erzieht sie in dem Glauben, jeder würde ihr mit Neid und Missgunst begegnen, und macht es Rose unmöglich, offen über ihre Gefühle zu sprechen. So ähnelt Rose »mehr denn je einem Vogel, der merkt, dass er auf dem Boden dahintrippelt, statt sich in die Lüfte aufzuschwingen«.[9]

Die Mutter ist maßgeblich dafür verantwortlich, dass Rose keinerlei Selbstwertgefühl entwickelt und später nicht nur allen anderen die Schuld an ihrem gescheiterten Leben gibt, sondern allen anderen ebensolches Unglück wünscht, wie sie selbst es erleidet. Ihre Rückgratlosigkeit und Gebrochenheit tragen entscheidend dazu bei, dass die Ehe mit ihrem Mann Hubert zur Hölle wird. Anstatt in einer Liebesbeziehung befindet sich das Paar im Krieg miteinander. Aus purer Angst vor Verletzung und emotionalen Zurückweisungen liefern sich die beiden einen grausamen Machtkampf, quälen sich selbst und den anderen. Statt offen aufeinander zuzugehen, beäugen sie sich misstrauisch und unterstellen dem anderen stets böse Absichten, was zu einer Art *self-fulfilling prophecy* führt. Sie können nicht miteinander reden, und wenn sie es doch versuchen, dann reden sie aneinander vorbei, ohne dem anderen wirklich zuzuhören. Mit Hinterlist und Heimtücke versuchen sie sich selbst jedweden Vorteil zu verschaffen und ihr Gegenüber zu demütigen. Hubert begegnet seiner Frau mit Hochmut und Gefühlskälte. Roses Mittel, ihren Mann in den Wahnsinn zu treiben, ist ihre vorgebliche Opferbereitschaft. Ihre Macht resultiert aus ihrer Furcht vor ihm. Dass er um diese Furcht weiß und seinerseits fürchtet, sie zu verletzen, macht ihn emotional erpressbar. Damit setzt sie ihn derart unter Druck, dass sie ihn am Ende leidenschaftlich hasst: »Er verstand sie einfach nicht – ihre Heimlichtuerei, ihre Verstohlenheit, die Art, wie sie, sobald er das Zimmer betrat, in ihrer Tätigkeit innehielt und sich beeilte, etwas anderes zu tun, als ob ihr das, was sie tat, verboten sei. Sie fürchtete sich vor ihm und machte keine Anstalten, ihre Furcht zu verhehlen. […] Sie fürchtete sich vor ihm, darin lag die ganze Schwierigkeit, und jedes Mal überstieg es seine Kräfte. Und deshalb gab er allmählich oder letztendlich – er hätte nicht sagen können, wie es dazu kam – jeden Versuch einer Beziehung mit ihr auf.«[10] Sie gibt die große Dulderin, ist aber innerlich voll angestauter Emotionen, die sich aus Enttäuschung, Wut und Hass speisen. Hass gegen ihren Mann und die ganze Welt, die ihr ihre Opferbereitschaft nicht dankt.

Dabei hatten die beiden bei ihrem Kennenlernen durchaus die Chance, jene Sprachlosigkeit, die sie später umgibt, zu überwinden. Damals waren sie jung und voller Hoffnung darauf, dass der jeweils andere die eigenen Schwierigkeiten mit der Welt teilt und versteht.

Beiden fällt es schwer, Gefühle zu zeigen und sich zu offenbaren. Doch an ihrem ersten Tanzabend wagt Rose, Hubert die Wahrheit zu sagen, und auch er geht aus sich heraus: »Er dachte: Sie ist mein wahres Ich, und wollte ihr von all seinen Nöten erzählen.«[11] Was hoffnungsvoll beginnt, endet in einem Drama. Die Angst davor, sich durch Offenheit und Ehrlichkeit lächerlich zu machen, wiegt schwerer als die Gefühle füreinander. Und so bleiben sie zwei verlorene Seelen auf der Suche nach einem Rettungsanker. Die vorherrschende Sprachlosigkeit mündet letztlich in Hilflosigkeit und Wut: »Die Vorstellung, sie zu sehen, sich mit ihr unterhalten und weiter mit ihr in demselben Haus leben zu müssen, war ihm unerträglich. Er konnte nicht an sie denken, ohne die zitternde Unaufrichtigkeit ihrer Miene vor sich zu sehen, und er fragte sich, ob der Versuch, sie direkt anzusprechen, die Mühe jemals wieder lohnen würde.«[12]

Als die beiden heiraten, ist Rose kaum 23 Jahre alt. *Ein junges Mädchen kann sich um seine Chancen bringen* erzählt aus Hubert Derdons Perspektive vom Kennenlernen der beiden und jenem Tag, als er bei ihrer Mutter um Roses Hand anhält. Die Mutter erweist sich in dieser Geschichte einmal mehr als grausam und bösartig, gibt sie Hubert doch den Rat, sich das Ganze noch einmal zu überlegen. Am besten sei, er denke mehrere Monate darüber nach, denn ihre Tochter sei keine gefestigte Persönlichkeit und nicht gut genug, um seine Frau zu werden. Wie um dies zu untermauern, verrät sie ihm ein für Rose blamables Ereignis, das letztlich nur beweist, wie naiv Rose ist. Die sitzt bei alldem stumm neben der Mutter und weint. Doch anstatt ihr beizustehen und sich sofort für sie zu entscheiden, versucht Hubert, die Mutter zu beeindrucken, und verspricht, eine Nacht lang über alles nachzudenken. Als er geht, bemerkt er in Roses Blick eine Mischung aus Erstaunen und Entsetzen. Dies wäre ihr Moment gewesen, ihn in die Wüste zu schicken und die Mutter gleich hinterher. Doch ihre einzige Sorge ist, dass Hubert nicht wiederkommt. Es fehlt ihr an Entschlusskraft, wie immer lässt sie alles über sich ergehen, bass erstaunt über die Konsequenzen, die sie allein hätte verhindern können.

Hubert kommt tatsächlich wieder, sie heiraten und haben auch einige glückliche Momente, in denen sie lachend durch Stephen's Green in Dublin spazieren. Dann aber ziehen sie in jenes Haus in der Cherryfield Avenue 48, das en détail dem gleicht, in dem Maeve aufgewachsen ist. Hinter dem Haus ist der Tennisplatz, und die Nachbarn sind so nahe, dass das Haus ganz klein wirkt – kuschlig für zwei Liebende, ein Gefängnis für die Derdons: »Jedes Haus wäre zu klein gewesen, aber dieses hier war viel zu klein. Es gab darin keinen Winkel, in dem man sich verstecken konnte, ohne Fragen zu provozieren – jene stummen Fragen, die keine Fragen waren, sondern Vorwürfe.«[13] Das einzig Schöne in Roses und Huberts Leben ist der Garten hinterm Haus, in dem Rose die wunderbarsten Blumen züchtet.

Hier in der Cherryfield Avenue kommt ihr Sohn John zur Welt, der Roses ganzer Lebensinhalt wird. In ihm hofft sie auf einen Verbündeten gegen Hubert, dessen stoische Gleichgültigkeit beiden Angst macht: »Huberts Tagesablauf hatte etwas Beharrliches, das die Aufmerksamkeit auf sich zog, so als benehme er sich absichtlich so und könne die Farce jeden Augenblick beenden, sich umdrehen und ihnen jenes Gesicht zeigen, das beide ihm zutrauten: sein wahres Gesicht, das Gesicht eines *Unholds*, das Gesicht eines Gewalttäters, der imstande war, die leidenschaftlichsten und entsetzlichsten Dinge zu sagen und zu tun, schockierende Dinge. Stets ließ er sie im Ungewissen, und solange er sich im Haus aufhielt, wechselten sie immer Blicke, selbst wenn sie ihn nur oben herumlaufen hörten. Hubert jedoch bewahrte seine gewohnte Haltung: milde, liebenswürdig, selbstgefällig, gestählt von einem natürlichen Misstrauen gegen jedermann und gegen jedes Wort, das jemand äußerte, und vollkommen gefestigt in seinem Vertrauen in die eigene Urteilskraft.«[14]

Rose versucht John zu manipulieren und ihn gegen Hubert auf-

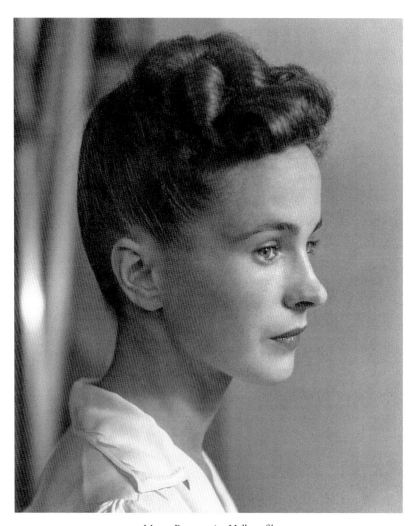

Maeve Brennan im Halbprofil

Robert (sitzend, zweiter von links) und Una Brennan (stehend, links)
während des Osteraufstandes in Enniscorthy, 1916

Hausdurchsuchung der »Black and Tans« nach dem Osteraufstand, 1916

Mary Aiken, ΔΓ, ΠΓΜ

WASHINGTON, D.C. *Political Science*

Class Honors, 1, 2, 3; Brecky Club, 1, 2, 3 (President, 2, 3); French Club, 1; Spanish Club, 3.

Franklin Way Bartle, ΦΕΛ

MARTINSVILLE, NEW JERSEY *English*

Aucola Staff, 3; Eagle Staff, 2, 3; German Club, 1, 2, 3; Anglican Club, 1, 2, 3 (Treasurer, 3); Commons Club, 3 (Executive Committee, 3).

Mary E. Bateman

SEAT PLEASANT, MARYLAND *History*

Debate, 2; Glee Club, 1, 2; Student Christian Association, 1, 2, 3; International Relations Club, 2, 3; Intramural Sports, 1, 2, 3.

Florence Sue Birdseye, ΠΓΜ

CHEVY CHASE, MARYLAND *Political Science*

Class Honors, 1; Glee Club, 1, 2; Student Christian Association, 2, 3; International Relations Club, 2, 3.

Fred Boyd, ΦΣΚ

WARREN, PENNSYLVANIA *Political Science*

Debate, 2, 3; International Relations Club, 1, 2, 3 (President, 3).

Lindsay B. Branson, Jesters

WASHINGTON, D.C. *Political Science, Economics*

Jesters Club (Vice President-Treasurer, 3); Brecky Club, 1, 2, 3; Anglican Club, 1, 2, 3; Football, 1, 2; Boxing, 1, 3; Track, 1, 2.

Josephine Brashears, ΛΣΧ

WASHINGTON, D.C. *History*

Swagger Club (Pledge Captain, 2; Secretary, 3); French Club, 3.

Maeve Brennan, ΦΜ

DUBLIN, IRELAND *English*

Immaculata Seminary, 1, 2; French Club, 3; German Club, 3.

[62]

Maeve Brennan im Jahrbuch der American University (AU), 1937

Maeve Brennan (vorn rechts) als Mitglied des
French Clubs, Jahrbuch der AU, 1937

Als Pledge des Phi Mu Gamma Delta Chapter, 1938

Maeve Brennan (links)
als junge Journalistin
in der Redaktion des
Junior Bazaar, Mitte
der vierziger Jahre

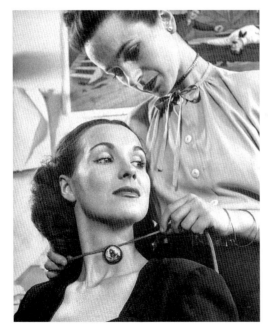

Die Fotografin Nina Leen
porträtierte Maeve bei ihrer
Arbeit in den Räumen
von *Harper's Bazaar*

In der Redaktion von *Harper's Bazaar*, 1947

Carmel Snow, Chefredakteurin von *Harper's Bazaar*, arbeitete auch vom Bett aus

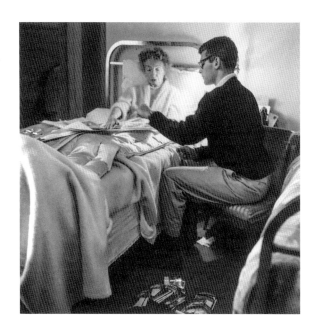

Die spätere Chefredakteurin der *Vogue*, Diana Vreeland, an ihrem Schreibtisch

Maeve Brennan vor einem Schaufenster in New York, 1947

Audrey Hepburn als Holy Goligthly in *Frühstück bei Tiffany*.
Die Ähnlichkeit mit Maeve ist verblüffend

Maeve Brennan am Kamin, porträtiert von Karl Bissinger, 1948

Der Fotograf ist im Spiegel zu sehen

Manhattan in den fünfziger Jahren, unten ist links das Restaurant
»Schrafft's« zu erkennen

Kollegen beim *New Yorker*:
Maeves bester Freund und
Mentor William Maxwell

Charles Addams, Maeves
Liebhaber und Erfinder der
Addams Family

Eine illustere Runde: Fritz Ford, Wolcott Gibbs, Frank Case und Dorothy Parker (sitzend, v. l.), Alan Cambell, St. Clair McKelway, Russell Maloney und James Thurber (stehend, v. l.) bei einer Cocktail-Party im Algonquin Hotel

Der Journalist und spätere Ehemann von Maeve Brennan, St. Clair McKelway, mit seiner vierten Ehefrau Martha Kemp

Maeve Brennan, fotografiert von Nina Leen

Maeve Brennan mit ihrer Hündin Bluebell

Während der sechziger Jahre in Irland,
fotografiert von ihrer Nichte Yvonne Jerrold

zubringen. Der kann ihrem Treiben nichts entgegensetzen: »Ich
weiß nicht, warum du Angst vor mir hast. Ich finde, du solltest
dich bemühen, sie zu überwinden. Es ist nicht recht, weder mir
noch dir noch dem Kind gegenüber. Und ich glaube, du findest
Befriedigung darin, vor mir Angst zu haben. Ich glaube, du weißt
ganz genau, was du tust – das Kind dazu zu bringen, Partei für
dich zu ergreifen, wenn es gar keinen Grund gibt, überhaupt Partei
zu ergreifen. Ich mag solche Spielchen nicht. Nicht im geringsten.
Ich wünschte, du würdest dich dazu entschließen, mit diesem Un-
sinn aufzuhören. Ich wünschte, du würdest damit Schluss machen.
Jedes Mal, wenn ich ins Zimmer komme, zuckst du zusammen
und rennst hinaus. Das muss ein Ende haben. Es muss ein Ende
haben. Es muss ein Ende haben. Ein Ende haben.«[15] Rose genießt
es, ihren Mann zur Verzweiflung zu bringen und ihm das Kind zu
entfremden. Umso größer ist ihre Enttäuschung, als John das Haus
verlässt, um Priester zu werden. Vor allem nachdem sie erfährt, dass
er seinen Entschluss zuerst dem Vater mitgeteilt hat. Nun ist sie
allein, eine Frau, »deren Lebensmut durch die Qualen wahrhaftig
hilflosen Selbstmitleids längst zu bloßer Standhaftigkeit versteinert
war«.[16]

Rose lässt John heldenmütig ziehen, aber nicht, damit er sich
seinen Traum erfüllen kann, sondern in der Hoffnung, er werde
ihr Opfer erkennen und reumütig zu ihr zurückkehren. Doch ihre
Rechnung geht nicht auf, und so wünscht sie sich am Ende, John
wäre tot, denn »wenn sie weinte, litt jeder mit ihr, denn wer hatte
ein größeres Recht zu weinen als eine Frau, die ihren einzigen Sohn
verloren hatte?«[17] So sehr Rose John vergöttert, so sehr verachtet ihn
sein Vater: »John war ein armseliges Bürschchen gewesen, schwäch-
lich und schüchtern, ohne jede Begabung und ohne jede Neigung,
und Hubert hatte sich nie vorstellen können, was er anfangen
würde oder könnte, um sich seinen Lebensunterhalt zu verdienen
und etwas aus seinem Leben zu machen. Für einen Burschen wie
ihn war das Priestertum eine Lösung so gut wie jede andere. Man

würde sich um ihn kümmern und ihm sagen, was er zu tun und zu lassen hatte. Sein Leben lang würde er unbehelligt bleiben.«[18]

Maeve ergreift beim Schreiben weder für Rose noch für Hubert Partei, sondern schildert das Geschehen abwechselnd aus beider Perspektive. Im Gegensatz zum jeweils anderen weiß der Leser deshalb ganz genau, was im Kopf von Rose oder Hubert vor sich geht. Er sieht, wie die Missverständnisse durch die Angst, vom anderen übervorteilt zu werden, immer größer werden: »Der Unliebenswürdigkeit und Streitsucht in diesem Haus war offenbar nicht zu entrinnen. Und während er Fehler beging und über die eigenen Füße stolperte, konnte er die ganze Zeit über durch die Glasscheibe auf den anderen Weg schauen, der ebenfalls der seine war. Auf diesem Weg gab es keine Fehler, er tat immer nur das Richtige und tat es zur rechten Zeit, er wusste, wie man mit allem fertig wurde, und ging einher wie ein Mann, der sich und sein Leben im Griff hatte. Manchmal kam es Hubert so vor, als trenne ihn lediglich eine Luftspiegelung und sonst gar nichts von jenem Ort, an dem er wüsste, wie er sein Leben zu führen hätte: in Übereinstimmung mit dessen wohlverstandenem Sinn. In seinem Leben ergab nichts irgendeinen Sinn. Aber hatte man das erst einmal gesagt, hatte man alles gesagt.«[19] Für beide gibt es keinen Ausweg aus ihrem falschen Leben, die Glaswand, mit der sie auf ihr »anderes« Leben blicken, ist unzerstörbar.

Der Staub, der sich mit den Jahren auf alle Möbel legt, liegt auch auf ihren beiden Seelen. Dennoch findet keiner den Mut zu gehen. Nur ein einziges Mal verlässt Rose das Haus mit der Absicht, nicht wiederzukehren, doch dann dämmert ihr, dass sie kein Geld hat – und vor allem keinen Mut: »Furcht und Verlangen kämpften in ihrer Seele um die Vorherrschaft, aber nicht deren Kampf gegeneinander und gegen sie beunruhigte sie, sondern ihr lebenslanger Selbstzweifel, der von der Furcht bestärkt und genährt wurde. Sie sehnte sich danach, in Jemandes Nähe zu sein, aber es gab niemanden, der sie wollte. Davon war sie überzeugt. Niemand wollte sie; das war ihre einzige Gewissheit. Es war schlimm genug, dass die Leute ihr den Rücken kehrten; schlimmer aber, am schlimmsten von allem war, dass sie keinen Grund sah, weshalb die Leute ihr nicht den Rücken kehren sollten. Es überraschte sie nicht, wie ihr Leben verlaufen war. Sie saß da, verwirrt von dem Urteil, dass sie, ohne es recht zu merken, über sich selbst gefällt hatte.«[20]

Der ständige Perspektivenwechsel ist ein typisches Stilmittel Maeve Brennans, ebenso wie die emotionslose, schonungslos detaillierte Schilderung dieses grauenvollen Lebens. Der Leser ist hin- und hergerissen, findet Rose und Hubert abwechselnd abstoßend und bemitleidenswert. Die Autorin versteht sich meisterhaft darauf, eine Mischung aus Nähe und Distanz zu schaffen, die den Leser berührt und verwirrt zugleich.

In der letzten Geschichte über Mr. und Mrs. Derdon ist Rose verstorben, und Hubert stellt sich die alles entscheidende Frage: »Wann hatte all dieser Gehorsam begonnen, und wer hat den vorgeschriebenen Weg ausersehen, den Männer und Frauen widerspruchs- und meist auch klaglos gingen?«[21] Er, der sich so oft gewünscht hatte, frei von Rose zu sein, erkennt, wie frei er vor ihrem Tod gewesen ist: »Damals, davor, war er unermesslich frei gewesen. Er staunte über die Freiheit, die er gehabt hatte. Er wunderte sich über sie. Frei wie ein Vogel war er gewesen. Damals, als Rose noch lebte [...].«[22] Doch das Schlimmste für ihn ist die Erkenntnis, dass er keine Trauer empfindet, ja dass er sich kaum an seine Frau erinnert: »Sie hatte ihm nichts gegeben, nichts, worüber er wütend, nichts, worüber er traurig sein konnte, nichts, worüber er lachen, nichts, worüber er staunen, und überhaupt nichts, woran er sich erinnern konnte. Sie hatte ihm nichts gegeben, und sie hatte ihm nichts hinterlassen, und indem sie ihm nichts hinterließ, hatte sie ihm das eine genommen, das ihm jetzt ein Fels der Kraft hätte sein können, jenen Fels der Trauer, auf dem er in seliger Vereinzelung hätte verharren können – unfähig zu sehen, zu hören, zu sprechen oder zu denken, vor lauter Kummer, der ihn ausfüllen und schließlich zugrunde richten würde. Jetzt aber würde dieses gewaltige Leid das bleiben, was es war, nämlich nur der Traum von Leid, der ihm von seiner Warte aus vorkam wie ein Traum von Frieden, denn er wusste, in diesem entsetzlichen Leid würde er endlich Frieden finden, und dann könnte er sich in dem Wissen ausruhen, das Richtige und Angemessene getan und die richtigen und angemessenen Gefühle empfunden zu haben, jene Gefühle, die der gerechte Tribut sind, den wir dem Tod entrichten. Aber es war zwecklos. Er empfand nichts.«[23]

Die Leere, die Hubert empfindet, ist nicht vom Verlust geprägt, sondern vom Nichtvorhandensein eines eigenen Lebens. Nur im Wechselspiel mit ihr war er am Leben gewesen. Beide haben ihr Leben in diesem ewigen Kleinkrieg schlichtweg vergeudet. Erst die Erkenntnis, dass nach einem so langen gemeinsamen Leben nichts, aber auch gar nichts übrig bleibt, lässt ihn in Tränen ausbrechen: »Die Tränen schmerzten und überzogen ihn mit einem Weh, das mit jeder Minute unerträglicher wurde, doch was ihn am meisten peinigte, war sein Unvermögen, seiner Schwester zu gestehen, er weine nicht um Rose (denn tatsächlich empfand er über ihren Tod gar keine Trauer), sondern er weine um seine Unfähigkeit zu trauern [...] vor allem aber weine er einzig und allein deshalb, weil er sich selbst bedauere. Er bedauerte sich selbst, und er weinte, mehr ließ sich dazu nicht sagen.«[24]

Auch das zweite irische Ehepaar, das die Leser in diesem ersten Sammelband kennenlernen, ist unglücklich. Zwar nicht ganz so hoffnungslos unglücklich wie die Derdons, aber doch nahe dran. Delia und Martin Bagot waren einst glücklich, und ihr Unglück hängt, wie der Leser in Rückblenden erfährt, mit dem Tod ihres kleinen Sohnes Jimmy drei Tage nach seiner Geburt zusammen. Die Trauer hat sie einander entfremdet, wussten sie doch weder mit der eigenen noch mit der des anderen umzugehen: »Noch lange danach hatte sie sich nicht zu fassen gewusst, vielleicht hatte sie

Dinge gesagt, die sie nicht hätte sagen sollen. Inzwischen taten sie ihr leid, die Dinge, die sie nicht hätte sagen sollen und an die sie sich nur undeutlich zu erinnern vermochte, aber immer, wenn sie an damals dachte, verflüchtigte ihr Verstand sich zu Äther, sie fühlte sich schläfrig und wusste, das war ungesund, nicht die richtige Gemütsverfassung.«[25]

Delia will offen trauern, weinen, schreien, ihren Schmerz zeigen. Martin hingegen will ihr nicht noch mehr wehtun und tut so, als sei alles in Ordnung. Ihm wäre es am liebsten, sie könnten noch einmal von vorne beginnen und er bekäme die alte Delia zurück. Weil er mit ihrem übergroßen Schmerz nicht zurechtkommt, redet er sich ein, sie sei nur eine gute Schauspielerin, die alles überdramatisiere. Delia hingegen nimmt es Martin und den Verwandten unendlich übel, dass sie so schnell wie möglich zur Tagesordnung zurückkehren wollen: »Sie benahmen sich, als sei das Geschehene abgeschlossen, als habe sich ein ganz gewöhnlicher Vorfall zugetragen und seinen natürlichen Abschluss gefunden. Aber weder war es ein ganz gewöhnlicher Vorfall gewesen, noch hatte er seinen Abschluss gefunden.«[26]

Delia will sich an ihren Sohn erinnern, an jeden noch so kurzen Moment. Als Mutter will sie sein Leben festhalten und ist voller Angst, ihn durch das Schweigen der anderen ein weiteres Mal zu verlieren. Sie ist weitaus emotionaler als Martin, der dazu erzogen wurde, seine Gefühle zu kontrollieren und Contenance zu wahren. Als sie reden will, versucht man dies zu unterbinden: »Sie allein musste still und stumm liegenbleiben unter dieser angeblichen Unwissenheit, in die man sie einhüllte wie in ein Leichentuch. Sie wollten, dass sie schwieg [...]. Alles um sie herum kam ihr unaufrichtig vor, und Mrs. Bagot war es leid. Sie war es leid, sich anhören zu müssen, dieses zu tun und jenes zu tun sei nur zu ihrem Besten, und es ärgerte sie, wenn man ihr sagte, wie tapfer sie sei – sie war, wie sie zu sein hatte, es blieb ihr gar keine andere Wahl.«[27]

Natürlich trauert auch Martin, aber auf seine eigene zurückhaltende Weise: »Er konnte sie nicht begreifen. Schließlich war es auch sein Verlust, nicht nur ihrer, aber sie verhielt sich so, als ginge er nur sie an. Sie stieß ihn von sich, und als er sie losgelassen hatte, wandte sie das Gesicht von ihm ab und fing auf eine Art zu weinen an, die Aufmerksamkeit und Tröstung erflehte – von jemandem, aber nicht von ihm, das war offensichtlich. Zuvor aber, als sie ihn von sich stieß, hatte er ihr Gesicht gesehen, und auf dem stand Hass geschrieben.«[28] Der Tod des Kindes verändert alles und wird immer zwischen den beiden stehen. In der Stunde ihrer größten Not waren beide vollkommen allein, haben im jeweils anderen keinen Anker gefunden. Von nun an ist ihr Leben geprägt von Trauer und Wut über den Verlust des Sohnes und vom Verlust des unbekümmerten Lebens vor diesem Schicksalsschlag. Obwohl sie noch zwei Töchter bekommen, werden sie nie wieder glücklich sein.

In den beiden Mädchen der Bagots, Lily und Margaret, zeichnet Maeve Brennan sich und ihre Schwester Deirdre. Lily, das ist sie selbst: klug, vorwitzig, büchernärrisch, selbstsicher und sehr gewinnend. Delia Bagot ist stets in großer Sorge um ihre Töchter und wünscht sich doch zugleich, dass ihnen die Welt offenstehen möge. In *Der Teppich mit den großen pinkfarbenen Rosen* wird die kleine Lily im Traum von einem Fliegenden Teppich davongetragen. Auch Delia würde gerne entschwinden, und sei es nur für ein Weilchen: »Die beiden Kinder und Bennie, den Hund, auf den Teppich zu setzen, gemeinsam auf Reisen zu gehen und einfach zu verschwinden, selbst wenn es nur für den Nachmittag oder einen Teil des Nachmittags wäre. Eine kleine Weile zu verschwinden würde niemanden schaden, und es wäre sehr erholsam, einmal aus dem Haus zu kommen, ohne dass man durch die Vordertür trat und sich dem Zeremoniell unterzog, die Straße entlangzugehen, wo einen jeder sehen konnte.«[29]

Auch die Bagots wohnen in der Cherryfield Avenue 48, wo die Häuser so nahe beieinanderstehen und die Gärten aneinandergrenzen. Die soziale Kontrolle ist schier unerträglich, und Delia lebt, bei allem Freiheitsdrang, in ständiger Angst vor dem Gerede der Nachbarn: »Sie beneidete Leute, die sich die Freiheit nahmen, zu tun, was ihnen beliebte, ohne sich befangen zu fühlen oder sich zu schämen. Es gab eine Menge Frauen, die sich auch auf den Rasen oder auf den Teppich legten und deswegen nicht geringer von sich denken oder danach fragen würden, was andere von ihnen hielten. Mrs. Bagot wünschte, sie könnte auch so sein. Beneidenswert diese Leute.«[30]

Das Leben der Bagots ist bestimmt von Mauern: im Haus, um das Haus, in der Straße, in den Köpfen. An ihrem zwölften Hochzeitstag hat sich das Paar schon so weit voneinander entfernt, dass Martin in eine Kammer neben der Küche gezogen ist. Anfangs nur aus Rücksicht, um seine Familie nicht zu stören, wenn er spätnachts von der Arbeit nach Hause kommt, ist die Kammer mehr und mehr sein eigentliches Zuhause geworden: »Was als einfache Maßnahme zu Martins Bequemlichkeit begonnen hatte, hatte sich völlig verselbstständigt, und jetzt schien es keine Möglichkeit mehr zu geben, der Sache ein Ende zu bereiten. Die Situation im Haus war unnatürlich. [...] Sie stellte fest, dass sie, wenn Martin im Haus war, der Kinder wegen sehr nervös wurde, und wenn sie alle zusammen waren, behielt sie die Kinder ständig im Auge, als wäre Martin nur deswegen da, um ein Unheil über sie zu verhängen. Dauernd stand sie unter Spannung, bereit, sie vor ihm in Schutz zu nehmen, bereit, alle Verantwortung für ihr Betragen auf sich zu laden. [...] Wenn er sich nicht im Haus aufhielt, waren sie alle gleich viel fröhlicher gestimmt und das war nicht recht.«[31] Die Kammer ist zu einer unüberwindlichen Mauer geworden, an der das Ehepaar jeden Tag weiter baut. Delia leidet darunter, doch es gelingt ihr nicht, die Sprachlosigkeit zu durchbrechen: »Mrs. Bagots Gefühle ragten vor ihr auf wie Ahnen, wie Mahnmale einer Vergangenheit, an die sie sich nicht erinnern konnte, an die sie sich aber erinnern musste, wenn sie ihr Leben in den Griff bekommen wollte. Diesen überwältigenden Gefühlen, die verschleiert, triumphierend und hässlich vor ihr standen, musste sie entgegentreten, bevor sie Martin entgegentreten konnte.«[32] Sie ahnt nicht, dass es auch in ihm brodelt. Dass ihn ihre Fürsorge und ihr Kümmern zur Weißglut treiben und er sich zugleich dafür schämt, sie gerade deshalb zu hassen. Er fühlt sich wie in einem Käfig, aus dem es kein Entrinnen gibt. An jenem zwölften Hochzeitstag stellt Mrs. Bagot ihrem Mann Blumen in seine Kammer, Blumen aus ihrem Garten, der für Delia eine ebenso große Freude ist wie für Rose Derdon. Martin Bagot hingegen erwähnt den Hochzeitstag mit keiner Silbe. Dabei kennt er das Datum genau, will nur nicht daran erinnert werden und ist froh, als seine Frau beim Frühstück nichts dazu sagt. Als er am Abend die Blumen vorfindet, fühlt er sich schäbig und hasst sie noch mehr: »Der Anblick von Delias Blumen versetzte ihm einen Schock, und er fühlte sich hintergangen – als hätte sie ihn in eine Falle gelockt. Ob sie etwas sagte oder nicht, ob sie im Zimmer war oder nicht, sie brachte es fertig, ihn zu tadeln. Ihr war nicht zu entkommen.«[33]

Während Delia die Hoffnung auf Veränderung noch nicht aufgegeben hat, will Martin nur seine Ruhe. Er schämt sich dafür, dass er seine eigene Familie als Belastung empfindet und gerne allein wäre. Diese Abneigung gegenüber sich selbst überträgt er auf seine Frau. Er ist genauso unglücklich wie sie – und genauso sprachlos. Durch ihre unterdrückten Gefühle sind beide absolut handlungsunfähig. Auch die Bagots sind nicht in der Lage, diesen Teufelskreis, in dem sie sich immer weiter voneinander entfernen, zu durchbrechen und ihrem Leben eine Wendung zu geben.

Erneut vermeidet Maeve Brennan Schuldzuweisungen und den moralisch erhobenen Zeigefinger. Die Figuren sind, wie sie sind, mal mehr, mal weniger sympathisch, obwohl der Leser, als er in einer späteren Fortsetzung der Geschichte vom Tod des Sohnes erfährt, durchaus geneigt ist, sich auf Delias Seite zu stellen. Auch die Erzählungen von den Bagots leben vom ständigen Perspektivenwechsel. Manchmal übernehmen sogar die kleinen Töchter die Rolle des Beobachters, nehmen eine Situation dabei aber ausschließlich aus Sicht eines Kindes wahr und schildern, worauf sich das Interesse eines Kindes bezieht.

Die Geschichten über die Bagots sind bei weitem nicht so hoffnungslos wie die Geschichten über das Ehepaar Derdon. Es gibt durchaus Momente der Hoffnung auf Veränderung, zudem gibt es noch Gefühle zwischen dem Paar, und manche Äußerung macht glauben, dass noch nicht alles verloren ist. Umso peinigender ist es für den Leser, die vielen Missverständnisse mitzuerleben, die zwischen den beiden herrschen.

An einem Heiligabend steht der Leser mit Martin auf der Treppe, während Delia die Kinder zu Bett bringt: »Er fühlte sich sehr, sehr zufrieden. Plötzlich hatte er das Gefühl, seinen Frieden mit der Welt und mit der Zukunft machen zu können. Es war, als sei ihm das Gewicht der Welt von den Schultern genommen, dabei hatte er gar nicht gewusst, dass das Gewicht der Welt auf seinen Schultern gelastet oder er sich Sorgen gemacht hatte.«[34]

Das Problem ist, dass Martin zwar seinen Frieden mit der Zukunft macht, Delia es hingegen nicht schafft, ihren Frieden mit der Vergangenheit zu machen: »Zwischen der Person, die sie früher war, und der Person, die sie jetzt war, konnte sie keine Verbindung herstellen, konnte nicht nachvollziehen, weshalb sie einsam und ängstlich war, wo sie doch einen Mann und zwei Kinder im Haus hatte. Sie stand da und erzählte den Kindern, was für einen schönen Tag sie alle morgen haben würden, merkte jedoch, dass sie in Trübsinn versank.«[35] Auch an diesem Heiligabend sprechen sie sich nicht aus, doch die Geschichte endet versöhnlich: »Es ist eine Frage der Liebe; und ob die Liebe ihren täglichen, stündlichen Ausdruck in herzlichen Umarmungen und in der instinktiven Fürsorge findet, mit der Tiere ihre Jungen umhegen, oder ob sie, wie bei den Bagots, weitgehend unausgedrückt bleibt, ist auf lange Sicht unerheblich. Was diesen Erinnerungen Leben und Kraft verleiht, ist das schiere

Vorhandensein der Liebe, und wenn den Kindheitserinnerungen in einigen Fällen die weichen, zarten Farbtöne fehlen, die offene Gefühlsbezeigungen verleihen, weiß das alt gewordene und im Ungewissen belassene Kind doch eins: dass sich unter seiner Hand ein fester Fels verbirgt, der unverrückbar ist.«[36]

Nicht nur Hoffnung, auch Freude und glückliche Stunden gibt es, allerdings nur wenn Martin Bagot nicht zu Hause ist. Dann ist Delia halbwegs unbeschwert, macht Pläne und kauft für das Wohnzimmer ein neues Sofa. Voller Vorfreude auf die große Veränderung toben die Kinder dann durchs leere Wohnzimmer: »Die Kinder waren geborgen. Es war niemand in der Nähe, der sie einengte, sie auf ihren Platz verwies und mit den hässlichen Blicken des Argwohns beäugte oder ihnen vorwarf, zu selbstsicher zu sein. Es war niemand da, der ihnen befahl endlich *aufzuhören*. Mrs. Bagot fand es das Schlimmste auf der Welt, aufhören zu sollen, wenn man gar nicht die Absicht hatte, etwas zu tun, und nicht wusste, dass man etwas getan hatte, womit man jetzt aufhören musste.«[37]

Den Vorwurf, zu selbstsicher zu sein, kennt Maeve nur zu gut. Doch das neue Sofa wird nur das Wohnzimmer verändern, nicht das Leben der Familie.

Die Kinder sind das einzig Lebendige im Haus und Delias ganzer Lebensinhalt. Ein Umstand, den Maeve Brennan scharf kritisiert: »Selbst als Mutter sollte eine Frau ein eigenes Leben führen, das auch dann Bestand hätte, wenn die Kinder eine Zeitlang aus dem Haus wären. [...] Es war nicht richtig, so sehr in den Kindern aufzugehen, dass man, kaum waren sie fort, keine Spur mehr von sich selbst entdeckte. Was würde sie tun, wenn sie erwachsen wären? Gewiss, es war albern, daran zu denken; nicht albern – krankhaft.«[38] Delia braucht die Kinder aber auch als Puffer zwischen sich und Martin. Solange die Kinder im Haus sind, gibt es keine Gelegenheit zur Aussprache. Denn die fürchtet die einsame Delia fast noch mehr, als sie sie herbeisehnt. Sie hat »Angst ein Schweigen zu durchbrechen, das, wenn es erst einmal durchbrochen war, alle möglichen Dinge zutage fördern mochte, die sie nicht wahrhaben wollte, und die, da war sie sich sicher, auch er nicht wahrhaben wollte. Aber vielleicht hatte er sie ja schon wahrgenommen und schwieg nur aus Nachsicht oder aus Verzweiflung oder aus der Hoffnung heraus, sie würden von selbst verschwinden, wenn ihnen niemand Beachtung schenkte.«[39]

Die acht Geschichten über die Familie Bagot erscheinen einem Fortsetzungsroman gleich von 1964 bis 1972 im *New Yorker*. Dabei gibt Maeve Brennan über Jahre hinweg nur spärlich neue Details preis, die das Leben der Familie aber von Anfang an beeinflusst haben. Ganz zum Schluss, Delia und Martin sind beide längst tot, erfährt der Leser schließlich, wie Martin aufwuchs und zu dem Mann wurde, der er in der Ehe mit Delia war. *Die Quellen der Zuneigung* ist Maeves letzte in Irland spielende Kurzgeschichte und das Finale der Erzählung über die Familie Bagot. Sicherlich eine ihrer besten Geschichten, wird sie für Maeve Brennan lebensverändernd, führt sie doch zum Bruch mit der irischen Verwandtschaft, die sich falsch dargestellt und diffamiert fühlt. Hauptfigur dieser Geschichte ist Min Bagot, Martins Zwillingsschwester, in der unzweifelhaft Maeves Tante Nan zu erkennen ist. Nach Delias Tod war Min Bagot zu ihrem Bruder nach Dublin gezogen und hatte ihn die letzten sechs Jahre bis zu seinem Tod gepflegt. Als letzte Überlebende der ursprünglichen Familie Bagot kehrt sie nun nach Wexford zurück. Min Bagot ist eine rachsüchtige, selbstgerechte, von Neid zerfressene alte Frau, die ihrem Bruder niemals verziehen hat, dass er sich verheiratet und die Familie verlassen hatte. Sein Schritt hat in ihren Augen zum Auseinanderbrechen der Familie geführt, denn danach heirateten auch die beiden anderen Schwestern. Nur Min blieb treu an der Seite ihrer Mutter und entwickelte sich zu einer verbitterten alten Jungfer, die sich von ihren Geschwistern, die sie mit bitterem Hass verfolgt, verraten fühlt. Ihr Hass ist so groß, dass sie Jahre später, als sie sich um ihre gesundheitlich angeschlagene Schwester Clare kümmern soll, grausame Rache übt: »Schließlich verlor Min die Geduld, als sie herausfand, dass Clare das Meißner Porzellan, das ihre Mutter wie ihren Augapfel gehütet hatte, bis auf ein winziges Stück verschenkt hatte. Nur die Suppenschüssel mit dem schweren Deckel war noch da. Min konnte den Verlust des Porzellans nie verwinden. Sie wäre ja hingegangen und hätte es zurückgefordert, aber Clare wollte ihr nicht verraten, wem sie es vermacht hatte. Es war für immer verschwunden. Und es bestand keine Hoffnung, es jemals wiederzusehen. Clare behauptete, das Porzellan gehöre ihr, und es gehe Min nichts an, wo es abgeblieben sei. Min wusste es anders. Nach der Einweisung in die Anstalt lebte Clare nicht mehr lange. Min ließ ihren Leichnam nach Wexford überführen. Und begrub sie dort, wo sie alle begraben werden würden.«[40] Es freut sie diebisch, dass die Geschwister kein glückliches Leben geführt hatten, und noch mehr befriedigt sie die Tatsache, dass sie alle überlebt hat. Dies ist ihr eigentlicher Triumph. Schließlich hat sie sich aufgeopfert, während die anderen sich ihren Leidenschaften hingegeben und die Familie zum Gespött der Leute gemacht hätten. Auch für Min ist nichts schlimmer als die Vorstellung, andere könnten über sie lachen. Um dies zu vermeiden, hat sie sich jahrelang jedwede Gefühlsregung verboten und alle Wünsche und Träume unterdrückt. Zu gerne wäre sie Lehrerin geworden, aber sie fügt sich der Mutter und wird Näherin. Sie steht immer auf Seiten ihrer herrischen Mutter, die den weichen Vater quält und demütigt. Erneut ist es die Mutter, die aus der Tochter eine gefühlskalte, einsame Kreatur voller Hochmut und Selbstmitleid macht. Bigott und egoistisch gibt sie allen anderen die Schuld an ihrem kaputten Leben. Martin habe als Sohn alle Chancen gehabt und diese durch die Ehe mit Delia leichtfertig weggeworfen. Min hingegen fühlt sich um ein eigenes Leben betrogen. Jetzt, nachdem Martin gestorben ist, lässt sie seinen ganzen Besitz nach Wexford in ihre Wohnung schaffen und richtet sich damit ein: »Der Fußboden war mit einem geblümten Teppich, einst das Glanzstück von Delias vorderem Wohnzim-

mer in Dublin, ausgelegt und der Raum mit Mins Erinnerungs-
stücken eingerichtet – Delias Büchern, Martins Büchern, Delias
niedrigem Sessel, Martins Ohrensessel. Sie besaß Delias Nähkorb
und Martins gerahmte Dubliner Straßenkarte. Am vierten Finger
ihrer linken Hand trug sie Martins Ehering. Sie hatte ihn von der
Hand des Toten abgestreift. Hatte sich vorgemacht, ihn vor den
Grabräubern retten zu wollen.«[41]

Mangels Erinnerungen an ein eigenes Leben, lebt sie nun in den
Erinnerungen anderer und eignet sich deren Leben an. Schon zu
Lebzeiten Martins hatte sie geplant, diese Dinge am Ende an sich zu
nehmen und so alles wieder in Ordnung zu bringen: »Vor allem die
beiden Wohnzimmersessel – Martin saß in seinem und sie in Delias.
Wenn es so weit wäre, würde sie alles nach Wexford schaffen lassen.
Sie würde die Möbel dorthin bringen, wo sie hingehörten. Es war
nie zu spät, ein Unrecht wiedergutzumachen.«[42] Jetzt als alte Frau
sitzt sie zwischen den Möbeln ihres Bruders und glaubt fest daran,
alles werde so wie früher: »An der gegenüberliegenden Wand war
Delias Bücherregal angebracht, bestückt mit Delias Büchern und
einigen von Martins Büchern. Einige von Martins Büchern wollte
Min nicht im Haus haben, sie hatte sie verkauft. Jetzt war sie froh,
dass sie nie Geld für Bücher ausgegeben hatte; diese hier hatten
auf sie gewartet. Das Zimmer wirkte sehr vornehm, sehr literarisch.
So hätte sie es schon immer haben sollen. Sie wünschte, sie alle
könnten sie sehen. Ein Zimmer und ein Willkommen erwartete sie.
Zwischen der Wand und dem hinteren Fenster gab es sogar einen
schummrigen Winkel, wo sich ihr Vater hereinstehlen und hinsetzen und ihnen, wie es seine Art war, stumm zuhören konnte. Hier
gab es ein Plätzchen für sie alle – ein Plätzchen für Polly, ein Plätzchen für die arme Clare. In der Mitte ein Plätzchen für Bridget. Ein
Plätzchen für Martin in seinem Ohrensessel. Sie konnten jederzeit
hereinmarschieren und sich wie zu Haus fühlen, auch wenn das
Zimmer wärmer war und das Mobiliar etwas besser als alles, womit
sie sich in alten Zeiten hatten begnügen müssen.«[43] Doch niemand

wird kommen, sie kann die Zeit nicht zurückdrehen. Alle sind tot, und auch ihr Leben ist fast vorbei – vergeudet und verschwendet.

Neben ihren düsteren Irlandgeschichten über unglückliche Ehepaare und verlorene Kinder schreibt Maeve Brennan aber auch Geschichten, die einen ganz anderen Stil zeigen: süffisant, spitzzüngig, humorvoll. Allerdings spielen diese samt und sonders in den USA, genauer gesagt in der fiktiven Luxussiedlung Herbert's Retreat:»Herbert's Retreat ist eine komfortable Wohnanlage von etwa vierzig Häusern, die sich fünfundvierzig Kilometer außerhalb von New York am Ostufer des Hudson River zusammendrängen. Einige der Häuser sind klein, andere mittelgroß. Keines gleicht dem anderen. [...] Eines haben die Häuser gemeinsam: Sie alle schielen nach dem Fluss.«[44]

Herbert's Retreat ist der Prominentensiedlung Sneden's Landing nahe New York nachempfunden, wo Maeve Brennan Ende der fünfziger Jahre mit ihrem Mann lebt. Der Ton dieser Kurzgeschichten, die zunächst ebenfalls im *New Yorker* erscheinen, unterscheidet sich fundamental von dem ihrer Dubliner Geschichten. Die Short Storys aus Herbert's Retreat sind boshaft, pointiert, sarkastisch und sehr unterhaltsam:»Die Menschen, die in Herbert's Retreat wohnen, sind allesamt Hauseigentümer. Neuankömmlinge bekommen nur selten einen Fuß in die Tür, außer im Sommer, wenn einige wenige Anwohner für zwei oder drei Monate ihre Häuser vermieten. Über Charakter und Wohlergehen der Wohnanlage wacht ein Verwaltungsausschuss. Was das Benehmen der ihr zugehörigen Kinder und Tiere anbelangt, so gibt es fast keinerlei Beschränkungen, wohl aber eiserne Vorschriften gegen fremde Kinder und fremde Tiere. Es herrscht eine Atmosphäre wohlwollender Freiheit. Das Leben ist locker und zwanglos, aber kultiviert. Es ist üblich, sich gegenseitig zum Essen einzuladen. Die Anwohner kennen einander alle sehr gut oder doch recht gut. Fremde gibt es nicht. Im Grunde genommen ähnelt das Leben dort dem Leben in einem Klub.«[45]

In der Siedlung selbst stehen sich zwei unversöhnliche Gruppen gegenüber: die versnobten Bewohner von Herbert's Retreat, denen nichts wichtiger ist als ein uneingeschränkter Blick auf den Fluss, und ihre irischen Hausangestellten. Keine der beiden Gruppierungen ist besonders sympathisch. Boshaft und schadenfroh stehen sie sich in ihrer gegenseitigen Verachtung in nichts nach. Dabei ahnen die Herrschaften gar nicht, was ihre irischen Dienstmädchen alles über sie wissen und brühwarm weitertratschen. Niemals käme ihnen in den Sinn, dass ihre dienstbaren Geister, auf die sie voller Hochmut herabblicken, jedes noch so feine Ränkespiel durchschauen. So weiß die schlaue Bridie ganz genau, wie ihre Herrin Leona Harkey zu dem Haus am Fluss kam: »Mr Harkey hatte das Cottage von seiner Tante geerbt. Das war die Alte, die gestorben ist, Miss Harkey. Eine alte Jungfer. Alle waren sie hinter diesem Cottage her. Deswegen hat sie ihn ja auch in aller Eile geheiratet […]. Die alte Tante hatte ihm kein Geld hinterlassen, nur das Cottage. […] Mr Harkey war sehr zufrieden. Er kam hierher, nur an den Wochenenden, und fing an, sich einzurichten, kleine Mahlzeiten für sich zu kochen und so, und eh du dich's versiehst, war *sie* da und raste die Straße hinunter mit kleinen Hauseinweihungsgeschenken für ihn – kleine Töpfchen *patty de fwa* und Himbeermarmelade, die *ich* gekocht hatte, und einer Dose Schildkrötensuppe, für die sie ein Vermögen bezahlt hat. […] Oh, wenn da nicht seine Aussicht gewesen wäre, hätte sie ihn nie beachtet. Zu ihm hätte es besser gepasst, das Cottage zu verkaufen, das Geld zu kassieren und das Weite zu suchen. Sie hat's ihm unterm Hintern weggenommen. Als sie ihn erst mal auf dem Kieker hatte, hat er keine Chance mehr gehabt.«[46]

Während ihre irischen Kurzgeschichten vor allem von inneren Monologen leben, wird hier ständig geplappert. Dialog reiht sich an Dialog, die Geschichten sind so geschäftig und schnell wie Großstädter offensichtlich zu sein haben. Zumeist aus Sicht der irischen Dienstboten wird die Fassade der gehobenen amerikanischen Mittelschicht Stück für Stück entblättert. Ihr Wissen um die

Schwächen ihrer Herrschaften verleiht den Dienstmädchen eine Macht, die sie weidlich ausnutzen, denn auch sie sind nicht ohne Fehl und Tadel, sondern zeigen sich ebenso rachsüchtig und niederträchtig wie die feinen Herren und Damen der Gesellschaft. Sie haben die Bigotterie und Moral der grünen Insel niemals abgelegt und verachten die Bewohner von Herbert's Retreat für ihren freizügigen Lebensstil, auf den sie insgeheim neidisch sind: »Um die Drinks kümmert sich dieser Klüngel selbst. Nur aus Schamgefühl natürlich, damit wir nicht merken, wie viel sie hinunterkippen. Als müsste ich nicht die leeren Flaschen hinaustragen.«[47]

Maeves Schilderungen der irischen Dienstmädchen sind wunderbar klischeebeladen, genau wie die der High Society. So sind Bridie und Agnes dick, trampelig, verschwatzt und hinterhältig, während die Damen der Gesellschaft allesamt oberflächlich, gerissen und berechnend sind. Hauptfiguren ihrer Geschichten sind, neben Bridie und Agnes Charles Runyon, ein überheblicher, arbeitsscheuer Literaturkritiker, der sich auf Kosten seiner reichen Freunde ein schönes Leben macht, und seine Busenfreundin Leona Harkey, die sich Runyon als Unterhalter leistet: »In Herbert's Retreat nahm Charles eine einzigartige und privilegierte Stellung ein. Leona und ihre Freundinnen schätzten ihn als unfehlbare Autorität in allen Fragen kultivierten Lebensstils und der undurchsichtigen und in dauerndem Wandel begriffenen Grenzen des guten Geschmacks. Sie empfanden ihm gegenüber beinahe so etwas wie Ehrfurcht. Lachend gestand Leona ein, manchmal nachgerade Angst vor ihm zu haben – allerdings fügte sie immer sofort hinzu, dass sie ihn zugleich anhimmle und gar nicht wisse, wie sie je hatte leben können, bevor sie ihm begegnet war.«[48]

Die meiste Zeit ist Runyon der Überlegene, derjenige, der die naiv-raffinierte Leona emotional unter Druck setzt. »Sie hatte Angst davor, seine Gunst zu verlieren, da ihr seine allwochenendliche Anwesenheit in ihrem Haus unter den Frauen, die in Herbert's Retreat wohnten, eine unangefochtene Stellung verschaffte und die

Bewunderung dieser Frauen, oder ihr Neid das Fundament waren, auf dem Leona ihre eigene Bedeutung errichtete.«[49] Sie braucht lange, ehe sie erkennt, dass er von ihr und dem schönen Leben, das sie ihm bietet, viel abhängiger ist als umgekehrt.

Nichts, was in Herbert's Retreat geschieht, hat mit echter Freundschaft oder wahrer Liebe zu tun. Alles ist nur Schein, es geht einzig darum, seine Nachbarn zu übertrumpfen. Die Frauen, die hier leben, sind Aufsteigerinnen ohne Ausbildung und guten Job, die sich nach oben geheiratet haben und nun noch versnobter sind als ihre Ehemänner. Alle sind von ausgesuchter Höflichkeit, aber unter der Decke brodeln Hass und Rachsucht, schmerzen offene Wunden, die nie verheilen werden. Es gibt weder Vergessen noch Vergeben. Rachegedanken währen ewig, Verwünschungen dauern bis in den Tod. Alle tun so gelangweilt und blasiert, als seien sie einem Roman von F. Scott Fitzgerald entsprungen. Man bleibt unter sich, verachtet die jeweils andere Gruppe und alle Außenseiter. Dennoch entsteht untereinander keine wirkliche Solidarität. Alle Figuren sind abwechselnd sympathisch und unsympathisch, gemein und bemitleidenswert, oberflächlich und leidenschaftlich. Jeder ist einzig auf den eigenen Vorteil bedacht, sogar dann, wenn er anderen behilflich ist. Letztlich findet jeder seinen Meister, jemanden, der schlauer, raffinierter, skrupelloser ist. Am Ende sind alle einsam und fühlen sich schlecht. Maeve Brennans Geschichten zeigen eine durch und durch dekadente Gesellschaft, die voller Hohn und Spott auf die krampfhaften Versuche der Neureichen blickt, dazuzugehören – Jay Gatsby in Herbert's Retreat.

Eine ganz andere Haltung nehmen die Kurzgeschichten ein, die Maeve Brennan in den sechziger Jahren schreibt, als sie vermehrt in East Hampton auf Long Island lebt. In deren Hauptfigur Mary Ann Whitty ist unschwer die Autorin selbst zu erkennen. Mary Ann lebt mit ihrer Labradorhündin Bluebell und ihren diversen Katzen abwechselnd in einem kleinen Cottage am Strand von Long Island und in Manhattan. Die melancholischen Geschichten schildern ihren Alltag mit den Tieren und den Kindern ihrer Nachbarn. Sie werden später in der Sammlung *Bluebell* veröffentlicht und zeigen, dass Maeve viel allein ist, dies aber nicht automatisch mit Einsamkeit verbunden sein muss: »East Hampton, Unabhängigkeitstag, kurz vor dem Morgengrauen – sehr frühmorgendliche Teestunde. Mary Ann Whitty blickte ihrem Hund Bluebell in die braunen Augen. [...] Sie saß in ihrem Wohnzimmer, das ihr bemerkenswert vorkam, denn es gehörte ganz allein ihr, enthielt ihre Möbel, ihre Bücher, ihren Hund und ihre Katzen.«[50] Die Geschichten über Mary Ann, Bluebell und die Katzen klingen nach intimen Momenten am offenen Kamin, während draußen der Wind pfeift und die Wellen toben. In ihnen ist Maeve Brennan geborgen – kein Wunder, dass sie sich später genau dorthin, in das kleine Haus in East Hampton, zurückwünscht, auch wenn sie Mary Ann da schon längst ad acta gelegt hat: »Mary Ann Whitty war das Produkt einer verwirrten Vorstellung – sie ist tot. Arme Mary Ann, wir werden nie wieder etwas von ihr hören.«[51]

Ganz egal, was das Leben gerade für Maeve Brennan bereithält, ihre Arbeit bleibt das Allerwichtigste: »Meine Schreibmaschine steht in meinem Zimmer. Ich hänge an ihr wie ein Seemann an seinem Kompass«,[52] schreibt sie aus den Hamptons: »Ich bin so voller Ideen – sie wirbeln in meinem Kopf herum. Ich musste den Plattenspieler abstellen, denn solange ich Mozart hören kann, sehe ich überhaupt keinen Grund irgendetwas anderes zu tun.«[53] Sie nimmt ihre Arbeit so ernst, dass es dadurch auch zum Konflikt mit Kollegen kommt: »Die meisten Sach-Artikel im Magazin, die wirklich mal sensationell gut waren, sind jetzt nur mehr egozentrisches Geschreibsel. Die Autoren denken nicht mehr an ihre Leser, sondern nur noch an sich selbst. Alle versuchen sich selbst darzustellen und sind neidisch auf uns Literaten. Sie sind der Ansicht, Schriftsteller schreiben nur über ihre eigenen wundervollen Gedanken und ihre einzigartige Traurigkeit und so weiter und so fort. Seit Jahren versuche ich zu erklären, dass es da keinen Unterschied gibt – schreiben ist schreiben und es ist immer für den Leser. Denn *der Leser steht immer an erster Stelle.«*[54]

In einem Interview mit dem *Time Magazine* einmal danach gefragt, was sie jungen Autoren raten würde, lässt ihre Antwort an Deutlichkeit nichts zu wünschen übrig: »Je weniger andere Schriftsteller du kennst umso besser, und wenn du an etwas Bedeutendem arbeitest – erzähl es ihnen bloß nicht.«[55]

> Ob die verlorene Dame ihren Mann
> in der Hoffnung, ihn vor etwas zu retten,
> geheiratet hatte oder in der Hoffnung,
> von ihm gerettet zu werden, weiß ich nicht.
>
> *Maeve Brennan, Eine verlorene Dame*

VII.

»Man braucht ungefähr vier Sekunden, um von hier zur Tür zu gehen. Dir gebe ich zwei.«

Ich war einmal verheiratet

Zu Beginn des Jahres 1954 hält Maeve Brennan für all ihre Freunde und Verwandten eine faustdicke Überraschung bereit: Sie heiratet. Am 15. Februar 1954 tritt sie mit ihrem Kollegen St. Clair McKelway vor den Standesbeamten. Für Maeve ist es die erste, für McKelway die fünfte Ehe. Ihr gemeinsamer Freund Roger Angell hält sie – liebevoll, aber durchaus kritisch – für zwei Kinder auf einem wahrlich gefährlichen Weg: instabile Persönlichkeiten, aber unwiderstehlich charmant.

Heute nahezu vergessen, ist der zwölf Jahre ältere St. Clair McKelway zu seiner Zeit einer der ganz Großen des *New Yorkers,* wie Philip Hamburger erklärt: »McKelway war nicht nur ein exzellenter Chefredakteur, sondern einer der wirklich großartigen Literaten seiner Zeit. Es ist einfach typisch für das unstete Scheinwerferlicht, in das literarische Größen manchmal getaucht werden, dass er nie als der meisterhafte Schriftsteller, der er tatsächlich war, wahrgenommen wurde.«[1]

Mac, wie ihn seine Freunde nennen, gilt als einer der besten Journalisten der USA und ist berühmt für seine Kurzgeschichten. Mit seinen komisch-absurden Beschreibungen des ärmlichen Lebens rund um den Times Square zeichnet er ein lebendiges Bild New Yorks, lyrisch, detailgetreu und wahrhaftig. Allerdings ist er auch ein manisch-depressiver Frauenheld und ein schwerer Trinker. Auf Partys pflegt er Frauen an die Hand zu nehmen und ins Schlafzimmer zu führen, um dort mit ihnen auf den auf dem Bett aufgetürmten Mänteln Sex zu haben.

Geboren am 13. Februar 1905 in Charlotte, North Carolina, stammt er aus einer traditionsreichen Familie von Zeitungsmachern und Presbyterianern. Dass sich sein Vater, ein Pfarrer, gegen Kinderarbeit engagiert, belustigt Mac noch im Nachhinein: »Ziemlich paradox, das Ganze. Denn die erwachsenen Verwandten erwarteten schon von frühster Kindheit an von mir Holz aufzurichten, Teller abzutrocknen und andere Tätigkeiten im Haushalt zu übernehmen.«[2] Macs Vater stirbt, kurz nachdem die Familie nach Washington D. C. übersiedelt ist. Er ist zu diesem Zeitpunkt dreizehn Jahre alt und findet, es sei an Zeit, das Leben in die eigene Hand zu nehmen. Der Junge verlässt seine Mutter und schlägt sich mit Hilfe kleinerer Diebstähle bis Florida durch. Hier jobbt er einige Monate als Hafenarbeiter auf den Jacksonville Docks, um anschließend als Mädchen für alles in einem Restaurant in St. Augustin zu arbeiten. Ein, wie er findet, »großartiger Platz, um die menschliche Natur zu studieren«.[3] Zurück in Washington D. C. verkündet er seiner Mutter, dass er die Schule aufgeben wird, um Reporter zu werden. Als Beweis für sein Talent legt er seine erste veröffentlichte Story vor: »Sie las meinen Text aufmerksam durch, nur einmal machte sie eine kleine Pause, um einen Satz umzustellen, damit er nicht mehr mit einer Präposition endete. [...] Dann erklärte sie mir, sie habe immer gewusst, dass ich nicht dazu geschaffen sei, Wirtschaftsprüfer zu werden, und fügte hinzu, dass ich als Journalist fast ebenso viele Möglichkeiten hatte, Gutes zu tun, wie mein Vater und meine Vorfahren, die sich in den Dienst der Kirche gestellt hatten. Ich sah in ihr vor Stolz glühendes Gesicht und in ihre blauen Augen, die mich noch nie zuvor so angesehen hatten. [...] Ich musste das Wohnzimmer verlassen, denn mir war klar, dass ich jeden Moment anfangen würde zu weinen.«[4]

Nach einigen kleineren Artikeln für den *Washington Herald* beginnen Macs Vagabundenjahre, die ihn zur *Chicago Tribune*, der *Philadelphia Daily News*, der *New York World* und schließlich zur *New York Herald Tribune* führen. Alles hervorragende Zeitungen, doch Mac zieht es rastlos weiter. Auf der Suche nach dem großen Abenteuer bricht er zu einer Weltreise auf und wird 1930 in Siam zum Chefredakteur der *Bangkok Daily Mail* ernannt. Vor allem aufgrund seiner rauschenden Partys für die amerikanische Community in Siam sowie seiner Erfolge im Polo-Sport ist er in der Stadt bald eine gesellschaftliche Größe. 1932 berichtet er aus erster Hand von der Siamesischen Revolution. Ein Jahr später kehrt er nach New York zurück und bewirbt sich beim *New Yorker*, mit einem Empfehlungsschreiben seines Kollegen Joel Sayre an Katharine White: »Ich hab den richtigen Mann für dich. Sein Name ist St. Clair McKelway und er ist ein alter Freund von mir. Er hat mehrere Jahre lang die Zeitung des Königs in Siam herausgegeben und ist gerade von dort zurückgekehrt. Er ist ganz begierig darauf mir dir zu arbeiten ... Ganz im Ernst, Kay, ich möchte, dass du ihn unter deine Fittiche nimmst. Er ist der beste nicht-publizierte Journalist, den ich kenne, ein echt guter Typ und außerdem braucht er dringend Geld ...«[5]

Er wird genommen, und drei Jahre später trägt ihm Harold Ross höchstpersönlich den Posten des Redaktionsleiters für journalistische Beiträge an. Mac nimmt an, lässt sich in seinen Vertrag aber nicht nur das exorbitante Honorar von 15 000 Dollar im Jahr hineinschreiben, sondern auch die Bedingung, dass der Posten auf drei Jahre befristet wird und er anschließend wieder als Journalist arbeiten kann. Denn eigentlich versteht er sich als Schriftsteller, nicht als Chefredakteur. Dabei beweist er auf diesem Posten ein gutes Gespür, macht er doch William Shawn zu seinem Assistenten. Legendäre *New-Yorker*-Journalisten wie Joseph Mitchell, Philip Hamburger und Brendan Gill verdanken McKelway ihre Anstellung. Hamburger erinnert sich genau an ihn: »McKelway war groß, weltmännisch und unglaublich attraktiv.«[6] Auch Brendan Gill bewundert McKelway über alle Maßen: »McKelway war ein Symbol für all das, was mir gefehlt hatte und wonach ich auf der Suche war. Ein gutaussehender Mann [...] mit breiten Schultern, elegantem Gang und maßgeschneiderten Anzügen. Er war blond und hatte einen kleinen stacheligen Schnurrbart. Als Chefredakteur war er genau so gut wie als Autor und er besaß außergewöhnlichen Charme.«[7] Gerade Letzteres ist wohl unzweifelhaft. Als er Maeve kennenlernt, war der Cary Grant der New Yorker Journalistenszene bereits vier Mal verheiratet. Er ist verliebt in die Idee, Ehemann zu sein, wenn auch ein lausiger. Freunde und Kollegen pflegen ihn jedes Mal, wenn sie ihn mit einer hübschen Frau zusammen sehen, aufzufordern: »Heirate das Mädchen, Mac!«[8]

Seine erste Ehefrau wird 1925 Lois Little, die Schwester des United-Press-Korrespondenten Herbert Little. Die Ehe hält nicht allzu lange, bereits im Dezember 1928 heiratet er Estelle Cassidy. Diese Ehe hält nur ganze 24 Tage. Noch in seinen Anfangsjahren beim *New Yorker* heiratet er Ann Honeycutt, den großen Schwarm seines Kollegen James Thurber. Die CBS-Rundfunkmoderatorin aus Louisiana ist blond, hübsch und in der gesamten Redaktion beliebt, man nennt sie beim *New Yorker* nur »Honey«. Sie ist so oft in den Redaktionsräumen der Zeitschrift anzutreffen, dass Harold Ross sie fälschlicherweise für eine seiner Mitarbeiterinnen hält und ihr mehrfach für eine nicht von ihr verfasste Story gratuliert. Honey gilt als so charmant, dass angeblich kein Mann zwischen sechzehn und neunzig auch nur eine Stunde mit ihr im selben Zimmer sein kann, ohne sich in sie zu verlieben. Bevor sie Macs Frau wird, geht sie mit E. B. White und Wolcott Gibbs aus. James Thurber verehrt sie ein Leben lang, nur um irgendwann festzustellen, dass er, jenseits aller Schwärmerei für die Frau, den Menschen Ann Honeycutt gar nicht besonders mag. Die Ehe von Mac und Honey scheitert 1937 nicht zuletzt wegen Macs Affäre mit Eileen Kenny, der späteren Frau des Schriftstellers Nathanael West. 1944 heiratet Mac unter großer Anteilnahme der Öffentlichkeit in vierter Ehe die Society-Lady Martha Stephenson Kemp, Witwe von Bandleader Hal Kemp und Exfrau von Hollywoodstar Victor Mature. Als 1948 der Kinsey-Report erscheint, der offen über die männliche Sexualität Auskunft gibt, zeigt sich Mac erleichtert, denn »er sprach mich von schrecklichen Schuldgefühlen frei«.[9] Maeve pflegt zu solchen Anwandlungen nur zu sagen: »Männer sind auf der Suche nach einer Rechtfertigung. Frauen auf der Suche nach der Wahrheit.«[10]

Der charmante Mac schafft es, all seine Ehen im Guten zu beenden, und noch in seinem Nachruf im *New Yorker* ist zu lesen: »Er war fünfmal verheiratet und geschieden, und alle seine Exfrauen blieben ihm freundschaftlich verbunden.«[11] Mac ist das Idealbild eines Mannes Mitte des 20. Jahrhunderts, die Coolness und Gelassenheit der Crooners hat er längst verinnerlicht. 1946 schreibt die *New York Times* über ihn: »Blond, blendend, St. Clair McKelway.«[12] Der notorisch klamme Mac ist seinen Exfrauen gegenüber zudem finanziell so großzügig, dass Harold Ross sich bemüßigt fühlt einzuschreiten: »Als Fachmann für Alimente bin ich absolut dagegen, einer Frau auch nur einen gottverdammten Cent mehr zu geben als nötig. Deine 75 Dollar pro Woche halte ich für viel zu viel und angesichts deiner finanziellen Lage für zu heldenmütig. Es ist selbstverständlich deine Angelegenheit, aber das musste mal gesagt werden.«[13]

Tatsächlich ist Macs Bankkonto eine Katastrophe. Trotz seiner hohen Einkünfte beim *New Yorker* ist er zeit seines Lebens hoch verschuldet. Seine Bettelbriefe an Harold Ross bilden kleine Stapel in dessen Büro. Zumeist werden sie, zu Macs Erleichterung, positiv beschieden: »Die dreihundert Dollar gehen in Ordnung. Dich zu finanzieren hat mittlerweile solche Ausmaße angenommen, dass es außerhalb meines Entscheidungsbereichs liegt. Aber Shuman hat gesagt, Fleischman hat deinen Vorschuss abgesegnet«,[14]schreibt Harold Ross einmal an ihn zurück. Ross hat, was Macs Umgang mit Geld anbelangt, ohnehin eine ganz eigene Theorie: Seiner Ansicht nach ist McKelway fest davon überzeugt, dass um Mitternacht alles Bargeld eingezogen werde, weshalb es vorher unbedingt unter die Leute gebracht werden müsse. Während ihrer Ehe wird Maeve oft an diesen legendären Satz denken müssen: »Ich habe mich an Ross' Ausspruch erinnert, dass Mac anscheinend davon ausgeht, dass gegen Mitternacht alles Geld eingezogen wird. Aber ich glaube, Mac macht das schon richtig. Er wird niemals seinen Glauben an Wunder verlieren. [...] Ja, er glaubt alle guten Dinge sind Manna – etwas womit du nicht rechnen kannst, aber von dem du immer weißt, dass es kommen wird, und wenn es da ist, dann musst du nur zugreifen.«[15]

Anfang der vierziger Jahre ist Mac zurück in seinem Journalistenalltag, er hat das Amt des Redaktionsleiters zu Harold Ross' größtem Bedauern tatsächlich abgegeben. Andere im *New Yorker,* wie Gardner Botsford, bedauern das weniger: »Wahrscheinlich der schlechteste von allen. Er war ein guter Redakteur, aber überhaupt kein Manager. Er war Mr. Charming, der Anweisungen mit Entschuldigungen verknüpfte, so wie ein Mann, den man dazu zwingt, auf einer Cocktailparty übers Geschäft zu reden.«[16]

Als Journalist macht Mac alsbald von sich reden. Im Sommer 1940 löst seine Artikelserie über Walter Winchell, den berühmten Klatschkolumnisten des *Daily Mirror,* einen Skandal aus. McKelway hatte den eitlen Winchell in mehreren Sitzungen interviewt, um danach in einer sechsteiligen Artikelserie mit der Klatschpresse im Allgemeinen, und Winchell als ihrem herausragenden Vertreter, gnadenlos abzurechnen. Verfasst hat er die Serie während eines Sabbaticals in einer Entzugsklinik in Stockbridge, Massachusetts. Sogar Harold Ross sieht sich mit den Folgen von Macs Artikel konfrontiert und pinnt folgendes Memo ans schwarze Brett der Redaktion:»Um mögliche weitere Peinlichkeiten zu vermeiden, möchte ich Ihnen hiermit mitteilen, dass ich letzte Nacht aus dem Stork Club geflogen bin, oder besser gesagt höflich gebeten wurde, mich nicht noch mal dort blicken zu lassen – mein Anblick würde Mr. Billingsley, den Besitzer, furchtbar aufregen, etwas womit ich sehr gut klar komme. Es ist wegen der Winchell-Artikel. Ich weiß nicht, ob Mr. Billingsleys Aversionen die ganze Redaktion einschließen, ganz sicher aber betreffen sie McKelway.«[17] Von Winchell selbst wird Harold Ross persönlich über Monate hinweg in der Presse attackiert. Als Winchell in einer Radioshow verlauten lässt, Harold Ross trage keine Unterhosen, zieht Ross an Ort und Stelle seine Unterhosen aus und lässt sie per Botenjunge zu Winchell in die Redaktion bringen.

Mac ist ebenso wie seine Kollegen ein hochtalentierter, aber leider unzuverlässiger Journalist und Autor, was manch erbosten Brief seines Chefs zur Folge hat: »Wie zur Hölle wäre es mal mit ein paar Artikeln? [...] Gibbs ist den Sommer über auf Fire Island, Perelman verbringt die Ferien in Bucks County, und Kober genießt verlängerte Wochenenden in Pleasantville und Long Beach. Und so weiter und so weiter. Der Einzige, der keinen Urlaub hat, ist Ross, der hier schwitzt und sich über so Kleinigkeiten aufregt, wie, dass er seit einer halben Ewigkeit von dir keinen Artikel zu lesen bekommen hat.«[18]

Als die USA in den Zweiten Weltkrieg eintreten, meldet sich Mac freiwillig. Während des Krieges zeigt sich zum ersten Mal, dass er nicht nur ein wenig exzentrisch, sondern tatsächlich geistig äußerst instabil ist. Später wird er als manisch-depressiv und bipolar diagnostiziert. Seine Persönlichkeitsspaltung beschert ihm, wie er steif und fest behauptet, nicht weniger als zwölf verschiedene Persönlichkeiten, mit denen er in den nächsten Jahren verzweifelt versucht klarzukommen.[19] Um sie besser auseinanderhalten zu können, versieht er sie mit Nummern: 6, 7 und 8 sind »im Großen und Ganzen recht vernünftige Burschen«, 2 und 3 sind »etwas flatterhafte kleine Jungs, die einmal im Zusammenhang mit der Literaturbeilage der *Times* völlig grundlos vor Begeisterung ausgeflippt sind.« Wenn die Krankheit am schlimmsten ist, dann gibt es nur noch zwei Personen:»Einer davon ist Presbyterianer, der andere Heinrich VIII.« Der bei weitem »überflüssigste, verwerflichste und schlimmste Bösewicht des McKelway-Dutzends ist die arme traurige 12, die von den anderen 11 in ihrem ganzen Leben niemals ein aufmunterndes Wort gehört hat.«[20]

Während seiner Zeit bei der Armee arbeitet er als Pressesprecher für die Air Force in Guam im Pazifik, wo ihn seine Kameraden durchaus als Bereicherung empfinden:»Mac war der perfekte Pressemann. Er konnte Neuigkeiten, die den Krieg betrafen, zunächst absolut geheim halten, um sie dann, im passenden Moment, kurz und knackig an die wartenden Journalisten und Radioreporter weiterzugeben. Aber noch viel besser war er darin, abends im Offiziersclub den weltgewandten Gesellschafter zu geben.«[21]

Allerdings treten in Guam auch Macs psychische Probleme zutage. Er glaubt zum ersten Mal, Teil einer großangelegten Verschwörung zu sein. Dies wird ihm später noch ein paar Mal passieren. Intelligent und cool wie er ist, wird er seine Aussetzer allesamt zu höchst amüsanten Kriminal- und Verschwörungsgeschichten verarbeiten, die so erfolgreich sind, dass eine unter dem Titel *Mister 880* sogar von Hollywood verfilmt wird. In Guam führen sein Wahn und seine Alkoholsucht dazu, dass er einen nichtverschlüsselten Informationstext weiterleitet, der die Route eines Flugzeugs preisgibt, in dem der US-Oberbefehlshaber der Pazifikflotte samt seinem Stab sitzt. Wenn die Japaner seine Nachricht abgefangen hätten, wäre das Flugzeug mitsamt seinen Passagieren wohl abgeschossen worden. Kurz darauf weigert sich Mac eine Meldung weiterzuleiten, weil sie seiner Ansicht nach zu einer falschen militärischen Entscheidung führen würde. Stattdessen kabelt er nach Washington und bezichtigt den Oberbefehlshaber der Marine, Fleet Admiral Chester Nimitz, des Hochverrats:»Je länger ich schrieb umso ärgerlicher wurde ich«, wird er später gestehen, »und am Ende wurden die Dinge, die ich sagte, immer wirrer, ja fast hysterisch.« Unter anderem beschuldigt er Admiral Nimitz, zwanghaft Fellatio zu betreiben.[22] Die Militärpolizei verfrachtet Mac daraufhin in ein Krankenhaus. Den Rest des Krieges verbringt er in Washington D. C. Später wird er aus diesem Zwischenfall die brillante Erzählung *The Blowing of the Top of Peter Roger Oboe* machen.[23]

Nach Ende des Zweiten Weltkriegs versucht Mac sich als Drehbuchautor in Hollywood. Gleich zu Beginn soll er einen Stoff für Ingrid Bergman, James Stewart und Charles Boyer entwickeln: »Nach zwei Wochen hatte ich mich völlig darauf versteift, eine Geschichte über Adam und Eva zu schreiben, mit Bergman und Stewart. Logischerweise sah ein solches Drehbuch keine Rolle für Boyer vor.«[24] Es nimmt nicht wunder, dass er trotz guter Bezahlung bald wieder in New York auftaucht, wo er eine stürmische Affäre mit der Schauspielerin Natalie Schafer, bekannt aus *Gilligan's Island*, beginnt. 1954 beendet er sie jedoch, um Maeve Brennan zu heiraten.

Maeve ist bei der Eheschließung 37 Jahre, McKelway 49 Jahre alt. William Maxwell bleibt nur zu sagen: »Es war vielleicht nicht die schlimmste aller möglichen Verbindungen, aber es war eine, in die man nicht viel Hoffnung setzen konnte. Er war einer der talentiertesten Reporter des *New Yorkers*, und falls es jemanden gegeben hat, der ihn nicht mochte, bin ich dieser Person niemals begegnet. Aber er war ein schwerer Trinker, manisch-depressiv, geplagt von Aussetzern [...], in denen er nicht einmal mehr wusste, wer er war. Sein Benehmen war oft ziemlich bizarr. Sein Geld warf er mit beiden Händen aus dem Fenster, und Rechnungen zu begleichen verstieß offenbar gegen seine Prinzipien. Alle seine Ehefrauen waren wunderschön und charmant, doch seine Ehen neigten dazu, eher von kurzer Dauer zu sein.«[25]

Die Hochzeit findet in New Jersey statt, da, wie Wolcott Gibbs meint, »andere Staaten ihn schon satt hatten«.[26] Im Anschluss an die Zeremonie folgt ein schicker Empfang im Café Nicholson in der 57th Street, zu dem neben Kollegen, Freunden und Verwandten auch Tim Costello geladen ist. Von der Familie der Braut ist nur Maeves Vater da, Una kann aus gesundheitlichen Gründen nicht reisen. Wie die beiden gläubigen Katholiken der standesamtlichen Eheschließung ihrer Tochter mit einem vierfach geschiedenen Mann gegenüberstehen, ist nicht bekannt. Nach dem Empfang geht die Party im neuen Apartment der beiden Turteltäubchen in der Nähe des UN-Hauptquartiers in der 44th Street weiter. Selbstredend ist die gesamte Redaktion des *New Yorkers* geladen, obwohl dort bereits die ersten Wetten laufen, wie lange diese Ehe wohl halten wird. Dabei sind Eheschließungen unter Kollegen des *New Yorkers* an sich nichts Ungewöhnliches. E. B. White und Katharine Angell hatten nach schwieriger Anfangsphase zueinandergefunden und waren restlos glücklich. Lois Long und Peter Arno hingegen hatten eine äußert alkoholgeschwängerte und gewalttätige Ehe geführt, die längst beendet war. Es ist also alles drin, dennoch halten die meisten Maeves Entscheidung nicht für ihre allerbeste. Mac hingegen ist voll Zuversicht und guter Absichten, wie er seinem Tagebuch anvertraut: »Ich habe augenblicklich zwei Ziele in meinem Leben. Meine Ehe zu genießen […] und in meiner Arbeit aufzugehen […]. Da ich am umgänglichsten bin, wenn ich gute Arbeit geleistet habe, muss die Arbeit mein vorrangiges Ziel sein – aber nur darum, weil es mich zum wichtigsten aller Ziele führt – mit Maeve glücklich zu sein. Nichts darf zwischen mich und meine Arbeit kommen, dann wird auch nichts meine Ehe belasten. Nicht einmal meine Ehe darf mich von meiner Arbeit abhalten, denn das würde wiederum meiner Ehe nicht guttun, und das möchte ich auf keinen Fall riskieren.«[27] Was die Verliebtheit der beiden anbelangt, sind die Voraussetzungen für das Gelingen dieser Ehe bestens, hinsichtlich ihrer finanziellen Situation könnte es allerdings einige Schwierigkeiten geben. Als Mac Maeve heiratet, steht er beim *New Yorker* mit über 7000 Dollar in der Kreide. Er hat Schulden bei der

Stromgesellschaft und im Algonquin Hotel, und als er einmal im Hotel Mansfield einchecken will, verweigert man ihm mit einem diskreten Hinweis auf seine finanzielle Lage ein Zimmer. Kurz nach der Hochzeit geschieht ein schreckliches Unglück, das Mac bis ins Innerste erschüttert. Sein einziger Sohn, McKelway junior, genannt Saint, kommt bei einem Hubschrauberabsturz in Frankreich ums Leben. Genau wie sein Vater ist Saint bei der Air Force, und in diesem Zusammenhang in Frankreich in einem Trainingscamp. Dort stürzt er am 3. Juni 1954 ab. Mac wird seinen Tod niemals verwinden. In besonders wahnhaften Zeiten wird er glauben, sein Sohn schicke ihm geheime Botschaften über die Nummernschilder im New Yorker Straßenverkehr. Allein schon Macs Vorgeschichte hätte wohl ausgereicht, um die Ehe schwierig werden zu lassen, doch nach diesem Unglück spricht Mac dem Alkohol noch ein wenig mehr zu. Brendan Gill beobachtet ihn einmal bei Costello's in einer durchaus misslichen Lage: »Er sitzt bei Costello's an der Bar, betrinkt sich und bedauert sich selbst. Gerade hat er sich eine Schachtel Zigaretten gekauft […] und versucht ziemlich hilflos das Zellophanpapier abzumachen. Doch er schafft es einfach nicht; die einzige Sache, die er gerade jetzt mehr als alles andere braucht – eine Zigarette –, bleibt ihm verwehrt. Hilflos starrt er auf die Schachtel und fühlt Tränen in sich aufsteigen.«[28]

Doch Mac ist nicht dumm, er weiß, wie es um ihn steht, und dass seine Trinkerei letztlich auch seine Ehe mit Maeve gefährdet: »Alkohol ist einer der größten Gefahren, sowohl für meine Arbeit als auch für meine Ehe. Ich will mir den Alkohol nicht ganz verbieten. Denn verbotene Dinge entwickeln ihren ganz eigenen Charme, vor allem für Presbyterianer wie mich. Wenn ich mit Alkohol umgehen könnte – also nur zu bestimmten Anlässen trinke, ohne dass es meine Arbeit oder meine Ehe beeinflusst –, perfekt. Aber wenn der Alkohol mich, egal wie, davon abhält morgens ein guter Journalist und abends ein guter Ehemann zu sein, dann soll er sich zum Teufel scheren. Dann wird er nicht mehr länger auf meiner Freundesliste stehen. Er wird, in diesem Fall, nicht verboten werden, sondern einfach in den Arsch getreten und verstoßen werden. Deshalb Alkohol, sieh dich vor, wenn du mein Freund bleiben willst.«[29] Auch wenn Mac viel Zeit bei seinem Therapeuten verbringt, der Alkohol bleibt Maeves größter Konkurrent in dieser Ehe.

Nach ihrer Eheschließung leben Maeve und Mac abwechselnd in diversen Apartments und Hotels in Manhattan. Nahezu täglich gehen sie in schicke Restaurants essen, man sieht sie auf Partys und in noblen Boutiquen. Jedes Mal sieht man sie lachen, trinken – und Schulden machen, für die der *New Yorker* aufkommt. Kurzum, sie sind glücklich. Und dieses Gefühl lassen sie sich von niemandem vermiesen, wie ein zufälliges Treffen der Jungvermählten im Algonquin Hotel mit James Thurber und Gattin zeigt. Der alte Griesgram Thurber, noch immer ein großer Fan von Macs Exfrau Ann Honeycutt, ist reichlich betrunken: »Kannst du dich noch an diese tolle junge Frau erinnern, die du gefickt hast? Was ist aus ihr geworden? Und siehst du Honey noch ab und an? Was ist in dieser Ehe eigentlich schiefgelaufen?« Maeve gibt sich große Mühe, Haltung zu bewahren, doch als Thurber schließlich dazu übergeht, schreibende Frauen zu diskreditieren, reicht es ihr, und sie schleudert ihm in tiefstem Dubliner Akzent voll Verachtung entgegen: »Du, du bist nichts weiter als ein jämmerliches altes Wrack.«[30]

Was dann geschieht, gehört zu den gern erzählten Anekdoten aus der langen Reihe von Geschichten des Algonquins. James Thurber, der zu dieser Zeit bereits erblindet ist, springt empört von seinem Stuhl auf. Er greift nach Maeve, bekommt aber nur ein Stuhlbein zu fassen. Im Eifer des Gefechts wirft er Maeve mitsamt ihrem Stuhl nach hinten. Sie fliegt rückwärts aus dem Stuhl und kollert über den Fußboden. Der Tumult, der daraufhin entsteht, ist selbst für das an Skandalen nicht arme Algonquin beachtlich. Mac stürzt sich wütend auf Thurber und droht ihm Schläge an. Die Sicherheitsleute des Algonquin rücken an, und da ihnen zwar James Thurber und Mac, nicht aber Maeve Brennan bekannt ist, sehen sie in ihr fälschlicherweise die Ursache des Aufruhrs. Kurzerhand haken sie sie rechts und links unter und werfen sie aus dem Hotel. Jahre später wird Thurber sich bei Mac und Maeve in einem Brief für das ganze Schlamassel entschuldigen: »Alles Liebe für dich und Maeve und meine tiefempfundene Entschuldigung für alle Verfehlungen meinerseits. Sie waren unüberlegt, unabsichtlich und ich denke, reine Missverständnisse. Gott allein weiß, dass es niemals meine Absicht war, irgendjemanden zu schlagen oder zu verletzen, und dieses Durcheinander erfüllt mich noch immer mit größter Bestürzung.«[31] Macs Antwort ist versöhnlich: »Maeve sagt, du hast sie niemals geschlagen oder verletzt, du hast sie nur so heftig angepustet, dass sie durch die ganze Lobby geflogen ist. Mach dir keine Sorgen, das ist die ganze Sache nicht wert.«[32]

Im Sommer 1955 ziehen die beiden ins Hotel Earle am Washington Square, eines von Maeves Lieblingshotels. Der Art-déco-Bau hat da zwar seine besten Zeiten schon hinter sich, ist bei Künstlern aber ähnlich beliebt wie das legendäre Chelsea Hotel. Zur Gästeliste des bekannten Apartmenthotels gehören unter anderem Ernest Hemingway und Barbra Streisand, 1964 quartieren sich Bob Dylan und Joan Baez hier in Zimmer 305 ein. Joan Baez wird das Hotel später in ihrem Lied »Diamonds and Rust« besingen: »*That crummy hotel over Washington Square.*« 1986 wird das Hotel Earle restauriert und in Washington Square Hotel umbenannt. Maeve und Mac bewohnen zwei Zimmer im achten Stock, in die Maeve auch später immer wieder zurückkehren wird, so sehr liebt sie das Hotel und seine Umgebung: »Es war ein wunderbar klarer Abend, und ich kletterte auf den Austritt hinaus, um einen Blick auf die Szene werfen zu können, den er mir ansonsten verwehrt. Dort unten, acht Stockwerke tiefer, lag der Washington Square. Auf den schmalen Wegen, die den Park begrenzen, den breiten Wegen, die vom Springbrunnen in der Mitte nach Norden, Süden, Osten und Westen abgehen und sich mit den schmaleren vereinigen, wie auch auf den Bänken am Rand des Rasens, drängten sich die Menschen. In der Ecke mir schräg gegenüber hatte ein Eisverkäufer seinen Karren aufgestellt – einen quadratischen weißen Karren mit einem aufgespannten hohen Sonnenschirm, der mit roten und gelben Streifen verziert war.«[33] Die beiden bleiben Manhattan immer treu, doch manchmal ziehen sie sich auch in Macs Haus nach Sneden's Landing zurück, jener Nobelsiedlung, die Maeve als Vorbild für Herbert's Retreat dient: »Fünfundvierzig Kilometer außerhalb von New York, am Ostufer des Hudson River, liegt Herbert's Retreat, ein grüner, schattiger, dichter Wald. Mitten in diesem Wald stehen neununddreißig elegante weiße Häuser, viele von ihnen schon seit zweihundert Jahren. Eine schmale Straße schlängelt sich launisch, kurvenreich und unberechenbar durch das düstere Baumlabyrinth. Sie ist die einzige sichtbare Verbindung zwischen den vereinzelten und voreinander fast verborgenen Häusern. Die Straße ist für den öffentlichen Verkehr gesperrt, was dem Charakter von Herbert's Retreat entspricht: formell, exklusiv und von Regeln beherrscht, die so eisern wie unklar sind. Keineswegs unklar und am wichtigsten ist, dass in Herbert's Retreat nur die richtigen Leute wohnen.«[34] Die etwa 100 Häuser zählende Siedlung gilt als »Hollywood am Hudson«, das allerkleinste Häuschen ist heutzutage für eine Million Dollar zu erwerben. Aktuell wohnen hier unter anderem Uma Thurman, Bill Murray, Al Pacino, Diane Keaton und Mikhail Baryshnikov, Angelina Jolie wuchs hier auf. In Sneden's Landing gibt es weder Supermarkt noch Schnellimbiss, keinen 7-Eleven und kein Häagen-Dazs. Zum Einkaufen müssen die Bewohner noch immer in den nächsten Ort fahren. Einzig durch eine lokale Busverbindung ist Sneden's Landing an den öffentlichen Nahverkehr angeschlossen – ihre Privatsphäre ist den Bewohnern dieser Siedlung, zwölf Meilen nördlich der George-Washington-Bridge, inmitten von Bergen und Wasser gelegen, heilig.

Die Straßen in Sneden's Landing sind Sackgassen, enden entweder am Wasser oder im Wald. Die Häuser hier haben keine Adressen, sie tragen klangvolle Namen wie Pirates Lair oder The

Laundry. Schon im frühen 19. Jahrhundert wurde das kleine Örtchen, das benannt ist nach Robert Sneden, der hier einen Fährdienst anbot, zum beliebten Wohnsitz von Künstlern aus dem nahe gelegenen New York. Zum absoluten Hotspot mutierte die unscheinbare Siedlung, nachdem das Schauspielerpaar Vivien Leigh und Laurence Olivier kurz nach Leighs Welterfolg in *Vom Winde verweht* hierherzogen. Ihnen folgten Orson Wells und John Steinbeck, Noel Coward, John Dos Passos und schließlich St. Clair McKelway und Maeve Brennan. Sie alle können sich auf die Diskretion ihrer Nachbarn verlassen.

Trotz der umständlichen Pendelei von und nach Manhattan genießt das Paar hier seine traute Zweisamkeit. Maeve nimmt täglich den Bus, der sie zu einer Station des A-Train bringt, mit dem sie dann ins Büro fährt. Eines Tages bietet ihr ein überaus freundlicher Mann auf dem Heimweg in der U-Bahn seinen Platz an. Sie lehnt ab, mit dem Hinweis, dass sie an der nächsten Station aussteigen muss: »Er lehnte sich zurück, und damit war die Sache erledigt, aber ich fühlte mich richtiggehend erhöht und dachte, was für ein netter Mann er sein müsse […], und dann fiel mir plötzlich ein, dass ich ja gar nicht an der nächsten Station aussteigen wollte, sondern erst an der übernächsten, und ich fühlte mich ganz furchtbar. Ich nahm mir vor, trotzdem schon an der nächsten Station auszusteigen, aber dann dachte ich: Wenn ich an der nächsten Station aussteige und auf den nächsten Zug warte, werde ich meinen Bus verpassen, und der fährt nur jede Stunde, und das wäre nun wirklich albern. Also beschloss ich, die Situation, so gut es ging, durchzustehen, und als der Zug langsam in die nächste Station einfuhr, starrte ich den Mann so lange an, bis ich seinen Blick auf mich gelenkt hatte, und dann sagte ich: ›Eben fällt mir ein, das ist ja gar nicht meine Station.‹ Dann dachte ich, er könne glauben, ich wolle ihn bitten, aufzustehen und mir seinen Sitzplatz abzutreten, und so sagte ich: ›Aber ich will mich trotzdem nicht setzen, denn ich steige an der nächsten Station aus.‹ Mit meinem Gesichtsausdruck bedeutete ich ihm, dass ich das alles ziemlich komisch fand, und er lächelte gequält. [...] Ich war ziemlich stolz darauf, dass ich die Willensstärke besessen hatte, nicht auszusteigen und meinen Bus zu verpassen, nur weil ich mich vor einer kleinen Peinlichkeit fürchtete, aber als die Zugtüren sich schlossen, spähte ich hinaus, und da war sie, die 168th Street. ›Ach verflixt!‹, sagte ich. ›Das war ja doch meine Station, und jetzt habe ich meinen Bus verpasst.‹«[35]

Die Erlebnisse während der täglich knapp einstündigen Zugfahrt liefern ihr so manche Episode für die langatmige Lady. Schließlich hat Maeve nun genug Zeit, ihre Mitreisenden zu beobachten oder in der Zeitung zu blättern. Hier stolpert sie eines Tages im *Life Magazine* über Geraldine Stutz, die neue Vorstandsvorsitzende des Luxus-Kaufhauses Henri Bendel. Stutz erläutert in einem Interview ihren Karriereverlauf und erzählt, was sie bei Henri Bendel alles verändern will. Eine Aussage fasziniert Maeve ganz besonders: »Wenn man eine neue Stelle antritt, sollte man die Menschen im Auge haben, nicht die Zahlen. Hat man erst einmal die richtigen Leute gefunden und gibt ihnen Freiheit, kann man gar nicht scheitern.«[36] Die langatmige Lady muss lange über diesen Satz nachdenken: »Ich konnte nicht einmal ansatzweise erraten, wie Miss Stutz die richtigen Leute erkennt, gestattete mir jedoch allerhand maliziöse Mutmaßungen, wie sie den richtigen Leuten die Freiheit gibt, wenn sie sie erst einmal im Auge hat. Bringt sie sie aufs Dach von Henri Bendel? Oder in den Central Park? Gibt sie ihnen allen auf einmal Freiheit, dem ganzen Schwarm, oder einem nach dem anderen? Im Morgengrauen, oder wann? Falls durch ein Missgeschick einmal der Falsche aus dem Schlag ausbricht, wie bekommt man ihn wieder hinein? Mit einer Hand auf jeder Schulter? Mit beiden Händen auf dem Scheitel? Mit einem Netz? Was geschieht, wenn sich der Falsche aus dem Staub macht? Die ganze Zeit über musste ich an all die Leute denken, die die richtigen Leute für Henri Bendel wären, aber anderswo arbeiten. Was unternahm Miss Stutz, um sie ausfindig zu machen und *ihnen* Freiheit zu geben? Mir zum

Beispiel. Da stand ich nun in der U-Bahn, aber es war ja durchaus denkbar, dass ich in Wirklichkeit die Richtige für Henri Bendel war.«[37] Zu Geraldine Stutz' Ehrenrettung sei gesagt, dass sie aus Henri Bendel einen höchst erfolgreichen Designertempel machte und bis zu ihrem Tod 2005 auf ihrem Posten blieb.

In Sneden's Landing lernt Maeve das Society-Paar Sara und Gerald Murphy kennen. In ihnen findet sie Freunde fürs Leben. Dank eines gesicherten finanziellen Backgrounds als begüterte Erben sind die beiden nicht nur herausragende Gastgeber, sondern können ihren künstlerischen Neigungen nachgehen, anstatt sich ums tägliche Brot zu kümmern. Gerald Murphy ist der Erbe des noblen New Yorker Lederwarengeschäfts Mark Cross. Nach dem Studium in Yale ist er kurzerhand Maler geworden. 1964 wird das Museum of Modern Art eine Retrospektive seines Schaffens zeigen. Seine Frau Sara entstammt einer wohlhabenden Familie aus Cincinnati, spricht fließend Französisch, Deutsch und Italienisch und verbrachte als Kind viele Jahre in Europa. Seit 1915 sind die beiden verheiratet. In den zwanziger Jahren hatten sie in Frankreich gelebt und dort Freundschaft mit Pablo Picasso, Joan Miró, Georges Braque, Cole Porter, Igor Strawinsky, Rodolfo Valentino und vielen anderen geschlossen. Dass die Murphys ihr Geld vor allem ausgeben, um mit ihren vielen Freunden das Leben zu genießen, macht sie sehr beliebt. Nicht umsonst lautet ihr Motto, frei nach einem spanischen Sprichwort:»Gut zu leben ist die beste Rache.« Die beiden gelten als Stilikonen und sind das *Golden Couple* ihrer Zeit:»Es war einmal vor langer Zeit, da lebten ein Prinz und eine Prinzessin; sie waren beide reich, er war gutaussehend, sie war wunderschön; sie hatten drei entzückende Kinder. [...] Sie liebten einander, und sie beherrschten die große Kunst, das Leben für ihre Freunde unübertroffen vergnüglich zu machen.«[38]

In den fünfziger Jahren leben die beiden unter anderem in Cheer Hall in Sneden's Landing, einem großen Anwesen inmitten einer wunderschönen Parklandschaft. Gerald Murphy ist zu dieser Zeit

66 Jahre, seine Frau 71 Jahre alt. Vor 30 Jahren gingen in ihrer Villa America in Antibes an der französischen Riviera Ernest Hemingway, Zelda und F. Scott Fitzgerald und Dorothy Parker ein und aus, jetzt tun das Mac und Maeve. Ihnen allen war und ist das glamouröse Paar Stütze und Hilfe, wie Brendan Gill sich erinnert: »Gerald Murphy war es immer wichtig, dass andere Menschen erfolgreich waren; er wollte unbedingt, dass Maeve die berühmte Schriftstellerin wird, die sie hätte sein können. Wenn nun die Dinge anders liefen (viel trauriger), als Gerald sich das für sie gewünscht hatte, dann war es ganz sicher nicht seiner mangelnden Unterstützung zuzuschreiben. Er und Sara kümmerten sich um Maeve und versuchten sie vor ihren eigenen Dämonen zu beschützen. Aber es war, als ob Maeve – umwerfende, talentierte, warmherzige, eigensinnige Maeve – selbst auf Seiten ihrer Dämonen stand, und so siegten die Dämonen über Gerald und den Rest von uns.«[39]

Brendan Gill lernt die Murphys, die, wie er sagt, von Maeve »hingerissen« sind, durch Maeve kennen. Es ist der Beginn einer wunderbaren Freundschaft: »Es war eine Freundschaft in Form eines Dreiecks. Eine Ecke bildeten Sara und Gerald, die zweite Maeve und die dritte ich. Es gab vieles, was wir an unserer Freundschaft schätzten, abgesehen von unserer gemeinsamen Zuneigung und Sorge um Maeve. Tatsächlich war sie immer bei uns, selbst wenn sie nicht da war. Eigentlich war sie immer besonders präsent, wenn sie nicht da war.«[40]

1957 reisen Mac und Maeve nach Irland, um sich als Paar der Familie zu präsentieren. Macs Familie hat Maeve bereits kennengelernt. Wie sie ihrer Cousine Ita verrät, habe sie sich fast ein wenig gewundert, wie herzlich sie aufgenommen worden sei. Erst später sei ihr klar geworden, dass Macs Familie froh war, den Wahnsinnigen eine Zeitlang los zu sein.[41] Von ihrer eigenen Familie kennt nur ihr Vater ihren Göttergatten – dies soll sich nun ändern. Ein Vergnügen scheint die Reise nicht gewesen zu sein. Maeves Vater kränkelt, und an ihrer Mutter lässt Maeve in ihren Briefen kein gutes Haar: »Statt des blassen, geduldigen und leidenden Niemand, dem sich die Leute früher gegenübersahen, hat McKelway nur eine böse kleine Frau erlebt, die faucht wie eine Katze, die lacht wie eine Teufelin und die von morgens bis abends schwatzt und endlose Geschichten erzählt ... Geschichten, in denen sie, wie McKelway sagt, über niemanden auch nur ein gutes Wort verliert. Sie stellt mich den Leuten voller Stolz als Mrs. McKelway vor. Mein Vater sagt, das ist meine Tochter Maeve. Und über McKelway sagt er: Das ist Mr. McKelway.«[42]

Unglücklicherweise erkrankt Mac auf dieser Reise schwer, wie Maeve an William Maxwell nach Hause schreibt: »Seit unserer Ankunft in Dublin lag er im Bett und benötigte ärztlichen Beistand. Schließlich wurde er geröntgt, und man entdeckte ein Lebergeschwür. Nun ist es also passiert. Sie haben ihn auf die Sippy-Diät gesetzt, benannt nach Dr. Sippy. In einer Woche wird er das Krankenhaus verlassen können, und dann will er nach Schottland reisen. Geräucherten Schellfisch muss er sich allerdings verkneifen. Das Ganze ist schmerzhaft, aber nicht lebensbedrohlich – wenn er sich an die Anweisungen der Ärzte hält. Der Arzt meiner Mutter ist Protestant, und ich bin froh, dir mitteilen zu können, dass es im Krankenhaus keine Nonnen gibt.«[43]

Mac wird zwar nicht nach Schottland reisen, dafür aber nach London, und dort bleibt er so lange, dass Maeve schon Vermutungen anstellt: »Ich denke, er hat gerade das, was man gemeinhin die Zeit seines Lebens nennt.«[44] Schließlich reist sie ihm nach, und zusammen machen die beiden nun London unsicher: »Seit dem Wolfenden-Report spaziert die homosexuelle Bevölkerung Londons herum, als wäre sie anders als der Rest von uns, nicht besser oder schlimmer, nur anders und wichtig und vom Schicksal gezeichnet, so wie Problemkinder in der Schule. Ich kenne diese Miene, ich habe sie selbst in Kilcullen aufgesetzt, als die Nonnen mir in aller Öffentlichkeit erklärten, ich sei verdammt, verdammt, verdammt. Nie mehr wieder habe ich mich so auserwählt gefühlt.«[45]

Allerdings stellt sie fest, dass sie sich in London als Frau allein nicht ganz so frei bewegen kann wie in New York:»Ich ging durch Shepherd Market, um McKelway in einer Bar zu treffen, und zwei Männer, die mir begegneten, klimperten unabhängig voneinander recht anzüglich mit Münzen, die allerhöchstens nach Sixpence klangen. Ich finde, das Mindeste, was sie hätten tun können, wäre mit fünf oder zehn Pfundnoten zu rascheln.«[46]

Ende Oktober gehen die beiden an Bord eines Transatlantikkreuzers nach New York. Maeve hat urplötzlich Flugangst entwickelt:»Ich weigerte mich, an Bord des Flugzeuges zu gehen, deshalb nehmen wir das nächste Schiff. [...] Ich denke, die Überfahrt gibt mir Zeit, mich zu sammeln. Jetzt klinge ich so besorgt [...], dabei bin ich das gar nicht – mir geht es gut. Ich habe mir sogar blonde Strähnchen ins Haar färben lassen.«[47]

Ihre Rückkehr stand lange Zeit in den Sternen, denn sie sind mal wieder pleite – und zwar in einem die übliche Geldnot übersteigenden Ausmaß. Noch aus London erreicht William Maxwell ein Brief:»Es ist noch ziemlich früh am Morgen, und ich trinke Tee. Die Italienerin, die dieses Hotel leitet, hat gerade deine Briefe gebracht. McKelway schläft noch in aller Unschuld, und so lese ich meinen und seinen Brief. Was für ein Vergnügen, diese beiden Briefe zu lesen und zu wissen, dass du der Ansicht bist, wir sollten so lange wie möglich hier bleiben. Ich frage mich, was Shawn denkt – ich habe ihm geschrieben und um Geld für die Rückfahrt gebeten. Ich bin hin- und hergerissen zwischen Heiterkeit und Horror, ich kann kaum glauben, dass die Dinge wieder mal so aus dem Ruder gelaufen sind. [...] Er hat das Geld geschickt, und wir sind sofort zu Cook's rübergelaufen und haben die Tickets bezahlt. Der Mann bei Cook's war hellauf begeistert, als er uns mit dem ganzen Geld am Schalter gesehen hat. Ich hingegen konnte es kaum ertragen, das ganze Geld wieder auszugeben. [...] Aber jetzt haben wir die Rückfahrscheine, und ich denke, William, für eine Weile sollten wir statt ›es ist doch nur Geld‹, sagen ›es ist doch nur Geldmangel‹.«[48]

Ein Jahr später reist Maeve erneut nach Irland, ihre Flugangst hat sie offensichtlich überwunden. Am 4. August ist Una mit knapp 70 Jahren in Dublin gestorben. Maeve, die ihre Mutter in ihren letzten Jahren zunehmend kritisch gesehen hatte, steigt sofort ins Flugzeug. Erst mit dem Tod findet eine verspätete Versöhnung statt. Jahre später wird sie gestehen: »Sie gab meiner Gefühlswelt ein Zuhause, und ich lernte, mich nicht darum zu kümmern, dass diese Gefühlswelt oftmals ihre Fähigkeit, mich zu verstehen, überschritt, sodass sie nahe dran war, zu ertrinken.«[49] Als sie nach New York zurückkehrt, holt ein völlig betrunkener Mac seine Frau vom Schiff ab. Auf ihren Einwand hin, er habe doch gesagt, er würde im Wagen auf sie warten, entgegnet er kühn: »Das tat ich auch, aber ich bin aufgestanden, weil ich meinen Platz einer Dame angeboten habe.«[50]

Während ihrer Ehe schreiben Mac und Maeve wenig bis gar nichts. Da beide aber dauerhaft über ihre Verhältnisse leben, geraten sie immer tiefer in den Schuldensumpf. Ein ums andere Mal springt der *New Yorker* ein, 1958 übersendet die Buchhaltung 1000 Dollar in American-Express-Travellerschecks nach Irland an Mr. und Mrs. McKelway.[51]

Im Sommer 1959 reisen die beiden erneut nach Irland. Maeve will ihren Vater besuchen, Mac auf den Spuren seiner Ahnen durch Schottland reisen. Was er dabei angeblich alles erlebt, wird von ihm minutiös in einer sensationellen Geschichte beschrieben, die am 13. Oktober 1962 im *New Yorker* erscheint. Später wird daraus gar ein ganzes Buch, das er Maeve widmet. Auf dieser Reise bricht Macs Wahnsinn einmal mehr ungehemmt aus. Er ist der felsenfesten Überzeugung, ein internationales Komplott aufgedeckt zu haben, bei dem er selbstredend eine tragende Rolle spielt. 1959 werden US-Präsident Eisenhower und der Regierungschef der Sowjetunion Nikita Chruschtschow zu einem Sommertreffen hochrangiger Politiker in Schottland erwartet. McKelway ist überzeugt davon, dass die Russen in Edinburgh die Entführung eines oder

mehrerer westlicher Staatsoberhäupter planen. Sowohl die Barbe-
sucher, mit denen er spricht, als auch die Autokennzeichen auf den
Straßen sind voll geheimer Botschaften und versteckter Codes, die
ihm seine Freunde von der CIA zukommen lassen, um ihn für eine
Gegenmaßnahme zu gewinnen. Mac mietet eine Limousine und
fährt kreuz und quer durch Schottland, um seine Beobachtungen
anschließend dem US-Geheimdienst und dem amerikanischen
Konsulat mitzuteilen. Einmal wird er samt seiner Schreibmaschine
wegen Trunkenheit am Steuer verhaftet und muss die Nacht in
einer Zelle verbringen. In seinem später veröffentlichten Bericht
über diese Räuberpistole wird er eine Frau namens »Susie« an seiner
Seite haben. »Susie« ist die Tochter eines französischen Diplomaten,
deren Kindheit vor Intrigen und Abenteuer strotzt, da ihr Vater vor
alten Nazis auf der Flucht war.

Während Mac eine abenteuerliche Geschichte nach der anderen erlebt, bleibt Maeve bei ihrem Vater in Dublin. Hier trifft sie
in diesem Sommer nahezu auf die gesamte irische Verwandtschaft,
die aus Wexford angereist ist, um den kränkelnden Robert Brennan zu besuchen. Seine Schwester Nan wohnt in diesem Sommer
bei ihm und kümmert sich um ihn, was später zum Ausgangspunkt
für Maeves Geschichte *Die Quellen der Zuneigung* wird. Was genau
in diesen Wochen zwischen Maeve und ihrer Tante Nan geschieht,
erfährt niemand. Allerdings lässt die Beschreibung von Min Bagot, in der ohne Zweifel ihre Tante Nan zu erkennen ist, auf einen
schweren Konflikt schließen, der bei Maeves Abreise nicht beho-
ben ist. Maeve schreibt Mac beinahe jeden Tag und berichtet ihm,
was während seiner Abwesenheit geschieht. Das Verhältnis zu ihrem Vater ist denkbar schlecht: »Ich habe das hysterische Gefühl,
er misstraut mir (King Lear aus der Dodder Road), aber das ist
die geringste meiner Sorgen. Vielleicht misstraut er mir ja auch
nicht. Ich vermag es nicht zu sagen. Ich kann nicht einmal sagen,
dass es mich in irgendeiner Art und Weise bekümmert, außer, dass
ich das Gefühl habe, so lange auch nur ein weibliches Mitglied

meiner Familie mit ihm im Haus lebt, kann ich nicht wirklich frei sein. Sein Einfluss ist ausschließlich unheilvoll, und ich schätze, er weiß es nicht einmal.«[52] Aber sie hat auch Vergnügliches nach Edinburgh zu berichten, wenn auch mit altbekannten Folgen: »Ich befürchte, ich brauche Geld. Ich bin in Versuchung geraten und habe mir beim besten Designer Dublins einen Mantel bestellt. Er wird ganz nach meinen Wünschen angefertigt, mit Anproben etc. Für nur 177 Dollar. Natürlich wird der Mantel umwerfend sein, aber ich fühle mich doch ein wenig schuldig. Ich habe 10 Pfund Anzahlung geleistet. Ich weiß, das war unartig von mir, aber wenn ich daran denke, wie viel Geld ich in New York für meine Garderobe schon ausgegeben habe, dann könnte ich vor Ärger über mich selbst platzen, weil ich das Geld nicht gespart habe. Ein kleiner Schneider mit blauen Augen hat meine Maße genommen, und er sagte, ich habe eine wunderbare Figur. […] Ich fühle mich wirklich ein kleines bisschen schuldig, dass ich den Mantel bestellt habe, aber nicht schuldig genug, um ihn wieder abzubestellen.«[53] Macs Antwort-Telegramm ist kurz und bündig: »Mach dir keine Sorgen, weder wegen des Mantels noch wegen sonst irgendwas.«[54] Liest man die Briefe vom Sommer 1959, klingt es, als sei zwischen beiden alles in Ordnung. Maeve plant sogar, Mac nach Edinburgh hinterherzureisen, vielleicht um ihm in seinem Wahnsinn beizustehen. Ein Wahnsinn, dem St. Clair McKelway einmal mehr gleich einem Phönix aus der Asche entsteigt. Als seine Geschichte über die Erlebnisse in Edinburgh im Oktober 1962 im *New Yorker* erscheint, gibt er eine rauschende Party im Hotel Adams, bei der alles da ist, was in der Szene Rang und Namen hat. Weiß livrierte Kellner servieren Toast und Martinis, unter den Gästen ist auch die sich prächtig amüsierende Dorothy Parker, die so betrunken ist, dass sie mitten im Gespräch einschläft. Janet Groth, die jugendliche Empfangsdame des *New Yorkers*, erdreistet sich in diesem Moment, Parkers Pudel Cliché zu füttern: »Möchtest du ein Biskuit, Cliché?« Mit Schwung erhebt sich Dorothy Parker daraufhin aus ihrem Ses-

sel und blafft die völlig überraschte junge Frau an: »Um Himmels
willen, das ist kein Biskuit. Das ist ein Bickie! Wer glaubst du, dass
du bist, Henry James?«[55]

Zu dieser Zeit pflegt Mac bereits zu allen möglichen und unmöglichen Zeiten im Büro aufzutauchen und dort die Wände
zu beschmieren: »Mr. McKelway kam regelmäßig vorbei, um die
Bürowände mit nicht ganz jugendfreien Zeichnungen und Texten
zu verschönern, die stets eine morgendliche Putzaktion zur Folge
hatte.«[56] Wie der *New Yorker* damit umgeht, zeigt einmal mehr, um
was für eine besondere Zeitschrift es sich handelt: »Irgendwann
war die ganze Wand voller Graffiti«, berichtet Macs Kollege Calvin
Trillin. »Eines Tages kam ich ins Büro, da erklärte mir die Dame
am Empfang: ›Sie dürften heute Schwierigkeiten haben, ihr Büro
zu betreten. Die Wände werden neu gestrichen.‹ Ich antwortete:
›Schon wieder? Waren die Maler nicht erst vor einem halben Jahr
hier?‹ Sie sagte: ›Ja, verstehen Sie denn nicht? Man möchte McKelways Zeichnungen loswerden, ohne seine Gefühle zu verletzen.‹«[57]

Die Ehe mit Maeve ist da schon Geschichte. Drei Jahre lang sind
keine neuen Kolumnen erschienen, die Redaktion hat so mancher
Leserbrief erreicht, der sich besorgt nach dem Befinden der langatmigen Lady erkundigt. Ende 1959 trennen sich die beiden. Am
Ende schickt Maeve ihrem Mann aus der Frage-und-Antwort-Ko-
lumne einer Zeitung folgende Frage: »Sind sich Genies eigentlich
ihrer besonderen Gabe bewusst?« Die Antwort der Zeitung legt sie
bei: »Nicht in jungen Jahren, und allem Anschein nach begreifen
es die meisten nie. Dr. Phyllis Greenacre, New York City, Psycho-
analytikerin, Dozentin und Tutorin, ist in ihrer Studie über Swift,
Carroll and Thomas Mann zu der Erkenntnis gelangt, dass viele
kreative Köpfe dazu neigen, sich unsicher zu fühlen. […] Sie glaubt,
dass viele Genies gerade am Anfang ihrer Karriere irgendwie das
Gefühl haben, Hochstapler oder Schwindler zu sein.«[58]

Mac notiert auf den Artikel: »Maeve schickte mir das kurz
vor Weihnachten 1959, nachdem wir beschlossen hatten, uns zu

trennen.«[59] Er wird den Brief für immer aufbewahren. Von ihrer Nichte Yvonne einmal nach den Gründen für das Scheitern ihrer Ehe befragt, antwortet Maeve nur lakonisch:»Ich konnte ihn mir auf Dauer einfach nicht leisten.«[60]

Nach ihrer Scheidung verlässt Maeve Sneden's Landing und kehrt nach New York zurück, Mac bleibt. Trotz ihrer gescheiterten Ehe sind die beiden einander auch fortan freundschaftlich verbunden. In einem Artikel, den Mac am 2. April 1960 unter dem Titel »First Marriage« verfasst, schickt er einen Abschiedsgruß an Maeve:»Ich pflegte ihr zu sagen, dass niemand auf der ganzen Welt so ist wie sie, und sie pflegte mir dasselbe zu sagen, und wissen Sie was, in gewisser Weise hatten wir beide recht. Zu dieser Zeit, an diesem Ort, gab es nur uns beide. Und jeder von uns war für den anderen einzigartig. Lange Zeit gab es niemand anderen in meinem Leben und niemand andern in ihrem Leben. Wenn später andere Menschen in mein Leben traten und wichtig werden konnten, dann war es nicht mehr das Leben von damals. Das Leben ist einfach weitergegangen.«[61]

1963 erhält Mac ein Stipendium für die Künstlerresidenz Yaddo. Doch statt die geplanten sechs Wochen dort zu verbringen, wird er nach nur wenigen Tagen mit einem Nervenzusammenbruch ins Albany Medical Center eingewiesen.

Bis 1972 wird Mac zur Crew des *New Yorkers* gehören. Doch dann werden seine manischen Phasen schlimmer. Der spätere Chefredakteur Robert Bingham wird einmal an einem Sonntagmorgen zum Plaza Hotel gerufen:»Mac hatte sich mit dem Taxi zum Plaza fahren lassen – im Schlafanzug –, und jetzt gebärdete er sich wie ein Wilder. Der freundlichste New Yorker Polizist, den man sich vorstellen kann, sagte zu ihm: ›Mr. McKelway, warum setzen Sie sich nicht? Es wäre viel bequemer für Sie.‹ Und Mac antwortete aufgebracht: ›Lassen Sie mich bloß mit ihren Gestapo-Methoden in Ruhe!‹«[62]

Kurzzeitig verliert sich seine Spur, bis Maeve im Juli 1972 ein achtzehnseitiger Brief aus Sint Maarten, einer Insel der Niederländischen Antillen, erreicht: »Seit sechs Monaten lebe ich jetzt unter dieser Adresse, und ich werde wahrscheinlich dauerhaft hier bleiben (bis ich mich entscheide, umzuziehen).«[63] Es ist ein schier wahnsinniger Brief mit durchgestrichenen Wörtern, atemlos, ohne Punkt und Komma. Es ist Macs verzweifelter Versuch einer Rückschau und der Beweis einer großen Liebe, denn Maeve ist die Frau, der er sich in all seiner Pein anvertraut, die Frau, von der er sich verstanden fühlt – nach allem Scheitern: »Seit Deinem letzten Brief, den ich fast auswendig kann, erwarte ich nichts weiter von Dir [...] entscheide Du, ob Du mir auch auf diesen Brief antwortest oder nicht.«[64] Dann, kurz darauf ein weiterer Brief, in völlig anderem Tenor: »Liebe Maeve, ich schreibe Dir nur, um Dir mitzuteilen, dass es mir körperlich nun viel besser geht. [...] Auch in meinem Kopf ist wieder alles in Ordnung. [...] für immer der Deine, in Liebe Mac.«[65] Der nächste Brief, der Maeve erreicht trägt die Adresse des St. Rose Hospital in Sint Maarten.

Als McKelway wieder in New York eintrifft, führt ihn sein Weg wie immer zum *New Yorker.* Craig Seligman erinnert sich an ein gespenstisches Treffen: »1978 fing ich beim *New Yorker* als Schreibkraft an, es war mein erster Job nach der Schule. Da man im Schreibbüro nicht gerade vor Arbeit versank, wurden die Leute manchmal für ziemlich kuriose Jobs eingeteilt. An einem Sommertag wurde ich darüber informiert, dass Mr. McKelway aufgetaucht war und einen Babysitter benötigte (ich bin mir nicht mehr ganz sicher, ob tatsächlich dieses Wort verwendet wurde, aber genau das war gemeint). Wir setzten uns in ein leeres Büro, und er diktierte mir seine Erinnerungen an seine Zeit als Redakteur der *Bangkok Daily Mail* in den frühen dreißiger Jahren. (Die acht Seiten, die ich damals abgetippt habe, habe ich noch immer.) Die meiste Zeit saßen wir nur herum und rauchten, und ich hörte ihm zu. Mir war gesagt worden, dass er irgendwie verrückt sei, und meine Aufgabe war es, ihn von den Fluren fernzuhalten, wo Maeve Brennan, eine seiner fünf Exfrauen und noch verrückter als er, herumgeisterte.

Ich wusste, ich war mit einer Legende zusammen, aber der *New Yorker* war voll mit Legenden.«[66]

Am 10. Januar 1980 stirbt Mac geistig umnachtet im DeWitt Nursing Home in Manhattan. William Shawn verfasst einen Nachruf für den *New Yorker*: »McKelway war der geborene Schriftsteller. [...] Er nahm die Welt auf seine ganz eigene Weise wahr und schrieb klar und in wundervollen Worten über das, was er sah. Er lebte sein Leben lang in einer Traumwelt, aber es war eine menschenfreundliche Traumwelt. Wir können dankbar sein, dass er durch seine Arbeit eine Möglichkeit fand, uns daran teilhaben zu lassen.«[67]

Maeve selbst wird niemals ein schlechtes Wort über McKelway verlieren. Als sie in den Siebzigern nach Dublin fährt und bei dieser Gelegenheit von den Kindern ihrer Cousine Ita gefragt wird, wer denn eigentlich dieser Mac sei, von dem sie so oft spreche, antwortete sie: »Mac war mein Mann. Ich war seine fünfte Frau.« Und das wars.[68]

VIII.

»Kennst du die Tage,
wo du das rote Elend hast?«

Ich fühle mich manchmal einsam

»Ich hatte meinen Wohnsitz auf dem Land aufgegeben und fühlte mich bei dem Gedanken an eine Rückkehr in die Stadt sehr wohl, aber ich hatte so lange mit Packen gewartet, bis es zu spät war, um die Sache systematisch anzugehen, und als die Möbelpacker kamen, um meine Sachen ins Lagerhaus zu schaffen, wo sie bleiben werden, bis ich das richtige Apartment gefunden habe, war ich von meinen Besitztümern zu angewidert, als dass ich hätte zusehen können, wie der Möbelwagen die Auffahrt entlangkroch, und zu erschöpft, um mich über irgendetwas zu freuen. Dennoch, nach der Fahrt in die Stadt war es sehr angenehm, das kleine Hotel am Washington Square zu betreten, wo ich früher schon ab und zu gewohnt hatte und wo ich auch jetzt wieder wohne, während ich ein Apartment suche, und festzustellen, dass dort alles beim Alten geblieben ist.«[1]

Maeve ist zurück im Hotel Earle – mit wenig Gepäck und ihrer Katze Minnie. Bluebell und die anderen Kätzchen sind vorrübergehend im Tierheim untergebracht. An ihrem ersten Abend zurück in Manhattan schlendert sie durch die vertrauten Straßen von

Greenwich Village. Sie ist versöhnt mit sich und der Welt, ohne Gram, einfach froh, wieder hier zu sein: »Vor allem aber dachte ich an den kleinen Tisch am Fenster des University Restaurants; meine Hoffnung war, er möge frei sein, damit ich dort sitzen und auf die Straße hinausblicken könnte. Ich überquerte die Straße und betrat das Restaurant. Da war der Tisch, es saß niemand daran. Ich setzte mich. Bill Kravit, der Kellner, fragte: ›Waren Sie fort?‹ und ich bejahte und sagte, ich wolle einen Martini.«[2]

Viel später in dieser Nacht, sie liegt schon im Bett, wird ihr klar, dass sie nach langer Zeit wieder glücklich und zufrieden ist: »Kurz vor dem Einschlafen wurde ich von einem lauten Schrei draußen wachgerüttelt, gefolgt von Gelächter – eine Gruppe von Menschen auf der Straße, acht Stockwerke unter mir. Ich dachte kurz über die Tatsache nach, dass man auf dem Land niemals einen jähen menschlichen Schrei hört – und überhaupt nur selten einen menschlichen Laut. So endete der erste Abend meiner Rückkehr von dem Ort, wo ich gewesen war, zu dem Ort, wo ich jetzt bin – zu Hause.«[3] Obwohl sie froh ist, Sneden's Landing hinter sich gelassen zu haben, wird sie weiterhin manchmal im Haus ihres Exmanns übernachten. Auch mit Sara und Gerald Murphy bleibt sie in Kontakt.

Für die Schriftstellerin Maeve Brennan beginnt mit dem Ende ihrer Ehe die produktivste Phase ihres Lebens. Man könnte fast sagen, sie schreibt ohne Unterlass. Allein 1960 erscheinen fünf Geschichten der langatmigen Lady. Ursächlich dafür ist ihre Rückkehr nach Manhattan, der Heimat der langatmigen Lady. Die hatte sich weder in Sneden's Landing noch in Irland wohlgefühlt und weder da noch dort Dinge erlebt, von denen sie ihren Lesern unbedingt berichten wollte. Ihre neuen Kolumnen zeugen einmal mehr von Gelassenheit, Humor und dem festen Willen, das Leben nicht nur zu meistern, sondern so gut es geht von einer positiven Warte aus zu betrachten. Einmal belauscht die langatmige Lady in der Schuhabteilung von Bergdorf Goodman zwei Damen, die sich gerade über J. F. Kennedy, den jungen Senator aus Massachusetts, unterhalten, der sich für das Präsidentenamt bewirbt. Beide sind einhellig der Meinung, Kennedy sei viel zu jung für so ein Amt. Maeve, genau wie Kennedy 43 Jahre alt, vernimmt dies mit klammheimlicher Freude:»Ich dachte, wie erstaunlich es doch ist, so viele Jahre am Leben gewesen zu sein und so viele Gesichter betrachtet und so viele Wörter gehört und so viele Wörter gesagt und so unterschiedliches Wetter erlebt zu haben, und noch immer für jung gehalten zu werden. Ich segnete Senator Kennedy, und dann segnete ich Vizepräsident Nixon, weil auch der jung ist. Ich hegte freundliche Gedanken gegenüber jedermann über dreiundvierzig und ebenso gegenüber jedem unter dreiundvierzig. Ich dachte an den Kult, der in Amerika mit der Jugend getrieben wird, etwas, das viele beklagen und das auch ich schon so manches Mal beanstandet habe, und ich dachte, dass mir, nun da ich erkannt hatte, dass dieser Kult um die Jugend im Grunde auch ein Kult um mich bedeutet, diese Frage nichts mehr ausmachen würde.«[4]

Im Sommer 1960 nimmt William Maxwell Bluebell mit zu seiner Familie in ein Sommerhaus nach Yorktown Heights. Einfach ist es nicht, wie er an den Schriftsteller Frank O'Connor schreibt: »Bluebell kam mit uns, aber es wäre tatsächlich einfacher gewesen, einen kleinen Elefanten mitzunehmen. Maeve sagt, sie war noch nie sehr handzahm, und sie wird es zweifellos auch nicht mehr werden. Sie hat überhaupt nicht verstanden, was wir in dem seltsamen Haus von irgendjemandem wollen und die ganze Nacht gewimmert. […] Nicht einmal der Anblick von mir im Schlafanzug, mit der Morgenzeitung unter dem Arm, hat sie beruhigt. Ich hätte ja auch eine Halluzination sein können.«[5]

Noch immer hat Maeve keine passende Wohnung gefunden, die es ihr erlaubt, ihre Tiere wieder bei sich aufzunehmen: »Seit ich nach meinem langen Aufenthalt auf dem Land in die Stadt zurückgekehrt bin, wohne ich in verschiedenen Hotels in verschiedenen Stadtteilen und suche nach einem Ort, an dem ich mich wirklich gern niederlassen würde.«[6] Ein kleines Apartment in der 9th Street,

dass ihr gut gefällt, wird ihr durch den New Yorker Bauwahn buch-
stäblich unter den Füßen weggerissen: »Meine Vorderfenster gingen auf ein großes Apartmenthaus mit flacher Fassade, vergleichbar
dem gegenüber meinem Hotel. Ich fürchte, meine weißen Wände
wirkten ziemlich verloren, als sie plötzlich Blicken ausgesetzt waren.
Vielleicht hätte sie ein blendendes Violett oder ein scharlachroter
Anstrich vor der Nichtexistenz bewahrt.«[7]

Erst Anfang 1961 kann Maeve Bluebell und die Katzen wieder zu
sich holen. Familie Maxwell bedauert dies sehr, haben sie sich doch
so an die schöne Labradorhündin gewöhnt, dass William an Frank
O'Connor schreibt: »Wir sind kurz davor, Bluebell dauerhaft an
Maeve Brennan zu übergeben, und jetzt überlegen wir, ob wir
nicht Bluebells Nichte aufnehmen sollen. E. hat ein Buch gelesen,
in dem steht, dass große Hunde in Städten schwieriger zu halten
sind als kleine, was ganz sicher stimmt. Aber sie mag eben keine
kleinen Hunde, nur große Hunde. Ich versuche mich da rauszu-
halten, denn ich habe gelernt, dass meine Einmischung immer zu
gröbsten Fehlern und falschen Entscheidungen führt. Dann wird
nämlich genau das Dienstmädchen eingestellt, dass wir auf keinen
Fall hätten nehmen sollen.«[8]

Damit Bluebell und die Tiere auch weiterhin genügend Auslauf
bekommen – und wohl auch um wieder ein bisschen Abstand von
der lauten Stadt zu gewinnen –, zieht Maeve sich in diesem Winter
zum ersten Mal nach East Hampton zurück, einer Kleinstadt, die
zu den berühmten Hamptons gehört, dem Sommerort der Super-
reichen am Ostende von Long Island. Sie wohnt dort in einem
kleinen Cottage auf einem Anwesen der Familie Murphy in Ama-
gansett, rührend umsorgt von ihren alten Freunden, wie William
Maxwell berichtet: »Das Schicksal hielt noch eine ganz große
Freude für sie bereit: die enge Freundschaft mit Sara und Gerald
Murphy. Die Murphys waren alt genug, um ihre Eltern zu sein.
Sie hatten während der zwanziger Jahre in Frankreich gelebt und
wirklich alle bedeutenden Schriftsteller und Künstler unter den

Expatriates gekannt. Man sagt, Gerald sei das Vorbild für Dick Diver aus dem Roman *Zärtlich ist die Nacht* von Scott Fitzgerald.«[9] Das Häuschen, das Maeve bewohnt, liegt malerisch am Strand und inspiriert sie zu den Geschichten über Mary Ann Whitty und ihrer Labradorhündin Bluebell:»Das kleine Haus war nicht wirklich. Es war nur eine Fassade, die auf jemandes Rasen stand, und Mary Ann fand, dass es wunderbar zu einem Menschen passte, der zwar am Atlantischen Ozean wohnen wollte, aber nur für eine Weile.«[10] Als Anfang Dezember ein schwerer Sturm über den Hamptons wütet, erkundigt sich Gerald Murphy voller Sorge nach Maeves Befinden:»Wir haben so an dich gedacht und […] wollten dich auch anrufen, als der Blizzard einsetzte, aber wir befürchteten, du wärst nicht begeistert, wenn wir uns ohne deine Erlaubnis Sorgen um dich machen.«[11] Ja, Maeve gegenüber wahrt jedermann eine gewisse Distanz. Es gibt eine rote Linie, die man nicht einfach so überschreitet. Ihre Privatsphäre ist ihr heilig, und das akzeptiert jeder, der sie kennt. Abgesehen davon lässt sie sich nicht so schnell ins Bockshorn jagen. So zierlich und zart sie ist, so dickköpfig und mit eisernem Willen versehen ist sie auch.

Die nächsten Jahre wird Maeve regelmäßig den Winter in East Hampton verbringen. Meist im Cottage der Murphys, manchmal aber auch in den Sommerhäusern von Freunden, die im Winter in der Stadt leben und es ihr zu einem günstigen Preis überlassen, wie Gardner Botsford berichtet:»Sie war eine willkommene Mieterin für diverse Anwesen in East Hampton, die ansonsten im Winter leer gestanden hätten. Die meisten dieser Häuser gehörten Freunden von Gerald Murphy, einem von Maeves treusten Freunden, und sie waren ziemlich groß. Maeve richtete sich dort gemütlich ein und schrieb und schrieb. Eine Pause machte sie nur, um mit Bluebell ausgedehnte Spaziergänge an den verwaisten Stränden zu unternehmen.«[12]

Für Bluebell und die mittlerweile fünf Katzen ist der Aufenthalt in den Hamptons ein Traum, und auch Maeve fühlt sich sehr wohl, wie sie an William Maxwell schreibt: »Ich bin nur eine Minute vom Strand entfernt. Die Einrichtung des Hauses ist sehr hübsch. Es gibt ein Esszimmer und eine mehr als adäquate Küche, wie wir Immobilienmakler zu sagen pflegen. Du kannst zeitlich befristet Mitglied im Maidstone Club werden. Der ist nur eine Minute weg und bietet sogar Kinderbetreuung an. [...] Und die Murphys wohnen nur zwei Minuten von hier.«[13]

Sie liebt die langen Strandspaziergänge, die sie mit Bluebell in Richtung Montauk unternimmt:»Bluebell [...] ist so glücklich hier, wie es ihre melancholische Psyche zulässt.«[14] Wenn sie nach einem klirrend kalten Wintertag voll klarer frischer Luft ins warme Häuschen kommt, macht sie Tee und setzt sich an ihren Schreibtisch vor den offenen Kamin, um zu schreiben. Manchmal sind es nur Notizen, oftmals Briefe an Freunde und manches Mal auch eine neue Geschichte. Sobald die Dämmerung hereinbricht und der Wind ums Haus pfeift, geht sie in die Küche und mixt sich einen Martini. An William Maxwell schreibt sie vergnügt:»Alles in Ordnung, Bluebell sieht wunderbar aus und ist wirklich viel dünner. Herbst über dem Atlantik. Pinienzapfen. Wellen, die gegen das Land peitschen. Ich vermute, der Sand ist noch Land. Die Frau, die bei mir putzt, ist steif und gereizt, ich weiß nicht warum. [...] Ich wünschte, sie würde zur Oper gehen, da würde sie perfekt hinpassen. Gerald Murphy spricht immerzu von dir. Ich hoffe, alle sind nett zu dir und du bekommst deinen Tee.«[15]

Die Ruhe hier draußen tut ihr gut. Ungestört kann sie sich ihrer Arbeit widmen, was sie auch ausgiebig tut. Im Akkord verfasst sie Buchrezensionen für den *New Yorker*, liest bis zu 20 Bücher pro Woche und schickt ihre Gedanken dazu an Gardner Botsford:»Ich lernte sie in dieser Post-McKelway-Phase besser kennen. Da war ich ihr (höchst gefürchteter) Redakteur für ›Briefly Noted‹, diese Kurzrezensionen, die sie jede Woche für das Magazin schrieb. Wir wurden gute Freunde. Sie schrieb mir aus East Hampton viele wunderbare Briefe über ihr Leben und was sie so dachte.«[16]

Sie ist ein alleiniger Mensch und das gerne: »Es ist absolut ruhig hier. Ich bin sehr glücklich, und Gott sei Dank kommt niemand einfach so vorbei. Sollte tatsächlich jemand kommen, habe ich vor, sehr unhöflich zu sein. [...] Alles läuft hier wirklich prima.«[17] Wie gut kann man sich Maeve Brennan dabei vorstellen, wie sie ihrem Alter Ego Mary Ann in der Abendroutine folgt: »Jeden Abend veranstaltete Mary Ann ihre Kochvorführungen und ließ Bluebell und die Katzen in den Genuss ihrer Lieblingsunterhaltung kommen, und jeden Abend, wenn sie so schnipselte und schälte und ihre Töpfe auf den Herd stellte, fragte sie sich, ob es besser war, in ein Restaurant zu gehen und sich in dem Wissen, dass das Gemüse furchtbar schmecken würde, einen Teller mit Essen bringen zu lassen, oder selbst zu kochen. Solange sie sich noch nicht entschieden hatte, war sie eine Expertin in Sachen einfacher kleiner Gerichte geworden, und mit einer gewissen Selbstzufriedenheit ließ sie ihre Arbeit sein, holte ihren Martini aus dem Gefrierfach und ging durch das Vorzimmer mit dem blauen Fußboden zurück ins Wohnzimmer, wo sie im Kamin ein großes Feuer machte.«[18]

Langweilig wird ihr nie. Zudem sind die meisten ihrer Nachbarn irgendwie Bekannte, und an den Wochenenden erhält sie regelmäßig Besuch aus New York. Die einzige Schwierigkeit, vor die sie sich anfangs gestellt sieht, ist die Tatsache, dass sie nun doch noch kochen lernen muss. Die meisten Restaurants sind im Winter geschlossen, und die wenigen, die noch öffnen, sind leider zu weit entfernt, um sie ohne Wagen zu erreichen. Allerdings schicken die Murphys, die um Maeves Notlage wissen, immer wieder ihren Chauffeur, der Maeve zum Dinner abholt. Nicht nur deshalb liebt Maeve das kluge, kultivierte und großzügige Paar sehr.

Auch ihr Kollege Howard Moss, Dichter und Poetry Editor des *New Yorkers*, kommt ihr in dieser Zeit wieder näher. Er und sein Lebensgefährte Mark, ein Starcoiffeur, der sich für einen begnadeten Koch hält, sind mehrmals zu Gast bei Maeve in East Hampton. Nicht immer sind ihre Besuche für die Hausherrin ein Vergnügen:

»Es wird sehr viel Zeit ins Land gehen, ehe ich mir wieder Gäste einlade. Mark pellt Kartoffelschalen direkt auf den Fußboden, und das, obwohl die Küche erst vor kurzem geputzt und geschrubbt worden ist – und zwar von mir. Er liebt es, in die Küche zu gehen und sich Tee zu machen und sich im Toaster einen English Muffin zu rösten, und aus unerfindlichen Gründen sind anschließend der gesamte Küchenboden und die Arbeitsflächen mit Krümeln und nassen Teebeuteln übersät. Ich habe den Toaster daraufhin mit aller Kraft auf den Boden geworfen. Das war vielleicht ein Krachen. […] Und warum nimmt er eine meiner Tassen, eine meiner Lieblingstassen und stellt sie auf die Fensterbank des Fensters, das gerade jemand öffnen will? Die Tasse war natürlich mit Olivenöl gefüllt. In diesem Haus wird es niemals wieder selbstgekochte Mahlzeiten geben.«[19]

Wenn er auf Reisen geht oder sich in seine Wohnung nach London zurückzieht, überlässt Howard Moss Maeve immer mal wieder sein Apartment 27 West 10th Street in Greenwich Village. Für die Überfahrt nach England bevorzugt er ähnlich wie Maeve das Schiff, was nicht immer ein Vergnügen ist: »Eine Menge aufgetakelter alter Schachteln und mehr Tee als Wasser im Meer.«[20] Maeve liebt die Aufenthalte in Moss' Wohnung, und auch ihre Tiere fühlen sich dort pudelwohl: »Dein Apartment ist der Himmel auf Erden für mich und noch himmlischer für die Kätzchen.«[21] Die beiden sind sich sehr nah und sehr ähnlich. Ihre Sichtweisen auf die Dinge gleichen einander, und so schreibt Howard Moss einmal von einer Europareise einen Satz an Maeve, den diese nur unterschreiben kann: »Die schreckliche Wahrheit ist, dass es furchteinflößend sein kann, wenn man das hat, was du immer wolltest: Frieden und einen Platz, um zu schreiben und allein für sich zu sein.«[22]

Maeve ist in jenen Jahren so prominent, dass die Lokalzeitung es gar vermeldet, wenn sie East Hampton verlässt: »Maeve Brennan, die lange Zeit ein Haus in East Hampton gemietet hatte, kehrt nun nach New York zurück.«[23] Ja, Maeve ist jemand, den man gerne kennenlernen würde, das erlebt sie mehr als einmal. Manchmal ist es amüsant, manchmal auch ziemlich anstrengend, wie sie am Beispiel der neuen Frau eines alten Freundes erlebt: »Jeffreys neue Frau zitterte vor Angst, während sie versuchte, mir zu erklären, dass sie Kay gebeten habe, uns vorzustellen. Ob ich wohl die Güte hätte, Jeffrey zu besuchen, der von niemandem sonst spricht, und ob ich wohl so freundlich sei, das Baby zu besuchen, und vielleicht könnte ich auch gleich alle besuchen? Sie zitterte wie Espenlaub und bemühte sich dabei zu lächeln. Es war grauenhaft. Sie fragte mich, wie ich meine Haare so hinbekäme und erzählte mir dann alles über meine Kurzgeschichten. Dann sagte sie, dass sie im letzten Sommer jeden Tag nach Maidstone Beach gefahren sei und dort entlangspaziert sei, in der Hoffnung, mich zu treffen. Ich habe ihr natürlich nicht erzählt, dass ich dort nur im Winter bin. Du meine Güte, [...] sie ist 30, und es ist ihre zweite Ehe, aber sie benimmt sich wie eine 17-Jährige.«[24]

Maeves Einkünfte in jenen Jahren sind gut und ermöglichen ihr so manche Reise. Am 23. Dezember 1962 reist sie dank des jüngsten Schecks vom *New Yorker* mit dem Ozeandampfer *Westerdam* nach Amsterdam. Sie bezieht ein Zimmer im Amstel Hotel, wo sie den Jahreswechsel verbringt. Einsam fühlt sie sich nicht, ganz im Gegenteil. Nach den wilden Jahren mit Mac, den vielen Partys und Gelagen sehnt sie sich nach Ruhe und Frieden.

Kurz nachdem sie wieder in New York eingetroffen ist, erreicht sie ein Telegramm ihrer Schwester Deirdre, die sie nach Irland zurückbeordert: Ihr Vater ist ernstlich erkrankt. Sie reist umgehend nach Dublin und ist geschockt von dem, was sie dort erwartet: »Ein furchtbar altes Krankenhaus und ein sehr trauriger, von seiner mittleren Tochter schwer enttäuschter alter Mann.«[25] Maeve ist ganz offensichtlich eine Enttäuschung für ihren Vater. Geschieden, alleinstehend, keine Kinder und sehr eigen – das ist kaum die Tochter, die sich Robert Brennan gewünscht hatte. Vielleicht ist es aber auch der von Maeve so deutlich gefühlte Neid des Vaters auf die erfolgreiche Tochter, der seine Unzufriedenheit nährt. Für Maeve ist die Familie beileibe kein Ort der Geborgenheit. Aufgewühlt schreibt sie an William Maxwell: »Verrate mir bitte umgehend, wie ich dieses widerliche Schuldgefühl, das ich meiner Familie gegenüber wegen meiner Arbeit habe, abstellen kann – ich kann doch etwas dagegen tun, oder? Weißt du, das ist eine richtiggehende Neurose – sich dafür zu schämen, irgendetwas zu haben – sich sogar dafür zu schämen, ein Talent zu besitzen, das mir Vergnügen und Unabhängigkeit zugleich bringt.«[26]

Doch bei allen Schwierigkeiten, die sich zwischen Maeve und ihren Eltern auftürmten – es sind und bleiben ihre Eltern. Bereits 1962 hat sie eine Geschichte verfasst, die vom Verlust der Eltern handelt und die zeigt, dass sie sich den beiden, trotz aller Entfremdung, verbunden fühlt. Obwohl ihr Vater damals noch lebt, kann sie sich gut vorstellen, »wie schwer es doch für einen Menschen sei, allein in der Welt zurückzubleiben, wenn Vater und Mutter nicht mehr sind«.[27] Seit ihre Mutter tot ist, denkt sie viel über deren Leben nach und unternimmt den schwierigen Versuch, das Verhalten ihre Mutter besser zu verstehen: »Wenn du reingeplatzt bist, wenn sie am Kochen war oder in der Küche an der Nähmaschine saß oder im Garten bei ihren Blumen war – vor allem, wenn sie bei ihren Blumen war –, dann hat sie dich voller Argwohn angeschaut.«[28] Mit den Jahren wird sie sukzessive versöhnlicher an ihre Mutter denken: »Sie hat mir alles gegeben.«[29]

1963 ist ein schwieriges Jahr für Maeve. Ihr Vater bleibt kränkelnd, im Sommer erleidet Mac einen erneuten Nervenzusammenbruch, und schließlich erhält auch noch Gerald Murphy die niederschmetternde Diagnose Krebs. Er muss sich einer schweren Operation unterziehen, und Maeve schreibt in großer Sorge an William Shawn: »Gerald Murphys Operation war sehr schwer, und er wird wohl nie wieder so kräftig werden wie zuvor. Aber die Ärzte sind mit seinen Fortschritten ganz zufrieden, und er wird das Krankenhaus voraussichtlich nächste Woche verlassen können.«[30] Um sie aufzuheitern, verspricht Gerald Murphy Maeve, ihr bei seinem Tod einen Originalbrief von W. B. Yeats zu hinterlassen. Dies sind die Momente, in denen Maeve Brennan sich gern zurückzieht, um in ihrem Proust-Gedichtband zu lesen:»Das ist ein Buch, um drin zu blättern, wenn du mitten in der Nacht wach wirst. Es ist so eine Wohltat, wenn sich das Gehirn ein wenig ausstrecken kann.«[31]

Die Schicksalsschläge dieses Jahres zehren so sehr an ihr, dass die langatmige Lady in einer Kolumne gesteht:»Ich wünschte, ich könnte mich für ein paar Tage oder gar eine Woche in eine Transatlantikreisende verwandeln, mich im Foyer eines fernen Hotels mit Gepäck und einer gestreiften Reisedecke maskieren und alle Welt in dem Glauben wiegen, ich hätte einen sehr guten und gewichtigen Grund für meinen Aufenthalt, und wenn ich abreiste, hätte ich dafür einen ebenso zwingenden Grund, und mein nächstes Reiseziel stünde schon fest und richtete sich nach Plänen, die unabänderlich wären. Für eine kleine Weile wollte ich mich strengsten Vorgaben unterwerfen, mit einem Zeitplan, an den ich mich halten müsste, Fahrkarten und einem Reisepass, mit dem ich mich ausweisen würde, und einem Verzeichnis ferner Hotelzimmer, die mir jetzt noch unbekannt waren, schon bald aber vollkommen vertraut wären, da ich in ihnen schlafen würde. Und meine Ausrede und meine Erklärung für meinen jeweiligen Aufenthaltsort würde stets neben mir stehen – mein in jeder Sprache erkennbarer Reisekoffer. Mein Reisekoffer würde mich zu jedermanns Zufriedenheit und besonders zu meiner eigenen in fremde Zungen übersetzen. Und ich würde in eine Stadt reisen, wo die Leute eine Sprache sprächen, die ich nicht verstehe, sodass ich lauschen könnte, so viel ich wollte und doch niemanden *be*lauschen würde.«[32]

Die gesundheitlichen Probleme der drei Männer, die ihr einmal Heimat waren, Robert Brennan, St. Clair McKelway und nicht zuletzt Gerald Murphy, machen ihr schwer zu schaffen, bringen eine bisher kaum gekannte Sehnsucht nach Heimat hervor. Sie erkennt einmal mehr, dass Heimat weder an Orte noch an Menschen gebunden sein darf, sondern dass sie Heimat in sich selbst finden muss. Weil das nicht so einfach ist, träumt sie manchmal »von einem Land, wo die Menschen sich so heimisch fühlen, dass sie sich überall heimisch fühlen können«.[33]

Das Jahr 1963 hält noch weitere Schicksalsschläge für sie und ihre Landsleute bereit. Nicht nur dass ihr geliebter Kollege A. J. Liebling mit nur 59 Jahren stirbt, im Herbst steht ein ganzes Land still, als J. F. Kennedy, der charismatische irisch-katholische Präsident, mit nur 46 Jahren in Dallas ermordet wird.

Die Trauer um A. J. Liebling ist in der Redaktion des *New Yorkers* riesengroß. Liebling, der beste Freund von Joseph Mitchell, war ungeheuer beliebt, wie Brendan Gill bestätigt: »Wenn er lachte, [...] dann schüttelte sich sein ganzer Körper vor Vergnügen. Er war sinnlich und eitel, sehr talentiert und extrem fleißig. Als er 1963 starb, hatte er gerade erst begonnen seinen Ruhm, an den er immer geglaubt hatte und auf den er so lange warten musste, zu genießen.«[34]

Liebling war einer der großen Exzentriker des *New Yorkers*, stets außergewöhnlich gekleidet mit einem viel zu engen Regenmantel und einer kleinen Melone auf dem Kopf, die er weit in die Stirn gezogen trug. Einmal ging er gemeinsam mit Philip Hamburger die Sixth Avenue entlang ins Büro und sah dabei so verboten aus, dass sich die Leute auf der Straße nach ihm umdrehten. Als ihm dies klar wurde, wandte sich Liebling ganz selbstbewusst an Hamburger: »Siehst du, wie sie mich anstarren? Sie kennen mich aus dem Fernsehen.«[35]

Liebling hinterlässt seine Ehefrau Jean Stafford, pulitzerpreisgekrönte Autorin und Journalistin beim *New Yorker* und *Harper's Bazaar*. Stafford hatte nach dem Scheitern ihrer ersten Ehe mit dem manisch-depressiven Autor Robert Lowell, dessen Untreue sie schwer getroffen hatte, und einem zweiten Ehefiasko mit *Life-Magazine*-Autor Oliver Jensen, in Liebling ein spätes Glück gefunden, das nur von kurzer Dauer war. Zusammen hatten sie in Lieblings

Haus »The Springs« in East Hampton gelebt und waren dort sehr glücklich gewesen. Die Freunde vom *New Yorker*, allen voran Howard Moss und Maeve tun ihr Bestes, Stafford zu trösten, wobei Maeve auch ihre boshafte Seite zeigt, wenn auch nur William Maxwell gegenüber: »Ich habe überlegt, was wir in A. J. L's Grabstein einmeißeln sollen. Ich schlage vor, wir nehmen seine letzten Worte. Und was waren seine letzten Worte? Nun ich bin mir sicher, er sagte: ›Frag nicht, was du für Jean Stafford tun kannst, sondern frag, was Jean Stafford für dich tun kann.‹«[36]

Gleichwohl lädt sie die trauernde Witwe zum Weihnachtsfest in ihr Häuschen nach East Hampton ein. Die Einladung verläuft allerdings ein klein wenig anders, als Maeve sich das vorgestellt hatte: »Wir mussten Jean Stafford zum Weihnachtsessen einladen. Howard hat sie am Heiligabend morgens angerufen, und sie wollte mit mir sprechen. Sie erzählte mir, dass sie eine Magen-Darm-Grippe hat, und sie glaube nicht, dass sie kommen kann, aber vielleicht, wenn Mark vorbeikommt und sie abholt. Dann erklärte sie mir noch, dass sie Ischiasschmerzen hätte und Herzrasen und dass die Biopsie an ihrem Busen auch noch nicht verheilt sei und dass sie letzten Montagnachmittag im Woolworth Building gestürzt sei. Am Abend – ich war eigentlich darauf eingestellt, zu Herb McCarthys nach Southampton zum Fischessen zu fahren, aber der Nebel war zu dicht – gingen wir zu Hedges. Als wir durch die leere Eingangshalle zur Cocktailbar gingen, verschwanden Howard und Mark, die hinter mir waren, ganz plötzlich, nur um einige Minuten später wieder aufzutauchen und zu berichten, dass Jean mit zwei Freunden im Restaurant saß und Chicken à la King speiste. Dann erschien sie selbst, in einem hervorragend aussehenden roten Kleid mit Stehkragen, erfreute sich ganz offensichtlich bester Gesundheit und sagte, sie fühle sich schon viel besser, danke der Nachfrage.«[37]

Obwohl Maeve gekränkt ist, bleibt es bei der Einladung für den Weihnachtstag. Hätte sie geahnt, was passiert, hätte sie diesen

Entschluss sicher noch mal überdacht: »Am Weihnachtstag [...]
tauchte sie vollkommen betrunken hier auf. Sie trug abgeschnit-
tene Fischer-Stiefel, die bis zur Hälfte ihrer Waden reichten und
graue Männerhosen, die sie in die Stiefel hineingesteckt hatte.
Dazu ein unförmiges langes Sweatshirt mit einem Stehkragen, das
aussah, als wäre es aus Kieselsteinen zusammengesetzt. Ihre Haare
waren ungekämmt, ihr Gesicht schmutzig, und ihre triefenden
Augen erinnerten mich an die alten Männer, die mich am Sonntagmorgen immer um Geld anbetteln. Sie mochte keinen Champagner, sondern wollte einen Bourbon und stieg dann auf Scotch
um.«[38]

Während des Dinners verschüttet Jean Stafford auch noch ein
Glas Rotwein über Maeves Tischtuch: »Sie bestand darauf, dass
man ihr die große Salzbüchse reichte, sodass sie über alles Salz
streuen konnte. Das meiste davon landete auf dem frisch gewachs-
ten Fußboden, sodass die Katzen und Bluebell vor Durst fast wahnsinnig wurden, nachdem sie ihre Pfoten abgeleckt hatten. [...] Also
wirklich, sie ist ein Albtraum. Das war mein Weihnachtsessen. Das
ganze Haus war geputzt und dekoriert. Wenn sie nicht über den
verdammten Wein lamentierte und heulte [...], erzählte sie Geschichten, die wir alle schon fünfzigmal gehört hatten. Der Tisch
sah aus, als wäre irgendwas auf ihm verblutet. Großer Gott, es war
schrecklich.«[39]

Staffords Aufzug hätte eigentlich keine Überraschung für Maeve
sein dürfen, sie kennt Jean lange genug, um zu wissen, dass diese
beinahe maskiert herumläuft. Howard Moss erinnert sich, dass sie
zu einer Einladung einmal eine Halloween-Maske mit einer roten Nase trug und ein andermal in einer Kellnerinnen-Uniform
erschien. Die Ansichten, ob Stafford sich so kleidet, weil sie provozieren will oder weil sie absolut keinen Geschmack hat, gehen aus-
einander. Tatsächlich wird Jean Stafford, die im Laufe ihres Lebens
mehr als 30 Klinikaufenthalte, diverse Nervenzusammenbrüche
und Psychotherapien hinter sich bringen wird, niemals über Lieb-

lings Tod hinwegkommen. Dieser Schicksalsschlag verstärkt ihre Alkoholsucht derart, dass sie schließlich einen Schlaganfall erleidet, als dessen Spätfolge eine Aphasie diagnostiziert wird. Gesegnet mit großem Talent, Charme und Selbstbewusstsein, endet auch Jean Stafford in Alkoholismus und Einsamkeit. In Erinnerung bleibt ihr auf Partys stets mit bitterem Zynismus wiederholter Satz: »Ich werde mit jeder Stunde erbärmlicher.«[40]

Mit diesem Weihnachtsfiasko geht das Jahr 1963 langsam zu Ende. Maeve ist froh und schreibt mit roter Tinte auf eine pinkfarbene Neujahrskarte an Sara Murphy: »Ich freue mich auf 1964. Das war ein in jeder Hinsicht mieses Jahr.«[41]

Neuerdings fühlt sie sich manchmal einsam an den verlassenen Stränden der Hamptons. So einsam wie ihre Hündin Bluebell in einer ihrer Geschichten: »Der Rasen ist leer, er entschwindet im Nebel, und die Luft ist still geworden. Keine Stimme ruft von der Düne herab. Es gibt keine Bluebell. Ihr Name ist verloren gegangen. Sie war der einzige Hund auf der Welt, jetzt ist sie nur irgendein Hund. An allem sind nur die Kinder schuld, ihre Abwesenheit. Sie sind an allem schuld. Sie sind zu leise. Für die Stille, für den Verlust sind sie verantwortlich. Bluebell hebt den Blick von der Düne und legt die Schnauze auf den blanken Knochen zwischen ihren Pfoten. Sie döst. An allem sind nur die Kinder schuld. Die Kinder sind leise, weil sie fort sind.«[42]

An William Maxwell schreibt Maeve: »Du musst nicht glauben, ich sei verzweifelt. Du kennst meine Natur nicht, aber ich kenne sie jetzt, nachdem ich so lange und meist ohne Erfolg auf meine Mutter aufgepasst habe, fest entschlossen, sie von allem fernzuhalten. […] Nur wusste ich nicht, was wirklich vor sich ging. Ich habe dir einmal erzählt, dass ich mir eine Nebelwand gewünscht habe, einzig mir war nicht klar, dass ich sie zwischen mir und meinem Ich brauche. Letzte Woche sprach ich in meiner melodramatischen Art von der Gefahr, die aus verschiedener Richtung kommen kann. Aber eigentlich kommt sie nur von da, wo sie schon immer hergekommen ist – von mir. Wahrscheinlich geht dir dieses zweideutige Gerede schon langsam auf die Nerven. Bitte verzeih mir. Du kannst dir gar nicht vorstellen, wie klar ich gerade bin.«[43]

Im Frühling kehrt sie nach New York zurück und bezieht ein Apartment im Beaux Art Hotel in der 44th Street zwischen First und Second Avenue. Das Gebäude ist ein Art-déco-Monument, das 1928 von der Elite der New Yorker Architekten, dem Beaux-Arts Institute of Design errichtet worden war. Ihr Zimmer liegt im zwölften Stock, und da die Nachbarhäuser allesamt niedriger sind, hat sie einen wunderbar weiten Blick bis hin zur Fassade des UN-Hauptquartiers. Von hier aus sieht sie auch die vielen Baukräne und die gähnenden Löcher, die nun dort sind, wo einst Gebäude standen. Die Stadt verändert sich erschreckend schnell. Was heute noch zum Alltag der Bewohner gehört, kann morgen schon der Abrissbirne zum Opfer fallen.

Einmal erwirbt sie auf dem Nachhauseweg vom Büro ein Päckchen Spielkarten, die an den Enden so eingekerbt sind, dass man daraus ein stabiles Kartenhaus bauen kann. Wieder in ihrem Zimmer, beäugt sie ihren Kauf voller Skepsis: »Ich nahm die Karten, die ich gekauft hatte, aus der Packung und betrachtete sie. Sie hatten die Form und Beschaffenheit von Spielkarten, doch statt Herzen, Karos und alledem waren sie mit Blumen und geometrischen Mustern verziert. Ich fragte mich, weshalb ich sie überhaupt gekauft hatte. Ich war nie darauf erpicht gewesen, Kartenhäuser bauen zu wollen. […] Es war zu viel. Die Stadt um mich her wankte, der Boden unter meinen Füßen bebte sozusagen schon unter den Stiefeln der Abbrucharbeiter. Und ich wollte ein Kartenhaus bauen, das garantiert nicht in sich zusammenfiel? Die Vorstellung irritierte mich, ließ mich aber auch nicht los. […] Hier saß ich nun und bewunderte mein Zimmer, denn es würde selbst dann noch gut aussehen, wenn das Dach abgetragen wäre. Ich beglückwünschte mein Zimmer und mich selbst, weil es einen ansehnlichen Leichnam abgeben würde.«[44]

Obwohl sie die Veränderungen in der Stadt mit Sorge betrachtet, ist auch sie selbst ständig in Bewegung. Augenblicklich bevorzugt sie alles Unfertige, Improvisierte, alles was ihr Unabhängigkeit verleiht, sie nicht an einen Ort bindet. Sie, die nie die Erwartungen der Familie erfüllt hat, scheint ihren Frieden mit ihren Unzulänglichkeiten gemacht zu haben. Dies zeigt sich deutlich in einer ihrer Bluebell-Geschichten, in denen sie das Unfertige ihres Winter-Cottages in East Hampton preist: »Dass sie Garten- so wenig wie Näharbeiten verrichtete, entschuldigte sie mit der Behauptung, schlichtweg kein Talent dafür zu haben. Was Dinge betraf, die sie *nicht* tat – sie fuhr kein Auto, gärtnerte nicht, nähte nicht –, so neigte sie zu einem gewissen Eigensinn, und etwas von dieser Geisteshaltung zeigte sich auch darin, dass sie sich ebenso aufrichtig zu dem beglückwünschte, was ihrem Haus fehlte, wie zu dem, was es enthielt. Denn trotz allem, was ihm fehlte, hatte das Haus etwas Fröhliches, ja Einladendes. Das macht die hohe Decke [...], das machen die Bücher, und der große Kamin und der malvenfarbene Kaminvorleger, die eine heitere Atmosphäre verbreiteten. Und sowieso ist das Haus gutherzig, dachte sie, genau wie ich, ob wir's wollen oder nicht.«[45]

Dass ihr Haushalt keineswegs dem Ideal einer irischen Hausfrau entspricht, stört Maeve und ihr Alter Ego Mary Ann nicht die Bohne: »Ihr lag daran, dass alle ihre Besitztümer an einem Ort versammelt waren. [...] Sie war so zufrieden mit sich, ihren Besitztümern und ihrer Einrichtung, dass sie selbst das bewunderte, was ihrem Haus fehlte. So besaß sie zum Beispiel – ein ganz einfaches Beispiel – keinen Esstisch. Sie wusste, dass sie einen richtigen Tisch brauchte, einen richtigen Platz zum Essen, und dass ihr Leben ohne einen solchen Tisch nur ein Provisorium war, sie dachte aber auch, dass Provisorien sehr gut zu diesem merkwürdigen kleinen Haus passten, einem Haus, dem etwas so Vorläufiges anhaftete, dass sie sich, als sie es das erste Mal betrat, gesagt hatte, es sei gar kein wirkliches Haus, eigentlich überhaupt kein Haus, sondern eine Unmöglichkeit, und sie müsse es unverzüglich anmieten, denn wenn sie zu einem späteren Zeitpunkt noch einmal danach suchte, wäre es womöglich gar nicht vorhanden.«[46] Maeve Brennan ist die Königin des Flüchtigen, dies zeigen ihre Wohnsitze, ihre Besitztümer, ja sogar ihre Männer. Einzig was ihre Freundschaften anbelangt, lässt sich eine gewisse Konstante feststellen, die eng verbunden ist mit ihrer Arbeit beim *New Yorker*. Fast alle ihre Freunde sind auch Kollegen, und die meisten davon sind männlich. Ebenfalls von Dauer sind ihre Gewohnheiten und Vorlieben. Sie liebt New York am frühen Morgen, wenn die Stadt ihr allein gehört und nur ab und an ein Taxi gemächlich die menschenleeren Straßen entlangfährt. Wenn sie in einem Frühstückslokal sitzt und andere Frühaufsteher oder Nachtschwärmer beobachtet. Das ist ihr New York, ruhig und nahezu menschenleer in den Stunden, ehe die großen U-Bahn-Schächte die Menschenmassen ausspucken, deren Tagwerk beginnt. In den Hamptons unternimmt sie in diesen frühen Stunden gemeinsam mit Bluebell lange Spaziergänge an den einsamen Stränden, beobachtet die Wellen und folgt mit ihrem Blick den kreischenden Möwen. Sie liebt den Morgen in dem Moment, da der Tag anbricht und etwas Neues beginnt. Und natürlich liebt sie Bluebell und ihre Katzen, wie sich Gardner Botsford erinnert:»Maeve hatte mehr Katzen als Besitztümer. Es waren alles Streuner, jede hatte einen Namen – Juno, Basil, Rupert und Daisy (›die schwarze Tochter des Satans‹) waren der harte Kern. Jede mit einer, (für Maeve) unverwechselbaren Persönlichkeit.«[47]

Maeves Methode, sich in den Häusern oder Apartments ihrer Freunde einzuquartieren, wenn diese auf Reisen sind, spart ihr eine Menge Geld. Trotzdem kommt sie mit ihrem Verdienst nicht über die Runden. Dies liegt nicht zuletzt an ihren ausgedehnten Shopping-Trips durch Manhattan, die jedes Mal ein kleines Vermögen kosten. Am 21. Januar 1964 erreicht die Buchhaltung des *New Yorkers* folgendes Telegramm des Luxuskaufhauses Saks Fifth Avenue,

Maeve Brennan betreffend:»Weitere Stundung ausgeschlossen.
Sollte Summe von 1840,70 Dollar nicht bis 27. Jan. 1964 bezahlt
sein, wird die Sache an Anwälte übergeben.«[48] Auch wenn man
nicht begeistert davon ist, derartige Telegramme bringen im *New
Yorker* niemanden aus der Fassung. Autoren mit dringend zu be-
gleichenden Schulden sind hier Alltag – und oft genug wird das
Problem diskret gelöst.

Das Jahr 1964 wird dominiert von der Krankheit Gerald Murphys. Es geht ihm von Woche zu Woche schlechter, die Freunde
sind in großer Sorge. Maeve besucht ihn, so oft sie kann, bringt
kleine Geschenke mit ans Krankenbett und versucht ihn aufzuheitern. Um näher bei den Murphys zu sein, zieht sie noch einmal
nach Sneden's Landing in St. Clair McKelways Haus. Doch der
Krebs ist bereits zu weit fortgeschritten. Im Herbst 1964 schreibt sie
an William Maxwell:»Gerald Murphy stirbt. [...] Seine Stimme ist
sehr schwach, und bei meinem letzten Besuch war sein Gesichtsausdruck sehr seltsam. [...] Er hat große Schmerzen und nimmt
starke Schmerzmittel.«[49] Er will seine teure Garderobe unter seinen
Freunden verteilen, und Maeve hilft ihm, fast neidisch, dass ihr
als Frau kein derartiges Andenken an den Sterbenden bleibt:»Sara
sieht so traurig aus. Aber sie sind beide aufgeräumt, machen Witze
und vermissen ihre Söhne. Manchmal fallen Gerald die Augen zu.
Sie hatten noch auf eine weitere Operation gehofft, aber es war
dann eine sehr schlimme OP, mit schrecklichen Schmerzen hinterher.«[50]

Am 17. Oktober 1964 stirbt Gerald Murphy, der zusammen mit
seiner Frau einer der wichtigsten Menschen in Maeves Leben war:
»Was hätte ich nur die letzten fünf miserablen Jahre ohne sie gemacht? Ich kann dir sagen, es wäre mir nicht besonders gut er-
gangen.«[51]

Nur knapp einen Monat später, am 12. November 1964, stirbt
auch ihr Vater mit 83 Jahren in Dublin. Maeve kommt zur Be-
erdigung:»Ich sehe ihn an, Gebeine, weißes Haar, welke Augen,

Mut, Erstaunen, blanker Neid, Bösartigkeit, Verlangen und große Träume, Hingabe, Verwirrung, alles dahin, aber nicht länger ein Traum, sondern letztlich Realität.«[52] 2016 enthüllt die Stadt Wexford ein großes Denkmal zu Ehren Robert Brennans:»Robert Brennan, einer unserer größten, uneigennützigsten und mutigsten Helden, hat endlich die Ehrenbezeugung und Bedeutung erhalten, die er verdient.«[53]

Erneut war es ein anstrengendes Jahr, begleitet von großen Verlusten und einer emotionalen Achterbahnfahrt:»Viele Männer sind in der Lage, Tragödien auszuhalten, vielleicht sogar alle Männer, aber nur sehr wenige Frauen. Mary D. kann es, ich nicht. Emmy kann es auch nicht, Anna Karenina auch nicht und Emma Bovary auch nicht«,[54] notiert Maeve. Zum Jahreswechsel zieht sie sich zum Auftanken nach East Hampton zurück. Am 1. Januar 1965 schreibt sie an William Maxwell:»In den zugefrorenen Pfützen in der Auffahrt spiegelte sich das Mondlicht, auch wenn gar kein Mond zu sehen war. Es war eine Lektion in Sachen Brillanz, und was der Himmel uns zu sagen schien war: ›Alles was geschah, ist vor langer Zeit geschehen.‹ Es war alles still, eine Stille, die nicht die Erinnerung an den Tod bringt, sondern die Erinnerung an das Leben. Ich schätze, dass wir uns erinnern können, ist der Sieg, den wir letztlich über den Tod davontragen.«[55]

Zurück in New York sieht sie sich mit einem Problem konfrontiert, das sie die nächsten Jahre begleiten wird. Genau wie ihr Exmann denkt Maeve nicht im Traum daran, ihre Steuern pünktlich zu bezahlen, was ihr in den sechziger Jahren großen Ärger mit den Steuerbehörden einbringt:»Diesmal haben sie mir mit Pfändung gedroht. Das bedeutet, sie kommen und nehmen alles mit, was da ist, selbst meine miserablen Gehaltsschecks, die ja ohnehin in diesem Jahr schon durch die Steuer gewaltig verringert worden sind. Sie fordern Steuern für ein bestimmtes Jahr nach, dabei bin ich ganz sicher, für dieses Jahr bereits bezahlt zu haben. Doch der zuständige Steuerbeamte weigert sich hartnäckig, das noch mal nachzuprüfen. Also wirklich, ich fühle mich echt misshandelt. Ein Wunder, dass ich noch nicht paranoid bin.«[56]

Briefe folgenden Inhalts häufen sich auf ihrem Schreibtisch: »Sehr geehrter Steuerzahler. Leider haben Sie diverse Hinweise dieser Behörde, Ihre unbezahlten Einkommensteuern betreffend, ignoriert. Aufgrund Ihrer völligen Missachtung unserer Schreiben sowie unserer Bemühungen, Ihnen weitere Peinlichkeiten und Ausgaben zu ersparen, werden wir keine weitere Mahnung mehr an Sie schicken. Dies ist Ihre letzte Gelegenheit, Ihre Steuerschulden zu begleichen.«[57] Ihr Steuerberater rät dringend dazu, die fälligen Steuern zu begleichen: »Ich kann nur nochmals empfehlen, falls es irgendwie möglich ist, zumindest die Steuern für das Jahr 1964 zu bezahlen. Das wären 333,72 Dollar. Auf diese Weise haben Sie zumindest ein Jahr getilgt. Zudem würde ich raten, die 276,68 Dollar an den Staat New York zu überweisen.«[58]

In den nächsten Jahren wird Maeve mehrmals vor Gericht zitiert, zahlen kann sie nur verspätet und wenn überhaupt, dann nur mit Hilfe des *New Yorkers*. Immer wieder erhält sie Schreiben, die vor einer Gehaltspfändung warnen: »Wenn Ihre Zahlung nicht innerhalb der nächsten fünf Tage bei uns eingeht, werden wir ein Pfändungsverfahren gegen Sie einleiten und Ihr Gehalt sowie Ihre Besitztümer pfänden lassen.«[59] Doch bei Maeve ist nicht viel zu holen, obwohl sie so fleißig an ihrem Schreibtisch im *New Yorker* sitzt: »Ich arbeite in einem Gebäude in Midtown. Mein Büro liegt hoch in den Lüften, im zwanzigsten Stock, und gestern Abend verfolgte ich von dieser Höhe aus den Abriss eines roten Ziegelsteinbaus weit unter mir. Tausendmal musste ich auf das Dach dieses Gebäudes hinabgeschaut haben, doch jetzt, wo es verschwunden war, konnte ich mich einfach nicht daran erinnern, wie es ausgesehen hatte. Am Nachmittag, als ich zum Mittagessen ging, stellte ich fest, dass in der Sixth Avenue ein ganzer Block verschwunden war, und ich hatte keinerlei Erinnerung an all die verschwundenen Häuser, außer dass ich meinte, sie könnten eine rötliche Farbe gehabt haben.

Vielleicht waren sie aber auch grau gewesen. Es ist sehr befremdlich, dass sich an einer Stelle plötzlich eine Lücke auftut und man sich nicht daran erinnern kann, dort je eine Wand gesehen zu haben.«[60] Sie denkt nun häufiger über die Vergangenheit nach, daran, wie sie einst nach New York gekommen war und wie verhasst ihr die Sixth Avenue damals war. Erst nach einem plötzlichen Wintereinbruch erkannte sie die Schönheit dieser Straße:»Sie ist der perfekt geeignete Schauplatz für Schnee, und es sollte immerzu dort Schnee fallen, Tonnen und Abertonnen Schnee, die die Avenue so gut wie unpassierbar machen, sodass jeder, dem es gelingt, sich durch sie hindurchzukämpfen, sie voller Zuneigung betrachtet, weil die Sixth Avenue eine Eigenschaft besitzt, die auch manche Menschen, bisweilen ganz plötzlich, erwerben – eine Eigenschaft, die sie dazu verdammt, erst in dem Augenblick geliebt zu werden, wenn man sie zum allerletzten Mal ansieht.«[61]

Vielleicht erinnert sie die Sixth Avenue ein wenig an ihre Eltern, die nicht mehr da sind, womit sich auch die Probleme mit ihnen in Rauch aufgelöst haben. Dafür rückt sie nun enger an Freunde wie Howard Moss heran, mit dem sich in den nächsten Jahren ein amüsanter Briefwechsel ergibt, bei dem sich die beiden gegenseitig Schnipsel aus ihrem Leben berichten. Er ist von großer gegenseitiger Zuneigung geprägt, wie diese Zeilen Moss' zeigen:»Ich werde am 30. braungebrannt, strahlend und unausstehlich zurückkehren. Wollen wir diese Woche mal zu Abend essen? Streiche einen dieser tollen Journalisten aus deinem Terminkalender und schreib den Namen eines wahren Dichters hinein. Meinen, du Dummkopf!«[62]

Howard Moss hütet auch Maeves Tiere, wenn sie beruflich unterwegs ist. Einmal, als er ihr Haus in East Hampton samt Bluebell und den Katzen übernimmt, erreicht sie folgender Brief:»Die Katzen haben ständig Hunger – deine Vorstellung von einer Büchse Futter pro Tag ist reines Wunschdenken. Basil frisst wie ein Schwein, und ich mache mir Sorgen um Penny, auch wenn sie es sich heute recht gut gehen ließ. Juno hat weniger Appetit als die anderen, aber ich befürchte, es gibt einen guten Grund dafür. Ich möchte nicht über das Schlachtfest sprechen, das hier nachts stattfindet. Eine Maus konnte ich retten, aber später habe ich sie nicht mehr gefunden. Ich denke nicht, dass sie noch am Leben ist. […] Das Leben ist wirklich hart. Wir haben Basils Herz gewonnen, und zwar so sehr, dass er Samstagnacht auf mir eingeschlafen ist, als ich auf dem violetten Sofa lag. Geschnarcht hat er wie ein Dynamo. Wenn sie nicht gerade jagt, ist Daisy immer schläfrig. Tom ist so süß, und Rupert ist der perfekte Pfadfinder. Er behandelt die anderen mit freundlicher Strenge. Rupert wächst uns jeden Tag mehr ans Herz. […] Noch zwei Fragen: Darf Bluebell auf dem roten Samtsofa schlafen? Darf Bluebell auf dem violetten Sofa schlafen?«[63]

In diesem Wechsel zwischen den Hamptons und New York vergehen die sechziger Jahre ohne weitere Aufregung: »Und jetzt New York im Herbst 1966. Wir haben Altweibersommer, und über den Bäumen im Washington Square Park hängt ein sonniger Dunst. […] Aus dem Grosvenor Hotel ist ein Studentenwohnheim geworden, das Brevoort, das Lafayette und das Holley sind verschwunden, aber das kleine Hotel Earle, schäbig und elegant zugleich, behauptet nach wie vor seinen Platz, den es seit mehr als sechzig Jahren an der Ecke Waverly Place / MacDougal Street einnimmt, und das Albert wirkt nachts, wenn im Speisesaal, in der Bar und über dem Straßencafé die Lichter angehen, romantisch und fremdländisch.«[64]

In den nächsten Jahren wohnt sie in verschiedenen Hotels, bevorzugt in den oberen Etagen. Noch immer liebt sie es, in die Ferne zu blicken und einen Blick aus der Distanz heraus auf vorbeieilende Menschen zu werfen, die wie Ameisen wirken. Doch die Einsamkeit, ein Gefühl das sie früher nicht kannte, breitet sich nun in ihrem Leben immer weiter aus: »Wir befinden uns ziemlich genau im Zentrum des Theater- und Vergnügungsviertels von New York, aber was es an Jovialität und Kameraderie hier gibt, ist dürftig. Es herrscht eine Atmosphäre schäbiger Vergänglichkeit, und das Herz der Gegend ist feindselig. Es ist ein heruntergekommener Stadtteil mit billigen Hotels und Pensionen, mit Büros und Agenturen und Ateliers und Restaurants und Bars und mit Geschäften, die über Nacht aufgeben und verschwinden. Man geht eine belebte, überfüllte, bunte, unsaubere, irgendwie anrüchige und daher verwegen wirkende Straße entlang, doch im ersten, unausgeruhten Morgenlicht, das hier sehr plötzlich einfällt, zeigen die unregelmäßigen Traufhöhen eine stoische Verzweiflung, und die leeren Fenster spiegeln ein Äußeres an Einsamkeit – jener zwangsläufigen städtischen Einsamkeit, die sich immer an der Grenze zum Chaos bewegt und mit selbstgewählter Einsamkeit nichts gemein hat.«[65] Doch selbst in dieser Einsamkeit gibt es magische Momente:»Jeden Abend erscheint ein Posaunist vom Latin Quarter auf dem Dach und gibt ein Konzert ganz allein und für niemanden. […] Er spielt für die Sterne, er spielt für die Straße, und er spielt für sich. […] Er steht inmitten einer ungeheuren Explosion ruhelosen Lichts – jede Leuchtreklame am Broadway gibt ihr Äußerstes –, aber wäre sein Hemd nicht so weiß und seine Posaune nicht so glänzend, er wäre unsichtbar. Die Lichter des Broadways sind eigensüchtig, sie beleuchten nur sich selbst. Den Posaunisten kümmert es nicht. Auf seinem dunklen Podium, inmitten all der Lichterpracht, spielt er so hingegeben, als liege ihm die Welt zu Füßen.«[66]

Den Sommer 1967 dürfen Bluebell und die Katzen einmal mehr bei der Familie von William Maxwell verbringen, die für die Sommermonate ein Haus am Cape Cod angemietet haben. An seine langjährige Brieffreundin, die mit dem Pulitzerpreis ausgezeichnete Schriftstellerin Eudora Welty schreibt Maxwell:»Oh ich vergaß, Bluebell and Maeves vier Katzen sind bei uns, so wie damals in East Hampton. Es ist wieder ein sehr kleines Haus, keines, das man das ganze Jahr bewohnen würde, aber ich glaube, das macht es grad so schön.«[67] Maeve selbst zieht es in die Hamptons, von wo aus Gardner Botsford eine Karte erreicht:»Ich hoffe, es geht dir gut und du bist vergnügt und glücklich. Ich bin es nicht.«[68]

Zurück in Manhattan mietet sie ein Apartment in Greenwich Village an, in das sie Parkett verlegen lässt und die Miete schuldig bleibt. Als sie ihrer Vermieterin schließlich drei Monatsmieten à 325 Dollar schuldet, verklagt diese sie. Die Kollegen vom *New Yorker* helfen ihr einmal mehr aus der Patsche. Die Kaution allerdings ist weg, und Maeve zieht erst einmal ins Algonquin Hotel.

In diesem Sommer verfasst sie eine wundervolle Kurzgeschichte über einen Sommeraufenthalt Bluebells auf dem Land, in der sie Bluebell schelmisch mit einem Wechselbalg vergleicht, einem Wesen, das wohl auch ihr nicht unähnlich ist. *Die Tür in der West Tenth Street*, die der Geschichte ihren Namen gibt, gehört zur Wohnung des Dramatikers Edward Albee, dem unmittelbaren Nachbarn von Howard Moss. Albee hatte Bluebell ein Jahr zuvor für sechs Wochen in sein Sommerhaus in die Hamptons nach Montauk mitgenommen. Seitdem wird Bluebell immer ganz aufgeregt, wenn sie an seinem Haus vorbeiläuft:»Das Haus in der West Tenth Street sieht aus wie ein richtiges Haus, und niemand, der daran vorbeikommt, würde sich träumen lassen, dass ganz Montauk dahinterliegt – der Felsvorsprung, der Sand und der Ozean. Alles Erstrebenswerte liegt hinter dieser Tür.«[69]

Diese Tür ist für Bluebell die Tür zur Freiheit, einer Freiheit ohne Leine, ohne Frauchen. Die Labradorhündin ist das Ebenbild ihrer Besitzerin, freiheitsliebend, unabhängig, mit eigenem Köpfchen. Sie hasst es, an der Leine von jemandem zu sein, selbst wenn dieser jemand ihr ein Zuhause bieten kann. Am Ende der Geschichte kann Bluebell Freiheit und Zuhause verbinden, denn Frauchen fährt mit in die Berge:»Ja, Bluebell fährt weg von zu Hause, und Zuhause fährt mit. Bluebell wendet den Kopf vom Fenster und schaut Zuhause an, das eine Zigarette raucht, und lächelt. ›Brave Bluebell‹, sagte Zuhause, und Bluebell streckt sich auf der Rückbank aus und legt ihren Kopf auf Zuhauses Schoß. ›Brave Bluebell‹, sagt Zuhause. Bluebell seufzt und schließt halb die Augen. Ihre Zunge fährt heraus, und sie leckt sich die Lefzen. Sie macht es sich bequem für ein lange Reise. Die Räder des Autos drehen und drehen sich, und sie klingen, als könnten sie dies allezeit tun.«[70]

Nachdem der *New Yorker* diese Geschichte veröffentlicht, erhält Maeve folgende Zuschrift eines Lesers:»Als Besitzer eines anderen älteren Hundes, der zwar an die Stadt gebunden ist, dessen Herz aber für das Land schlägt, war ich von Ihrer wunderschönen Geschichte sehr angetan. Ich habe es eigentlich schon vor Jahren aufgegeben, den *New Yorker* zu lesen, aber ihre Geschichte war in seiner allerbesten Tradition geschrieben und weckt in mir die Hoffnung, dass noch weitere folgen werden.«[71]

Maeve Brennan und der Dramatiker Edward Albee sind, wenn Maeve in Howards Apartment wohnt, Teilzeit-Nachbarn und schon seit Jahren eng befreundet. Man verkehrt in den gleichen Kreisen, verbringt den Sommer in den Hamptons, und auf eine Einladung folgt stets eine Gegeneinladung:»Wir hatten Champagner am Nachmittag, und Edward Albee kam mit seinem Freund Bill vorbei, der mit ihm lebt. Ich bewundere Albee, und sein Freund ist sehr geheimnisvoll und erst 21. Sie blieben ganze drei Stunden. Das letzte Mal, als sie da waren, blieben sie auch drei Stunden, und anschließend lud mich Albee seinerseits zum Abendessen [nach Montauk] ein. Ich muss sagen, ich habe mich dort sehr wohlgefühlt. […] Albees Haus steht hoch auf den Klippen, und man hat einen herrlichen Blick aufs Meer.«[72]

Edward Albee lebt seit den vierziger Jahren in Greenwich Village und gilt dort als legitimer Nachfolger von Eugene O'Neill. Seinen internationalen Durchbruch feiert er 1962 mit *Wer hat Angst vor Virginia Woolf?*, 1966 kongenial verfilmt mit Elizabeth Taylor und Richard Burton in den Hauptrollen. Allerdings war er nicht immer so erfolgreich. Sein erstes Stück *Die Zoogeschichte* wollte keine Bühne in den USA aufführen, und so fand die Weltpremiere am 28. September 1959 im Schiller Theater in West-Berlin statt. Das Stück wurde ein riesengroßer Erfolg und Albee zum gefeierten Dramatiker. Edward Albee verehrt Maeve sehr, vergleicht ihre literarischen Werke gar mit denen Tschechows. Ihr zu Ehren nennt er eine Figur in seinem Stück *Kiste und Worte des Vorsitzenden Mao Tse-Tung* von 1968 »Die langatmige Lady«: »Eine sechzigjährige Dame. Es ist mir ziemlich gleichgültig, wie sie aussieht, solange sie sehr durchschnittlich und obermittelständisch aussieht. Nichts Fremdartiges, nichts Merkwürdiges. Sie sollte, denke ich, meistens bei ihrem Liegestuhl bleiben. Sie spricht nie zu den Zuschauern. [...] Von Zeit zu Zeit kann sie sich völlig in sich selbst zurückziehen«, heißt es in den Regieanweisungen.[73] Als das Stück in gedruckter Form erscheint, ist es auf dem Vorsatz Maeve Brennan und Howard Moss gewidmet.[74]

Einmal trifft Maeve Albee zufällig im Le Batt's in East Hampton, wo sie ganz alleine ihr Thanksgiving Dinner einnimmt. »Ich sagte zu ihm: ›Du siehst so anders aus. Du siehst so völlig anders aus.‹ Er sagte: ›Nun, ich bin älter geworden.‹ Ich hatte ihn zuletzt letzten Samstag gesehen und sagte: ›Aber nein, du siehst aus, wie du mit 20 ausgesehen haben musst. Wie ein Schnappschuss von dir mit 20 Jahren.‹ Genau so sah er aus. Ein anderes Mal werde ich dir erzählen, warum ich Albee so nett finde und warum er Leute hasst, die sich bemühen, nett zu ihm zu sein«,[75] schreibt sie nach der Begegnung.

Maeve ist nun 50 Jahre alt und noch immer rastlos. Der Versuch, in Wellfleet am Cape Cod ein ruhiges Plätzchen zu finden, scheitert schon nach kurzer Zeit. Dabei ist das Haus, das sie mietet, ganz wunderbar. Es gehört dem Schwager von Philip Hamburger, der sich neu verheiratet hat. Maeve empfindet es als eine gute Alternative zu den Hamptons. Doch sie fühlt sich dort nicht wohl, wie sie an William Maxwell schreibt: »Ich sehe plötzlich so alt aus, und ich hasse das.«[76] Sie verlässt das Haus Hals über Kopf, etwas, was sie nicht zum ersten Mal tut. Wenn es Maeve irgendwo nicht mehr hält, zieht sie einfach weiter. Doch diesmal ist etwas anders als sonst, diesmal passiert etwas, das die Freunde aufhorchen lässt. Sie geht, ohne sich um ihre Katzen zu kümmern. Als ihr Vermieter das Haus aufsucht, ist von Maeve keine Spur zu finden, dafür haben die Katzen das halbe Haus demoliert. Stillschweigend kommt man im *New Yorker* für den Schaden auf.

Maeve fährt zunächst nicht nach New York zurück, sondern zieht innerhalb Massachusetts umher. Zuletzt landet sie in Duxbury, einem Ort der legendären Pilgerväter:»In Duxbury bin ich ein Bestseller. Die Frau aus dem West-Wind-Buchladen hat 5 Exemplare von In & Out verkauft (eines an mich und vier an sich selbst), und sie hat fünf nachbestellt!!!!!«[77]

Am Ende kehrt sie dorthin zurück, wo sie wirklich zu Hause ist, nach Manhattan:»Als ich das Restaurant verließ, hatte sich der Himmel bezogen. Ich war erst ein paar Schritte auf der Sixth Avenue, als neben, vor, hinter und auf mir geräuschvoll einige sehr große Regentropfen aufklatschten, und ihnen folgte sogleich ein panikartiger Wolkenbruch, der die Gehsteige im Nu leerfegte. Sämtliche Passanten hatten sich an die Gebäude und in die Eingänge gedrückt, und auch ich machte Anstalten, mich in einen Eingang zu flüchten, aber ich war schon durchnässt, also beschloss ich, zur Fifth Avenue zu eilen und nach Hause zu gehen. Ich wurde pudelnass, aber es machte mir nichts aus, denn ich ging ja nach Hause.«[78]

Erneut ist sie viel allein, doch das stört sie nicht:»Es hat eine Zeit gegeben, da ich mich unbehaglich fühlte, wenn ich einen Tisch in einem Restaurant ganz für mich allein in Beschlag nahm, aber seitdem habe ich mich gebessert, und so teilte ich den Kellnern umgehend mit, ich sei nur die, die ich zu sein scheine, eine Person. Dann schlug ich den Tisch aus, den sie mir anboten, und setzte mich an einen anderen, der genauso gut war.«[79] Im November 1967 wohnt sie wieder einmal in der wunderbaren Gartenhauswohnung mit Terrasse ihres Freundes Howard Moss:»Das Apartment ist klein, ordentlich und individuell – eine Ein-Personen-Wohnung, die, seit ich sie am Donnerstag mit meinem Koffer betreten habe, zurückhaltend geblieben ist (freundlich, aber zurückhaltend). ›Wir haben keine Geheimnisse‹, scheinen die beiden kleinen Zimmer zu sagen, ›aber wir gehören *ihm*.‹ Und ich glaube, übermorgen, wenn ich wieder ausziehe, wird dieselbe Spielzeugstimme, die jetzt aus den Wänden flüstert, lauthals rufen: ›Was ist geschehen? Wer hat auf meinem Stuhl gesessen? Wer hat in meinem Bett geschlafen?‹ Ich kenne diese Stimme. Sie ist mir vertraut, so wie sie jedem vertraut ist, der alleine lebt.«[80]

Bei einem ihrer Aufenthalte in Moss' Wohnung wird sie Zeugin einer Cocktailparty im Vorderhaus, einer Party wie sie sie selbst unzählige Male erlebt hat. In letzter Zeit sind die Einladungen allerdings spärlicher geworden. Die alten Freunde von früher haben mit gesundheitlichen Problemen zu kämpfen, oftmals bedingt durch ihren Alkoholkonsum. Man trifft sich nicht mehr so regelmäßig. An diesem besagten Abend hört Maeve die Stimmen der Partygäste, die Musik, das Lachen und das Klirren der Gläser, das der Wind zu ihr hinüberträgt. Sie steht auf der Terrasse, als plötzlich ein Platzregen einsetzt. »Draußen wird alles Geräusch der Welt vom Regen in die Erde gehämmert, und drinnen sprudelt alles Geräusch, das es gibt, auf der Cocktailparty. Nur in diesem Zimmer herrscht Stille, und die Stille ist angespannt. Das Zimmer wartet darauf, dass etwas geschieht. Ich könnte den Kamin in Gang setzen, aber mein Freund hat vergessen, mir Brennholz dazulassen. Ich könnte eine Lampe anknipsen, aber bei Elektrizität stellt sich kein animalisches Gefühl ein. Ich stehe nochmals auf, gehe zum Schallplattenspieler und schalte ihn ein. [...] Die Musik wird stärker und bewegt sich umher, beleuchtet die Bilder, die Bücher und den Kaminsims aus verfärbtem weißem Marmor wie Feuerschein. Jetzt ist meine Bleibe keine Höhle mehr, sondern ein Zimmer mit Wänden, die friedlich lauschen. Ich höre Musik, und ich beobachte die Stimme. Ich kann sie sehen, es ist eine Stimme, der man mit seinem geistigen Auge folgen kann. *La Brave, c'est elle.* Es gibt keine andere. Billie Holiday singt.«[81]

Billie Holiday wird in den sechziger Jahren Maeves absolute Lieblingssängerin, sie wird die Schallplatten dieses tragischen Genies rauf und runter hören. Die Stimme einer Frau, die durch die Hölle ging und es doch schafft, mit ihrer Musik Kraft und Freude zu verströmen, tut Maeve gut. Sie fühlt sich dann nicht mehr allein, sondern weiß sich verstanden.

Um dem nun immer wieder aufkommenden Gefühl der Einsamkeit zu entfliehen, zieht sie im Sommer 1968 für längere Zeit ins Algonquin Hotel: »Vor einer Weile habe ich mir einen Kaffee ins Zimmer bringen lassen. Mr. Michael vom Rose Room hat mir eine Glücksrose dazugelegt. Jede Nacht schickt mir Mr. Michael eine Glücksrose (er zwickt sie von einem Bukett im Rose Room ab), und den ganzen Tag bringen mir die Zimmermädchen Gänseblümchen, ein Gänseblümchen jedes Mal wenn sie mein Zimmer betreten. [...] Das ganze Zimmer ist voller kleiner Vasen, jede mit einem Blümchen darin. Das habe ich von Gerald gelernt. Ein Arrangement aus verschiedenen Vasen ist schöner als alle Blumen in einer Vase. Eier alle in ein Körbchen, Blumen verteilen.«[82] Im selben Jahr wird ihre Geschichte *Das älteste Kind* aus dem Zyklus über die Familie Bagot für den Preis der besten amerikanischen Kurzgeschichte nominiert.

Selbst New York scheint ihr jetzt manchmal bedrückend. Ihre Texte aus jenen Jahren lassen erahnen, wie es in ihr aussieht: »Es gibt Zeiten, da diese Stadt ihre Bewohner richtiggehend zu missbilligen scheint. In düsteren Augenblicken denke ich, dass wir hier zwar *über*leben, nicht aber wirklich leben dürfen, geschweige denn uns vergnügen oder Freude empfinden an dem, was wir sehen, wenn wir aus unseren Fenstern blicken oder durch unsere Straßen gehen. Wenn wir schon die Kraft haben, morgens aus dem Bett zu steigen und uns fertig zu machen, um den Tag in Angriff zu nehmen, sollten wir doch die Freiheit haben, uns zu freuen, und ich glaube, dass uns die Freiheit, uns zu freuen, verwehrt ist, wenn unsere Sinne auf Schritt und Tritt von Straßen abgestumpft werden, die sich feindselig verhalten oder einfach nur trist sind.«[83] Ein Winteraufenthalt in East Hampton verschafft ihr ein klein wenig

Auszeit und Ruhe: »Es gab keinen Mond in jener Nacht; keinen Mond, keine Sterne, keine Wolken, keinen Himmel, keine wirkliche Welt – nur das kleine Haus, das langsam seinen Ort fand, in sicherem Gedenken, beschützt von der Stille, die sich aus den Stimmen der Wogen ergoss.«[84]

Zurück in Manhattan, streift sie ziellos durch die Stadt, schwelgt entgegen ihrer Art in Erinnerungen und sitzt wie so viele Male zuvor im University Restaurant beim Lunch: »Bei einem Besuch in New York im Juli 1941 war ich zum ersten Mal in dieses Restaurant gegangen und hatte mir Lammkoteletts bestellt. Jetzt, an diesem diesigen Nachmittag, esse ich gegrillten Blaubarsch mit Kartoffelpüree, blicke über die Straße auf den dunkelblauen Lattenzaun und das schlotternde Gespenst des längst verschwundenen Whitney Museums und denke: Was noch? Was kommt als Nächstes?«[85]

Man hat keine Geduld mit […] Bummelanten,
die nur dasitzen und zusehen wollen,
oder sich absurderweise unter die Menge mischen,
[…] verwirrt, richtungslos, benommen.

Maeve Brennan, Die Besucherin

IX.

»Wenn ich im richtigen Leben mal einen Ort finde, wo ich mich so fühle wie bei Tiffany, dann werde ich Möbel kaufen und dem Kater einen Namen geben.«

Ich fürchte, ich werde verrückt

Um dem zunehmend als Belastung empfundenen Alleinsein zu entkommen, bewirbt sich Maeve Brennan Ende der sechziger Jahre für einen Aufenthalt in der Künstlerkolonie MacDowell in Peterborough, New Hampshire. Sie wird angenommen und bekommt sogar, wie aus den Unterlagen des Instituts hervorgeht, ein recht langes Stipendium genehmigt. Zumeist bleibt der Besuch auf acht Wochen beschränkt, Maeve ist jedoch vom 11. Dezember 1968 bis zum 25. März 1969 hier zu Gast.[1]

Die 1907 gegründete Anlage ist eine der berühmtesten Künstlerstiftungen der USA: »Wir in MacDowell glauben, dass Kunst die Welt besser macht. Aber um Kunst zu schaffen, die inspiriert, müssen Künstler einen Ort haben, der sie inspiriert. Mit der MacDowell-Kolonie haben wir einen Ort geschaffen, an dem man jeden Tag aufs Neue inspiriert wird.«[2] Klangvolle Namen wie David Lynch, Salman Rushdie, Patti Smith, Leonard Bernstein,

Jonathan Franzen und Thornton Wilder zieren die Gästeliste der Einrichtung.

Gegründet wurde sie dereinst von dem Komponisten Edward MacDowell und seiner Frau Marian, einer Pianistin. 1896 hatten die beiden in Peterborough ein Farmhaus für den Sommer erworben, und MacDowell, der als erster großer US-amerikanischer Komponist gilt, machte hier die Erfahrung, dass er sich in der Abgeschiedenheit von New Hampshire besonders gut konzentrieren konnte, was seiner Schaffenskraft enorm zugutekam. Als er kurz darauf schwer erkrankte, beschloss er gemeinsam mit seiner Frau, das Anwesen nach seinem Tod auch anderen Künstlern zugänglich zu machen. Mit der finanziellen Unterstützung von Grover Cleveland, Andrew Carnegie und Pierpont Morgan wurde 1906 ein Fonds gegründet, der aus der Idee Wirklichkeit werden ließ. Die meisten der 32 Künstler-Studios entstanden noch zu Marian MacDowells Lebzeiten, sie warb bis zu ihrem Tod 1956 unermüdlich für diese einmalige Institution.

Seit 1908 waren in der MacDowell-Kolonie mehr als 8000 Künstler unterschiedlicher Richtungen zu Gast. Einziges Kriterium für die Aufnahme ist herausragendes künstlerisches Können. Die Bewerbung erfolgt in Eigeninitiative, der Kandidat wird von einer Jury, die sich dreimal jährlich trifft und sich aus Fachleuten der jeweiligen Disziplin zusammensetzt, ausgewählt. Alle zwei Jahre kann man seine Bewerbung wiederholen. Bei positivem Entscheid darf man bis zu acht Wochen eines der Studios auf dem Gelände der Kolonie beziehen. In allen Studios gibt es einen offenen Kamin, dafür aber bis heute weder Internetanschluss noch Telefon. Stattdessen steht im Studio für Komponisten ein Flügel bereit, im Studio für Maler finden sich große Leinwände und beste Lichtverhältnisse, und auf die Fotografen wartet eine eigene Dunkelkammer. Frühstück und Abendessen wird von allen gemeinsam im Haupthaus eingenommen, während der Lunch in Picknickboxen auf den Stufen der Studios abgestellt wird, um die Künstler nicht zu stören. MacDowell ist ein Ort von Künstlern für Künstler, und Maeve fühlt sich dort so wohl, dass sie sich bald wieder bewerben wird.

Mitte des Jahres ist sie zurück in New York: »Derzeit bewohne ich zwei große Zimmer in einem Hotel in der 49th Street, das dieses Jahr sechzig wird. Die Zimmer haben sehr hohe Decken und Fenster nach drei Seiten hin. Sie liegen im hinteren Trakt des Hotels, im elften Stock, und über die niedrigen Dächer der kleinen Häuser in der 48th Street hinweg blicke ich direkt auf die große, glatte Rückseite eines anderen Hotels, das etwa dasselbe Alter und dieselbe Höhe wie dieses zu haben scheint. […] Ich finde, dass ich ziemlich hoch oben im Himmel wohne, elf Treppen hoch.«[3] Sie hat Mühe, sich wieder einzuleben: »In letzter Zeit erscheint mir New York eher wie eine gekenterte Stadt. Gekentert, wenn auch nicht gesunken, denn die Bewohner harren aus, und die meisten können sogar noch lachen, während sie sich an diese Insel klammern, die das große Dilemma ihres Lebens ist.«[4] Die Freunde bemerken nun immer öfter Verhaltensweisen an ihr, die über die von Maeve gewohnte Exzentrik weit hinausgehen: »Ihre Leidenschaften wurden zur Besessenheit, unberechenbar und überwältigend. Zum Beispiel entdeckte sie eines Tages Billie Holiday und erstand jede einzelne ihrer hundert und mehr Schallplatten und spielte sie immer und immer wieder, stundenlang, selbst im Büro auf einem transportablen Schallplattenspieler.«[5]

New York scheint augenblicklich nicht der ideale Ort für sie zu sein. Doch für MacDowell kann sie sich nur alle zwei Jahre bewerben. Sie sucht nach einem Ausweg und findet ihn in einem kleinen Häuschen in Rindge, New Hampshire, einer kleinen Stadt 70 Meilen entfernt von Boston und recht nah an der MacDowell-Kolonie in Peterborough. Von 1970 an flüchtet sie immer dann hierher, wenn ihr die Stadt zu laut und zu hektisch wird. Die feministische Schriftstellerin May Sarton, die ganz in der Nähe in Nelson lebt, erzählt: »Ich kannte sie, weil wir zusammen in der MacDowell-

Kolonie gewesen waren. Dabei verliebte sie sich in die Landschaft hier, weshalb sie ein Haus in der Nähe von Nelson mietete. Einen ganzen Winter lang lebte sie dort, nahm ständig neue Katzen bei sich auf und war dauernd pleite. Ich erinnere mich noch daran, wie stolz ich war, dass ich ihr 500 Dollar borgen konnte, und das obwohl ich damals selbst nicht viel hatte und genau wusste, dass ich das Geld nie mehr wiedersehen würde. Sie war voller Leben, und ich habe die Abende, die wir zusammen verbrachten, sehr genossen.«[6]

Maeves Häuschen liegt in der Nähe des 965 Meter hohen Mount Monadnock, des höchsten Bergs New Englands. Schon die Transzendentalisten Ralph Waldo Emerson und Henry David Thoreau fühlten sich von dieser Landschaft magisch angezogen und kehrten immer wieder hierher zurück. Emerson widmete dem Berg sein gleichnamiges Gedicht *Monadnock*, und Thoreau, der ihn mehrere Male bestieg, berichtete mit wachsender Begeisterung von seinen Abenteuern. Zahlreiche amerikanische Maler haben den Berg verewigt, heute ist die Gegend rund um den Berg Nationalpark und beliebtes Wandergebiet. Mit rund 125 000 Wanderern jährlich gilt der Mount Monadnock als einer der meistbestiegenen Berge der Welt. Auch das Stadtkind Maeve Brennan ist von der Landschaft hier tief beeindruckt. Als sie hierher zieht, leben vor allem zivilisationsmüde Aussteiger in dieser Gegend ohne Telefon und ohne Geschäfte. Es ist ein eher raues Leben, wie Maeve ironisch bestätigt: »Ich lerne gerade, wie man einen Truck lenkt.«[7] Dass sie sich hierher zurückgezogen hat, bedeutet nicht, dass sie nicht auch weiterhin mit ihren Freunden in Kontakt steht und regen Anteil am Geschehen in Manhattan nimmt. So erhält Howard Moss folgenden Glückwunsch zu seinem neusten Gedicht: »Dein Gedicht ›Ménage à Trois‹ ist außergewöhnlich. Es ist vieles. Aber es ist vor allem außergewöhnlich. Wow.« Gezeichnet ist der Brief, wie meist an Howard Moss, zärtlich mit »Maybelle«.[8]

Auch der Tod ihres durchaus schwierigen Kollegen John O'Hara dringt bis zu ihr durch, genau wie die Diskussion um das neue

Wunderkind des *New Yokers*, die Filmkritikerin Pauline Kael, die seit ihrer legendären Filmkritik über *Bonnie & Clyde* 1967 zur Redaktion gehört:»Ich finde Pauline Kael macht zu viel Wind um all diese Filme. Gott sei Dank ist sie nicht vor ihrer Zeit geboren worden.«[9]

In ihrer Aussteigerhütte verbringt Maeve diesmal ziemlich frostige Weihnachtstage:»Am 26. Dezember gab es hier einen gigantischen Eissturm. Ich wusste natürlich nicht, dass es ein Eissturm war, nur, dass er gigantisch war. Er hat den riesigen Teich, der völlig zugefroren und mit Schnee bedeckt war, aufgerissen. Ich erinnere mich, dass ich etwas seitlich an einem Fenster stand, das in der Nähe des Teiches liegt. Der Sturm war so nahe, dass ich nicht direkt hinausschauen konnte, auch wenn ich es gerne getan hätte. Draußen ging ein phantastischer Tanz vor sich, das Land, die Elemente und das Firmament, alles wirbelte umher. Alles war weiß, und ein jeder schien zu groß für den anderen. Für keinen gab es einen Tanzpartner. Schnee und Eisregen fielen herab, und der Wind blies mit aller Kraft in alle Richtungen zugleich […]. Ich hatte ein wenig Scheu zuzusehen, auch wenn ich immer wieder zum Fenster ging und dort an der Seite stehen blieb.«[10] An ihre Freundin Katharine White schreibt sie ein paar Tage später:»Ich werde ein wenig mit Bluebell und den Katzen rausgehen. […] Einen Tag nach Weihnachten war hier ein Eissturm, und er war einfach phantastisch.«[11] Tatsächlich war der Wintersturm so heftig, dass sie in einem kleinen Hotel in der Nähe Zuflucht suchen musste:»Es war traumhaft. […] Ich bin gleich drei Nächte geblieben. […] Es ist eine sehr ruhige Saison. Ich hoffe doch sehr, es gibt noch mehr Blizzards.«[12]

Einige Zeit später erhält Gardner Botsford folgende Zeilen:»Ich saß gerade an meiner Bar, die aus zwei Kübeln mit Eis besteht, da hörte ich aus dem Wohnzimmer Gepolter und dann ein dünnes Quieken. Ich bin rübergerannt, aber dort war nur eine vor sich hindösende Bluebell. Doch dann sah ich Ruperts Schwanz nach draußen verschwinden, und da war er auch schon, hinter einem

Busch versteckt, mit einem Vögelchen im Maul. Ein ganz kleiner Vogel, er hing kopfüber, und Ruperts Zähne hatten sich ganz vorsichtig um seinen dünnen grauen Bauch geschlossen. Ich sagte: ›Rupert, gib mir den kleinen Vogel.‹ Das tat er dann auch, und ich trug ihn die Treppe hoch, öffnete ein Fenster, und er flog sofort davon. Ich schätze, er fliegt zur *Daily News*, um sich über mich zu beschweren, weil ich so eine Katze habe.«[13] Sooft und gern sie an ihre Freunde schreibt, momentan ist sie am liebsten allein: »Es tut so gut, mal für sich zu sein. Niemand schneit herein, es ist sehr angenehm. [...] Am liebsten würde ich mich in Luft auflösen.«[14] Howard Moss, der stets verständnisvolle Freund, kann sie beruhigen: »Du brauchst wirklich keine Angst haben, dass ich vorbeikomme. Die Chancen dafür stehen denkbar schlecht [...] und wenn du alleine glücklicher bist – Gott allein weiß, welches Opfer und welche Qualen es bedeutet, auf meine Anwesenheit, meine Weisheit und meinen Charme zu verzichten –, aber wenn du damit glücklich bist. Und ganz praktisch gesprochen, es ist ja nahezu unmöglich, dorthin zu kommen. Es müsste zumindest ein ordentliches Gasthaus geben – ich habe absolut keine Lust, in irgendeiner Bruchbude zu übernachten.«[15]

Erst mit dem anbrechenden Frühjahr werden Maeve die Ruhe und die Natur dann doch zu viel: »Ich vermute mal, der Tümpel ist wirklich sehr interessant, mit all den Riffeln, den kleinen Strömen und Flüsschen, die zwischen kleinen silbernen Inselchen hindurchfließen und den vereinzelten, so wertvoll aussehenden, schwarzen und silbernen Kieselsteinen und der ganzen Landschaft drumherum – aber ich war nie so wild auf Natur. Mit anderen Worten: Der verdammte Frühling macht sich hier breit, und ich schätze, die Bäume werden bald Blätter bekommen.«[16]

Das neue Jahr hält erneut zahlreiche Schicksalsschläge für Maeve bereit. Der schlimmste ist der Verlust Bluebells. So viele Katzen sie im Laufe ihre Lebens auch bei sich aufnimmt, niemals wird sie sich einen anderen Hund anschaffen. Der Verlust ihrer geliebten

Labradorhündin wiegt schwer für Maeve, war sie doch eine der wenigen Konstanten in ihrem Leben. Umgehend flüchtet sie sich, wie William Maxwell berichtet, zur anderen Konstante:»Nachdem sie in die Stadt zurückgekehrt war, wurde *The New Yorker* zum Puffer zwischen ihr und der Verzweiflung. Er wurde zu dem Ort, an den sie immer kommen konnte, wenn sie Hunger hatte und ein Dach über dem Kopf brauchte. Wie oft sie dies in Anspruch nahm, weiß keiner.«[17]

So produktiv sie in den sechziger Jahren ist, so sehr setzt ihr Anfang der siebziger Jahre das zu, was der Albtraum eines jeden Schriftstellers ist: Sie leidet unter einer Schreibblockade. Nicht nur, dass ihr dies psychisch sehr zu schaffen macht, es ist auch kaum hilfreich für ihr dauerhaft überzogenes Konto. Wie einst Mac wendet sich nun auch Maeve ein ums andere Mal mit Bettelbriefen an die Verantwortlichen beim *New Yorker*:»Mit diesem lächerlichen Gehaltsscheck, der sich umgehend in Luft auflöst, ist es mir nicht einmal möglich, meinen Hüttenkäse und meinen Orangen-Joghurt beim Milchmann zu bezahlen. […] Mit anderen Worten, wenn du in dich gehen würdest und dich selbst davon überzeugen könntest, einen Vorschuss für mich anzuweisen, dann bin ich sicher, Mr. G. würde keine allzu große Anstrengungen unternehmen, ihn zu stoppen, vor allem wenn der Vorschuss die Steuerfahndung davon abhält, hier mit einem Pfändungsbeschluss aufzutauchen.«[18] Sie hat Glück, ein ums andere Mal wird ein Vorschuss gewährt, eine Rechnung stillschweigend beglichen.

Um ihr seelisches Gleichgewicht wiederzufinden, bewirbt sie sich erneut für einen Aufenthalt in der MacDowell-Kolonie. Diesmal bleibt sie noch länger. Die Dokumente im dortigen Archiv listen sie vom 10. Januar 1971 bis zum 2. Januar 1972 als Gast, also sogar noch während ihrer Zeit in Rindge.[19] Sicherlich ist sie nicht ein ganzes Jahr ununterbrochen dort, kehrt aber immer wieder dorthin zurück. Die Tage dort tun ihr sichtlich gut, sie trifft interessante Leue und nette Kollegen wie die jüdische Feministin Edith

Konecky, deren Bücher sich mit der Rolle der Frau in der Gesellschaft beschäftigen. Die beiden werden über ihren Aufenthalt hinaus enge Freundinnen, eine der wenigen Frauenfreundschaften, die Maeve pflegt. Als dann noch Tillie Olsen, die Grand Dame der amerikanischen Arbeiterliteratur, zu den beiden stößt, ist das Kleeblatt komplett. Als Olsen einmal ebenfalls über eine Schreibblockade klagt, ist Maeve bemüht, sie aufzumuntern: »Ich habe versucht, die ultimativen Worte zu finden, die dich immer aufrichten, wenn du zu müde oder zu traurig bist, um nicht niedergeschlagen zu sein. Aber mir kam nur eins in den Sinn, an das du immer denken solltest – es hängt alles von dir ab. Du bist alles, was deine Arbeit hat. Sie hat niemanden sonst und hatte nie irgendjemand anderen. Wenn du ihr […] die Stimme verweigerst, wird sie […] sprachlos bleiben. […] Wenn du zu niedergeschlagen bist, um zu arbeiten, dann besteht die Gefahr, dass eine Angst sich einschleicht, die alles zerstört. Eine gute Möglichkeit, diese zu kontrollieren, besteht darin, ans Fenster zu gehen und für eine, zwei oder auch drei Stunden die Vögel zu beobachten. Es ist unheimlich beruhigend zuzusehen, wie sie ihre Schnäbel öffnen und schließen.«[20] Olsen wird diese Notiz an die Wände ihres Studios in MacDowell pinnen.

Die geschiedene Konecky, die sich zu Frauen hingezogen fühlt, thematisiert in ihren durchaus autobiographischen Geschichten die Schwierigkeiten von Frauen, ihren eigenen Weg zu finden. Eine Problematik, die Maeve nur allzu vertraut ist. Als sie später Edith Koneckys Roman *Allegra Maud Goldman* liest, fällt ihr Urteil eindeutig aus: »Das einzige Problem an Ediths Roman ist, dass er zu kurz ist.«[21]

Die Schriftstellerinnen in MacDowell finden rasch zueinander. Auch Elaine Dundy gehört bald zur Truppe. Einmal, nachdem sie sich ziemlich betrunken haben, beschließt Maeve, Elaines braunes Sweatshirt, das sie einfach schrecklich findet, kurzerhand zu entsorgen. Zu den Männern, die Maeve bei diesem Aufenthalt in MacDowell bezirzt, gehört der Autor Robert Phelps – genau wie sie ein überzeugter Einwohner von Greenwich Village. Die beiden sind bald ein Herz und eine Seele, was nicht nur daran liegt, dass sie große Fans der französischen Schriftstellerin Colette sind, die Robert Phelps in den USA erst richtig bekannt macht. Phelps bezeichnet Maeve ein Jahr später seinem Kollegen James Salter gegenüber als eine seiner großen Lieben bei diesem Aufenthalt:»Maeve Brennan, die gerade einen Nervenzusammenbruch im University Hospital auskuriert, und deine Elaine Dundy, die man im November in einem geschlossenen Wagen in eine Entzugsklinik in Massachusetts gebracht hat.«[22]

Tatsächlich begibt sich Maeve im Frühjahr 1972 zum ersten Mal in stationäre Behandlung. Vorausgegangen ist diesem Schritt im März 1972 die Veröffentlichung ihrer längsten und sicherlich auch besten Kurzgeschichte *Die Quellen der Zuneigung*. Die kanadische Literaturnobelpreisträgerin Alice Munro zählt sie später zu ihren Lieblings-Short-Storys, für William Maxwell ist sie gar eine der besten Kurzgeschichten des 20. Jahrhunderts. Maeve hat lange daran gearbeitet, die Zeit in MacDowell intensiv genutzt und alles Können in diese Geschichte hineingelegt. Es ist ihre letzte Kurzgeschichte und eine überraschend harsche Abrechnung mit der Familie in Irland. Auch wenn Maeve die Namen verändert, weiß doch jeder, wer die Personen sind, über die sie geschrieben hat. Schließlich hatte sie selbst immer betont:»Dinge niederzuschrieben macht sie lebendig.«[23] Obwohl die Familie charakterliche Ähnlichkeiten entrüstet von sich weist, gibt es so viele Übereinstimmungen mit tatsächlichen Ereignissen, dass es nahezu unmöglich ist, Realität und Fiktion auseinanderzuhalten. Maeves Familie ist aufs äußerste empört – vor allem die Familie ihres Vaters. Aunt Nan, die sich in Min Bagot porträtiert sieht, schreibt auf die Rückseite eines Fotos von Maeve:»Hat sich 1972 zum allerschlechtesten hin verändert.«[24] *Die Quellen der Zuneigung* führt zu einem nicht wiedergutzumachenden Bruch zwischen Maeve und ihrer irischen Verwandtschaft, wie ihre Nichte Yvonne Jerrold erklärt:»Maeves falsches und unfreundliches Porträt ihrer Tante verursachte eine Menge Ärger. Die Familie war sehr verletzt. Es scheint, als habe sich Maeve sehr weit von ihren Wurzeln entfernt. Ich glaube nicht, dass sie so was gemacht hätte, wenn sie noch in Irland gelebt hätte. Ich denke, die ganze Sache war zum einen der Trauer über den Tod ihres Vaters geschuldet, bei dem sie ja weit weg in New York gewesen war, zum anderen stand sie auch sehr unter dem Einfluss ihres Chefredakteurs William Maxwell. Und zum Teil war es zu dieser Zeit beim *New Yorker* wohl gerade große Mode, autobiographisch gefärbte Geschichten zu schreiben.«[25]

Nachdem Maeve ihre Geschichte beendet hat, erleidet sie einen Nervenzusammenbruch. Sie hat zu viel gearbeitet, zu viel Vergangenheitsbewältigung betrieben und dabei Raubbau an der eigenen Gesundheit begangen. Am 14. April 1972 schreibt sie aus der Klinik an Katharine White: »Du weißt sicher, dass ich in der psychiatrischen Abteilung des N. Y. University Hospitals bin. Von meinem Privatzimmer aus habe ich eine spektakuläre Aussicht. Ich möchte, dass du weißt, dass ich freiwillig und aus eigenem Entschluss hier bin.«[26]

Es ist ihr ungeheuer wichtig, auch während ihrer Krankheit ihre Autonomie und Selbstständigkeit zu bewahren. Und ihre Krankheit heißt nicht Einsamkeit oder Heimweh, sondern höchstwahrscheinlich Schizophrenie. So zumindest lautet die allgemeine Annahme, die jedoch mit ein wenig Vorsicht zu genießen ist, da eine Krankenakte über Maeve Brennan nicht vorliegt. Zu dieser Diagnose passen würde jedoch, dass sie viele gute Phasen hat, die sich mit schlechten abwechseln, und dass sie durchaus in der Lage ist, ihre Situation verstandesmäßig zu erfassen. Katharine White notiert auf den Brief, den sie von Maeve aus der Klinik erhalten hat: »Wie man sieht, klingt das nicht allzu verrückt.«[27]

Tatsächlich klingen ihre Briefe aus der Klinik kaum nach dem so gerne kolportierten Bild der irrsinnigen einsamen Frau, die ihr Leben nicht mehr in den Griff bekommt. Allein, dass sie sich bereit erklärt, sich behandeln zu lassen, zeugt von ihrer Souveränität und ihrem noch immer hellwachen Verstand. An William Maxwell schreibt sie:»Wenn du wüsstest, wie ich hier meine Zeit verbringe, würdest du dich auf den grünen Teppich legen und wie ein Hund bellen, und das wäre schrecklich für Brendan und deshalb erzähl ich's dir einfach nicht.«[28]

Sie will sich auch jetzt nicht das Heft aus der Hand nehmen lassen. Dass die Freunde sie darin bestärken, sich Hilfe zu suchen, kann man gut und gerne annehmen. Viele von ihnen haben Ähnliches mit Freunden und Kollegen erlebt oder eigene Erfahrungen mit der Psychiatrie gemacht. Dennoch ist jeder einzelne Fall schmerzhaft, wie Gardner Botsford berichtet:»Eines Tages rief sie mich aus Yaddo [sic! Er meint MacDowell] an und bat mich im Flüsterton, sie am nächsten Tag um genau 11 Uhr in einem bestimmten Coffee Shop zu treffen. Sie würde Yaddo heimlich verlassen und müsse mit mir reden, ehe ›die‹ sie erwischen konnten. Wir trafen uns, und sie erklärte mir in einem absolut gefassten und vernünftigen Ton, dass ›die‹ ihr schon gefährlich nahe gekommen seien: ›die‹ hätten ihr sogar schon Cyanid in die Zahnpasta gemischt, aber sie habe den Mandelgeruch gerade noch rechtzeitig bemerkt. Fürs Erste würde sie sich in Howard Moss' Apartment verstecken, der sei gerade in Griechenland, und ›die‹ wüssten nicht, dass sie einen Schlüssel dafür habe. Sie vertraue mir das alles an, denn sie wolle, dass jemand über alles Bescheid wisse. Wer sind ›die‹, fragte ich. Sie antwortete, das sei ja wohl eine dumme Frage, ich wüsste doch ganz genau, wer ›die‹ seien, und sie würde deren Namen ganz sicher nicht in aller Öffentlichkeit aussprechen, wo jeder zuhören könne. All dies brachte sie so ruhig und plausibel vor, dass ich begann, an meinem eigenen Verstand zu zweifeln. Von diesem Tage an wurde alles viel schlimmer.«[29]

Wie um Botsford zu widerlegen, schreibt Maeve kurz darauf während ihres Aufenthalts in Howard Moss' Wohnung an denselben einen überaus vergnügten Brief:»Zum ersten Mal in ihrem

Leben bekommen deine Pflanzen genug Wasser. Sie sehen aus wie neu. Die schüchterne kleine Palme, die immer so alleine hinter der Tür saß, steht jetzt ganz aufrecht da, und sie singt.«[30]

Nach der Entlassung aus der Klinik hilft ihr Robert Phelps, eine neue Wohnung in Greenwich zu finden. Auf seine Vermittlung hin vermietet sein Nachbar seine Wohnung an Maeve und ihre drei Katzen.[31] Zudem lässt Phelps es sich nicht nehmen, ab und an bei ihr vorbeizuschauen. Wie Maeve an Howard Moss schreibt: »Robert Phelps kam die Treppen herauf und lud mich auf einen Hamburger an die Riviera ein, aber ich habe abgelehnt. Er blieb dennoch für ein paar Minuten.«[32]

Es geht ihr nicht allzu gut, wie aus einem Brief Phelps' an James Salter hervorgeht: »In der Wohnung von Neville Jenkins wohnt vorübergehend Maeve Brennan, die momentan fast genauso in Schockstarre verharrt wie ich. Manchmal trinken wir zusammen einen Martini, und jeden Morgen vergewissere ich mich, dass sie ihre drei Katzen gefüttert hat. Einmal die Woche geht sie zum Friseur, ein andermal besucht sie ihren australischen Therapeuten, und an einem Tag in der Woche schaut sie in ihrem Büro im *New Yorker* vorbei. Den Rest der Woche geht sie im Zimmer auf und ab.«[33]

Um ihrem Leben wieder eine positive Wendung zu geben, bemüht sie sich Anfang Januar 1973 um eine Buchveröffentlichung neuer Kolumnen der langatmigen Lady. Doch diesmal nimmt man beim Verlag von einer weiteren Veröffentlichung ihrer Kolumnen Abstand: »Leider ließen sich die Verantwortlichen nicht zugunsten unserer Freundin der langatmigen Lady beeinflussen. Viele Leute haben die neuen Geschichten gelesen – die meisten kennen sie ja noch von früher –, aber alle waren sich einig, dass eine überarbeitete Neuauflage im Hardcover sich im Hinblick auf die Verkaufszahlen nicht lohnen würde. Das Beste wäre eine Taschenbuchausgabe, die auf den Massenmarkt abzielt. Doch unsere Taschenbücher landen leider nur sehr selten am Flughafen oder in einem Busbahnhof und schon gar nicht im Bücherregal eines Supermarkts. Es tut mir leid, dass das alles so lange gedauert hat und dass ich keine besseren Nachrichten habe. […] Aber bitte denk daran, wenn Du wieder etwas Neues hast, würde ich Dir dafür gerne ein Angebot unterbreiten.«[34] Die Absage setzt ihr zu. Sie muss erkennen, dass die beste Zeit der langatmigen Lady vorbei ist.

Im April 1973 begibt sie sich erneut in die Klinik. Gardner Botsford und William Maxwell haben sie darin bestärkt, sich noch einmal behandeln zu lassen: »Die Ärzte haben sie mit Medikamenten behandelt, und sie hat eine Psychotherapie gemacht. Das hat gut funktioniert, und auch außerhalb des Krankenhauses blühte sie für eine gewisse Zeit wieder auf. Sie begann sogar wieder zu schreiben. Doch dann ging erneut alles den Bach runter, hauptsächlich deshalb, weil sie sich weigerte, ihre Medikamente zu nehmen.«[35] Maeve hasst Abhängigkeiten, und für den Rest ihres Lebens Pillen zu schlucken behagt ihr wenig. Nur in ihren schlechten Phasen ist sie dazu bereit. Geht es ihr besser, hofft sie, auch ohne Medikamente leben zu können.

Noch im Krankenhaus beschließt Maeve, sich ihren Dämonen zu stellen und nach Irland zu fahren. Am 5. Juli 1973 geht sie in New York an Bord. Sie will sich mit ihrer Familie aussprechen und ihren Frieden mit der alten Heimat machen, doch die erscheint ihr nun – ohne die Eltern – seltsam fremd: »Ich dachte immer, wenn ich einen Baum oder ein Haus oder einen Hügel oder einen Fluss sehe, ja wenn ich nur die Mauern eines Cottages sehe – irgendein Überbleibsel, von mir aus auch eine Tür –, dann würde ich mir die Augen aus dem Kopf heulen. Aber die Landschaft, die einst so geheimnisvoll und doch so vertraut war, die gibt es nicht mehr. Da war nichts, absolut gar nichts, worum man hätte trauern können.«[36] Immerhin gelingt es ihr, mit ihrer jüngeren Schwester Deirdre Frieden zu schließen, die nach dem Erscheinen von *Die Quellen der Zuneigung* kein Wort mehr mit ihr gesprochen hat, obwohl sie in der Geschichte gar keine Rolle spielt.

Nachdem sie einige Zeit bei Deirdre und deren Familie gewohnt hat, zieht Maeve ins Gartenhäuschen von Rory und Ita Doyle, ihrer Cousine und deren Mann in Kilbarrack, einem Vorort von Dublin. Ita Doyle, Mutter des *Commitment*-Autors Roddy Doyle, erinnert sich lebhaft an Maeve und beschreibt sie keineswegs als heruntergekommen und verwirrt – ganz im Gegenteil:»Sie kam also aus Amerika und wohnte bei ihrer Schwester. Dann rief sie mich an und fragte, ob ich Platz für sie hätte, ich sagte ja, und sie kam. Wie immer war sie hochelegant.« Und ihr Mann Rory ergänzt:»Es klingelte, und ich sah ein Koboldgesichtchen vor mir, ein entzückendes Gesicht, eine wilde rote Mähne und blanke Knopfaugen.«[37] Sie erleben eine stilsichere, gut gekleidete, gepflegte und hellwache Maeve, die keinerlei Anzeichen einer schweren Krankheit zeigt und vergnügt nach New York schreibt:»Ich habe hier ein winziges Häuschen, ein Zimmer mit Bad, alles neu. […] Ich wohne hinter dem Haus der Doyles, und ich sehe Möwen, kleine graue Tauben und jede Menge anderer Vögel. Am Ende der Straße liegt das Meer.«[38]

Ihrem ganz eigenen Rhythmus folgend, schläft sie gern tagsüber, doch nachts und am frühen Morgen, da ist sie munter und aktiv:»Ich habe nicht dieselbe Zeiteinteilung wie die Familie«,[39] wird sie sagen, und Ita erinnert sich:»Manchmal hörte man nachts die Schreibmaschine klappern. Maeve hatte immer gute Laune. Ich kann mich nicht erinnern, je ein böses oder herabsetzendes oder missmutiges Wort von ihr gehört zu haben.«[40] Einzig wenn ihr mal wieder das Geld ausgeht, dann kann sie ein wenig ungehalten werden und lange reklamierende Briefe an William Maxwell schreiben.[41] Paketweise trudeln Bücher aus New York ein, die Maeve allesamt sorgfältig liest und knackige Kurzrezensionen dazu verfasst:»Einmal mehr das stereotype Bild eines amerikanischen Reporters in Paris, der sich mit Abgabeterminen, verkaterten Morgen und schönen Frauen aus der ganzen Welt herumschlägt.«[42] Handschriftlich notiert sie eine Bemerkung für William Shawn an den Rand:

»Wenn es nicht einen besonderen Grund gibt, dieses grauenhafte Buch zu besprechen, dann würde ich vorschlagen, Du vergisst es. Ich wünschte, ich könnte es vergessen.«[43]

Als sie später in die USA zurückkehrt, bleiben die Bücher in Irland, wie Rory Doyle berichtet:»Immer wieder nehme ich ein Buch in die Hand und überlege: ›Warum hast du das eigentlich gekauft?‹ und dann fällt mir ein, dass es eins von den Büchern ist, die Maeve bei uns gelassen hat.«[44] Wie in New York oder East Hampton geht sie auch hier viel und gern spazieren. Eine Angewohnheit, die für sie der Schlüssel zum Verständnis ihrer Welt ist: »Man würde meinen, ein Mensch würde seinen Weg mit Hilfe seiner Hände und Augen finden, aber ich finde meinen Weg durch meine Ohren und die Sohlen meiner Füße. Spazierengehen fand ich immer schon wunderbar, und hier ist es noch wundervoller. Ich fühle mich stets besser, wenn ich mit meinen Füßen über den Boden laufe, und hier denke ich nun von Zeit zu Zeit: ›das ist irischer Boden‹ und ›ich weiß, wo ich bin‹. Und wo ich bin, ist da, wo ich immer gewesen bin, außer, dass 39 Jahre flaches und freies Gelände zwischen mir und dem liegt, was ich einmal gewesen bin.«[45]

Man kann sie dabei beobachten, wie sie im Café sitzt und ihre Umwelt betrachtet. Besonders gern sitzt sie bei Tee und Apfelkuchen im neuerbauten Kilbarrack Shopping Center und blättert in der neusten Ausgabe von *Ireland's Own*. Da ist sie wieder die langatmige Lady. Auch wenn sie keine Kolumnen mehr verfasst, ihre Beobachtungsgabe ist noch immer phänomenal, wie Rory Doyle berichtet:»Sie brachte es fertig, sich an dem Tisch mit ihrem Tee und ihrem Kuchen völlig abzukapseln. Wenn sie dann nach Hause kam, hatte sie trotzdem immer etwas zu erzählen – irgendwas Komisches war passiert, oder sie hatte irgendwelche Leute gesehen, die etwas Komisches an sich hatten.«[46]

Im katholisch-strengen Irland der siebziger Jahre, in dem jeder Aufbruch weit weg scheint, ist Maeve die große weite Welt. Einmal nimmt sie Pamela, die Tochter der Doyles mit auf einen Drink ins

Marine Hotel in Sutton. Als sie das Hotel verlassen, regnet es in Strömen, und da weder Bus noch Taxi in Sicht sind, spazieren die beiden Frauen durch den Regen die Seepromenade entlang nach Hause. Als Pamela Maeve anbietet, zumindest unter ihren Schirm zu kommen, winkt diese lächelnd ab:»›Nein‹, sagte Maeve, ›ich habe allen Leuten erzählt, dass ich gern im Regen spazieren gehe, das will ich jetzt mal ausprobieren.‹« Zu Hause angekommen, sind beide völlig durchnässt, und auf Pamelas Frage, ob es denn Spaß gemacht habe, durch den Regen zu laufen, kommt wie aus der Pistole geschossen die durchaus ehrliche Antwort:»Überhaupt nicht. [...] Ich habe keinen trockenen Faden mehr am Leib.«[47]

Maeve macht das Leben der Doyles um einiges bunter, aufregender und großstädtischer. Als Rory einmal beim Abendbrot von Garnelen schwärmt, schleppt Maeve die ganze Familie am nächsten Tag ins teuerste Delikatessengeschäft der Stadt, wo sie mehrere Pfund Garnelen ersteht:»Mit dem Taxi ging's dann nach Hause, Maeve hat eine Riesenschüssel Krabbencocktail gemacht, und dann hat sich herausgestellt, dass sie überhaupt nicht scharf drauf ist. [...] Wir haben uns noch tagelang von Garnelen ernährt.«[48]

Die Familie liebt ihren koboldhaften Hausgast sehr und ist traurig, als Maeve von einem Tag auf den anderen ihre Koffer packt:»Sie ist so plötzlich gegangen, wie sie gekommen ist. Ich war wegen irgendeiner Sache in Raheny, und als ich wiederkam, hatte sie ihren Mantel an, und ich fragte: ›Willst du in die Stadt?‹ ›Nein‹, sagte sie, ›ich will weg. Ich war lange genug hier, ich will eure Gastfreundschaft nicht überbeanspruchen.‹ Und fort war sie.«[49]

Nur einmal noch wird Ita von ihrer Cousine hören. Ein paar Tage nach Maeves Auszug erhält sie einen Anruf von der Polizei. Man habe eine verwirrte Frau aufgegriffen, die diese Telefonnummer angegeben hätte. Ihr Name sei Maeve:»Ob ich nicht mit ihr sprechen könne, fragte der Polizist, er habe den Eindruck, dass sie ziemlich durcheinander sei. Dann war Maeve dran, aber ich fand, dass sie sich ganz normal anhörte. Sie mache sich Sorgen wegen ihrer Nichte, sagte sie, und habe Angst, ihr könne etwas zustoßen. Offenbar hatte sie sich da in etwas hineingesteigert, was ihr keine Ruhe ließ. Ich habe eine ganze Weile mit ihr gesprochen und sie beruhigt, es sei bestimmt alles in Ordnung. [...] Das war unser letztes Gespräch.«[50] Maeve zieht es zurück nach Dublin. In einem Brief an Howard Moss schreibt sie etwas undankbar:»Ich bin wieder weg von meiner Cousine und ihrer Familie – sie waren sehr nett. Aber es ist eine Erleichterung, da weg zu sein. Ich hatte vergessen, oder vielleicht auch niemals gewusst, wie schuldbewusst der Katholizismus in Wirklichkeit ist. Oder es liegt in der Natur der Menschen, die diese Religion praktizieren.«[51]

Einer Maklerin erteilt sie den Auftrag, eine für sie passende Wohnung zu finden. Die letzten Wochen sind angenehm verlaufen, die Krankheit scheint irgendwie weit weg, und sie spielt nun mit dem Gedanken, für immer in Irland zu bleiben. Eine Überlegung, die ihr bis vor kurzem noch unmöglich erschienen war. Doch sie fühlt sich wohl in der Stadt, geht ins Kino und bummelt durch die kleinen Geschäfte. Auch wenn hier alles eine Nummer kleiner ist, sie hat Spaß, und arbeiten kann sie schließlich auch hier.

Warum sie sich dann doch gegen Irland und für die USA entscheidet, teilt sie niemandem mit. Eines Tages reist Maeve einfach zurück nach New York. Sie wird nie wieder einen Fuß auf irischen Boden setzen.

Stattdessen zieht sie von einem Residential Hotel in Midtown Manhattan ins nächste: vom Mansfield ins Algonquin, dann ins Royalton und zuletzt ins Iroquois. Alle liegen in der West 44th Street. Sie hält es jetzt mit Tennessee Williams, der einst schrieb: »Schriftsteller zu sein bedeutet, die Freiheit, fluchtartig Hotels verlassen zu können, glücklich oder traurig, hemmungslos und ohne großes Bedauern.«[52]

Im März 1974 bewirbt sie sich erneut für einen Aufenthalt in der MacDowell-Kolonie. Obwohl man sie für Mitte April dort erwartet, überlegt sie es sich offenbar anders, denn in den Archiven der

Kolonie ist sie nicht mehr als Gastkünstlerin gelistet.[53] Stattdessen zieht sie für längere Zeit ins Royalton, heute eines der teuersten Hotels der Stadt und seit seiner Wiedereröffnung 1988 nach dem Design von Philippe Starck Vorbild für Tausende schicke Boutique-Hotels im ganzen Land. Dank Kurt Vonneguts Bestseller *Schlachthof 5* kam das Hotel dereinst sogar zu literarischen Ehren: »Billy Pilgrim stieg im Royalton Hotel in der Vierundvierzigsten Straße in New York ab. Zufällig bekam er ein Zimmer, in dem einst George Jean Nathan, ein Literatur-Kritiker und Publizist, gewohnt hatte. Nathan war, gemäß der irdischen Auffassung von Zeit, schon im Jahre 1958 gestorben. Nach dem Zeitverständnis der Tralfamadorier lebte Nathan natürlich irgendwo, und er sollte ewig weiterleben.«[54]

Schon bei seiner Eröffnung 1898 galt das Royalton als besonders elegantes Residential Hotel, das seinen Dauergästen absoluten Komfort versprach. Das Hotelrestaurant trug lange Jahre den Spitznamen Café Condé, so viele Journalisten gingen hier ein und aus. Im Sherwood Coffeeshop, gleich neben dem Hotel, treffen Philip Hamburger und Joe Mitchell im Mai 1974 auf ihre ehemals strahlend schöne Kollegin: »Am Tresen saß Maeve Brennan. Auf dem Stuhl neben sich hatte sie irgendeine Papiertüte platziert. Sie wirkte distanziert und feindlich und irgendwas zwischen überrascht und genervt, als sie uns sah. […] ›Hallo Maeve‹, sagte ich, und ich glaube, Phil sagte ebenfalls ›Hallo‹, und sie nickte uns zu.« Ein Gespräch wie in guten alten Zeiten kommt zwischen den dreien nicht zustande: »Während wir auf unsere Rechnung warteten, stand sie auf, legte Trinkgeld auf den Tresen, nahm ihre Rechnung und ihre Tasche und ging grußlos an uns vorbei.«[55] Ihr Interesse an Gesellschaft geht augenblicklich gen null, wie sie Howard Moss verrät: »Ich habe alle halbherzigen Freundschaften schon vor vielen, vielen Jahren aufgegeben. Darum gehe ich auch nie zu Cocktailpartys oder zum Brunch. Man schmäht mich deshalb und nennt mich unsozial. Unsozial! Hüte dich vor mir!«[56]

In diesem Jahr erscheint ihr letzter Kurzgeschichtenband *Christmas Eve* bei Scribner's. Sie widmet das Buch ihrer Schwester Deirdre und ihrem Schwager Gilbert Jerrold. Aus Anlass der Veröffentlichung wird Maeve von Helen Rogan für das *Time Magazine* interviewt. Dabei verrät sie einiges über ihre Gewohnheiten: »Früher bin ich immer um sechs Uhr morgens aufgestanden, egal was war. Heute kann man nicht mehr um sechs Uhr morgens durch die Straßen gehen. Erst ab sieben Uhr ist es sicher. Da siehst du dann viele der Sechs-Uhr-morgens-Leute.« Und sie verrät, dass sie ein Auge für Schnäppchen hat: »Im Bickford's kostet der Kaffee nur 16 Cent. Bei Childs wirst du ja ausgeplündert.«[57]

Den Artikel, der am 1. Juli 1974 im *Time Magazine* erscheint, ziert ein aktuelles Foto von Maeve Brennan, aufgenommen von der berühmten Fotografin Jill Krementz. Es zeigt, dass Maeve entgegen allen Behauptungen auch im Alter noch eine sehr elegante Erscheinung ist. Ihre Haare sind rot gefärbt und im Stil der Zeit toupiert. Sie trägt sie jetzt etwas kürzer. Wie immer ist sie stark, aber akkurat geschminkt, ihre knallroten Lippen stechen sofort ins Auge. Sie ist teuer und gut gekleidet und macht keineswegs einen derangierten Eindruck. Damit scheint sich Katharine Whites Einschätzung zu bestätigen: »Sie war so normal wie jeder andere, den ich kannte. Schriftsteller, vor allem die guten, haben einfach solche Krisen.«[58]

Allerdings ist sie nicht mehr so belastbar wie früher, braucht längere Pausen und nimmt sich auch mal längere Auszeiten vom *New Yorker*. Darüber informiert sie William Shawn gerne auch ganz kurzfristig: »Ich werde mir von Montag, 1. Juli an vier Wochen freinehmen. Es ist sicher ein guter Zeitpunkt, denn es gibt nicht viel zu tun. Ich habe dir am Sonntag eine Nachricht geschickt – bitte zerreiße sie –, ich war nicht ich selbst und hätte sie niemals schreiben dürfen.«[59]

Im Herbst 1975 versucht Maeve Abstand von New York zu gewinnen und übersiedelt zur Familie ihres Bruders Patrick, der in die USA zurückgekehrt ist, nach Peoria, Illinois. Patrick war nach einem alarmierenden Telefonanruf von William Maxwell nach New York gekommen, um seine Schwester zu sich zu holen. Doch ihr Aufenthalt dort ist keine reine Freude, sitzt sie doch den lieben langen Tag ketterauchend über ihrer Schreibmaschine. Sie verlässt ihr Zimmer nur, um sich in der Küche einen starken schwarzen Kaffee aufzubrühen oder den überquellenden Aschenbecher zu leeren. Auch in Peoria gilt: Solange sie ihre Medikamente regelmäßig nimmt, ist alles gut. Doch wie immer, wenn sie sich besser fühlt, entschließt sie sich zum Selbstversuch ohne Medikamente, mit der Folge, dass sie irgendwann in einem Park von der Polizei aufgegriffen wird, als sie gerade dabei ist, Ein-Dollar-Noten an Passanten zu verteilen. Schließlich entfleucht sie ohne ein Wort des Abschieds zurück nach New York.

Hier kann man sie nun beinahe Tag und Nacht im *New Yorker* antreffen. Tagsüber in ihrem Büro und nachts in einer kleinen Kammer hinter der Damentoilette. Dort steht eine Liege, damit Frauen, die unter Menstruationsbeschwerden, Schwindel oder Kopfschmerzen leiden, sich ausruhen können. Die kleine Kammer wird das neue Zuhause von Maeve Brennan. William Maxwell schildert die, auch für die Redaktion ungewöhnliche Situation: »Sie hatte nun immer wieder psychotische Zustände, und eines Tages ließ sie sich in der Damentoilette des *New Yorkers* nieder, so als ob das ihr einziges Zuhause wäre. Niemand hat etwas dagegen unternommen, und die Sekretärinnen gewöhnten sich an ihr manchmal durchaus verrücktes Benehmen, das auch rabiat werden konnte.«[60]

Auch optisch vollzieht sich nun eine Wandlung. Zwar ist sie noch immer stark geschminkt, doch nun wirkt ihre überschminkte Oberlippe seltsam clownesk, ihre einst so akkurat sitzende Frisur verrutscht ein ums andere Mal, wie die Empfangsdame des *New Yorkers* Janet Groth berichtet: »Miss Brennan trug ihr Haar aufgetürmt zu einem zwölf Zentimeter hohen Beehive, in der Hoffnung, etwas größer zu wirken. Als es ihr dann schlechter ging und sie immer öfter vergaß, sich ordentlich zu frisieren, wurde daraus ein gefährlich wankender Turm.«[61] Sie macht sich längst nicht mehr die Mühe, sich abends abzuschminken und morgens neues Make-up aufzulegen, sondern überschminkt nur noch notdürftig das Make-up des Vortags. Ihre früher so elegante Kleidung weist jetzt Flecken und Risse auf. Es scheint, als würde ihr langsam alles entgleiten. Die Kollegen stehen der neuen Situation fassungslos, aber auch hilflos gegenüber:»Viele Männer und Frauen fanden sie bezaubernd, und sie war eine wahre Freundin, aber es gab absolut nichts, was man hätte tun können, um sie vor sich selbst zu schützen.«[62] Die meisten hoffen auf William Shawn, doch der respektiert Maeve viel zu sehr, um über sie zu entscheiden.[63]

Anfang Juni 1976 dringt sie nachts in Philip Hamburgers Büro ein. Sie zerschlägt die Glastür, zerbricht alle Bilderrahmen und wirft alles, was auf dem Schreibtisch liegt, auf den Boden. Vier Tage später, an einem Samstagabend, kehrt sie zurück und schlägt die Glastür von Joe Mitchells Büro in Scherben. Sie wird festgenommen und zunächst ins St. Clare's Hospital gebracht. Anschließend weist man sie ins berühmte Bellevue Krankenhaus ein.[64]

Im *New Yorker* wird Anweisung erteilt, Maeve den Zutritt zu den Büroräumen nach Möglichkeit künftig zu verwehren. Aus einem für August 1976 geplanten Aufenthalt in der MacDowell-Kolonie wird wieder nichts.[65] Stattdessen reist sie einmal mehr nach Peoria zu ihrem Bruder. Hier scheint sie zur Ruhe zu kommen und wieder arbeiten zu können, denn im September erscheint eine neue Kolumne der langatmigen Lady.

Zurück in New York werden ihre Hotelzimmer nun, da ihr langsam, aber sicher das Geld ausgeht, immer ärmlicher und korrespondieren mit ihrem Allgemeinzustand, wie Gardner Botsford meint:»Und langsam, langsam, während das Leben sich einfach weiterdrehte, wurde sie dement. Ihre Lebensumstände wurden immer chaotischer. Dann bekam sie Paranoia.«[66] Es ist jetzt genau das eingetreten, was sie früher der langatmigen Lady scherzhaft in den Mund gelegt hatte:»Ich werde wohl mein ganzes Leben lang aus Gebäuden huschen, den Abbrucharbeitern immer nur einen Schritt voraus, und ich kann es mir nicht erlauben, mich jedes Mal, wenn ich eine Wohnung streichen lasse, zu fragen, ob die Wände laut und deutlich sprechen werden, wenn das Zimmer erst einmal freigelegt ist.«[67]

Nun ist ihr Alleinsein nicht mehr Erholung, sondern Einsamkeit: »Allein zu sein heißt, dass niemand etwas für dich tut, wenn du ihn nicht dafür bezahlt.«[68] Sie träumt von alten Zeiten, von Bluebell und East Hampton. Einer ihrer letzten Texte führt sie im September 1976 in einem Tagtraum noch einmal an den Strand von East Hampton zurück: »Es ist ein warmer, sonnenloser Tag, vom Ozean weht eine kühle Brise. Meine Augen sind geschlossen. Ich mag den Strand und ich mag den Sand. Zwischen mir und dem Sand liegt ein großes türkises Badetuch, und ich bin ganz allein. Die Katzen und mein Hund Bluebell waren mitgegangen, aber zwei der Katzen hatten sich weiter vorn, am ummauerten Rosengarten, abgesetzt, und die anderen drei halten sich im hohen Dünengras genau über mir versteckt. Bluebell tollt unten am Wasser umher.«[69]

Es sind Erinnerungen an Tage, an denen Alleinsein nicht schmerzlich, sondern angenehm war. In denen Alleinsein nicht gleichgesetzt war mit Ausgestoßensein. Augenblicke, in denen Maeve mit sich und der Welt im Reinen war. Doch diese Tage sind unwiderruflich dahin: »Ich habe die Augen zu plötzlich aufgeschlagen, ohne jeden ersichtlichen Grund, und der Strand von East Hampton ist verschwunden, mitsamt Bluebell und den Katzen, die alle schon seit Jahren tot sind. [...] Der Tagtraum war im Grunde nur ein milder Anfall von Heimweh. Dass es nur ein milder Anfall war statt einem heftigen, liegt daran, dass es eine ganze Reihe von Orten gibt, nach denen ich Heimweh verspüre. East Hampton ist nur einer davon.«[70]

Manche ihrer Freunde glauben, ihr Absturz liege vor allem daran, dass sie sich in den letzten Jahren heillos überfordert hat. Aus Maeves Arbeitsethos war Manie geworden. Dabei liebt sie ihre Arbeit doch so sehr, hat dafür alles in Kauf genommen, sogar die Entfremdung von der Familie. Mag sein, dass ihr Zustand einem Burnout nahekommt, verstörend ist er allemal. Dennoch haben die Freunde Scheu einzugreifen. Zum einen wäre es ihnen rechtlich gar nicht möglich, Maeve zwangseinweisen zu lassen, und Versuche, ihren Bruder mehr in die Verantwortung zu nehmen, scheitern an Maeves Sturkopf. Zum anderen ist die Maeve Brennan, die sie alle kennen und lieben, die Unabhängigkeit in Person und würde jede Intervention ihrer Freunde und Kollegen als Eingriff in ihre Freiheit werten. Dazu kommt, dass die alten Kollegen schon viele dramatische Lebensentwicklungen miterlebt haben und bisher noch jedem zugestanden haben, sein Leben auch unter schwierigsten Bedingungen selbstständig und autonom zu gestalten. Jemanden zu bevormunden käme hier niemand in den Sinn.

Und so wird der Kontakt zwischen Maeve und den alten Freunden in den Folgejahren immer weniger. Nur noch sehr selten trifft man sie auf der Straße, manchmal kann man sie bei den Obdachlosen am Rockefeller Center sitzen sehen. Ende 1978 begegnet Milton Greenstein, der Vizepräsident des *New Yorkers*, Maeve zufällig vor dem Büro: »Sie sah schrecklich aus. Sie trug einen alten weißen Regenmantel, besser gesagt war er früher einmal weiß gewesen. Er war aus diesem seltsamen Plastik, das an die abwaschbaren Tischdecken erinnerte, die manche Leute auf ihren Küchentischen haben. Überall war er voller Risse. Auf dem Kopf trug sie einen Schlapphut, der auf einer Seite herunterhing. Sie war entsetzlich dünn, und mit einer Hand schleppte sie eine Einkaufstüte.«[71]

Von Zeit zu Zeit kriecht sie bei Edith Konecky unter, mit der sie noch lange Kontakt hält. Doch auch diese Freundschaft findet irgendwann ein Ende. Maeve verschwindet aus Ediths Leben, ohne eine Adresse zu hinterlassen. Jahre später veröffentlicht Konecky ihren Roman *A Place at the Table*, in der die Figur der Journalistin Deirdre sehr stark an Maeve Brennan erinnert. Im Roman entdeckt die Hauptfigur Rachel nach vielen Jahren ihre alte Freundin Deirdre verwahrlost auf der Straße: »Die Fingernägel waren schrecklich abgekaut, die Hände ganz schmutzig und geädert. [...] Es gab keinerlei Anzeichen, dass sie mich erkannte. [...] Ich denke, sie hatte keine Zähne mehr, deshalb sah sie so alt aus. Ihre Zähne, ihr pechschwarzes Haar, wahrscheinlich auch ihr Verstand, alles weg. Ihr kleines Gesichtchen sah verhärmt und blass aus, und es gab keine Spur mehr von dem strahlend dunkelroten Lippenstift, den sie trug, als ich sie das letzte Mal sah. Da war sie schon nicht mehr in der Lage gewesen, die Farbe nicht über die Konturen ihrer schmalen Lippen hinauszuschmieren.«[72] In einem Interview auf diese Szene angesprochen, berichtet Konecky, dass sie tatsächlich einmal auf der Straße eine obdachlose Frau gesehen habe, die sie stark an Maeve erinnert habe. Sie sei ihr in die U-Bahn gefolgt, habe sie dort jedoch verloren. Ob es tatsächlich Maeve gewesen sei, wisse sie nicht.

Die reagiert Ende der siebziger Jahre zunehmend feindselig auf gut gemeinte Ratschläge. Das müssen letztlich auch Joe Mitchell, Howard Moss und William Maxwell erfahren, die letzten, die ihr geblieben sind: »Am Ende wandte sie sich erst von Bill und Howard ab und dann von mir. Sie warf uns vor, wir hätten uns mit ihren Feinden verbrüdert. Jegliche Hilfe lehnte sie ab (doch ich bin mir ganz sicher, dass sie genug zum Leben hatte, dafür sorgte der *New Yorker* irgendwie), und dann verschwand sie für immer aus unserem Leben.«[73] Sie meidet die alten Kollegen, so gut es geht. Ihren Gehaltsscheck holt sie bei einer Bank Ecke 44th und Fifth Avenue ab. Dort lässt sie sich das Geld in Ein-Dollar-Noten ausbezahlen und verteilt es gegenüber dem *New Yorker* an Passanten. Um sie davon abzuhalten, ihr komplettes Geld zu verplempern, beschließt Milton Greenstein schließlich, ihr das Geld nur noch in kleinen Einheiten auszuzahlen. Von den Kollegen grüßt sie längst keinen mehr. Ihr einziger Gefährte ist eine Taube, die sie auf der Straße aufgelesen hat und die ihr seitdem auf Schritt und Tritt folgt. Die Katzen hat Gardner Botsford ins Tierheim gebracht.

1979 hört sie noch einmal von ihrem Exmann. McKelway ist im St. Clare's Krankenhaus, von wo aus man den *New Yorker* auf der Suche nach Maeve kontaktiert. Mac, der eine Zeitlang im Pflegeheim war, wollte entgegen dem Rat der Ärzte im Algonquin einchecken und hat sich dort beim Aussteigen aus dem Taxi schwer verletzt. Genau wie Maeve durchlebt er Phasen, in denen er bei klarem Verstand ist, und Phasen, in denen er dringend auf Hilfe angewiesen ist.

William Maxwell, der Maeve aus der Ferne beobachtet, ist erschüttert:»In der letzten Phase ihres Lebens wechselten sich die Phasen, in denen sie klar bei Verstand war, und die, in denen sie dem Wahnsinn näher als der Realität war, ständig ab. Es brach einem das Herz, dies mitanzusehen. Eigentlich konnte man ihr nur im Krankenhaus helfen. Vor langer, langer Zeit hatte sie unter einem Zitat von Yeats einmal an meine Bürowand geschrieben: ›Eine gewisse Selbstachtung ist unabdingbar, selbst im Wahnsinn.‹«[74]

Im Januar 1981 erscheint die letzte Kolumne der langatmigen Lady, *Der Segen*. Darin kehrt Maeve in die Cherryfield Avenue 48 zurück und gibt zum ersten Mal zu erkennen, dass die langatmige Lady eine gebürtige Irin ist. Sie vergleicht in ihrem Text Vergangenheit und Gegenwart:»Gestern Nachmittag, als ich die 42nd Street direkt gegenüber dem Bryant Park entlangging, sah ich in der Ecke, wo zwei Mauern aufeinanderstoßen, einen dreieckigen Schatten auf dem Gehsteig. Ich trat nicht auf den Schatten, sondern blieb eine Minute lang im dünnen Wintersonnenlicht stehen und betrachtete ihn. Ich erkannte ihn sofort. Es war der gleiche Schatten, der früher immer auf den zementierten Teil unseres Gartens in Dublin fiel, vor mehr als fünfundfünfzig Jahren.«[75]

In dieser letzten Geschichte erinnert sie sich an einen Silvesterabend in Dublin, der so schön und friedlich und so voller Licht und Hoffnung gewesen sei. Damals war sie ein Kind, heute ist sie alt. Was bleibt, ist die Hoffnung und die Segenswünsche, die sie für ihre Leser bereithält:»Jetzt muss ich Ihnen sagen, dass ich zum

Allmächtigen bete, um Segen auf Ihr Haus zu erbitten, mit besonderen Segenswünschen, die Sie begleiten mögen, wann immer Sie aus dem Haus gehen, damit Sie, wo immer Sie auch sind, unversehrt bleiben. Gottes Segen ruhe auf Ihrem Haus. Ein glückliches Neues Jahr.«[76]

Dies ist der Abschiedsgruß von Maeve Brennan und der langatmigen Lady, die nichts mehr zu berichten weiß: »Ich habe keine Neuigkeiten mitzuteilen, nur ein paar Beobachtungen, und das sind nicht einmal zufällige Beobachtungen. Es sind äußerst seriöse Beobachtungen, und wenn ich nicht achtgebe, werden sie mich einengen und schließlich zu Geheimnissen werden und danach, weit schlimmer noch, zu Überzeugungen. *Dreißig Minuten später.* Ich bin in die Küche gegangen, um mir eine Tasse Kaffee zu machen, und während ich darauf wartete, dass das Wasser kochte, prüfte ich all diese nicht zufälligen Beobachtungen, die ich Ihnen zur Begutachtung vorlegen wollte. Während ich sie durchging, fingen sie an, sich zu verflüchtigen, und am Ende hatten sich alle verflüchtigt – alle waren verschwunden, und das ist auch gut so. Sie hätten einen ziemlich faden Lesestoff abgegeben.«[77] Diese Kolumne sind die letzten Zeilen, die je im *New Yorker* von Maeve veröffentlicht werden. Maeves Zeit beim *New Yorker* ist damit Geschichte, und nicht nur die. Maeve Brennan wird nie wieder eine Zeile schreiben – mit dieser letzten Kurzgeschichte verstummt sie.

In den kommenden Jahren entschwindet Maeve langsam dem Blickfeld ihrer Freunde und dem Gedächtnis der Stadt. Psychisch labil irrt sie durch Manhattan, taucht wie ein Geist aus längst vergangener Zeit an manchen Tagen vor dem Gebäude des *New Yorkers* auf, um stundenlang auf der Straße vor dem Eingang zu sitzen. Nun, da sie das Gebäude nicht mehr betreten darf, ist sie wirklich heimatlos geworden. Die einstige Stilikone ist mittlerweile völlig heruntergekommen und verwahrlost. Wenn sie Geld braucht, veräußert sie ihre Habe, wie William Maxwell erzählt: »Sie hatte eine wertvolle Sammlung von Büchern irischer Schriftsteller, die sie versetzte, wenn es keinen anderen Weg mehr für sie gab, an Geld zu kommen. Eine Zeitlang wurden die Bücher von einem großherzigen Kollegen, der anonym bleiben wollte, gerettet und zurückgebracht, und dann verschwanden sie für immer.«[78]

Von ihren alten Kollegen wird sie teilweise nicht einmal mehr erkannt, die jungen kennen sie ohnehin nicht. Sie ist nun eine alte verwirrte Frau in einer Stadt, die kein Mitleid mit den Gebrechen ihrer Bewohner hat. Maeve weiß das nur zu gut. In einer früheren Kolumne der langatmigen Lady hatte sie dereinst eine alte Frau in New York beschrieben und dabei festgestellt, dass Manhattan kein guter Platz zum Altwerden ist: »Eine alte Frau, die allein im Einzelzimmer eines Hotels wohnt, ist außer sich vor Angst und hebt den Telefonhörer, aber es gibt niemanden, den sie anrufen könnte. Sie versucht, dem Empfangschef zu erklären, was sie bedroht, und er hört sie an, aber er muss sich um die Telefonzentrale kümmern, und er muss den Hoteleingang und die Lifts im Auge behalten, und er hat noch andere Pflichten zu erfüllen, und außerdem hat er ihre Geschichte schon so oft gehört, von anderen Gästen, in anderen Jahren und in anderen Hotels, die genauso heruntergekommen sind wie dieses. Die alte Frau legt den Hörer auf die Gabel und merkt augenblicklich, dass sie einen schlimmen Fehler gemacht hat. Es ist ein Fehler, den sie bisher vermieden hat. Sie weiß genau, dass sie keine Aufmerksamkeit auf sich lenken darf. Dies ist ihr letztes Gefecht im Land der Lebenden, und sie wird hier nur geduldet. Wenn sie gegangen ist, wird das Hotel sie nicht vermissen und ihr Zimmer im Nu wieder vermieten. Sie darf sich nicht beschweren, und sie muss auf der Hut sein. Sie muss mehr als höflich, sie muss unterwürfig sein. Wenn man alt und arm ist und das Zimmermädchen gegen sich aufbringt, ist man aufgeschmissen.«[79]

Zu den letzten, denen Maeve noch vertraut, gehören Gardner Botsford und die Schriftstellerin Elizabeth Cullinan, die sie ebenfalls vom *New Yorker* her kennt. Sie sind es, die Maeve während ihrer Krankenhausaufenthalte noch zu sich lässt und die sie mit dem Notwendigsten versorgen. Ihnen erzählt sie von ihrer großen Liebe zu Walter Kerr und von ihrer Kindheit in Irland. Sie ist eine schwierige Patientin. Eines Tages erhält Cullinan einen Anruf von Maeve, die ihr berichtet, dass sie sich die Zähne herausgerissen habe. Vor vielen Jahren hatte sie sich ihre Zähne überkronen lassen, nun sieht ihr Gebiss mit all den Stümpfen darin einfach fürchterlich aus. Cullinan bemüht sich und findet schließlich einen Zahnarzt, der den Schaden repariert. Als Cullinan Maeve eines Tages aber vorsichtig zu verstehen gibt, dass sie sich nicht rund um die Uhr um sie kümmern könne, weist Maeve auch ihr die Tür.[80]

Ganz zuletzt verschwindet sie auch aus Gardner Botsfords Leben: »Ich sah sie noch einmal [...] auf der 44th Street. Sie hatte sich die Haare abgeschnitten und orange gefärbt, aber ansonsten schien sie völlig normal. Sie wollte noch immer nicht mit mir sprechen. Ich habe sie nie mehr wieder gesehen.«[81]

Dafür hat Mary Hawthorne, eine neue Redakteurin des *New Yorkers*, 1981 im Flur vor der Redaktion eine Begegnung der dritten Art: »Ich trat aus dem Fahrstuhl und sah eine sehr zierliche Frau mit zurückgekämmten, ungewaschenen, grauen Haaren in einem Sessel sitzen und auf den Fußboden starren. Sie trug eine schwarze, viel zu große Jacke und ein schwarzes, zerknittertes T-Shirt, das so lang war, dass ich mich nicht mehr an ihre Schuhe erinnern kann. Die Rezeptionistin drückte den Türöffner, und ich ging an ihr vorbei, doch die Frau sah nicht auf. Als ich zum Mittagessen ging, saß sie noch immer da, sie war auch noch da, als ich zurückkehrte – in exakt derselben Haltung, so als ob sie sich die ganze Zeit nicht bewegt hatte. Als ich am Ende des Tages mein Büro verließ, war sie fort. Ich ging nach Hause und vergaß die Frau, doch zu meiner großen Überraschung fand ich sie am nächsten Morgen wieder in dem Stuhl sitzen und den Boden anstarren. Als ich an diesem Abend auf den Lift wartete, konnte ich beobachten, wie sie langsam von ihrem Stuhl aufstand, um nach Hause zu gehen. Während der ganzen Zeit blieb ihr Gesicht völlig ausdruckslos, ja, sie hob nicht einmal ihre Augen. Auf dem Tisch stand ein Papierbecher mit einem Rest kalten Kaffees, und im Aschenbecher lagen einige ausgedrückte Zigarettenstummel. Ich habe die Frau nie wieder gesehen.«[82] Mary Hawthorne hatte Maeve Brennan nie zuvor gesehen, auch als sie die Empfangsdame nach dem Namen der verwahrlosten Frau fragt, kann sie nicht viel damit anfangen.

Selbst wenn man Maeve inzwischen nicht mehr in den Büroräumen des *New Yorkers* duldet, lässt man sie nicht ganz im Stich, sondern richtet ihr ein Bankkonto ein. Wann immer dort etwas abgehoben wird, wissen die alten Weggefährten, dass sie noch am Leben ist. Wo sie wohnt, weiß indes niemand. Auf der Adressenliste des *New Yorkers* klafft neben Maeves Namen jetzt ein weißer Fleck, wie sich Kennedy Fraser erinnert: »Viele Jahre lange erschienen keine neuen Nachrichten der langatmigen Lady. Ich hörte, dass es ihrer Autorin nicht allzu gut ging: Sie war in der Psychiatrischen Klinik Payne Whitney gewesen. Man hatte sie in bedauernswertem Zustand auf dem Bürgersteig draußen vor dem Büro gesehen, und sie hatte wohl auf der Damentoilette im 19. Stock übernachtet. Dann verschwand der Name [...] Maeve Brennan für immer von der Liste.«[83]

Am 12. Februar 1987 hat William Shawn, nicht ganz freiwillig, seinen letzten Arbeitstag, er wird aufs Altenteil geschickt. Seinen Mitarbeitern pinnt er folgenden Abschiedsgruß ans Schwarze Brett: »Liebe Kollegen, liebe Freunde: In diesem verworrenen Moment sind meine Gefühle zu stark, als dass ich euch auf Wiedersehen sagen könnte. Ich werde euch alle schrecklich vermissen, aber ich bin dankbar für eure Begleitung auf meiner Reise durch die Jahre. Ganz gleich, was unsere individuelle Aufgabe beim *New Yorker* war, ob im 18., 19., oder 20. Stock, wir haben zusammen etwas ganz Wundervolles erschaffen. [...] Wir haben unsere Arbeit mit Aufrichtigkeit und Liebe gemacht. *The New Yorker*, so sagte einmal ein Leser, sei das zärtlichste aller Magazine. Vielleicht ist es auch das großartigste, aber das ist nicht ganz so wichtig. Wirklich wichtig ist, dass wir [...] immer versucht haben, die Wahrheit herauszufinden und diese auch auszusprechen. Ich muss noch einmal das Wort Liebe bemühen. Ich liebe euch alle, und ich werde euch lieben, solange ich lebe.«[84]

Mit seinem Weggang brechen andere Zeiten an. Alle Mitarbeiter über 65 werden in den Ruhestand versetzt. Maeve Brennan ist in den Redaktionsräumen nun absolut persona non grata. Dafür schreibt William Maxwell im neugegründeten Magazin *Wigwag* einen ausführlichen Artikel über seine ehemalige Kollegin, in dem er alle ihre Bücher und Kolumnen bespricht und die langatmige Lady mit Turgenjews *Tagebuch eines überflüssigen Menschen* vergleicht: »Die langatmige Lady und der große russische Romancier ähneln sich darin, mit welcher Offenheit sie alles – einen Hund, der sich schlecht benimmt, einen weinenden kleinen Jungen, einen jungen Mann, der an der Bar auf seine Verabredung wartet und dann feststellt, dass er im falschen Hotel ist, das Wetter, das Licht des Himmels zu einer bestimmten Tageszeit – betrachten und erfühlen.«[85]

1990 wird Maeve Brennan in ein Pflegeheim gebracht, dem Lawrence Nursing Home in Arverne, Queens. Es ist eine große Einrichtung mit 200 Betten unweit des Strandes von Rockaway Beach. Für eine Frau, die nie über Midtown Manhattan hinausgekommen ist, eine Weltreise entfernt von ihrer gewohnten Umgebung, die sie nie mehr wiedersehen wird. Heute wird die Gegend etwas spöttisch »Hipster Hampton« genannt, doch zu Maeves Lebzeiten ist Rockaway Beach eine heruntergekommene Gegend, deren Niedergang erst Anfang der Nullerjahre durch die ehrgeizigen Pläne von New Yorks Bürgermeister Bloomberg gestoppt wird. Dement und fast vergessen fristet sie hier ein kümmerliches Dasein, ehe sie am 1. November 1993 mit 76 Jahren an Herzversagen stirbt.

Die Gedenkfeier für sie findet in der Church of Saint Agnes 143 East 43rd Street in Midtown Manhattan statt, nicht weit von der Grand Central Station entfernt, der Gegend, in der Maeve

Brennan einst zu Hause war. Es ist eine traurige Angelegenheit, nur wenige alte Freunde sind gekommen. Von der Familie aus Irland reist niemand an. Gardner Botsford nimmt zusammen mit der Jazz-Harfinistin Daphne Hellman teil, einer Freundin aus den Zeiten bei *Harper's Bazaar*, die, obwohl eine reiche Erbin, mit Vorliebe in der New Yorker U-Bahn spielt und zudem eine der zahlreichen Geliebten von St. Clair McKelway war:»Es war kein leichter Gang. Daphnes Gedanken waren bei McKelway, der genau wie Maeve den Verstand verloren hatte und in einem Pflegeheim gestorben war. Durch das Gespräch über ihn kam mir die große Anzahl von bedauernswerten Todesfällen in den Sinn, die der *New Yorker* schon zu beklagen hatte. […] Tatsache war, dass die großen Tage des *New Yorkers*, als man seine Autoren verehrte und sich um sie kümmerte, endgültig dahin waren – die Tage, als ich und jeder anderer Yale-Student, der bei einigermaßen klarem Verstand war, jedes einzelne Wort einer Ausgabe verschlang, und man es kaum erwarten konnte, bis die nächste Ausgabe erschien. Wie ich schon sagte, es war ein melancholischer Spaziergang.«[86] Nach der Zeremonie wird Maeves Leiche verbrannt und die Asche im Meer verstreut.

Den Nachruf auf Maeve Brennan im *New Yorker* verfasst ein sichtlich mitgenommener William Maxwell, der noch immer schwer daran zu tragen hat, dass Maeve nicht geholfen werden konnte:»Vor ein paar Tagen starb Maeve Brennan im Alter von 76 Jahren. Sie war eine zierliche, charmante, humorvolle, großzügige Frau mit grünen Augen, einer überdimensionalen Hornbrille und haselnussbraunem Haar, das sie als Beehive trug. […] Sie hatte einen wundervollen Dubliner Akzent. […] Bei ihr zu sein bedeutete mitzuerleben, wie Stil erfunden wurde. Wann immer man Gelächter beim Wasserspender hörte, standen die Chancen gut, dass eine ihrer Bemerkungen der Auslöser dafür war. In den fünfziger und sechziger Jahren verfasste sie alle Nachrichten der langatmigen Lady an den verantwortlichen Redakteur von ›Talk of Town‹. Ihre

Texte waren ein lebendiges Tagebuch der Stadt [...]. Sie verspürte eine besondere Zärtlichkeit für die schäbigen Straßen rund um den Times Square und sah, was niemandem sonst auffiel. Sie publizierte zwei Bände mit Kurzgeschichten, die meisten davon sind erstmalig hier in diesem Magazine erschienen. [...] Und sie legte größten Wert auf ein Zitat von W. B. Yeats: ›Nur das, was nicht predigt, was nicht aufschreit, was nicht zuredet, was nicht von oben herab kommt, was nicht erklärt, ist unwiderstehlich.‹«[87]

»Sie lächelt und lächelt und lächelt«
»Hört sie denn nie auf zu lächeln?«
»Nie.«

Maeve Brennan, Mr. und Mrs. Derdon

X.
»Es ist geschmacklos, Diamanten zu tragen, bevor man vierzig ist.«

Ich bin Holly Golightly

Die Wiederentdeckung der Schriftstellerin Maeve Brennan beginnt kurz vor der Jahrtausendwende. 1997 erscheint der Sammelband *The Springs of Affection*, über den Alice Munro sagt: »Die Titelgeschichte dieses Bandes gehörte schon immer zu meinen Lieblingsgeschichten, doch ich hatte vergessen wie [...] überzeugend auch viele andere von Maeve Brennans Kurzgeschichten sind.«[1]

Im Jahr 2000 folgt der Band *The Rose Garden*, bejubelt von der *New York Times*: »Maeve Brennan (1916–1993) zu lesen ist, als ob man einem Meisterjuwelier dabei zusieht, wie er aus einer Ansammlung kleiner lebloser Einzelteile eine tickende Uhr fertigt – ihre exquisite Fähigkeit, die Befindlichkeiten ihrer Charaktere Stück für Stück zusammenzusetzen, ist in jeder Zeile von *The Rose Garden* sichtbar.«[2] Noch im selben Jahr wird zum ersten Mal *Die Besucherin* veröffentlicht.

Seit dieser Zeit erfreut sich Maeve Brennan in den USA wachsender Beliebtheit. Laut ihrer Cousine Ita hätte ihr das ganz sicher gefallen: »Es ist jammerschade, dass Maeves Werk erst nach ihrem Tod wiederentdeckt wurde. Hätte sie es noch erlebt, wäre es für sie eine große Genugtuung gewesen.«[3]

In den Nullerjahren des neuen Jahrtausends setzt ein internationaler Maeve-Brennan-Hype ein. Zum ersten Mal erscheinen ihre Kurzgeschichten nun in deutscher Übersetzung, die feinsinnige Beobachterin zwischenmenschlicher Dramen wird nun auch hier entdeckt. Seither neigen viele dazu, ihrem Kollegen Philip Hamburger zuzustimmen: »Ich denke, sie war ein Genie.«[4]

Eine neue Generation von Lesern verfällt einer Autorin, der der *Spiegel* das Prädikat »Weltliteratur« verleiht und die von Felicitas von Lovenberg in der *FAZ* als »eine der wichtigsten Schriftstellerinnen ihrer Generation« gerühmt wird. Zum hundertsten Geburtstag der Schriftstellerin erscheint im Steidl-Verlag zum ersten Mal eine Gesamtausgabe ihrer Schriften. Heute gehört Maeve Brennan unbestritten zum Kanon der bedeutendsten amerikanischen Kurzgeschichtenautoren des 20. Jahrhunderts und das, obwohl sie keineswegs gefällig zu lesen ist: »Brennan kann ganz schön grausam sein, wenn sie ihre Charaktere aufspießt, vor allem die, die in kleinbürgerlichen Zwangsverhältnissen feststecken. Aber sie ist scharfsinnig und besitzt ein Gerechtigkeitsempfinden, das auch zum Mitleid fähig ist.«[5]

Dass das Interesse an ihr gerade in jüngster Zeit so groß ist, liegt jedoch nicht allein an ihrer herausragenden literarischen Qualität. Es ist auch der Person Maeve Brennan geschuldet, deren Schicksal so tragisch ist. Ihr Leben scheint geheimnisvoll und wird es zum Teil wohl auch für immer bleiben. Solange sie noch nicht erkrankt war, kontrollierte sie sehr genau, welches Bild die Öffentlichkeit von ihr haben sollte. Ein Bild, das vor allem von Perfektion bestimmt war, und das ihren späteren Abstieg umso tragischer erscheinen lässt. Zu ihren Glanzzeiten war Maeve eine geradezu makellose Erscheinung, deren Stil in der ganzen Stadt kopiert wurde. Die schöne Irin war eine Stilikone, die nie ohne schwarzen Mascara und knallroten Lippenstift das Haus verließ. Ihr Parfum, *Cuir de Russie* von Chanel, war dereinst eigens für die in aller Öffentlichkeit rauchende Frau kreiert worden. Ein Duft für Frauen, die provozierten und damit geradezu wie gemacht für Maeve Brennan. Mit ihrer Vorliebe für schlichte schwarze Kleider, große schwarze Sonnenbrillen und High Heels schuf Maeve Brennan sich einen eigenen Look, der sich selbst Christian Diors New Look mit all seiner Pracht und Herrlichkeit erfolgreich widersetzte. Ihr Look war eine Provokation, zeigt doch der Blick nach Hollywood, dass das Kleine Schwarze in den Filmen der vierziger und fünfziger Jahre am helllichten Tag nur von den bösen Mädchen getragen wird, und ansonsten ausschließlich dem Abend vorbehalten ist. Maeve hingegen trug auch im Büro ein schwarzes Kleid, nicht zuletzt, um nahtlos zur Dinner Party übergehen zu können. Sie symbolisiert damit eine Unabhängigkeit, die begeisterte Nachahmerinnen fand. Dass sie ihr schwer verdientes Geld mit beiden Händen ausgab, Luxus nicht abgeneigt war und stets über ihre Verhältnisse lebte, macht sie in einer Zeit wie der unseren, die auf Minimalismus, veganes Essen und Selbstoptimierung setzt, nur noch interessanter.

Maeve war eine feste Größe im New Yorker Gesellschaftsleben und auf jeder Party zu finden – solange genügend Alkohol floss. Fast erscheint sie wie eine Reinkarnation von Dorothy Parker, die dreißig Jahre zuvor mit einem ganz ähnlichen Lebensstil aufwartete. Doch im Unterschied zu den freizügigen zwanziger Jahren waren die Jahre, in denen Maeve Brennan in New York lebte, auch in den USA eine Hochzeit der Prüderie und des Konservatismus. Dorothy Parker konnte sich in den zwanziger Jahren ungleich mehr erlauben als Maeve Brennan in den biederen Fünfzigern, in denen selbst der Bikini einen Skandal auslöste.

Die fünfziger Jahre waren bestimmt von Senator McCarthys Kommunistenhatz und der Rückbesinnung auf angeblich uramerikanische Werte. In Hollywood unterlagen alle Filme einer strengen Zensur, und im Rest des Landes unterwarf man sich zähneknirschend einer längst überholten prüden Moral. Dass Maeve Brennan eine selbstbewusste, geschiedene Frau war, die selbst entschied, wo sie arbeitete und mit wem sie schlief, hätte außerhalb ihres New Yorker Zirkels auch in den USA für Kopfschütteln gesorgt.

Das nach dem Krieg reaktivierte Frauenbild war weltweit das der Ehefrau und Mutter. Mit Ende des Krieges hatten die meisten Frauen im Westen ihre in der Not geborenen Freiheiten wieder eingebüßt. Nach der Rückkehr der Männer sollte alles wieder werden wie zuvor. Doch damit waren nicht alle Frauen einverstanden. Es dauerte zwar eine Weile, doch eines Tages machte sich eine Frau in aller Öffentlichkeit Luft und stieß eine Debatte an, die den Startschuss für die neue Frauenbewegung gab. Und ganz zufällig war Betty Friedan, Hausfrau, Journalistin und Verfasserin des weltberühmten Hausfrauenmanifests *Der Weiblichkeitswahn* eine Nachbarin von Maeve Brennan in Sneden's Landing.

In ihrem Buch griff Friedan genau das auf, was Maeve in ihren pointierten Geschichten aus Herbert's Retreat ebenfalls sauer aufstieß: die Sinnlosigkeit eines Daseins, das sich einzig und allein um die Gestaltung des privaten Lebensraums dreht. Maeve verachtete Frauen, die sich für den Preis eines angenehmen Lebens von Männern abhängig machten. Nicht nur in den USA, überall in der westlichen Welt lebten Frauen in einem gesetzlich verankerten Ehe- und Familienmodell, das Frauen weder finanzielle Unabhängigkeit noch die Möglichkeit zur Selbstverwirklichung ließ. In den meisten westlichen Ländern konnten Frauen in den fünfziger Jahren kein eigenes Konto eröffnen, nur mit Zustimmung ihres Mannes arbeiten und waren beim Sorgerecht benachteiligt. Der Mann konnte seine Familie zwingen, mit ihm umzuziehen, es gab die Pflicht zum ehelichen Geschlechtsverkehr und die Pflicht zur Hausarbeit. Alles Dinge, die sich eine Frau wie Maeve Brennan nicht in ihren kühnsten Albträumen hätte vorstellen können. Gerade Mittelklassefrauen wie sie, die eigene Vorstellungen vom Leben entwickelt hatten, empfanden das Leben als Ehefrau unter diesen Umständen zunehmend als Gefangenschaft. Sie war der Preis für ein ansonsten ruhiges Leben mit einer gefüllten Haushaltskasse.

Doch auch wenn viele so dachten, lange Zeit wagte es niemand, sich dahingehend zu äußern. Erst als Betty Friedan 1963 ihr Buch veröffentlichte, wurde vielen Frauen klar, dass sie mit ihren Zweifeln vom richtigen Leben im falschen nicht alleine waren. Damit wurde Betty Friedan zur Begründerin der modernen Frauenbewegung. In ihrem Buch rechnete sie schonungslos mit dem Mythos der glücklichen Vorstadthausfrau ab, welcher nach dem Zweiten Weltkrieg vor allem in den Medien verbreitet wurde. Tatsächlich hatte die Diskrepanz zwischen dieser Heile-Welt-Fiktion und der rauen Wirklichkeit längst einen traurigen Höhepunkt erreicht. Die meisten Frauen, die arbeiteten, taten dies, um zum Lebensunterhalt der Familie beizutragen. Aufgrund des gesellschaftlichen Klimas litten sie jedoch dauerhaft unter einem schlechten Gewissen. Die Tätigkeiten dieser meist ungelernten Kräfte waren schlecht bezahlt und boten kaum Aufstiegschancen. Daran änderte auch der im Sommer 1963 verabschiedete Equal Pay Act nichts, der in den USA gleichen Lohn für gleiche Arbeit festlegte.

Frauen der Mittelklasse, die es sich leisten konnten, zu Hause zu bleiben, saßen hingegen mit ihren College-Abschlüssen und einer Ausbildung, die zu nichts führte, unzufrieden in ihren Einfamilienhäuschen in der gepflegten Vorstadt und guckten auf den Rasen. Um im Hausfrauendasein Erfüllung zu finden, waren sie allesamt zu gut ausgebildet und eigentlich auch zu ehrgeizig. In einer Meinungsumfrage von 1962 wünschten 90 Prozent der befragten amerikanischen Hausfrauen ihren Töchtern etwas anderes als ein Leben im Goldenen Käfig. Betty Friedan erkannte, dass die moderne Amerikanerin nichts anderes war als eine gesellschaftliche Projektion, die mit der erlebten Wirklichkeit absolut nichts gemein hatte. Stattdessen verzweifelten die Frauen an der Diskrepanz zwischen dem gesellschaftlichen Ideal, dem sie zu entsprechen suchten, und der gelebten Realität. Friedan kritisierte, dass Frauen diesen Weiblichkeitswahn so verinnerlicht hätten, dass sie sich selbst im Wege stünden und gar nicht mehr erkennen würden, dass sie ihr

Glück nur deshalb in Mutterschaft und Ehe suchen sollten, um den Arbeitsmarkt für Männer frei zu halten.

Die eigentlichen Bedürfnisse von Frauen würden auf die Konsumebene umgelenkt und zur Konsumsteigerung missbraucht. In Wahrheit seien die Frauen in ihren schicken Häusern bei lebendigem Leib begraben. Unzufrieden mit ihrem Leben, litten sie unter einem Hausfrauensyndrom, das ihnen suggerierte, dass mit ihnen etwas nicht stimmte, wenn sie beim Schrubben des Küchenbodens keinen Orgasmus bekamen. Friedan fand, es sei allerhöchste Zeit, dass Frauen ihr verlorenes Selbstwertgefühl wiederfänden und eigene Bedürfnisse formulierten. Die Waffen in diesem Befreiungskampf waren für Betty Friedan Bildung, der freie Wille zur Zukunftsgestaltung, eigene Ziele, schöpferische Arbeit und ökonomische Selbstständigkeit. Sie glaubte fest daran, dass sowohl Frauen als auch Männer eine Verpflichtung sich selbst und ihren Talenten gegenüber hatten und niemand die Erfüllung seines Lebens über Kinder und Ehepartner erreichen sollte und konnte. Dass sie damit zu 100 Prozent mit Maeve Brennan übereinstimmt, steht wohl außer Frage.

Nach der Veröffentlichung von Friedans Buch blieb in den USA kein Stein auf dem anderen. Dieses Buch veränderte das Bewusstsein so vieler Frauen, dass die rechtskonservative Zeitschrift *Human Events* es auf ihrer »Liste der gefährlichsten Bücher des 19. und 20. Jahrhunderts« auf Rang sieben einstufte. *Der Weiblichkeitswahn* wurde ein internationaler Bestseller und legte den Grundstein für eine neue Frauenbewegung, die in den USA den Namen »Women's Liberation« erhielt. 1964 gelang der Bewegung mit der Aufnahme der Kategorie Geschlecht in den Civil Rights Act, der die Diskriminierung Einzelner aufgrund von Hautfarbe, Religion und nationaler Herkunft verbot, ein erster Erfolg. Zwei Jahre später gründete Friedan in Washington D. C. die liberale Frauenorganisation »National Organization for Women« (NOW). Die Mitgliedschaft in NOW stand und steht bis heute jeder und jedem offen, der sich den Prinzipien der Organisation verpflichtet fühlt, unabhängig vom Geschlecht.

Maeve Brennan wurde nie explizit mit Aktionen oder Ideen der neuen Frauenbewegung in Verbindung gebracht, und doch war sie eine Feministin durch und durch – lange bevor der Feminismus als Idee wieder en vogue wurde. Ihre Arena waren ihre Kurzgeschichten und die seelisch verkrüppelten Frauenfiguren, die sie zeichnete. Frauen, denen das Recht auf ein eigenständiges Leben verwehrt worden war. Frauen, denen man schon als Kind verboten hatte, zu fühlen, zu reflektieren und zu kommunizieren. Sie beschreibt, was aus Frauen wird, die einer derart rückwärtsgewandten Erziehung ausgesetzt waren, und wie viel Unheil sie im Leben anderer Menschen anrichten. Weil ihr dies alles bewusst war, war sie selbst schier besessen davon, ihre Autonomie zu wahren, sich nicht einschränken zu lassen und stets ihren eigenen Weg zu gehen – mit allen Konsequenzen. Niemals wollte sie auch nur im Ansatz so werden wie ihre Frauenfiguren, die in jeder Hinsicht das exakte Gegenteil von ihr selbst waren. All ihre Geschichten – ob über zerrüttete Ehen, bösartige Dienstmädchen, oberflächliche Neureiche und grausame Alte –, sind der knallharte Gegenentwurf zu dem Leben, das sie für sich gewählt hatte. Ganz so, als müsse sie sich selbst immer wieder vor Augen führen, was aus Frauen wird, die es nicht wagen, einen eigenen Weg zu beschreiten. Die immer wiederkehrenden Motive ihrer Geschichten sind Einsamkeit, Verletzlichkeit, Verzweiflung und Angst. Sie entstehen durch die abgeschnittenen Lebenswege dieser Menschen, die sich nicht verwirklichen konnten und deren Beziehungen lieb- und freudlos bleiben, weil sie mit sich selbst unzufrieden sind. Sie bleiben Gefangene der Erwartungshaltung von Gesellschaft und Familie, und schaffen es nicht, auszubrechen und ein selbstbestimmtes Leben zu führen.

Interessanterweise verwendet Maeve Brennan in diesem Zusammenhang immer wieder den Begriff »Flausen«. Viele ihrer Frauenfiguren haben als junge Mädchen Wünsche und Träume, die von den Verwandten als Flausen abgetan werden. So warnt zum Beispiel Rose Derdons Mutter ihren Mann schon früh davor, seiner Tochter »Flausen« in den Kopf zu setzen.[6] Und auch Maeve selbst erlebt als kleines Mädchen Zurückweisung, wenn sie von ihren Träumen spricht. Als sie ihrer Schwester Deirdre verrät, dass sie später gerne Schauspielerin werden möchte, warnt diese sie eindringlich vor solchen »Flausen«.[7]

Maeves Frauenfiguren wagen es nicht zu träumen. Die Angst, sich lächerlich zu machen, ist, wie man an Rose Derdon sieht, größer als die Angst zu scheitern: »Nicht gut genug zu sein war schlimm genug, aber Gelächter heraufzubeschwören war ein Verbrechen gegen die Familie. Und alle da draußen waren bereit zu lachen. Ihre Mutter hatte ihr wieder und wieder gesagt, dass alle nur darauf warteten, jemanden bei einem Fehltritt zu ertappen.«[8] Während Maeves Frauenfiguren ein ums andere Mal aus Angst Chancen vergeben, sprachlos sind und Gefühle verletzen, packte Maeve selbst das Leben in seiner ganzen Fülle beim Schopf – bereit dafür, jeden Preis zu bezahlen. Dem aufmerksamen Leser ihrer Kolumnen bleibt keineswegs verborgen, welche Schwierigkeiten sich aus dem Versuch ergeben, ein nonkonformistisches, selbstbestimmtes Leben zu führen. Doch all diesen Problemen zum Trotz genoss Maeve ihr Leben als urbane Single-Frau in vollen Zügen. Zu den frustrierten amerikanischen Mittelklassehausfrauen, die Betty Friedan beschrieb, wollte sie ebenso wenig gehören, wie zu den bigotten irischen Ehefrauen aus ihren Geschichten. Indem sie gegen verlogene Moral, Bigotterie und Klassenschranken anschrieb, plädierte Maeve Brennan für ein selbstbestimmtes Leben. Sie verbreitete die damals schier ungeheuerliche Botschaft: Singlesein kann auch Spaß machen! Es gibt nicht nur die unverheirateten irischen Frauen, die als Dienstmädchen ihr Dasein fristen, bis sie den Richtigen gefunden haben. Nein, es gibt Frauen mit interessanten, erfüllenden Berufen, die keinen Mann an ihrer Seite haben und brauchen: »Wo immer wir auch sein mögen, wir sind mitten im Leben.«[9] In Maeves Augen hatte das jahrhundertealte Schreck-gespenst für junge Mädchen – die alte Jungfer – längst ausgedient.

Interessanterweise tauchte just zu der Zeit, da Maeve in New York eine der Trendsetterinnen in Sachen Mode und Lifestyle war, eine literarische Figur auf, die nicht nur all dies ebenfalls verkör-perte, sondern Maeve Brennan bis aufs Haar glich – zumindest im gleichnamigen Film: *Frühstück bei Tiffany*. Audrey Hepburn weist als Holly Golightly eine geradezu verblüffende Ähnlichkeit mit Maeve Brennan auf. Tatsächlich gab es bereits kurz nach Ver-öffentlichung von Truman Capotes Novelle erste Gerüchte, Maeve Brennan sei eines der realen Vorbilder für die zauberhafte Holi-day Golightly. Jahre später schrieb die *New York Times* hierzu:»Seit Jahrzehnten rätseln Leser und Journalisten, wer die wahre Holly Golightly war. Wer war das Vorbild? War es Capotes Mutter? Glo-ria Vanderbilt? Die wunderschöne New Yorker Schriftstellerin Maeve Brennan? Holly hatte gewiss etwas von all diesen Leuten, und am meisten von Capote selbst.«[10]

Truman Capote kannte Maeve Brennan, auch er hatte für *Harper's Bazaar, Junior Bazaar* und den *New Yorker* geschrieben. In jungen Jahren hatte er sogar als Bürojunge beim *New Yorker* gejobbt, schon damals eine auffällige Erscheinung:»Er war eine kleine, rundgesichtige, schmächtige Kreatur, so exotisch wie ein Fischadler. […] Capote kleidete sich mit einer Exzentrik, die auch in den kommenden 25 Jahren bei Jugendlichen keineswegs üblich war. Ich erinnere mich, wie er voller Dramatik in einem schwarzen Operncape durch die Korridore des *New Yorkers* schwebte. Sein langes goldenes Haar fiel ihm bis auf die Schultern: eine Erschei-nung, die einen unweigerlich an Oscar Wilde in Nevada erinnerte, in Samt und mit Lilien«, so beschreibt Brendan Gill den noch jun-gen Capote.[11] Und Redakteurin Barbara Lawrence ergänzt:»Tru-man kam oft und stand in meinem Büro herum. Er erzählte mir, er würde Kurzgeschichten schreiben. Ich dachte ›Ach herrje, hoffent-lich muss ich die nicht lesen!‹ Viel später, als ich mir einige angesehen hatte, sagte er zu mir: ›Schatz, ich weiß genau, was du gedacht hast, als ich dir erzählt habe, dass ich Kurzgeschichten schreibe. Du dachtest ‚Ach herrje‘‹.«[12]

Als man ihn beauftragte, für die Rubrik »Aktuelles« einen Artikel über ein Seminar des vierfachen Pulitzerpreisträgers Robert Frost am Amherst College in New Hampshire zu schreiben, kam es, wie Carol Marcus Matthau berichtet, zum Eklat: »Er schrieb genau das auf, was er über Robert Frost dachte, und wurde sofort gefeuert. Das hat er mir jedenfalls erzählt. Er fand, Frost sei ein aufgeblasener Esel und es sei einfach lächerlich, wie alle an seinen Lippen gehangen hätten.«[13] Nachdem Capote den *New Yorker* verlassen hatte, entdeckte man dort, dass er sich als Co-Herausgeber betätigt hatte. Er hatte die von Künstlern aus aller Welt eingesandten Cartoons begutachtet und, wenn sie ihm nicht zusagten, einfach unter seinem Tisch in die Ecke geworfen.

Truman Capotes Novelle *Frühstück bei Tiffany* war ursprünglich von Carmel Snow für *Harper's Bazaar* zur Erstveröffentlichung eingekauft worden. Als er sie jedoch vollendet hatte, war Carmel Snows Zeit beim *Bazaar* bereits beendet, und die neue Chefredakteurin Nancy White war keineswegs begeistert davon, einen derart frivolen Text abzudrucken. Ihr war Capotes Sprache zu anzüglich und zu derb. Sie verlangte gravierende Änderungen und erklärte ihm, ihre Zeitschrift würde nur eine entschärfte Fassung seiner Novelle drucken oder gar nichts. Capote setzte sich daraufhin zähneknirschend noch einmal an den Schreibtisch und überarbeitete seinen Text. Aber noch während er daran feilte, entschloss man sich bei *Harper's Bazaar*, ganz auf den Text zu verzichten. Truman Capote war außer sich, doch es sollte sein Schaden nicht sein. Das *Esquire Magazine* kaufte *Harper's Bazaar* nicht nur das Recht am Text ab, sondern überwies Capote ein zusätzliches Honorar. Seine Novelle wurde ein beachtlicher Erfolg, doch erst nachdem Paramount Pictures sich zu ihrer Verfilmung entschlossen hatte, gingen die Verkaufszahlen durch die Decke.

Die Entscheidung, ausgerechnet die Geschichte um Holiday Golightly zu verfilmen, dürfte so manchem Studioboss Kopfschmerzen bereitet haben, denn in Hollywood herrschte in jenen Jahren strengste Zensur. Sex durfte zwar angedeutet, niemals aber zu sehen sein, ebenso wie Ehebruch, der bis zum legendären Marilyn-Monroe-Film *Das verflixte siebte Jahr*, nicht einmal als Gag herhalten durfte. Und nun sollte im Mittelpunkt des Films ein leichtes Mädchen, ja, eine Edelprostituierte stehen, die zu allem Überfluss nicht verdammenswert, sondern durch und durch positiv dargestellt wurde. Für die Branche bedeutete dies ein absolutes Novum, bis zuletzt zitterten alle, ob der Film der Zensur zum Opfer fallen würde. Bisher waren Mädchen wie Holly Golightly für ihre Art zu leben bestraft worden. *Frühstück bei Tiffany* läutete einen radikalen Paradigmenwechsel ein. Die bindungsunfähige Holiday Golightly lebt äußerst charmant ihre Promiskuität und ihr Begehren aus, während zeitgleich Doris Day in ihren Filmen die Sauberfrau geben musste.

Damit sich das Entsetzen über Hollys – im Film ja nur angedeutetes – unmoralisches Treiben in Grenzen hielt, engagierte Paramount einen Filmstar, der wie kaum ein zweiter Unschuld, Klasse und Stil verkörperte: Audrey Hepburn. Ein genialer Schachzug, der von Paramount Pictures zusätzlich durch folgendes Statement unterfüttert wurde: »Wenn es etwas gibt, das Audrey Hepburn heilig ist, von dessen Wert sie felsenfest überzeugt ist und für das sie unwiderruflich einsteht, dann ist dies ihr Familienleben mit Mann und Kind, das für sie an allererster Stelle steht, weit vor der Karriere. Dies äußerte sie kürzlich am Set von *Frühstück bei Tiffany*, der von Paramount produzierten Jurow-Shepherd-Komödie, in der sie ein New Yorker Playgirl spielt, eine Schickeriatype, deren Lebenswandel höchst fragwürdig ist. Diese für Ms. Hepburn ungewöhnliche Rolle hat die Thematik Karrierefrau versus Ehefrau aufgeworfen – und Audrey Hepburn hat kurz, aber unmissverständlich dargestellt, dass ihre Filmrolle nichts mit ihrem wirklichen Leben zu tun hat.«[14]

Gleichwohl sollte gerade diese Rolle für Audrey Hepburn die Rolle ihres Lebens werden. Bis heute ziert sie als Holly Golightly Poster, Tassen und Briefbeschwerer – und das immer im schwarzen Kleid. Während Doris Day in ihren Blümchenkleidern und deformierten Hüten schon beinahe grotesk anmutet, trug Hepburn in *Frühstück bei Tiffany* vorwiegend schwarze Kleider aus der Haute-Couture-Werkstatt des französischen Modedesigner Hubert de Givenchy. Zwar hatte Coco Chanel das Kleine Schwarze schon vor langer Zeit salonfähig gemacht, doch unter Christian Diors Stoffbahnen war es wieder verschwunden.

Eigentlich trugen im Film stets nur die bösen Mädchen Schwarz, die guten waren hell und bunt gekleidet. Am Ende des Films wurden die Mädchen in den schwarzen Kleidern immer bestraft – bis Holly Golightly auf der Leinwand erschien. In der Eröffnungsszene des Films steigt sie in einem langen schwarzen Abendkleid mit atemberaubendem Rückenausschnitt am frühen Morgen aus einem Taxi. Am helllichten Tag in Abendrobe, so waren bisher nur die Damen des Jetsets aufgetreten, doch zu denen gehörte Holly nicht. Ihr Auftritt signalisiert: So elegant und unabhängig könnt ihr alle sein. Ein schwarzes Kleid besaß jede Frau, mit demselben Ansatz hatte schon Coco Chanel gearbeitet. *Frühstück bei Tiffany* demokratisierte die Mode, plötzlich war es auch der Frau auf der Straße möglich, elegant auszusehen, ohne dafür ein Vermögen ausgeben zu müssen. Eine Erkenntnis, die Maeve Brennan schon vor Jahren gewonnen hatte. Auch ihr hatte in jungen Jahren schlichtweg das Geld für teure Kleidung gefehlt, und so hatte sie aus der Not eine Tugend gemacht. In ihren schlichten schwarzen Kleidern sah sie immer aus wie einem Modemagazin entstiegen. Das Kleine Schwarze war zweckmäßig und schlicht und perfekt für Frauen wie Maeve, die vom Büro aus nicht nach Hause, sondern zur nächsten Party gingen.[15]

Leider war Truman Capote weder von der Umwandlung seiner Novelle in ein bittersüßes Märchen, noch von der Besetzung begeistert. Obwohl der Film sein Buch zum Verkaufsschlager machte, konnte er nicht viel Gutes in ihm erkennen. In einem Interview danach gefragt, was ihm denn an der Verfilmung nicht gefallen hätte, antwortete er:»O Gott, einfach alles. Es war die schlimmste Fehlbesetzung im Film, die ich je erlebt habe. Mir war zum Kotzen zumute. Zum Beispiel Mickey Rooney, der diesen japanischen Fotografen spielt. Allerdings hatte ich einen japanischen Fotografen im Buch, aber der war gewiss kein Mickey Rooney. Obwohl ich Audrey Hepburn sehr mag, sie ist eine enorm gute Freundin von mir, war ich doch furchtbar schockiert und verärgert, als diese Rolle mit ihr besetzt wurde. Es war Hochverrat vonseiten der Produzenten. Sie machten nichts von alledem, was sie versprochen hatten. Ich hatte jede Menge Angebote für dieses Buch, praktisch von allen Seiten, und verkaufte es an die Paramount-Gruppe, weil sie bestimmte Dinge versprochen hatten; sie stellten eine Liste zusammen von allem, und sie haben nichts davon gehalten.«[16] Für den Film wurde Capotes literarische Vorlage entschärft, zensiert, ja verstümmelt. Seine derbe Sprache sowie Hollys uneheliche Schwangerschaft samt Fehlgeburt fielen dem Rotstift zum Opfer. Aus der Königin der Gosse wurde eine Märchenprinzessin, deren Geschichte so romantisiert wurde, dass die Zuschauer darüber vergaßen, dass Holly Golighty sich prostituierte. Und natürlich gab es auch keinen homosexuellen Erzähler mehr, sondern einen virilen heterosexuellen jungen Galan.

Nach dem überwältigenden Erfolg des Hollywoodfilms, der Audrey Hepburn zur Stilikone machte, gab es eine Reihe von Frauen, die von sich behaupteten, Capote zu Holly inspiriert zu haben. Der Schriftsteller selbst sagte, er habe Holly aus vielen Vorbildern geformt. Da sei zum einen seine Mutter, mit ihren Träumen vom gesellschaftlichen Aufstieg, und natürlich einige seiner reichen Freundinnen, von ihm zärtlich »seine Schwäne« genannt. Die Schwäne waren die glamourösesten jungen Frauen New Yorks: Oona O'Neill, Gloria Vanderbilt, Carol Grace und Gloria Guinness. Die Königin der Schwäne aber war Babe Paley, die nicht nur Capote für die schönste Frau der Welt hielt. Vierzehnmal hintereinander wurde sie zur bestgekleideten Frau der Vereinigten Staaten gewählt. Sie war eine der begehrtesten Frauen ihrer Generation und doch lebenslang schrecklich unglücklich. Gefangen in einer lieblosen Ehe, hatte sie alles, was das Herz begehrte, nur nicht die Liebe ihres Mannes. Sie war eine Trophäe, mehr nicht. Capote bemitleidete sie deshalb zwar gebührend, machte ihr aber auch klar, dass dies eben der Preis für ihr glamouröses Leben war.

Auch die Presse nahm von Anfang an lebhaften Anteil an den Spekulationen, wer denn nun Holly Golightlys reales Vorbild sei. Im *Independent* war zu lesen.»Die Figur war, so wird es zumindest berichtet, von Capotes enger Freundschaft mit einigen New Yorker Society-Ladys inspiriert. Dazu gehörten die Erbin und Modedesignerin Gloria Vanderbilt, Oona O'Neill, die Tochter des Dramatikers Eugene O'Neill, die Schauspielerin Carol Grace; die Schriftstellerin Maeve Brennan; und das Mannequin Dorian Leigh, die er mit dem Spitznamen ›Happy Go Lucky‹ versah. Die Hälfte aller Frauen, die er kannte [...] behaupteten, das Vorbild für seine exzentrische Heldin zu sein.«[17]

Natürlich hätten es sich die meisten Frauen verbeten, das Vorbild für eine Edelnutte mit fragwürdigem Hintergrund abzugeben. Capotes Holly wollte niemand sein, Audrey Hepburns Holly, das Traumgeschöpf schlechthin – jede Frau in Amerika.

Während andere Frauen mit aller Macht versuchten, Ähnlichkeit zwischen sich und Holly Golightly herzustellen, lassen sich zwischen Holly und Maeve viele, teils verblüffende Übereinstimmungen ausmachen – bis hin zur aus Eitelkeit nicht getragenen Brille. Das kleine Schwarze, die Hochsteckfrisur, die Perlenkette, ohne die auch Maeve niemals anzutreffen war, die Zigarettenspitze und nicht zuletzt die große Liebe zu Katzen – alles Attribute, mit denen sich Holly Golightly auf dem berühmten Filmplakat mit Audrey Hepburn schmückt:»Maeve hatte immer eine Katze. Maeve trug eine dicke Brille. Sie trug natürlich auch dieses Kleine Schwarze und diese Hochsteckfrisur. Und dazu kommt dann diese unnachahmliche Art von schwer fassbarer Eleganz. Es würde mich nicht im Geringsten überraschen, wenn sie Pate für Holly Golightly gestanden wäre«, meint Maeves irische Biographin Angela Bourke: »Ich beziehe mich in meinem Buch auch auf *Frühstück bei Tiffany*, möchte aber nicht allzu viel Gewicht darauf legen, denn ich möchte sie nicht darauf reduzieren. Holly Golightly ist eine wundervolle Figur, aber sie ist nicht Maeve, und Maeve ist nicht Holly Golightly. Dennoch denke ich, dass auch sie Menschen beeinflussen konnte. […] Sie war so unglaublich charmant.«[18]

Und tatsächlich, das, was Holly Golightly verkörpert, wusste Maeve längst: Single zu sein war kein Schicksal und auch keine unglückliche Lebensphase, sondern eine bewusste Entscheidung, aus der sich allerlei rausholen ließ. Es machte Spaß, auszugehen, zu trinken, zu flirten, Sex zu haben. Maeve Brennan wagte es ihrerseits, mit dem Konformitätsgebot ihrer Zeit zu brechen. Genau wie Holly war es ihr egal, was die Leute von ihr dachten. Holly Golightly war nur eine Phantasie, Maeve Brennan war Realität. Die Überwindung aller Klassenschranken, die Holly im Film vorlebt, war Maeve bereits gelungen. Ebenso wie Holly war sie stets um Unabhängigkeit bemüht, was im Grunde die größte Übereinstimmung zwischen den beiden Frauen ist. Beide sind Zugvögel auf dem Weg in sonnige Gefilde. Wenn auf Hollys Türschild zu lesen ist: »Miss Holiday Golightly, auf Reisen«, dann erinnert das unweigerlich an Maeve Brennans langatmige Lady, die sich als »sesshafte Reisende« verstand. Sogar Angela Bourke, die dieser Zuschreibung mit Vorsicht begegnet, weist auf diese Übereinstimmung hin: »Ich denke, das ist Spekulation. Es wird ihr in ihrer Gesamtheit auch nicht gerecht. Holly Golightly kommt ja auch ein bisschen als Hohlkopf rüber, und das war Maeve nun ganz sicher nicht – sie war eine Intellektuelle und eine hart arbeitende Person. Aber natürlich ist da ›Miss Holiday Golightly, auf Reisen‹, wie man es im ersten Kapitel von *Frühstück bei Tiffany* auf ihrem Klingelschild lesen kann, und Maeve nannte sich selbst eben auch eine ›sesshafte Reisende‹.«[19]

Diesem Leben als sesshafte Reisende kam das Leben im Hotel, das Maeve Brennan jahrelang führte, immens entgegen. Immer wieder gab es Zeiten, in denen sie das Leben im Hotel dem Leben in einer eigenen Wohnung eindeutig vorzog, genau wie die Figuren in ihren Geschichten: »Am besten gefiel ihr das Hotel nachts, wenn die Zimmertüren alle fest verschlossen waren, der Gesellschaftsraum leer, der Zeitungskiosk zugesperrt und die Tische im Speisesaal fürs Frühstück gedeckt. Es hätte ihr höchste Genugtuung bereitet, von Zimmer zu Zimmer zu gehen und die Gäste in ihren Betten geradezurücken wie Messer und Gabeln.«[20]

Ein Hotel bietet Privatsphäre und dennoch ist man nicht allein. Während die oberen Etagen einen bezahlbaren Rückzugsort bilden, kann man unten in der Lobby soziale Kontakte knüpfen, ohne das Haus zu verlassen. Mag ein Hotel für manchen nur ein Ort sein, um in der Fremde eine Nacht zu verbringen, so war es für Maeve Brennan ein Ort, an dem sie auf Gleichgesinnte traf, ein Ort des Austausches und der Diskussion. Eine griechische Agora bestückt mit Samtsesseln und dienstbaren Geistern, die Martini servierten. Henry James begriff das Hotel als Synonym für die amerikanische Zivilisation.[21] Das amerikanische Hotel ist ein Kulturgut und gilt manchen gar als Palast des Volkes: Das Plaza und das Waldorf als Amerikas Entsprechung von Versailles, Blenheim und Schönbrunn.[22]

Das amerikanische Großstadthotel hatte von jeher einen nicht zu unterschätzenden Einfluss auf die amerikanische Kultur, man denke nur an die Round-Table-Runde des Algonquin Hotels. Auch die langatmige Lady ist kaum vorstellbar ohne all die berühmten Hotelhallen, in denen sie in einem Sessel versunken ihre Beobachtungen machen konnte. Das Hotel bildet einen Kosmos an sich, hier trifft sich alles, Jung und Alt, Reich und Arm, glücklich oder unglücklich.

Für Maeve Brennan war das Hotel zudem ein Ort, der in ihr heimatliche Gefühle auslöste, genau wie der amerikanische Komponist Alec Wilder es einst beschrieb:»Ein Hotel ist ein Zuhause, egal wie kurz es als solches dient. Ein Zuhause mit Schlafzimmer und Wohnzimmer. Aber es ist auch ein öffentlicher Ort, ungeschützt gegenüber den Launen all derjenigen, die es betreten, dem Flegel ebenso wie dem, der sich zu benehmen weiß. Im Idealfall vereint es unter seinem Dach zwei sich widersprechende Aufgaben: es soll an einem öffentlichen Ort ein Gefühl von Privatsphäre bieten. Der Gast kann sein Zimmer oben absperren, sein Schlafzimmer, aber das Wohnzimmer, die Lobby ist allen zugänglich, und alle, die von der Straße hereinkommen, bringen mit sich Wärme, Freude, Gemeinheit, schlechten Geschmack, Intelligenz, Witz, Falschheit, anregende Lebendigkeit oder das aufdringliche Hoho-ho der Märkte.«[23] Ein Hotel ist Heimat, Treffpunkt, Arbeitsplatz, Wellness-Oase und Bühne – alles in einem einzigen Gebäude.

Das erste amerikanische Hotel, das diesen Namen wirklich verdiente, wurde 1794 in New York eröffnet. Das City Hotel mit seinen 73 Zimmern samt Ballsaal und Bar, Geschäften und Restaurants, stand am Broadway No. 1831 und mutierte schnell zum gesellschaftlichen Treffpunkt. In den Folgejahren zogen immer mehr Menschen ins Hotel. Grandhotels und kleine Apartmenthotels begannen einen Teil ihrer Zimmer, vor allem in den oberen Stockwerken, für Dauergäste freizuhalten. So ließen sich auch touristische Durststrecken überwinden. Die Amerikaner waren und sind eine mobile Nation, und das Hotel bedient diese Mobilität. Bald gehörte das Hotel unverrückbar zum modernen Leben dazu. Schon bald wuchsen die ersten Kinder im Hotel auf, und literarische Figuren wie Eloise aus dem Plaza Hotel eroberten die Kinderzimmer.

Das amerikanische Hotel wird als ein demokratischer Ort verstanden, an dem sich jeder willkommen fühlen darf. Abgesehen von noblen Grandhotels, wie zum Beispiel dem Waldorf Astoria, wurde das amerikanische Hotel zu allen Zeiten von Leuten aller

Gehaltsklassen frequentiert. Maeve Brennan lebte auch in den Jahren, in denen sie sparsam wirtschaften musste, im Hotel. Hier konnte sie unbehelligt arbeiten. Um Essen, frische Wäsche und ein sauberes Zimmer kümmerten sich andere. Das Leben im Hotel gestattet die Konzentration auf das Wesentliche. Die alltäglichen Verrichtungen können auf ein Minimum reduziert werden, nicht umsonst wurde in Hotelzimmern schon immer in aller Ruhe Weltliteratur verfasst.

Menschen wie Maeve, die ohne Familie in einer Großstadt lebten, bot das Hotel noch einen weiteren Vorteil. Die Mobilität der Moderne schuf viele Heimatlose, für die das Hotel zum Auffangbecken wurde. Das Hotelpersonal wurde zu einer Art Wahlfamilie, die man nach Lust und Laune verlassen konnte, ohne dass sie einem böse war. Hotels erfüllten in diesem Sinne immer auch eine soziale Funktion und waren keineswegs nur reine Übernachtungsmöglichkeiten. Als Maeve Brennen dort ein- und ausging, waren die meisten Hotels nicht Teil irgendeiner Hotelkette, sondern inhabergeführte Häuser mit engagierten Managern, die ihre Gäste und deren Schrullen kannten und schätzten. Sie sorgten in ihren Hotels für eine angenehme Atmosphäre, in der sich Einheimische und Touristen gleichermaßen wohlfühlten. Die Hotellobby, der Inbegriff des Hotellebens schlechthin, glich einem Mikrokosmos, der Schriftstellern wie Maeve Brennan Input, Stimulation und Austausch bot. Vicki Baum setzte in ihrem weltberühmten Roman *Menschen im Hotel* dem Hotelbetrieb als solchem ein literarisches Denkmal: »Großartiger Betrieb in so einem großen Hotel [...]. Kolossaler Betrieb. Immer ist was los. Einer wird verhaftet, einer geht tot, einer reist ab, einer kommt. Den einen tragen sie per Bahre über die Hintertreppe davon, und zugleich wird dem andern ein Kind geboren. Hochinteressant eigentlich. Aber so ist das Leben [...]. Die Drehtür dreht sich, schwingt, schwingt, schwingt ...«[24]

Nobelhotels wie das Plaza und Bruchbuden wie das Chelsea Hotel prägten die Kultur Amerikas gleichermaßen: »Die Geschichte von Griechenland spiegelt sich in seinen Tempeln wider, die von Amerika in seinen Hotels.«[25] Ob F. Scott Fitzgerald, Dorothy Parker oder Joseph Roth, sie alle zogen das Leben im Hotel dem in den eigenen vier Wänden vor:»Es scheint eine Affinität zu bestehen zwischen der schreibenden Zunft und dem Raum, der die Anonymität ebenso zulässt wie das gesellschaftliche Leben. Das Hotel steht für das Wechselbad zwischen Öffentlichkeit und Zurückgezogenheit am Schreibtisch, mit dem es jeder Schriftsteller berufsbedingt zu tun hat.«[26] Maeve Brennan bot es die Möglichkeit, sich nicht festlegen zu müssen, mobil und flexibel zu bleiben und ihre Rastlosigkeit problemlos auszuleben. Allein zu sein, wann immer sie wollte, und unter Menschen zu gehen, wenn es sie danach verlangte. Die Drehtür spuckte immer neue Akteure an den Schauplatz, und nicht nur Maeve war überzeugt davon, dass man über New York am besten von einem Hotel aus schreiben konnte.

Umso mehr beklagte sie eine Entwicklung, die bis heute anhält: das Verschwinden von traditionsreichen Häusern, die vielen Menschen zumindest auf Zeit ein Zuhause boten. Sie erkannte schon früh, dass sich das Gesicht der Stadt verändert, je mehr dieser Hotels verschwanden. Dass heute nicht nur das Plaza vor allem aus Eigentumswohnungen besteht, sondern auch ein Großteil des traditionsreichen Waldorf Astoria in Luxuswohnungen umgewandelt wird, hätte Maeve Brennan tief erschüttert. Für Menschen wie Maeve, die weder im Einfamilienhaus der Vorstadt noch im teuren Apartment am Central Park ihre Heimat fanden, ist eine derartige Veränderung besonders bitter. Sie beraubt New York um einen Teil seiner Seele. Diejenigen, die den öffentlichen Raum bespielen, sind von solchen Veränderungen am meisten betroffen – sie verändern ihr Leben.

Maeve Brennan bespielte New York City, die Stadt, die ihr Öffentlichkeit und Privatsphäre bot, Anonymität und Berühmtheit zugleich gewährte:»Es gibt zwei Arten von Menschen – diejenigen, die berühmt werden wollen, und diejenigen, die zufrieden sein wollen«,[27] schrieb sie einst auf einen Notizblock. Sie selbst gehörte mal dieser, mal jener Fraktion an.

Trotz ihres interessanten Lebens gilt Maeve Brennan gemeinhin als tragische Figur: eine exilierte irische Schriftstellerin, fern von Familie und Heimat, verloren und unglücklich in einem fremden Land. Einzig, dass es nicht so war: »Mein Leben lang habe ich mich auf die Krümel gestürzt, damit nur ja niemand sehen konnte, was ich mir tatsächlich nahm.«[28] Maeve Brennan war nicht heimatlos. Sie hatte ein Zuhause: New York. Ebenso hatte sie eine Familie – Freunde und Kollegen bildeten ihre Wahlverwandtschaft, der sie näher stand als ihren Blutsverwandten. Ein Phänomen, das der moderne Großstädter des 21. Jahrhunderts nur zu gut kennt. Mit dem klassischen Heimatbegriff konnte sie nur wenig anfangen: »Es gibt keinen Ort, der für mich Heimat ist – es ist so, wie es sein sollte. Ich habe, und das ist es, was ich wirklich will – eine Perspektive.«[29]

Dass ihre ethnische Zugehörigkeit stets so überbetont wird, ist eine rückwärtsgerichtete Sichtweise, die in der Nationalstaatsidee des 19. Jahrhunderts verhaftet ist. Es heißt, Maeve Brennan habe an der Idee der Häuslichkeit und der Idee von Irland gehangen. Weil sie Tee trank und Wohnzimmer mit Kaminen schätzte? Ihre Gefühle für Irland waren äußerst ambivalent und führten zu einer innerlichen Zerrissenheit, unter der sie ein Leben lang litt. So sehr sie Dublin und die irische Landschaft liebte, so sehr verachtete sie die irische Gesellschaft für ihre Bigotterie und Rückständigkeit. Aus diesem Grund verwahrte sie sich entschieden dagegen, als irische Schriftstellerin bezeichnet zu werden. Niemals wollte sie die geistige Enge, die ihr in Irland an allen Ecken und Enden begegnete, verkörpern. Nur allzu gern wäre sie ihrer Sozialisation entkommen, doch das gelang ihr nie. Ihr schlechtes Gewissen, Resultat ihres Andersseins, und basierend auf ihrer irisch-katholischen Erziehung, verfolgte sie ein Leben lang. Sie war geplagt von Selbstzweifeln und

Schuldgefühlen, doch ihre Neugier aufs Leben war größer als alle Skepsis. Ganz gegen ihre Erziehung stellte sie Karriere über Mutterschaft, setzte auf selbstbestimmte Sexualität, ließ sich scheiden und provozierte mit ihrem Leben ihre irische Verwandtschaft.

So fremdbestimmt sie am Beginn ihres Lebens auch war, als ihre nationalistischen Eltern die Unabhängigkeit Irlands über das Wohl ihrer Kinder stellten, so sehr schwamm sie sich später frei. Dass sie im letzten Drittel ihres Lebens mit einer heimtückischen Krankheit zu kämpfen hatte, die ihr diese hart erkämpfte Selbstbestimmung sukzessive raubte, ist tragisch. Noch tragischer ist allerdings, dass in Berichten über Maeve Brennan diese Entwicklung oftmals als Folge eines unangepassten Lebens gedeutet wird. Zwischen den Zeilen schwingt ein verheerender Tenor mit: Ein Leben gegen die herrschenden Konventionen zu führen wird nicht ohne Konsequenzen bleiben. Und in ihrem Fall hieß diese Konsequenz schlichtweg: Wahnsinn. Ganz im alttestamentarischen Sinne wird der Wahnsinn als Strafe begriffen, als Sühne für eigenes Fehlverhalten. Eine wahrhaft göttliche Strafe, die im Falle Maeve Brennans in der tiefen Erniedrigung bestand, verwirrt und obdachlos durch Manhattan zu geistern. Eine Interpretation, der sie selbst übrigens niemals aufgesessen wäre: »In dieser Art persönlichen Scheiterns liegt weder Moral noch Vernunft und schon gar keine Gerechtigkeit.«[30]

Eine solche Auslegung ihres Lebensweges bedeutet im Umkehrschluss, dass es für Frauen klüger ist, sich zu fügen – ein eigener Kopf wird am Ende rollen. Es würde bedeuten, dass der Mut, gesellschaftliche Grenzen zu sprengen, immer bestraft wird. Eine Denkweise, die jeden emanzipatorischen Gedanken verhindern und die dauerhafte Unterdrückung der Frau manifestieren würde. Maeve Brennan hat nicht aus Verzweiflung und Heimatlosigkeit im Wahnsinn Zuflucht gesucht, sondern sie litt an einer psychischen Erkrankung, die in den letzten Jahren ihres Lebens ihre glühend verteidigte Autonomie zunichte machte. Ihr Ende einzubetten in eine Schuld-und-Sühne-Phantasie wird ihr nicht gerecht, ist aber ein durchaus gängiges Motiv im Umgang mit emanzipierten Frauen. Die Literatur ist voll von starken Frauen, die, nachdem sie sich ihren ungezügelten Leidenschaften hingeben haben, zusammenbrechen und dem Wahnsinn verfallen. Lady Macbeth, die Amazonenkönigin Penthesilea und Anna Karenina können ein Lied davon singen. Sogar Maeves literarische Lieblingsfigur, die kleine Seejungfrau von Hans Christian Andersen, muss einen hohen Preis dafür bezahlen, in Zukunft als Frau zu leben. Im 19. Jahrhundert war man selbst unter Medizinern der Ansicht, dass das Verlassen der weiblichen Sphäre, sprich Familie, Kinder und Haus, zur Geisteskrankheit führen würde. Ansichten, über die wir heute zum Glück hinweg sind. Maeve Brennans Ende taugt mitnichten als Warnung, nicht über die Stränge zu schlagen. Ihr tragisches Ende ist nicht die Quittung für ihre Abweichung von der Norm, sondern die Folge einer Erkrankung, die einem schillernden Leben ein trauriges Ende gesetzt hat.

Maeve Brennan war eine berufstätige urbane Single-Frau, die die Welt von ihrem ganz eigenen, festen Standpunkt aus betrachtete. Das Leben, das sie führte, war nie einfach, aber immer interessant; nie bequem, aber immer erfüllend. Maeve liebte ihr Leben mit all seinen Höhen und Tiefen. Bereits von Krankheit gezeichnet, schrieb sie an William Maxwell: »Wenn du – vielleicht ein wenig traurig – denkst, ich bereue etwas, dann liegst du falsch. Ich bereue überhaupt nichts. […] Es ist schön, wenn man in der Lage ist, zu sagen, ich habe meine Zeit genutzt. Ich würde es hassen, sagen zu müssen, ich habe meine Zeit verschwendet. Sollte ich also von einem Auto überfahren werden, dann tröste dich mit dem Wissen, dass ich glücklich gestorben bin, wenn auch, um Himmels willen, fern der Kirche.«[31] Weder ihre Freunde noch ihre Verwandten haben sie als traurige und schwermütige Person in Erinnerung. Ganz im Gegenteil, ihre Nichte Yvonne Jerrold, der Maeve wie all ihren Neffen und Nichten eine begeisterte Tante war, beschreibt sie als witzig, sehr unterhaltsam, lebendig und mit einem eisernen Willen.[32]

Sie hat ihre Tage sinnvoll zu nutzen gewusst, mit einem Sinn, den sie persönlich als erfüllend verstand, ganz so, wie Diana Vreeland einst ein erfülltes Leben definiert hatte:»Es gibt nur ein wirklich gutes Leben – und das ist das Leben, von dem du genau weißt, dass du es möchtest, und das du selbst gestaltest.«[33] Ein solches Leben machte es Maeve Brennan möglich, derart unorthodoxe Dinge zu tun, wie sie William Maxwell schildert:»Obwohl sie von Zeit zu Zeit auf dem Land lebte, erwarb sie niemals den Führerschein. Wollte sie Lebensmittel einkaufen, rief sie ein Taxi. In einem ihrer Apartments in der Stadt ließ sie Parkettboden verlegen, obwohl es ihr nicht einmal gehörte. Doch dann stellte sie fest, dass sie lieber im Hotel Algonquin wohnen wollte. Sie ließ das Apartment einfach leer stehen, bis der Mietvertrag auslief. Und dann mietete sie ein kleines Häuschen in der Nähe von Rindge.«[34]

All dies konnte sie tun, denn sie war niemandem etwas schuldig und trug einzig und allein für sich selbst die Verantwortung. Sie konnte kommen und gehen, wie es ihr passte – was sie auch tat. Autonomie war der höchste Wert im Leben von Maeve Brennan, und so ging es auch ihrem Alter Ego, der langatmigen Lady. Niemals setzte sich die langatmige Lady zu irgendjemandem in Beziehung – weder zu einem Mann noch zu Kindern noch zu einer Familie. Sie war niemandes Ehefrau, Freundin, Mutter oder Tochter. Sie war nur sie selbst. Ein alleiniger, keineswegs einsamer, vollkommen autonomer Mensch, der allein lebte, allein speiste, allein durch die Straßen flanierte. Wenn um fünf Uhr morgens ihre High Heels die Fifth Avenue hinunterklapperten, auf der Suche nach einem bereits geöffneten Coffeeshop für einen ersten Morgenkaffee, dann war sie genau wie Maeve Brennan hellwach und ganz bei sich. Dann war sie Teil von Manhattans blauer Stunde. Maeves Nichte sagt über ihre Tante:»Sie war eine Einzelgängerin, was ja durchaus verständlich ist. […] Als Schriftstellerin will man weder Zeit noch Energie mit Menschen vergeuden, die von einem verlangen, sich gesellschaftlich einzubringen. Danach hat sie nie gesucht. Sie suchte nach Unabhängigkeit, Erfahrungen und Beobachtungen. Sie wollte die Welt erfahren. Sie brauchte niemanden. Schreiben war der Mittelpunkt ihres Lebens. Alles andere war peripher.«[35] Nichts kommt Maeves Gefühl von Heimat näher als die Worte ihrer Nichte. Sie selbst beschrieb es so: »Wenn du wirklich und wahrhaftig eine Geschichte schreibst, dann führen alle Wege nach Hause.«[36]

Und wenn Maeve Brennan und die langatmige Lady doch einmal jemanden an ihrer Seite brauchten, dann blieben ihnen immer noch die Kollegen vom *New Yorker*. Menschen mit einem ähnlichen Lebensstil und größtem Verständnis für Exzentriker, Individualisten und Querdenker. Freunde, die Maeves Autonomie respektierten und die geforderte Distanz wahrten, bis zum bitteren Ende: »Sie war nicht eine von uns, sie war ganz sie selbst!«[37]

I've been a puppet, a pauper, a pirate,
A poet, a pawn and a king
I've been up and down and over and out and I know one thing
Each time I find myself flat on my face
I pick myself up and get back in the race

Frank Sinatra, That's life

Epilog

Von der Kunst, sich selbst in den Rücken zu schießen

Während ihrer turbulenten Ehejahre mit Mac fand Maeve Brennan nur selten Zeit, um an ihrem Schreibtisch zu sitzen. Die Leser von Talk of Town, die sich an die Nachrichten der langatmigen Lady gewöhnt hatten, vermissten diese bald schmerzlich. 1959 erreichte die Redaktion der Brief von John R. Boyce, einem besorgten Leser, der sich nach dem Verbleib von Maeve Brennan erkundigte. Fast 30 Jahre später entdeckte William Maxwell in seinen Unterlagen einen Brief, der angeblich in seinem Namen als Antwort auf jenes Schreiben verfasst worden war. Wie sich bald herausstellte, war die Verfasserin niemand anderes als Maeve Brennan selbst, die einen letzten Gruß an ihre Leser, ihre Freunde und ihre treue Fangemeinde schickte:

»Lieber Mr. Boyce,
    mit größtem Bedauern muss ich Ihnen mitteilen, dass unsere arme Miss Brennan verstorben ist. Wir haben ihren Kopf hier bei uns im Büro, oben auf der Treppe, wo man sie immer antreffen konnte und wo sie mit einem breiten Lächeln Wasser aus ihrem Pappbecher trank. Sie hat sich am Fastnachtsdienstag am Fuße

des Hauptaltars der St. Patrick's Cathedral mit Hilfe eines kleinen Handspiegels in den Rücken geschossen.

Frank O'Connor war auch da. Wie üblich hat er seinen Nachmittag im Beichtstuhl verbracht, wo er vorgibt, Priester zu sein, und alten Frauen die Absolution erteilt. Er hörte den Schuss, rannte heraus und sah unsere arme verstorbene Autorin flach hingestreckt daliegen. Er hob sie hoch und warf sie in den Opferstock. Sie war wirklich sehr schmal. Er sagte, sie sei ganz einfach reingeflutscht. Stellen Sie sich bloß vor, was in dem armen jungen Küster vorgegangen sein muss, als er an diesem Abend die Kollekte öffnete und die Tote fand. [...] Es hat sechs starke Pfarrer gebraucht, um sie wieder aus dem Opferstock herauszukriegen. Dann hat man uns angerufen, und wir sind alle hingefahren, haben sie aufgesammelt und sie hierher an die Tür ihres Büros gelehnt.

Wir werden wohl nie wissen, warum sie das getan hat, aber wir vermuten, sie war betrunken und todunglücklich. Sie war ein sehr feiner Mensch, ein sehr echter Mensch, hatte zwei Beine, Hände, eben alles. Aber es ist zu spät, um sich darüber jetzt noch Gedanken zu machen.

Ich habe noch eine ganze Menge lebender Autoren, Mr. Boyce, wenn Sie noch was über einen von denen wissen wollen [...], werde ich das mit Freuden beantworten. Die meisten haben Studioporträts von sich, die nur darauf warten, gerahmt zu werden, manche in Lebensgröße.

Haben Sie vielen Dank für Ihr freundliches Interesse an der unglücklichen Miss Brennan. Ich freue mich zu hören, dass es jemanden gibt, der sich an sie erinnert. Was sie selbst betrifft, so fürchte ich, sie würde Ihnen lediglich ins Gesicht spuken. Sie war stets undankbar. Man könnte sagen, dass nichts in ihrem Leben ihr jemals bekommen ist.«[1]

In diesem Sinne:
So long, Mylady und eine gute Reise!

Danksagung

Mein besonderer Dank gilt:

Jade Wong-Baxter, Massie & McQuilkin, Literary Agents, New York
Kate Bolick, New York
P. J. Gibbons, Editor, Social & Personal, Dublin
Marianne Hansen, Bryn Mawr College
James Harte, Manuscripts Department, National Library of Ireland
Yvonne Jerrold, Cambridge, UK
Mary Catherine Kinniburgh, Henry W. and Albert A. Berg Collection of English and American Literature, New York Public Library
Colette Lucas, The MacDowell Colony, Peterbourough
Janet Malcolm, New York
Meredith Mann, The Brooke Russell Astor Reading Room for Rare Books and Manuscripts, New York Public Library
Susan McElrath, American University, Washington D. C.
Shameya Pennell, Stuart A. Rose Manuscript, Archives, and Rare Book Library, Emory College of Arts & Sciences
Kathy Shoemaker, Stuart A. Rose Manuscript, Archives, and Rare Book Library, Emory College & Arts & Sciences
Dennis Sears, Rare Books & Manuscript Library, University of Illinois
Anne Simmons, Waltham, Massachusetts
Curtis Small, Special Collections, University of Delaware Library

ANHANG

Anmerkungen

Prolog

1 Maeve Brennan: New York, New York, Göttingen 2012, Buchrücken.
2 Gay Talese: New York: Stadt im Verborgenen, in: Gay Talese: Frank Sinatra ist erkältet, Berlin 2005, S. 27/28.
3 Frank Sinatra: One for My Baby (And One More for the Road), Columbia Records 1949.
4 Carmen Schlucker: »Diana Vreeland. Eine Modeikone wird verfilmt«, Tagesspiegel, 16. Januar 2013.
5 The New Yorker: Großstadtfieber, hrsg. v. Gisela Vetter-Liebenow: Ausstellungskatalog Wilhelm-Busch-Museum Hannover 15. 7.–10. 9. 2000, Ostfildern-Ruit 1999, S. 94.
6 Roddy Doyle: Rory & Ita. Eine irische Geschichte, München 2002, S. 253.
7 Diana Vreeland zitiert nach: https://www.harpersbazaar.com/culture/features/a2964/diana-vreeland-best-quotes
8 Angela Bourke: Maeve Brennan: Homesick at the New Yorker, Berkeley 2016, S. 178.
9 Ita Doyle, in: Doyle, S. 252.
10 Hans Christian Andersen: Die kleine Seejungfrau. Die Märchen. Erster Band, Frankfurt 1992, S. 130.
11 Maeve Brennan: Kommen und Gehen in Nimmernimmerland, in: Bluebell, Göttingen 2013, S. 25.
12 Maeve Brennan: Balzacs Lieblingsspeise, in: New York, New York, Göttingen 2012, S. 31.
13 Maeve Brennan: Die Ferne in der Nähe, in: Sämtliche Erzählungen. Zweiter Band: New Yorker Geschichten, Göttingen 2016, S. 396.
14 Maeve Brennan: Broccoli, in: New York, New York, S. 38.
15 Maeve Brennan: Die Einsamkeit ihres Ausdrucks, in: New Yorker Geschichten, S. 285/286.
16 Maeve Brennan: Unveröffentlichte Kolumne LWL 21. Februar 1961. William Shawn Papers, The Brooke Russell Astor Reading Room for Rare Books and Manuscripts, New York Public Library.
17 Maeve Brennan an William Maxwell, William Maxwell Papers, Rare Books and Manuscript Library, University of Illinois.

I.

1 William Maxwell: Vorwort zu: Maeve Brennan: The Springs of Affection, Boston, New York, 1997, S. 1.

319

2   Maeve Brennan: Die Quellen der Zuneigung, in: Der Teppich mit den großen pinkfarbenen Rosen, Göttingen 2007, S. 155.

3   Ebenda, S. 133/134.

4   Maeve Brennan: Der Rosengarten, in: Der Morgen nach dem großen Feuer, Göttingen 2009, S. 32/33.

5   Robert Brennan Papers, National Library of Irland, zitiert nach Bourke, S. 25.

6   Bourke, S. 27.

7   Maeve Brennan: Geschichten aus Afrika, in: Pinkfarbene Rosen, S. 100.

8   Maeve Brennan: Die Braut, in: Großes Feuer, S. 25/26.

9   Una Brennan: »Irish Girls«, *Wexford Echo*, 13. März 1909.

10 Una Brennan: »Womens' Ways«, *Wexford Echo*, 4. Juli 1908.

11 Robert Brennan: The Allegiance, Dublin 1950, S. 9–10.

12 Constance Markievicz zitiert in: Michaela Karl: Streitbare Frauen, St. Pölten 2009, S. 164.

13 Constance Markievicz, *Eire*, 26. Mai 1923.

14 George Bernard Shaw, *Daily News*, 10. Mai 1916.

15 Robert Brennan: Allegiance, S. 106.

16 Constance Markievicz, in: Frederik Hetmann: Eine schwierige Tochter, Frankfurt a. M. 1982, S. 160.

17 Maeve Brennan: Die Kluge, in: Großes Feuer, S. 115.

18 Erskin Childers: »What it means to women«, *Daily News*, 7. April 1920, in: Military Rule in Irland, Dublin 1920, S. 11/12.

19 Robert Brennan: Allegiance, S. 268.

20 Constance Markievicz: Brief an Eva Gore-Booth, undatiert, in: Constance Markievicz: Prison Letters, S. 217.

21 Leonard Piper: Dangerous waters. The Life and Death of Erskine Childers, London 2003.

22 Maeve Brennan: Ein Segen, in: New Yorker Geschichten, S. 550/551.

23 Maeve Brennan: Der Tag unserer Revanche, in: Großes Feuer, S. 95/96.

24 Éamon de Valera, in: Dorothy Marcardle: The Irish Republic, Dublin 1951, S. 858.

25 Maeve Brennan: Die armen Männer und Frauen, in: Mr. und Mrs. Derdon, Göttingen 2009, S. 102/103.

26 Maeve Brennan: Der gütige Schatten, in: Pinkfarbene Rosen, S. 49/50.

27 Maeve Brennan: Der Teufel in uns, in: Großes Feuer, S. 145.

28 Ebenda, S. 143/144.

29 Maeve Brennan, Brief an William Maxwell aus Dublin 1957, William Maxwell Papers, in: Bourke S. 102.

30 Maeve Brennan: Der Teufel in uns, in: Großes Feuer, S. 150–153.

31 Maeve Brennan: Lektionen, Lektionen und noch mehr Lektionen, in: New Yorker Geschichten, S. 506.

II.

1   Maeve Brennan: Der Segen, New Yorker Geschichten, S. 551.

2   Daniel James Brown: Der Wunder von Berlin, München 2015, S. 396–398.

3   Maeve Brennan: Tagebucheintrag 8. März 1935, in: Bourke S. 128.

4 *The American Eagle*, Editorial Board, 22. Oktober 1937, S. 2.

5 »Daily Bulletin Is Begun by Council«, *The American Eagle*, 7. Oktober 1937, S. 4.

6 *The Aucola*, Jahrbuch 1937, American University Washington Special Collection.

7 Postkarte an Maeve Brennan von Marian aus Irland, Maeve und Robert Brennan Papers, University Delaware Special Collections.

8 *The Aucola*, Jahrbuch 1938, American University Washington, Special Collection.

9 Twenty-Fourth Commencement Program, 6. Juni 1938, American University Washington, Special Collection.

10 *Washington Star*, 26. August 1938.

11 Bourke, S. 33/34.

12 Joan Kerr: Please, Don't Eat the Daisies, New York 1957, S. 12.

13 Bourke, S. 136.

14 Marie McNair: »Irish Colleen Lives True Success Story«, *The Washington Post*, 11. Mai 1945, S. 10.

15 Diana Vreeland: Allure, München 1997, S. 55.

16 »Holley Chambers Acquired by N. Y. U, Apartment Hotel at Washington Square to Be Converted to Hayden Residence Hall«, *The New York Times*, 23. April 1953, S. 51.

17 Maeve Brennen: Die letzten Tage der Stadt New York, in: New Yorker Geschichten, S. 500/501.

18 Maeve Brennan: Die Ferne in der Nähe, in: New Yorker Geschichten, S. 392.

19 Ebenda, S. 392/393.

20 Ebenda, S. 392.

21 Gardner Botsford: A Life of Privilege, Mostly. A Memoir, London 2006, S. 221.

22 Maeve Brennan: Die Sixth Avenue zeigt ihr wahres Gesicht, in: New York, New York, Göttingen 2012, S. 167/168.

23 Ebenda, S. 169.

24 Maeve Brennan: Die Reisende, in: New York, New York, S. 161.

25 Maeve Brennan: Vorwort zu New York, New York, S. 8.

26 Maeve Brennan: Die Sixth Avenue zeigt ihr wahres Gesicht, in: New York, New York, S. 168.

27 Nachwort von Hans-Christian Oeser zu Maeve Brennan: Die Besucherin, Göttingen 2006, S. 96.

28 Nachwort von Christopher Carduff zu Maeve Brennan: The Visitor, Washington 2000, S. 84.

29 Nachwort von Hans-Christian Oeser zu Maeve Brennan: Die Besucherin, S. 94.

30 Maeve Brennan: Die Ferne in der Nähe, in: New Yorker Geschichten, S. 393.

31 Maeve Brennan: Die Braut, in: Großes Feuer, S. 26.

32 Maeve Brennan an William Maxwell 1965, William Maxwell Papers, Bourke S. 252.

33 Maeve Brennan an William Maxwell 1963 aus Dublin, zitiert in: Anne Enright: Einführung zu: Maeve Brennan: Dubliner Geschichten, Göttingen 2016, S. 20.

34 Maeve Brennan: Die Besucherin, S. 11.

35 Molly Hennigan: Maeve Brennan: »A centenary more bitter than sweet«, *Irish Times*, 5. Januar 2017.

36 David Marcus, Leserbrief an die *Irish Times*, 9. Januar 1998.

37 William Maxwell: Introduction to: Maeve Brennan: The Springs of Affection, New York 1997, S. III.

38 Katharine White: Memo, Katharine Sergeant White Papers, Part II: Box and Folder List – *The New Yorker* Correspondence, Bryn Mair College, Special Collection Department.

39 Howard Moss an Maeve Brennan, Howard Moss Papers, Henry W. and Albert A. Berg Collection of English and American Literature, New York Public Library.

40 Helen Rogan: »Moments of Recognition«, *Time Magazine*, 1. Juli 1974, S. 62.

41 Anne Enright: Einführung zu: Maeve Brennan: Dubliner Geschichten, S. 16.

42 Maeve Brennan: Lektionen, Lektionen und noch mehr Lektionen, in: New Yorker Geschichten, S. 506/507.

III.

1   *Harper's Bazar*, 1. Ausgabe, 2. November 1867, S. 1.

2   Georg Jäger (Hrsg.): Geschichte des deutschen Buchhandels im 19. und 20. Jahrhundert: Das Kaiserreich 1871–1918, Teil II, Frankfurt a. M. 2003, S. 462.

3   Edna Woolman Chase: Brief an Carmel Snow 1938, in: Caroline Seebohm: The Man Who Was Vogue, New York 1982, S. 264.

4   Vreeland: Allure, S. 37/38.

5   Lillian Bassman, in: Penelope Rowlands: A Dash of Daring, New York 2005, S. 262.

6   Erwin Blumenfeld: Einbildungsroman, Frankfurt a. M. 1998, S. 381/382.

7   Lillian Bassman, in: Rowlands, S. 349.

8   Vreeland: Allure, S. 160.

9   Ebenda, S. 161.

10 Vreeland: The Eye Has to Travel, Film von Lisa Immordino Vreeland, Bent-Jorgen Perlmutt, Frédéric Tcheng, USA 2011.

11 Ebenda.

12 Ebenda.

13 Vreeland: Allure, S. 167.

14 Sidney J. Perelman: »Frou Frou or the Futur of Vertigo«, *The New Yorker*, 16. April 1938, S. 17.

15 Vreeland: Allure, S. 238/239.

16 Ebenda, S. 56.

17 Ebenda, S. 285.

18 Cathy Horyn: »Before there was Vreeland«, *The New York Times*, 4. Dezember 2005.

19 Nina Hyde: »Diana Vreeland's Nod to Bad Taste«, *Washington Post*, 11. März 1984.

20 Johanna Adorján: »Stellen sie sich das vor! Modelegende Diana Vreeland«, *FAZ*, 18. Januar 2013.

21 Maeve Brennan: Broccoli, in: New York, New York, S. 38.

22 Maeve Brennan: Die Sixth Avenue zeigt ihr wahres Gesicht, in: New York, New York, S. 169/170.

23 Bourke, S. 147/148.

24 Ebenda, S. 148.

25 Brendan Gill: »There will be no war, says Brendan Gill«, *Courant*, 3. September 1939, S. 1.

26 Brendan Gill: A New York Life: Of Friends and Others, New York 1990, S. 319.

27 Bourke, S. 149.

28 Carmel Snow: »Letter from Paris«, *Harper's Bazaar*, Oktober 1939.

29 Christian Dior, in: Charlotte Sinclaire: Vogue on Christian Dior, München 2013, S. 12.

30 Carmel Snow: »Letter from Paris«, *Harper's Bazaar*, Oktober 1939.

31 *Harper's Bazaar*, März 1943.

32 *Harper's Bazaar*, Januar 1943, S. 21.

33 Claire McCardell: What Shall I Wear?, New York 2012, S. 101.

34 *Harper's Bazaar*, Mai 1943.

35 McCardell, S. 148.

36 »The Old Glamour Girl«, *Harper's Bazaar*, April 1943, S. 35.

37 Maeve Brennan: »They often Said I Miss You«, *Harper's Bazaar*, Juni 1943, S. 44 f.

38 »Anne Nissen, Gallant Bride to be of a Soldier«, Anzeige für Pond's Cold Cream, *Harper's Bazaar*, Januar 1943, S. 73.

39 Werbeanzeige für Cutex, *Harper's Bazaar*, Februar 1943, S. 53.

40 Anzeige für Chanel Cosmetics, *Harper's Bazaar*, Februar 1943, S. 93.

41 *Harper's Bazaar*, September 1945.

42 »Shopping Sleuth: Maeve Brennan Hunts Novelties and Reports them in Fashion Magazines«, *Life Magazine*, Mai 1945, S. 119.

43 William Maxwell, in: Rowlands, S. 349.

44 Maeve Brennan: Die West Eighth Street hat sich verändert, verändert und nochmals verändert, in: New Yorker Geschichten, S. 479.

45 Peggy Preston: »Beauteous Colleen Climbs Still Another Rung in Success Ladder«, *The Washington Post*, 2. Dezember 1945, S. 1.

46 »Shopping Sleuth: Maeve Brennan Hunts Novelties and Reports them in Fashion Magazines«, *Life Magazine*, Mai 1945, S. 119.

47 Carmel Snow, in: Rowlands, S. 347.

48 »Miss Brennan Will Address Club Meeting«, *Washington Post*, 24. September 1946, S. 14.

49 Dorothy Hay Thompson: »The New Spirit«, *Harper's Bazaar*, April 1946, S. 123.

50 Jeanne Perkins: »Dior«, *Life Magazine*, 1. März 1948, S. 85.

51 Ebenda, S. 87.

52 Ingrid Loschek: »Was vom Tragen übrig blieb«, *Süddeutsche Zeitung*, 17. Mai 2010.

53 Willy Maywald: Die Splitter des Spiegels, München 1985, S. 235.

54 *Combat* 1947, zitiert in: Vogue on Dior, S. 43.

55 Sinclair, S. 28.

56 Carmela Thiele: Vor 100 Jahren wurde der Modeschöpfer Christian Dior geboren, Deutschlandfunk, 21. Januar 2005.

57 Karal Ann Marling: As seen on TV, Cambridge 1996, S. 12.

58 »Manners and Morals: Resistance«, *Time Magazine*, 1. September 1947.

59 https://www.dior.com/couture/de_de/das-haus-dior/dior-ingeschichten/die-revolution-des-new-look

60 Marc Zitzman: »Die Frau als luxuriöse Kunstblüte«, *NZZ*, 20. Oktober 2007.

61 Inga Griese: »So schrieb Diors New Look Modegeschichte«, *Die Welt*, 2. Februar 2016, https://www.welt.de/icon/article153914652/So-schrieb-Diors-New-Look-Modegeschichte.html

62 Karl Bissinger: The Luminous Years, hrsg. v. Catherine Johnson, New York 2003, S. 38.

63 Klaus Mann: Tagebuch Oktober 1942, in: Andrea Weiss: Flucht ins Leben, Reinbek bei Hamburg 2000, S. 142.

64 Albin Krebs: »Notes on People«, *The New York Times*, 24. April 1974, S. 49.
65 Brendan Gill: A New York Life, S. 319.
66 Maeve Brennan: »News from New York«, *Social and Personal*, April 1949.
67 Brendan Gill: A New York Life, S. 319.

IV.

1 Brendan Gill: Here at the New Yorker, New York 1975, S. 9.
2 Dorothy Parker, in: Capron, *Paris Review*, in: Malcolm Cowley, Wie sie schreiben, Gütersloh 1958, S. 88.
3 Ben Yagoda: About Town, New York 2001, S. 38/39.
4 David Remnick: The 40s. The Story of a Decade, New York 2014, S. XI.
5 James Thurber: The Years with Ross, Boston 1957, S. 22.
6 Yagoda, S. 192.
7 Brendan Gill: A New York Life, S. 319.
8 »Briefly Noted«, *The New Yorker*, 12. Februar 1953.
9 Maeve Brennan: Die Ferne in der Nähe, in: New Yorker Geschichten, S. 393.
10 Ebenda.
11 Ebenda.
12 William Maxwell: Introduction, The Springs of Affection, S. 2.
13 Maeve Brennan: Eine schmerzliche Entscheidung, in: New Yorker Geschichten, S. 393.
14 William Maxwell in: Yagoda, S. 330.
15 Lillian Ross: Here But Not Here, New York 1998, S. 158.
16 Interview mit Mary Kierstad, Bourke, S. 166.
17 Botsford, S. 212.
18 Ebenda.
19 Brendan Gill: Here at the New Yorker, S. 313.
20 Joseph Mitchell: McSorley's Wonderful Saloon, Zürich 2001, S. 415.
21 Frank Schäfer: »Nächster Halt Gummizelle«, *Die Zeit*, 2. Juni 2011, http://www.zeit.de/kultur/literatur/2011-05/joseph-mitchell
22 Roger Angell: »Postscript: Joseph Mitchell«, *The New Yorker*, 10. Juni 1996, S. 78 f.
23 Brendan Gill: Here at the New Yorker, S. 314.
24 Maeve Brennan, Brief an Joseph Mitchell, Joseph Mitchell Papers, The Brooke Russell Astor Reading Room for Rare Books and Manuscripts, New York Public Library.
25 »Marcabra Cartoonist Charles Addams Dies«, *Los Angeles Times*, 30. September 1988.
26 Ebenda.
27 Ebenda.
28 Linda H. Davis: Charles Addams, New York 2006, S. 167.
29 Ebenda, S. 110.
30 Ebenda, S. 165.
31 Botsford, S. 213/214.
32 Vreeland: Allure, S. 332.
33 Janet Groth: The Receptionist, Chapel Hill 2012, S. 7.
34 Katharine White, in: Linda Davis: Onward and Upward. Katharine White. A Biography, New York 1987, S. 233.

35 Thomas Vincinguerra: Cast of Characters, New York 2016, S. 246.
36 Marion Meade: Lonelyhearts, Boston 2010, S. 224.
37 Philip Hamburger: Friends Talking in the Night, New York 1999, S. 417.
38 Brendan Gill: Here at the New Yorker, S. 387.
39 Maeve Brennan, Brief an William Shawn, ohne Datum, William Shawn Papers, The Brooke Russell Astor Reading Room for Rare Books and Manuscripts, New York Public Library.
40 A. J. Liebling: Just Enough Liebling, New York 2004, S. XIX.
41 Interview mit Philip Hamburger, Bourke, S. 166.
42 Lois Long, in: Harrison Kinney: James Thurber. His Life and Times, New York 1995, S. 380.
43 Lois Long: »Doldrums, It's fun to work«, The New Yorker, 17. Januar 1931, S. 20.
44 Lois Long, in: Stephanie Bucks: In the 1920s, this writer's flapper lifestyle put the sex in the city, https://timeline.com/lois-long-d94cd707ba58
45 Lois Long: »On and off the Avenue«, The New Yorker, 15. November 1969, S. 195.
46 Vinciguerra, S. 72.
47 Harold Ross, in: Vinciguerra, S. 73.
48 Katharine White, in: Davis, S. 233.
49 James Thurber: Brief an Freunde aus Martha's Vineyard, 10. April 1954, in: Kinney S. 975.
50 Maeve Brennan: »Books: Elizabeth Taylor: The Sleeping Beauty«, The New Yorker, 11. September 1955.
51 Maeve Brennan: »Books: The Need of Love«, The New Yorker, 5. Januar 1952, S. 69.
52 William Maxwell: »Maeve Brennan«, Wigwag, Sommer 1988, S. 64.
53 Maeve Brennan: »Books: Lives in Limbo«, The New Yorker, 9. Februar 1952, S. 108.
54 William Maxwell: Introduction, The Springs of Affection, S. 2.
55 Maeve Brennan, Notiz an William Shawn, William Shawn Papers.
56 Maeve Brennan, Notiz an William Shawn 1955, William Shawn Papers.
57 Maeve Brennan: Plagegeist, in: Großes Feuer, S. 8/9.
58 Ebenda, S. 22.
59 Maeve Brennan: Der Spaßvogel, in: Tanz der Dienstmädchen, Göttingen 2010, S. 146.
60 Ebenda, S. 147.
61 John McNulty: This Place on Third Avenue, Washington 2011, S. 3.
62 Faith McNulty: Vorwort zu John McNulty: Third Avenue, S. XII.
63 Yagoda, S. 331.
64 Brendan Gill: Here at the New Yorker, S. 312/313.
65 McNulty, S. XII.
66 E. B. White: Here is New York, New York 1999, S, 19.
67 Maeve Brennan: Vorwort zu New York, New York, S. 9.
68 McNulty, S. 126.
69 Maeve Brennan, Brief an William Maxwell, William Maxwell Papers.
70 Eliot Weinberger: Die Vereinigten Staaten von New York, in: New York. Eine literarische Einladung, Berlin 2014, S. 8.
71 Roddy Doyle: Rory & Ita, München 2002, S. 251.
72 Maeve Brennan an William Maxwell aus Dublin 1953, William Maxwell Papers, Bourke S. 178.

73 Maeve Brennan, Brief an William Maxwell aus Dublin 1953, William Maxwell Papers.
74 Ebenda.
75 E. B. White: Here is New York, S. 19.

V.

1 Brendan Gill: Here at the New Yorker, S. 6.
2 Colson Whitehead: JFK, in: Faßbender: New York S. 134.
3 Ebenda, S. 5.
4 Philip Hamburger, »Liberace«, Talk of Town, *The New Yorker*, 5. Juni 1954, S. 23.
5 Yagoda, S. 372.
6 Maeve Brennan: Talk of Town, »Skunked«, *The New Yorker*, 23. Januar 1954, S. 26.
7 Maeve Brennan: Talk of Town, *The New Yorker*, 18. September 1954, S. 29.
8 Maeve Brennan: Vorwort zu New York, New York, S. 7.
9 Maeve Brennan, Brief an William Maxwell, William Maxwell Papers, Bourke, S. 40.
10 Maeve Brennan: Vorwort zu New York, New York, S. 9.
11 Maeve Brennan: Sie waren beide um die vierzig, in: New York, New York, S. 15.
12 Maeve Brennan: Liebende im Washington Square Park, in: New York, New York, S. 92.
13 Maeve Brennan: Auf der Insel, in: New Yorker Geschichten, S. 545.
14 Maeve Brennan: Sie waren beide um die vierzig, in: New York, New York, S. 13.
15 Kennedy Fraser: Ornament and Silence, New York 1996, S. 238.
16 Franz Hessel: Spazieren in Berlin, Berlin 2013, S. 26.
17 Ebenda, S. 283.
18 Walter Benjamin: Die Wiederkehr des Flaneurs, in: Werke und Nachlass, Band 13: Kritiken und Rezensionen 1912–1931, hrsg. v. Heinrich Kaulen, Berlin 2011, S. 211 f.
19 Franz Hessel: Spazieren in Berlin, Cover.
20 Maeve Brennan: Ein rätselhafter Aufmarsch von Männern, in: New York, New York, S. 17.
21 »Schrafft's Restaurant Closing After 44 Years«, *The New York Times,* 28. März 1944, S. 35.
22 Maeve Brennan: Balzacs Lieblingsspeise, in: New York, New York, S. 29.
23 Maeve Brennan: Betrug an Philippe, in: New York, New York, S. 250.
24 Maeve Brennan: Eine Schuhgeschichte, in: New York, New York, S. 41.
25 Maeve Brennan: Die neuen Mädchen in der West 49th Street, in: New Yorker Geschichten, S. 443.
26 Maeve Brennan: Herrenloses Geld, in: New York, New York, S. 87.
27 John Updike: »Talk of a sad town«, *Atlantic Monthly*, Oktober 1969, S. 124/127.
28 Yagoda, S. 306.
29 Maeve Brennan: Broccoli, in: New York, New York, S. 38.
30 Maeve Brennen: Almosen, in: New York, New York, S. 234.
31 Maeve Brennan: Eine junge Dame mit Schoß, in: New York, New York, S. 109.
32 Maeve Brennan: Liebende im Washington Square Park, in: New York, New York, S. 88.
33 Howard Moss auf dem Buchumschlag zu Maeve Brennan: The Long Winded Lady, New York 1969.

34 Maeve Brennan: Filmstars in freier Wildbahn, in: New York, New York, S. 145/146.

35 Maeve Brennan: Die beiden Protestierer, in: New York, New York, S. 124.

36 Ludvík Vaculík: »Zweitausend Worte, die an Arbeiter, Landwirte, Beamte, Künstler und alle gerichtet sind«, *Literarny listy*, 27. Juni 1968.

37 Maeve Brennan: Ludvík Vaculík, in: New York, New York, S. 266.

38 Ebenda, S. 270.

39 Maeve Brennan: Die Blumenkinder, in: New York, New York, S. 84.

40 Maeve Brennan: Ich schaue aus den Fenstern eines alten Hotels am Broadway, in: New York, New York, S. 174/175.

41 Maeve Brennan: Der Götterbaum in unserem Hinterhof, in: New York, New York, S. 196.

42 Ebenda, S. 190/191.

43 Ebenda, S. 192/193.

44 Robert Fulford: »When Jane Jacobs Took on the World«, New York, *The New York Times Book Review*, 16. Februar 1992, S. 1.

45 Jane Jacobs: Tod und Leben amerikanischer Städte, Berlin 1963, S. 44.

46 Maeve Brennan: Mr Sam Bidner und sein Saxophon, in: New Yorker Geschichten, S. 419.

47 Pierre Christin/Oliver Balez: Robert Moses. Der Mann, der New York erfand, Hamburg 2014, S. 71.

48 Maeve Brennan: Der Götterbaum in unserem Hinterhof, in: New York, New York, S. 190.

49 Maeve Brennan: Ein junger Mann mit Speisekarte, in: New York, New York, S. 205.

50 Maeve Brennan: Die West Eighth Street, in: New Yorker Geschichten, S. 478.

51 Claudia Steinberg: »›Schutzheilige von Greenwich Village‹«, *taz*, 22. Januar 2017.

52 Dorothy Parker: My Home Town, Portable, New York 2006, S. 459.

53 Maeve Brennan: Der Götterbaum in unserem Hinterhof, in: New York, New York, S. 191.

54 Maeve Brennan: Filmstars in freier Wildbahn, in: New York, New York, S. 151/152.

55 Maeve Brennan: Vergebliche Annäherungsversuche, in: New York, New York, S. 128.

56 Maeve Brennen: Eine irritierende Ortsfremde, in: New York, New York, S. 244.

57 Ebenda, S. 245.

58 Kennedy Fraser: Ornament and Silence, S. 238.

59 Maeve Brennan: Kalter Morgen, in: New Yorker Geschichten, S. 546.

60 Maeve Brennan: Der finstere Fahrstuhl, in: New York, New York, S. 35.

61 Maeve Brennan: Der Götterbaum in unserem Hinterhof, in: New York, New York, S. 192.

VI.

1 Anne Enright: Einführung zu: Dubliner Geschichten, S. 16.

2 Maeve Brennan: Vorwort zu New York, New York, S. 8.

3 Kennedy Fraser: »You must remember this«, Books, *The New Yorker*, 25. Dezember 1995, S. 140.

4 Kennedy Fraser: Ornament and Silence, S. 241.

5 Maeve Brennan, Brief an Gardner Botsford, in: Botsford, S. 214.

6 Vertrag zwischen *The New Yorker* und Maeve Brennan, 7. Dezember 1962, Robert und Maeve Brennan Papers, University of Delaware, Special Collections/Morris Library, 1936–1967.

7 Maeve Brennan, Brief an Gardner Botsford, in: Botsford, S. 214/215.

8 Katharine Sergeant White Papers, Part II: Box and Folder List – *The New Yorker* Correspondence, Bryn Mair College, Special Collection Department.

9 Maeve Brennan: Glaswände, in: Mr. und Mrs. Derdon, Göttingen 2006, S. 80.

10 Maeve Brennan: Ein junges Mädchen kann sich um seine Chancen bringen, in: Mr. und Mrs. Derdon, S. 135.

11 Maeve Brennan: Eine freie Wahl, in: Mr. und Mrs. Derdon, S. 40.

12 Maeve Brennan: Glaswände, in: Mr. und Mrs. Derdon, S. 79/80.

13 Ebenda, S. 73.

14 Maeve Brennan: Ein Hungeranfall, in: Mr. und Mrs. Derdon, S. 42/43.

15 Maeve Brennan: Ein junges Mädchen kann sich um seine Chancen bringen, in: Mr. und Mrs. Derdon, S. 136/137.

16 Maeve Brennan: Ein Hungeranfall, in: Mr. und Mrs. Derdon, S. 43.

17 Ebenda, S. 53.

18 Maeve Brennan: Ein junges Mädchen kann sich um seine Chancen bringen, in: Mr. und Mrs. Derdon, S. 131.

19 Maeve Brennan: Glaswände, in: Mr. und Mrs. Derdon, S. 74.

20 Maeve Brennan: Ein Hungeranfall, in: Mr. und Mrs. Derdon, S. 64.

21 Maeve Brennan: Ein Mann ertrinkt, in: Mr. und Mrs. Derdon, S. 175.

22 Ebenda, S. 165.

23 Ebenda, S. 167.

24 Ebenda, S. 183/184.

25 Maeve Brennan: Der gütige Schatten, in: Pinkfarbene Rosen, S. 42.

26 Maeve Brennan: Das älteste Kind, in: Pinkfarbene Rosen, S. 109.

27 Ebenda, S. 110/111.

28 Ebenda, S. 114.

29 Maeve Brennan: Der Teppich mit den großen pinkfarbenen Rosen, in: Pinkfarbene Rosen, S. 28.

30 Ebenda, S. 31.

31 Maeve Brennan: Der zwölfte Hochzeitstag, in: Pinkfarbene Rosen, S. 14.

32 Ebenda, S. 15.

33 Ebenda, S. 21.

34 Maeve Brennan: Heiligabend, in: Pinkfarbene Rosen, S. 60.

35 Ebenda, S. 62/63.

36 Ebenda, S. 64.

37 Maeve Brennan: Das Sofa, in: Pinkfarbene Rosen, S. 70.

38 Maeve Brennan: Der gütige Schatten, in: Pinkfarbene Rosen, S. 37/38.

39 Ebenda, S. 47.

40 Maeve Brennan: Die Quellen der Zuneigung, Pinkfarbene Rosen, S. 159.

41 Ebenda, S. 133.

42 Ebenda, S. 173.

43 Ebenda, S. 174.

44 Maeve Brennan: Der Blick aus der Küche, in: Tanz der Dienstmädchen, S. 7.

45 Ebenda, S. 8/9.

46 Ebenda, S. 16/17.

47 Ebenda, S. 13.

48 Maeve Brennan: Der Herr im rosa-weiß gestreiften Hemd, in: Dienstmädchen, S. 25.

49 Maeve Brennan: Die steinerne Wärmflasche, in: Dienstmädchen, S. 42.

50 Maeve Brennan: Kommen und Gehen in Nimmernimmerland, in: Bluebell, Göttingen 2013, S. 25.

51 Maeve Brennan, Brief an William Maxwell, William Maxwell Papers.

52 Maeve Brennan, Brief an William Maxwell aus Dublin, 11. September 1973, William Maxwell Papers.

53 Maeve Brennan, Brief an Gardner Botsford, in: Botsford, S. 214.

54 Maeve Brennan, Brief an Gardner Botsford, in: Botsford, S. 213.

55 Helen Rogan: Moments of Recognition, *Time Magazine*, 1. Juli 1974, S. 62.

VII.

1 Hamburger, S. X.

2 Vinciguerra, S. 54.

3 Vinciguerra, S. 54.

4 St. Clair McKelway: The Cockatoo, in: St. Clair McKelway: Reporting at Wit's End, New York 2010, S. 328.

5 Joel Sayre an Katharine White, 1933, in: Yagoda, S. 129.

6 Hamburger, S. X.

7 Brendan Gill: Here at the New Yorker, S. 144.

8 Meade: Lonelyhearts, S. 211.

9 Bourke, S. 179.

10 Maeve Brennan: Notizen, Maeve Brennan Papers.

11 Doyle, S. 254.

12 *New York Times*, 11. November 1946.

13 Harold Ross an McKelway, 10. April 1940, in: Thomas Kunkel (Hrsg.), Letters from the Editor, New York 2000, S. 140/141.

14 Ebenda, S. 140.

15 Maeve Brennan, Brief an William Maxwell aus Dublin 1953, William Maxwell Papers.

16 Botsford, S. 225.

17 Harold Ross: Memo to the New Yorker Staff, 6. September 1940, in: Kunkel, S. 147.

18 Harold Ross, Brief an St. Clair McKelway, 18. Juli 1946, in: Kunkel, S. 291.

19 William Shawn: Nachruf auf St. Clair McKelway, in: *The New Yorker*, 28. Januar 1980, S. 102.

20 St. Clair McKelway, Brief an S. N. Behrman, in: Vinciguerra, S. 270.

21 Roger Angell: »The Guam Caper«, *The New Yorker*, 15. Februar 2010.

22 Edward Newhouse im Interview mit Christiana Carver Pratt, 9. Januar 1990, in: Vinciguerra, S. 271.

23 McKelway: »The Blowing of the Top«, *The New Yorker*, 14. Juni 1958, S. 38 f.

24 McKelway: »Literary Adventures of a Hollywood Novice«, *New York Herald Tribune*, 21. März 1948.

25 Maxwell: Introduction, Springs of Affection, S. 4.

26 Wolcott Gibbs gegenüber Bill Birmingham, 15. Februar 1954, in: Vinciguerra, S. 321.
27 Vinciguerra, S. 322.
28 Brendan Gill: Here at the New Yorker, S. 313.
29 McKelway: Personal Journal, ca. 1954, Box 130, *The New Yorker* Records, Manuscripts and Archives Division, New York Public Library.
30 Harrison Kinney: James Thurber. His Life and Times, New York 1995, S. 975.
31 James Thurber, Brief an McKelway, 24. März 1958, in: Kinney: James Thurber, S. 976.
32 St. Clair McKelway, Brief an James Thurber, 2. April 1958, in: Kinney: James Thurber, S. 976.
33 Maeve Brennan: Die letzten Tage der Stadt New York, in: New Yorker Geschichten, S. 499/500.
34 Maeve Brennan: Der himmlische Kamin, in: Tanz der Dienstmädchen, S. 167.
35 Maeve Brennan: Im Zug der Linie A, in: New Yorker Geschichten, S. 288/289.
36 Maeve Brennan: Ein chinesischer Glücksspruch, in: New York, New York, S. 51.
37 Ebenda, S. 52/53.
38 Donald Ogden Stewart: By a Stroke of Luck! An Autobiography, New York 1975, S. 117.
39 Brendan Gill: A New York Life, S. 319/320.
40 Ebenda, S. 320.
41 Doyle, S. 254.
42 Maeve Brennan, Brief an William Maxwell aus Dublin 1957, in: Dubliner Geschichten, S. 17.
43 Maeve Brennan, Brief an William Maxwell, William Maxwell Papers, Bourke, S. 200.
44 Maeve Brennan, Brief an Emily Maxwell aus Dublin, Sommer 1957, Maxwell Papers.
45 Maeve Brennan, Brief an William Maxwell aus London, September 1957, William Maxwell Papers, Bourke, S. 200.
46 Ebenda.
47 Maeve Brennan, Brief an William Maxwell aus London, September 1957, William Maxwell Papers, Bourke, S. 199.
48 Ebenda, S. 200/201.
49 Maeve Brennan, Brief an William Maxwell aus Dublin, 11. September 1973, William Maxwell Papers.
50 Roger Angell: »The Guam Caper«, *The New Yorker*, 15. Februar 2010.
51 Maeve Brennan Papers, Emory University, Stuart A. Rose Manuscript, Archives and Rare Book Library.
52 Maeve Brennan, Brief an St. Clair McKelway aus Dublin, 21. Juli 1959, St. Clair McKelway Papers: Letters from Maeve Box 130, The New Yorker Records, New York Public Library.
53 Maeve Brennan, Brief an St. Clair McKelway aus Dublin, 22. Juli 1959, St. Clair McKelway Papers.
54 St. Clair McKelway, Brief an Maeve Brennan aus Edinburg, 23. Juli 1959, St. Clair McKelway Papers.
55 Groth, S. 111.
56 Ebenda, S. 7.
57 Ben Yagoda: »Benevolent Dreamer«, *Columbia Journalism Review*, Januar/Februar 2007.

58 Mary Hawthorne: »Traveller in Residence«, *London Review of Books*, 13. November 1997.
59 Vinciguerra S. 406.
60 Yvonne Jerrold, E-Mail an Michaela Karl vom 12. März 2018.
61 St. Clair McKelway: »First Marriage«, *The New Yorker*, 2. April 1960, S. 39.
62 Ben Yagoda: »Benevolent Dreamer«, *Columbia Journalism Review*, Januar/Februar 2007.
63 St. Clair McKelway, Brief an Maeve Brennan, 19. Juli 1972, William Shawn Papers.
64 Ebenda.
65 St. Clair McKelway, Brief an Maeve Brennan, Juli 1972, William Shawn Papers.
66 Craig Seligman: »The Talk of the (Seedy Side of) Town«, *The New York Times*, 3. März 2010.
67 William Shawn: Nachruf auf St. Clair McKelway, *The New Yorker*, 28. Januar 1980, S. 102.
68 Doyle, S. 254.

VIII.

1 Maeve Brennan: Vom Hotel Earle aus, in: New York, New York, S. 55.
2 Ebenda, S. 58.
3 Ebenda, S. 61/62.
4 Maeve Brennan: Eine Schuhgeschichte, in: New York, New York, S. 45.
5 William Maxwell, Brief an Frank O'Connor, 26. September 1960, in: Michael Steinman (Hrsg.): The Happiness of getting it down right. Letters of Frank O'Connor and William Maxwell, New York 1996, S. 138.
6 Maeve Brennan: Filmstars in freier Wildbahn, in: New York, New York, S. 148.
7 Maeve Brennan: Die letzten Tage der Stadt New York, in: New Yorker Geschichten, S. 502.
8 William Maxwell, Brief an Frank O' Connor, 4. Januar 1961, in: Steinman, S. 142.
9 William Maxwell: Introduction, Springs of Affection, S. 10/11.
10 Maeve Brennan: Kommen und gehen in Nimmernimmerland, in: Bluebell, S. 51.
11 Gerald Murphy, Brief an Maeve Brennan, Bourke, S. 219.
12 Botsford, S. 121.
13 Maeve Brennan, Brief an William Maxwell aus East Hampton, Frühjahr 1964, William Maxwell Papers.
14 Maeve Brennan an Emily Maxwell, ohne Datum, William Maxwell Papers.
15 Maeve Brennan, Brief an William Maxwell, William Maxwell Papers, Bourke, S. 226.
16 Botsford, S. 213.
17 Maeve Brennan, Brief an Howard Moss, undatiert, Howard Moss Papers, Henry W. and Albert A. Berg Collection of English and American Literature, New York Public Library.
18 Maeve Brennan: Kommen und Gehen in Nimmernimmerland, in: Bluebell S. 53/54.
19 Maeve Brennan, Brief an Gardner Botsford, in: Botsford, S. 215/216.
20 Howard Moss, Brief an Maeve Brennan aus London 1963, Howard Moss Papers.
21 Maeve Brennan, Brief an Howard Moss, undatiert, Howard Moss Papers.
22 Howard Moss, Brief an Maeve Brennan, 7. Januar 1965, Howard Moss Papers.

23 *The East Hampton Star*, 1. Juni 1967, S. 167.
24 Maeve Brennan, Brief an Gardner Botsford, in: Botsford, S. 219/220.
25 Maeve Brennan, Brief an Mary D. Kierstead, in: Bourke, S. 230.
26 Maeve Brennan, Brief an William Maxwell, William Maxwell Papers, Bourke, S. 233.
27 Maeve Brennan: Die Bohemiens, in: Großes Feuer, S. 93.
28 Maeve Brennan, Brief an William Maxwell 1963, William Maxwell Papers, Bourke, S. 233.
29 Maeve Brennan, Brief an William Maxwell, William Maxwell Papers, Bourke, S. 233.
30 Maeve Brenann, Brief an William Shawn, August 1963, William Shawn Papers, The Brooke Russell Astor Reading Room for Rare Books and Manuscripts, New York Public Library.
31 Botsford, S. 213.
32 Maeve Brennan: Die Reisende, in: New York, New York, S. 162.
33 Ebenda, S. 166.
34 Brendan Gill: Here at the New Yorker, S. 319.
35 Ebenda, S. 324.
36 Maeve Brennan, Brief an William Maxwell 1963, William Maxwell Papers.
37 Botsford, S. 216.
38 Maeve Brennan, Brief an Gardner Bostford, in: Botsford, S. 216.
39 Ebenda, S. 217.
40 https://www.brainyquote.com/quotes/jean_stafford_336700
41 Maeve Brennan, Brief an Sara Murphy, in: Bourke, S. 235.
42 Maeve Brennan: Die Kinder sind sehr leise, wenn sie fort sind, in: Bluebell, S. 23.
43 Maeve Brennan, Brief an William Maxwell aus East Hampton, Anfang 1964, William Maxwell Papers, Bourke, S. 236.
44 Maeve Brennan: Die letzten Tage der Stadt New York, in: New Yorker Geschichten, S. 501.
45 Maeve Brennan: Kommen und Gehen in Nimmernimmerland, in: Bluebell, S. 29.
46 Ebenda, S. 26.
47 Botsford, S. 220.
48 Telegramm von Saks 5th Avenue, in: Bourke, S. 235.
49 Maeve Brennan, Brief an William Maxwell aus East Hampton, Herbst 1964, William Maxwell Papers.
50 Maeve Brennan, Brief an William Maxwell aus East Hampton, Herbst 1964, William Maxwell Papers.
51 Maeve Brennan, Brief an William Maxwell, Oktober 1964, William Maxwell Papers, Bourke, S. 238.
52 Maeve Brennan, Brief an William Maxwell, Dezember 1964, William Maxwell Papers, Bourke, S. 238.
53 David Tucker: »New Robert Brennan Monument unveiled«, https://www.wexfordpeople.ie/news/new-robert-brennan-monument-unveiled-34845456.html
54 Maeve Brennan, Brief an William Maxwell aus East Hampton, Frühjahr 1964, William Maxwell Papers, Bourke, S. 236.
55 Maeve Brennan, Brief an William Maxwell, 1. Januar 1965, William Maxwell Papers, Bourke, S. 239.
56 Maeve Brennan, Brief an William Maxwell, William Maxwell Papers, Bourke, S. 256.

57 State of New York Department of Taxation and Finance, 11. Mai 1965, Maeve Brennan Papers.

58 Brief von Steuerberater Henry Bolz an Maeve Brenann, 28. Mai 1965, Maeve Brennan Papers.

59 State of New York Department of Taxation and Finance, 26. August 1965, Maeve Brennan Papers.

60 Maeve Brennan: Die letzten Tage der Stadt New York, in: New Yorker Geschichten, S. 501.

61 Maeve Brennan: Die Sixth Avenue zeigt ihr wahres Gesicht, in: New York, New York, S. 171.

62 Howard Moss, Brief an Maeve Brennan, undatiert, Howard Moss Papers.

63 Howard Moss, Brief an Maeve Brennan, undatiert, Howard Moss Papers.

64 Maeve Brennan: Die West Eighth Street hat sich verändert, verändert und nochmals verändert, in: New Yorker Geschichten, S. 481.

65 Maeve Brennan: Ich schaue aus den Fenstern eines alten Hotels am Broadway, in: New York, New York, S. 174.

66 Ebenda, S. 173/174.

67 William Maxwell, Brief an Eudora Welty, 21. August 1967, in: Suzanne Marrs (Hrsg.), What's to say we have said, Boston 2012, S. 231.

68 Botsford, S. 213/214.

69 Maeve Brennan: Die Tür in der West Tenth Street, in: Bluebell, S. 74.

70 Ebenda, S. 91.

71 Jean H. Stewart, Brief an Maeve Brennan, 19, Oktober 1967, Maeve Brennan Papers.

72 Botsford, S. 219.

73 Edward Albee: Kiste und Worte des Vorsitzenden Mao Tse-Tung, in: *Theater Heute*, März 1969, S. 49.

74 Edward Albee: Tiny Alice, Box and Quotations from Chairman Mao Tse-Tung, London 1971, S. 119.

75 Maeve Brennan, Brief an William Maxwell, William Maxwell Papers, Bourke, S. 222.

76 Maeve Brennan, Brief an William Maxwell, William Maxwell Papers, Bourke, S. 254.

77 Maeve Brennan, Brief an William Maxwell, William Maxwell Papers, Bourke, S. 255.

78 Maeve Brennan: Ein Bus voller Drachen, in: New York, New York, S. 143.

79 Maeve Brennan: Betrug an Philippe, in: New York, New York, S. 252.

80 Maeve Brennan: Howards Apartment, in: New York, New York, S. 274.

81 Ebenda, S. 279/280.

82 Maeve Brennan, Brief an William Maxwell aus dem Algonquin Hotel in New York, 25. 12. 1967, William Maxwell Papers.

83 Maeve Brennan: Ich wünsche mir eine kleine Straßenmusik, in: New York, New York, S. 93.

84 Maeve Brennan: Die Tür in der West Tenth Street, in: Bluebell, S. 84.

85 Maeve Brennan: Die West Eighth Street hat sich verändert, verändert und nochmals verändert, in: New Yorker Geschichten, S. 481.

IX.

1 E-Mail von Colette Lucas, Bibliothekarin der MacDowell-Kolonie an Michaela Karl, 16. November 2017.

2 http://www.macdowellcolony.org/

3 Maeve Brennan: Die Einsamkeit ihres Ausdrucks, in: New Yorker Geschichten, S. 284.

4 Maeve Brennan: Vorwort zu New York, New York, S. 7/8.

5 Botsford, S. 220.

6 May Sarton: Tagebucheintrag vom 9. November 1993, in: May Sarton: At Eighty-Two. A Journal, New York 1996, S. 134.

7 Maeve Brennan, Brief an William Maxwell, September 1970, William Maxwell Papers, Bourke, S. 256.

8 Maeve Brennan, Brief an Howard Moss, Herbst 1969, Howard Moss Papers.

9 Maeve Brennan, Brief an Katharine White, 17. April 1970 aus Rindge, Katharine Sergeant White Papers, Part II.

10 Maeve Brennan, Brief an William Maxwell, Januar 1970, William Maxwell Papers, Bourke, S. 255.

11 Maeve Brennan, Brief an Katharine White, 9. Januar 1970 aus Rindge, Katharine Sergeant White Papers, Part II.

12 Ebenda.

13 Maeve Brennan, Brief an Gardner Botsford, Winter 1970/71, in: Botsford, S. 220/221.

14 Maeve Brennan, Brief an Howard Moss, 8. Februar ohne Jahr, Howard Moss Papers.

15 Howard Moss, Brief an Maeve Brennan, 17. Februar 1970, Howard Moss Papers.

16 Maeve Brennan, Brief an Katharine White, 17. April 1970 aus Rindge, Katharine Sergeant White Papers, Part II.

17 William Maxwell: Introduction, in: Springs of Affection, S. 11.

18 Maeve Brennan, Brief an William Maxwell, William Maxwell Papers, Bourke, S. 257.

19 E-Mail von Colette Lucas, Bibliothekarin der MacDowell-Kolonie an Michaela Karl, 16. November 2017.

20 Maeve Brennan für Edith Konecky, in: Angela Bourke: »Maeve Brennan finds a place at the table«, Irish Times, 2. Januar 2017.

21 Kate Bolick: Spinster, New York 2015, S. 274.

22 Robert Phelps, Brief an James Salter aus New York, 11. April 1972, in: John McIntyre (Hrsg.): Memorable Days. Selected Letters of James Salter and Robert Phelps, Berkeley 2010, S. 88.

23 Maeve Brennan, Brief an William Maxwell, William Maxwell Papers.

24 Bolick, S. 179.

25 Yvonne Jerrold im Interview, Bolick, S. 270.

26 Maeve Brennan, Brief an Katharine White, 14. April 1972, University Hospital New York, Katharine Sergeant White Papers, Part II.

27 Katharine White, Memo, Katharine Sergeant White Papers, Part II.

28 Maeve Brennan, Brief an William Maxwell, William Maxwell Papers.

29 Botsford, S. 221.

30 Maeve Brennan, Brief an Howard Moss, Howard Moss Papers.

31 Robert Phelps, Brief an James Salter, 20. Juli 1972, McIntrye, S. 90.
32 Maeve Brennan, Brief an Howard Moss, ohne Datum, Howard Moss Papers.
33 Robert Phelps, Brief an James Salter aus New York, 8. September 1972, in: McIntyre, S. 93.
34 Ray A. Roberts, Brief an Maeve Brennan, 16. Januar 1973, Maeve Brennan Papers.
35 Botsford, S. 222.
36 Maeve Brennan, Brief an William Maxwell, 11. September 1973, William Maxwell Papers.
37 Doyle, S. 251.
38 Maeve Brennan, Brief an William Maxwell aus Dublin, 8. August 1973, William Maxwell Papers.
39 Maeve Brennan, Brief an William Maxwell aus Dublin, 8. August 1973, William Maxwell Papers.
40 Doyle, S. 253/254.
41 Maeve Brennan, Brief an William Maxwell aus Dublin, 8. August 1973, William Maxwell Papers.
42 Maeve Brennan, Brief an William Shawn, William Shawn Papers 1925–1992, Series II: *The New Yorker* Files: Correspondence, Manuscript and Archives Divison, Brooke Russell Astor Reading Room for Rare Books and Manuscripts, New York Public Library.
43 Maeve Brennan, Brief an William Shawn, William Shawn Papers 1925–1992, Series II.
44 Doyle, S. 251.
45 Maeve Brennan, Brief an William Maxwell aus Dublin, 11. September 1973, William Maxwell Papers, Bourke, S. 266.
46 Doyle, S. 251/252.
47 Ebenda, S. 252.
48 Ebenda, S. 253.
49 Ebenda, S. 254.
50 Ebenda, S. 255.
51 Maeve Brennan, Brief an Howard Moss aus Dublin, 8. Oktober 1973, Howard Moss Papers.
52 Tennessee Williams, in: Lis Künzli (Hrsg.): Hotels, ein literarischer Führer, Berlin 2007, S. 3.
53 Maeve Brennan, Brief an die MacDowell-Kolonie, 26. März 1974, zudem Auskunft von Colette Lucas an Michaela Karl per E-Mail, 16. November 2017.
54 Kurt Vonnegut: Schlachthof 5, Hamburg 2016, S. 220.
55 Joseph Mitchell: Notizen 21. Mai 1974, Joseph Mitchell Papers 1938–2011, Manuscripts and Archives Division, Brooke Russell Astor Reading Room for Rare Books and Manuscripts, New York Public Library.
56 Maeve Brennan, Brief an Howard Moss, ohne Datum, Howard Moss Papers.
57 Helen Rogan: Moments of Recognition, Interview mit Maeve Brennan, *Time Magazine*, 1. Juli 1974, S. 62.
58 Katharine Sergeant White Papers, Part II.
59 Maeve Brennan, Brief an William Shawn, ohne Datum, William Shawn Papers 1925–1992, Series II: *The New Yorker* Files.
60 William Maxwell: Introduction, in: Springs of Affection, S. 11.

61 Groth, S. 7.

62 William Maxwell: Introduction, in: Springs of Affection, S. 10.

63 Bourke, S. 262.

64 Joseph Mitchell, Notizen, 3. Juni 1976, Joseph Mitchell Papers 1938–2011.

65 Maeve Brennan, Brief an die MacDowell-Kolonie, 15. August 1976, Auskunft von Colette Lucas an Michaela Karl per E-Mail, 17. November 2017.

66 Botsford, S. 221.

67 Maeve Brennan: Die letzten Tage der Stadt New York, in: New Yorker Geschichten, S. 503.

68 Maeve Brennan: Notizen, Maeve Brennan Papers.

69 Maeve Brennan: Ein Tagtraum, in: Bluebell, S. 105.

70 Ebenda, S. 106/107.

71 Joseph Mitchell, Notizen, 7. Dezember 1978, Joseph Mitchell Papers 1938–2011.

72 Edith Konecky: A place at the table, New York 1989, S. 227/228.

73 Botsford, S. 222.

74 William Maxwell: Introduction, in: Springs of Affection, S. 11.

75 Maeve Brennan: Der Segen, in: New Yorker Geschichten, S. 550.

76 Ebenda, S. 551.

77 Ebenda, S. 549.

78 Willam Maxwell: Introduction, in: Springs of Affections, S. 11.

79 Maeve Brennan: Ich schaue aus den Fenstern eines alten Hotels am Broadway, in: New York, New York, S. 175/176.

80 Bourke, S. 268.

81 Botsford, S. 222.

82 Mary Hawthorne: »A Traveller in Residence«, *London Review of Books*, 13. November 1997.

83 Kennedy Fraser: Ornament and Silence, S. 245.

84 William Shawn: Abschiedsbrief am schwarzen Brett des *New Yorkers*, 12. Februar 1987, in: Lillian Ross, S. 219.

85 William Maxwell: »Maeve Brennan«, *Wigwag*, Sommer 1988, S. 63.

86 Botsford, S. 223.

87 William Maxwell: Nachruf auf Maeve Brennan, *The New Yorker*, 15. November 1993, S. 10.

X.

1 Alice Munro: Praise for Springs of Affection, in: Maeve Brennan: Springs of Affection, S. 1.

2 Linda Barrett Osborn: Maeve Brennan: The Rose Garden, *The New York Times*, 20. Februar 2000.

3 Doyle, S. 255.

4 Bourke, S. 244.

5 Linda Barrett Osborn: Maeve Brennan: The Rose Garden, *The New York Times*, 20. Februar 2000.

6 Maeve Brennan: Eine freie Wahl, in: Mr. und Mrs. Derdon, S. 14.

7 Maeve Brennan: Die Kluge, in: Dubliner Geschichten, S. 555.

8 Maeve Brennan: Eine freie Wahl, in: Mr. und Mrs. Derdon, S. 34.

9 Maeve Brennan: Betrug an Philip, in: New York, New York, S. 255.

10 »Capote's Account of Failed Reinvention in the City«, *New York Times*, 4. Dezember 2011.

11 Brendan Gill: Here at the New Yorker, S. 317.

12 George Plimpton: Truman Capote, Berlin 2014, S. 48.

13 Ebenda, S. 49.

14 Paramount Pictures Publicity, 28. November 1960, in: Sam Wasson: Verlieben Sie sich nie in ein wildes Geschöpf, Göttingen 2011, S. 5.

15 Ebenda.

16 Ebenda, S. 214.

17 Tim Walker: »Truman Capotes Heroine Golightly by another Name«, *The Independent*, 2. April 2013.

18 Angela Bourke im Interview mit Dormot McEvoy: »Was *Breakfast at Tiffany's* Audrey Hepburn character inspired by an Irish woman?«, *Irish Central*, 2. Feburar 2017, https://www.irishcentral.com/roots/history/was-breakfast-at-tiffany-s-audrey-hepburn-character-inspired-by-an-irish-woman

19 »Maeve Golightly«, *Publishers Weekly*, 25. Oktober 2004.

20 Maeve Brennan: Der Plagegeist, in: Großes Feuer, S. 12.

21 Henry James: The American Scene, New York 1994, S. 105.

22 Brian McGinty: The Palace Inn, Harrisburg 1978, S. 24.

23 Alec Wilder: The Elegant Refugee, Typoskript, S. VII, in: Annabella Fick: Hotel Experience, Bielefeld 2017, S. 142.

24 Vicki Baum: Menschen im Hotel, Gütersloh 1957, S. 252.

25 Gene Fowler, in: McGinty, S. 6.

26 Künzli, S. 7.

27 Maeve Brennan: Notizbuch, Maeve Brennan Papers.

28 Maeve Brennan: Notizbuch, Maeve Brennan Papers.

29 Maeve Brenann, Brief an Howard Moss, ohne Datum, Howard Moss Papers.

30 Maeve Brennan: Broccoli, in: New York, New York, S. 40.

31 Maeve Brennan, Brief an William Maxwell aus Dublin, 11. September 1973, William Maxwell Papers, Bourke, S. 267.

32 Yvonne Jerrold, E-Mail an Michaela Karl, 18. Februar 2018.

33 Diana Vreeland auf Twitter, https://twitter.com/dvDianaVreeland/status/844189646984822787

34 Willam Maxwell: Introduction, in: Springs of Affection, S. 11.

35 Yvonne Jerrold im Interview, in: Bolick, S. 267.

36 Maeve Brennan, Brief an William Maxwell, William Maxwell Papers.

37 Roger Angell im Interview, in: Bourke, S. 176.

Epilog

1 Maeve Brennan, in: Springs of Affection, S. 5/6.

Literatur und Dokumente

Albee, Edward: Tiny Alice and Box and Quotations from Chairman Mao Tse-Tung, New York 1971.

Allen, Frederick Lewis: Only Yesterday: An Informal History of the 1920's, New York, 1997.

Andersen, Hans Christian: Die Märchen. Erster Band, Frankfurt a. M./Leipzig 1992.

Angell, Roger: The Guam Caper, *The New Yorker*, 15. Februar 2010.

Bailey, Glenda: Harper's Bazaar 150 Years. The Greatest Moments, New York 2017.

Barnet, Andrea: Am Puls der Zeit: Frauen in New York, Berlin 2014.

Barr Ebest, Sally: Irish American Women: Forgotten First-Wave Feminists, Journal of Feminist Scholarship, Herbst 2012, S. 69.

Baum, Vicki: Menschen im Hotel, Gütersloh 1957.

Benchley, Nat/Kevin C. Fitzpatrick: The Lost Algonquin Round Table, New York 2009.

Benjamin, Walter: Die Wiederkehr des Flaneurs, in: Werke und Nachlass, Band 13: Kritiken und Rezensionen 1912–1931. Hrsg. v. Heinrich Kaulen, Berlin 2011.

Best, Gary Dean: The Dollar Decade: Mammon and the Machine in 1920 s America, Westport, 2003.

Bissinger, Karl: The Luminous Years. Portraits at Mid-Century, New York 2003.

Blumenfeld, Erwin: Einbildungsroman, Frankfurt a. M. 1998.

Böndel, Paula: Maeve Brennan: Leben zwischen den Ufern, *Merkur*, Heft 12. 66. Jahrgang, Dezember 2012.

Bolick, Kate: Spinster. Making a Life of One's Own, New York 2015.

Botsford, Gardner: A Life of Privilege, Mostly. A Memoir, London 2007.

Bourke, Angela: Maeve Brennan. Homesick at the New Yorker. An Irish Writer in Exile, New York 2004.

Brennan, Maeve: Christmas Eve. 13 Stories, New York 1974.

Brennan, Maeve: The Springs of Affection. Stories of Dublin, Boston 1997.

Brennan, Maeve: The Long-Winded Lady. Notes from the New Yorker, Dublin 1998.

Brennan, Maeve: The Visitor. A Novel, Washington 2000.

Brennan, Maeve: Die Besucherin, Göttingen 2003.

Brennan, Maeve: Mr. und Mrs. Derdon. Geschichten einer Ehe, Göttingen 2006.

Brennan, Maeve: Der Teppich mit den großen pinkfarbenen Rosen, Göttingen 2007.

Brennan, Maeve: Der Morgen nach dem großen Feuer, Göttingen 2009.

Brennan, Maeve: Tanz der Dienstmädchen. New Yorker Geschichten, Göttingen 2010.

Brennan, Maeve: New York, New York, Göttingen 2012.

Brennan, Maeve: Bluebell. Erzählungen, Göttingen 2013.

Brennan, Maeve: Sämtliche Erzählungen. Erster Band: Dubliner Geschichten, hrsg. v. Hans-Christian Oeser, Göttingen 2016.

Brennan, Maeve: Sämtliche Erzählungen. Zweiter Band: New Yorker Geschichten, hrsg. v. Hans-Christian Oeser, Göttingen 2016.

Brennan, Robert: Allegiance, Dublin 1950.

Brown, Daniel James: Das Wunder von Berlin. Wie neun Ruderer die Nazis in die Knie zwangen, München 2015.

Bruccoli, Matthew Joseph: Some Sort of Epic Grandeur: The Life of F. Scott Fitzgerald, Columbia 2002.

Burkhardt, Barbara: William Maxwell: A Literary Life, Chicago 2008.

Burns, Ric/Sanders, James: New York. Die illustrierte Geschichte von 1609 bis heute, München 2002.

Bryan, Joseph III.: Merry Gentlemen and One Lady, New York 1985.

Calhoun, Randall: Dorothy Parker: A Bio-Bibliography, Westport CT 1993.

Capote, Truman: Frühstück bei Tiffany, Zürich 2006.

Capote, Truman: Erhörte Gebete, Zürich 2007.

Case Harriman, Margaret: The Vicious Circle: The Story of the Algonquin Round Table, 1951.

Christin, Pierre/Balez, Olivier: Robert Moses. Der Mann, der New York erfand, Carlsen 2014.

Clarke, Gerald: Truman Capote. Eine Biographie, Zürich 2007.

Colette: Frauen, Wien/Hamburg 1986.

Cook, Fred J.: The Nightmare Decade: The Life and Times of Senator Joe McCarthy, New York 1971.

Cowley, Malcolm (Hrsg.): Wie sie schreiben. Sechzehn Gespräche mit Autoren der Gegenwart, Gütersloh 1958.

Coxhead, Elizabeth: Daughters of Erin. Five women of the Irish Renascence, London 1965.

Davis, Linda H.: Onward and Upward. A Biography of Katharine S. White, New York 1987.

Davis, Linda H.: Chas Addams. A Cartoonist's Life, New York 2006.

Day, Barry: Dorothy Parker: In Her Own Words, Lanham 2004.

Donnelly, Honoria M/Billings, Richard N.: Sara and Gerald: Villa America and After, New York 1982.

Doyle, Roddy: Rory & Ita. Eine irische Geschichte, München 2002.

Drennan, Robert E.: The Algonquin Wits, Secaucus, 1968

Dwyer, Ryle T.: Michael Collins, Münster 1997.

Elvert, Jürgen: Geschichte Irlands, München 1999.

Emerson, Ralph Waldo: Repräsentanten der Menschheit, Zürich 1989.

English, Richard.: Armed Struggle. The History of the IRA, London 2003.

Faßbender, Beatrice: New York. Eine literarische Einladung, Berlin 2014.

Feeney, Brian: Sinn Féin. A Hundred Turbulent Years, Dublin 2002.

Fick, Annabella: New York Hotel Experience. Cultural and Societal Impacts of an American Invention, Bielefeld 2017.

Finder, Henry (Hrsg.): The 40 s. The Sory of a Decade. The New Yorker, New York 2014.

Fitzpatrick, David: The Two Irelands 1912–1939, Oxford 1998.

Fitzpatrick, Kevin C.: A Journey into Dorothy Parker's New York, Berkeley 2005.

Fraser, Kennedy: Ornament and Silence. Essays on Women's Lives, New York 1996.

Friedan, Betty: Der Weiblichkeitswahn oder die Selbstbefreiung der Frau, Reinbek bei Hamburg, 2002.

Gill, Brendan: Here at the New Yorker, New York 1975.

Gill, Brendan: A New York Life: Of Friends & Others, New York 1990.

Grant, Jane/Janet Flanner: Ross, The New Yorker and Me, New York 1968.
Groth, Janet: The Receptionist. An Education at The New Yorker, Chapel Hill 2012.
Gusso, Mel: Edward Albee. A Singular Journey, New York 2001.
Hamburger, Philip: Curious World. A New Yorker at Large, San Francisco 1987.
Hamburger, Philip: Friends Talking in the Night. Sixty Years of Writing for The New Yorker, New York 1999.
Hansen, Arlen J.: Expatriate Paris: A Cultural and Literary Guide to Paris in the 1920s, New York 1990.
Haverty, Anne: Constance Markievicz. An Independent Life, London 1988.
Herrmann, Dorothy: With Malice Toward All. The Quips, Lives and Loves of Some Celebrated 20th-Century American Wits, New York 1982.
Hessel, Franz: Spazieren in Berlin, Berlin 2012.
Hetmann, Frederik: Eine schwierige Tochter, Frankfurt a. M. 1982.
Hu, Jane: A Maeve Brennan Revival, The New Yorker 18. März 2014.
Hulbert, Ann: The Interior Castle. The Art and Life of Jean Stafford, New York 1992.
Jacobs, Jane: Tod und Leben großer amerikanischer Städte, Berlin 1963.
Jäger, Georg (Hrsg.): Geschichte des deutschen Buchhandels im 19. und 20. Jahrhundert: Das Kaiserreich 1871–1918, Teil II, Frankfurt a. M. 2003.
Kahn, Gordon/Al Hirschfeld: The Speakeasies of 1932, New York 2004.
Karl, Michaela: Streitbare Frauen, St. Pölten 2009.
Karl, Michaela: Die Geschichte der Frauenbewegung, Stuttgart 2011.
Karl, Michaela: Noch ein Martini und ich lieg unterm Gastgeber, St. Pölten 2011.
Karl, Michaela: Wir brechen die 10 Gebote und uns den Hals, Zelda und F. Scott Fitzgerald, St. Pölten 2012.
Kenney, Harrison (Hrsg.): The Thurber Letters. The Wit, Wisdom and Surprising Life of James Thurber, New York 2002.
Kerr, Jean: Please Don't Eeat the Daisies, New York 1957.
Keyser, Catherine: Playing Smart. New York Women Writers and Modern Magazine Culture, New Brunswick 2010.
Kies Folpe, Emily: It Happend on Washington Square, Baltimore/London 2002.
Kinealy, Christine: The Great Calamity. The Irish Famine 1845–1852, Dublin 1994.
Kinney, Harrison: James Thurber. His Life and Times, New York 1995.
Konecky, Edith: A Place at the Table, New York 1989.
Kracauer, Siegfried: Das Ornament der Masse, Frankfurt am M. 2017.
Künzli, Lis: Hotels. Ein literarischer Führer, Frankfurt a. M. 2007.
Kunkel, Thomas: Genius in Disguise: Harold Ross of the New Yorker, New York 1995.
Kunkel, Thomas: Man in Profile. Joseph Mitchell of The New Yorker, New York 2015.
Lee, Joseph: Ireland 1912–1985. Politics and Society, Cambridge 1993.
Liebling, A. J.: Just Enough Liebling. Classic Work by the Legendary New York Writer, New York 2004.
Llywelyn, Morgan: A Pocket History of Irish Rebels, Dublin 2001.
Loring, John: Tiffany in Fashion, New York 2003.
Macardle, Dorothy: The Irish Republic, Dublin 1951.
Mackenzie Stuart, Amanda: Empress of fashion. A Life of Diana Vreeland, New York 2012.
Markievicz, Constance: Prison Letters of Countess Markievicz, London 1987.
Marling, Karal Ann: As Seen on TV. The Visual Culture of Everyday Life in the 1950s, Cambridge 1976.

Marreco, Anne: The Rebel Countess. The Life and Times of Constance Markievicz, London 2000.

Marrs, Suzanne: What There Is To Say We Have Said. The Correspondence of Eudora Welty and William Maxwell, Boston 2012.

Maywald, Willy: Die Splitter des Spiegels. Eine illustrierte Autobiographie, München 1985.

McCardell, Claire: What Shall I Wear? The What, Where, When and How Much of Fashion, New York 2012.

McGinty, Brian: The Palace Inns. A Connoisseur's Guide to Historic American Hotels, Harrisburg 1978.

McIntyre, John (Hrsg.): Memorable Days. The Selected Letters of James Salter and Robert Phelps, Berkeley 2010.

McKelway, St. Clair: Reporting at Wit's End. Tales from The New Yorker, New York 2010.

McNulty, John: This Place on Third Avenue, Washington D. C. 2001.

McWilliams, Ellen: Maeve Brennan, Celebrity, and Harper's Bazaar in the 1940, *breac*. A Digital Journal of Irish Studies, 17. Juli 2017.

Meade, Marion: Dorothy Parker: What Fresh Hell is This?, New York 1998.

Meade, Marion: Lonelyhearts. The Screwball World of Nathanael West und Eileen McKenney, Boston 2010.

Miller-Patterson, Linda (Hrsg.): Letters from the Lost Generation: Gerald and Sara Murphy and Friends, New Brunswick 1991.

Mitchell, Joseph: McSorley's Wonderful Saloon, Zürich 2011.

Mordden, Ethan: The Guest List, New York 2010.

Neumann, Peter: IRA. Langer Weg zum Frieden, Hamburg 1999.

Otto, Frank: Der Nordirlandkonflikt. Ursprung, Verlauf, Perspektiven, München 2005.

Parker, Dorothy: The Portable Dorothy Parker, New York 2006.

Penzler, Otto: The Vicious Circle, New York 2007.

Peters, Ann: A Traveler in Residence: Maeve Brennan and the Last Days of New York, Women's Studies Quarterly Vol. 33 No. ¾. Gender and Culture in the 1950 s, Herbst/Winter 2005, S. 66–89.

Peters, Ann: House Hold. A Memoir of Place, Madison 2014.

Piper, Leonard: Dangerous Waters. The Life and Death of Erskine Childers, London 2003.

Plimpton, George: Truman Capotes turbulentes Leben kolportiert von Freunden, Feinden, Bewunderern und Konkurrenten, Berlin 2014.

Remnick, David: Wonderful Town. New York Stories from The New Yorker, New York 2000.

Roberts, David: Jean Stafford. A Biography, Boston 1988.

Rorem, Ned: The Later Diaries 1961–1972, Boston 2000.

Ross, Harold: Letters from the Editor. Hrsg. v. Thomas Kunkel, Toronto 2000.

Ross, Lillian: Here But Not Here, A Love Story, New York 1998.

Rowlands, Penelope: A Dash of Darling. Carmel Snow and Her Life and Fashion, Art and Letters, New York 2005.

Sarton, May: At Eighty Two. A Journal, New York 1996.

Seebohm, Caroline: The Man Who Was Vogue. The Life and Times of Condé Nast, New York 1982.

Simmel, Georg: Die Großstädte und das Geistesleben, Dresden 2016.

Sinclair, Charlotte: Vogue on Christian Dior, München 2013.

Skinner Sawyer, June (Hrsg.): The Greenwich Village Reader. Fiction, Poetry and Reminiscences 1872–2002, New York 2001.

Steinman, Michael: The Happiness of Getting It Down Right. Letters of Frank O'Connor and William Maxwell, New York 1996.

Stewart, Donald Ogden: By a Stroke of Luck! An Autobiography, New York 1975.

Talese, Gay: Frank Sinatra ist erkältet, Berlin 2005.

Thoreau, Henry David: Vom Wandern, Stuttgart 2013.

Thurber, James: The Years With Ross. Boston 1959.

Thurber, James: Männer, Frauen und Hunde, Berlin 1981.

Tomkins, Calvin: Living Well is the Best Revenge. Two Americans in Paris 1921–1933, New York 1972.

Vail, Amanda: Everybody Was So Young. Gerald and Sara Murphy: A Lost Generation Story, New York 1998.

Vetter-Liebenow, Gisela: Großstadtfieber. 75 Jahre The New Yorker, Hannover 2000.

Vinciguerra, Thomas: Cast of Characters, New York 2016.

Vonnegut, Kurt: Schlachthof 5, Hamburg 2016.

Voris, Jacqueline van: Constance Markievicz. In the Cause of Ireland, Amherst 1967.

Vreeland, Diana: D. V., New York 1984.

Vreeland, Diana: Allure. Der Roman meines Lebens, München 2011.

Wasson, Sam: Verlieben Sie sich nie in ein wildes Geschöpf. Audrey Hepburn und ›Frühstück bei Tiffany‹, Göttingen 2011.

Weiss, Andrea: Flucht ins Leben. Die Erika und Klaus Mann-Story, Reinbek bei Hamburg 2000.

Whitaker, Rogers E. M./Tony Hiss: All Aboard with E. M. Frimbo, World's Greatest Railroad Buff, New York 1997

White, E. B.: Here is New York, New York 1999.

Woolman Chase, Edna/Ilka Woolman Chase: Always in Vogue, New York 1954

Yagoda, Ben: About Town: The New Yorker and the World It Made. New York 2000

Archive

American University, Washington D. C.
    Special Collection

Bryn Mair College
    Special Collection Department, Katharine Sergeant White Papers, Part II: Box and Folder List – The New Yorker Correspondence, Collection No. M 56

Emory University, Atlanta
    Stuart A. Rose Manuscript, Archives, and Rare Book Library,
    Maeve Brennan Papers, 1948–1981, Manuscript Collection No. 1142

University of Delaware
    Special Collections Department/Morris Library, Robert Brennan and Maeve Brennan Papers, 1935–1967, Manuscript Collection Number 243

University of Illinois at Urbana-Champaign
    Rare Books & Manuscript Library,
    William Maxwell Papers, 1928–1998, ID: 01/01/MSS00032, Folder 37 und 38

MacDowell Colony, Peterborough
Archiv

The New Yorker, New York
Archiv

New York Public Library
Henry W. and Albert A. Berg Collection of English and American Literature,
Howard Moss Papers, ca. 1935–1987
Manuscripts and Archives Division,
The New Yorker Records, ca. 1924–1984, Manuscript Collection No. 2236
St. Clair McKelway Papers, The New Yorker Records, Series 2, Editorial Staff/Writers
and Editors 1939–1973, Subseries 2.1. Box 130
Joseph Mitchell Papers 1838–2011, Manuscript Collection No. 23209
The Brooke Russell Astor Reading Room for Rare Books and Manuscripts,
William Shawn Papers, 1925–1992, Manuscript Collection No. 23101

National Library of Ireland
Manuscripts Department, Robert Brennan Papers, 1904–1979, Manuscript Collection
No. 49,686/33

Zeitungen und Magazine

The American Eagle, Atlantic Monthly, Columbia Journalism Review, Combat, Courant,
Daily News, The East Hampton Star, Èire, Frankfurter Allgemeine Zeitung, Harper's
Bazaar, Irish Central, The Irish Times, Life Magazine, Literarny Listy, London Review
of Books, The Los Angeles Times, Neue Zürcher Zeitung, New York Herald Tribune,
The New York Times, The New Yorker, Paris Review, Publishers Weekly, Social and Per-
sonal, Süddeutsche Zeitung, Die Tageszeitung, Theater Heute, Time Magazine, Vanity
Fair, The Washington Post, Washington Star, Wexford Echo, Wigwag, Die Zeit.

Filme

The Eye Has to Travel, Film von Lisa Immordino Vreeland, Bent-Jorgen Perlmutt, Frédéric
Tcheng, USA 2011.

Radio

Carmela Thiele: Vor 100 Jahren wurde der Modeschöpfer Christian Dior geboren,
Deutschlandfunk, 21. 01. 2005.

Lectures

Anne Enright on Maeve Brennan – Going Mad in America, New York, 28. April 2016,
https://www.rte.ie/culture/2016/1110/830665-anne-enrighton-maeve-brennan/

Personenregister

Addams, Charles 115, 117–120
Agnes (Nonne) 47
Albee, Edward 172, 249–251
Amery, Carl 58
Andersen, Hans Christian 16, 310
Angell, Roger 116, 197, 206
Arbus, Diane 143
Arendt, Hannah 122
Arno, Peter 125, 206
Äsop 17
Astaire, Fred 85
Auden, Wystan Hugh (W. H.) 129
Avedon, Richard 85 f.

Bacall, Lauren 14, 86, 92
Baez, Joan 209
Balenciaga, Cristóbal 104
Balmain, Pierre 104
Barb, Barbara 118
Baryshnikov, Mikhail 210
Bassman, Lillian 85, 101
Baum, Vicki 306
Beatty, Warren 59
Bellow, Saul 59
Benchley, Robert 132
Benjamin, Walter 146
Bergman, Ingrid 86, 106, 205
Bernstein, Leonard 257
Bidner, Sammy 160
Billingsley, Sherman 203
Bill (Lebensgefährte von E. Albee) 250
Bingham, Robert 221
Bissinger, Karl 106 f.
Blass, Bill 83 f.
Bloomberg, Michael 286
Blumenfeld, Erwin 80 f., 322
Bogan, Louise 127
Bogart, Humphrey 14, 86

Bolger, Una (Anastasia) Siehe Brennan,
    Una 27
Booth, Mary Louise 78
Borglum, Gutzon 61
Botsford, Gardner 112, 115, 119, 202, 229 f.,
    242, 248, 261, 267, 269, 277, 280, 283 f.,
    287
Botsford, Tess 119
Bourke, Angela 74, 303
Boyce, John R. 313 f.
Boyer, Charles 205
Boylan, Clare 68
Brando, Marlon 106
Braque, Georges 213
Brennan, Emer 30, 33 f., 37 f., 45, 53, 56 f.,
    60, 70
Brennan, Ita Deirdre 36–38, 45 f., 48, 53 f.,
    60, 69 f., 182, 233, 269 f., 275, 296
Brennan, Nan 63, 187, 218, 265 f.
Brennan, Robert 23–25, 27–39, 41–45,
    48 f., 51, 54–58, 60, 63, 70–72, 88, 107,
    172, 206, 214 f., 217 f., 233–235, 243 f.,
    246, 265 f.
Brennan, Robert Patrick 45, 53, 56, 70,
    275, 277, 279
Brennan, Una 27–34, 38 f., 43, 45, 48, 52,
    56, 70 f., 172, 206, 214, 217, 234, 246
Brodowitsch, Alexei 81, 84 f., 101
Brokaw, Lucile 85 f.
Brown, Daniel James 52
Browne, Dik 133
Burton, Richard 250

Campion, Ann 101
Capote, Truman 87, 106, 297 f., 300–302
Carduff, Christopher 68
Carnegie, Andrew 258
Carnegie, Hattie 95

Carroll, Lewis 220
Cartier-Bresson, Henri 87
Cashin, Bonnie 95
Cassidy, Estelle 200
Chanel, Coco 82, 92, 102, 105, 300
Chase, Edna Woolman 79
Chesterton, Gilbert Keith (G. K.) 66
Childers, Robert Erskine 38, 41
Chruschtschow, Nikita 217
Clarke, Thomas James 29, 33 f.
Cleveland, Grover 258
Clinton, Bill 53
Clinton, Hillary 53
Coates, Robert 129
Cocteau, Jean 87
Colette (Sidonie-Gabrielle Claudine) 16,
    106, 113, 128
Collins, Bridget Jean *Siehe* Kerr, Jean
    60
Collins, Michael 40 f., 43
Connolly, James 26, 30 f., 33
Costello, Joe 133
Costello, Tim 133–135, 206
Crawford, Joan 97
Cullinan, Elizabeth 283 f.
Curtiss, Thomas Quinn Tomski 107

Dahl-Wolfe, Louise 86
Dalí, Salvador 87, 92
Daly, Mary 58
D'Arc, Jeanne 26, 105
Davis, Bette 86
Davis, Sammy Jr. 14
Day, Barbara Jean 118
Day, Doris 60, 299 f.
Deane, Seamus 73
Dean, Jay Hanna »Dizzy« 171
De la Renta, Oscar 84
Derujinsky, Gleb 85
De Valera, Éamon 35, 37, 39–41, 43–45,
    56 f., 90
Dickens, Charles 78
Dietrich, Marlene 97, 105
Dior, Christian 92, 103–106, 108, 291, 300
Djagilew, Sergej 84
Doner, Mary Frances 129
Dos Passos, John 87

Dovima (Dorothy Virginia Margaret
    Juba) 86
Doyle, Arthur Conan 24
Doyle, Ita 16, 137, 214, 223, 270–273, 289
Doyle, Pamela 271 f.
Doyle, Roddy 137, 270
Doyle, Rory 270–272
Duffy, Louise Gavan 48
Du Maurier, Daphne 112
Dundy, Elaine 264 f.
Dylan, Bob 209

Eisenhower, Dwight D. 217
Elizabeth II. 106
Emerson, Ralph Waldo 260
Enright, Anne 75
Erté 78

Fitzgerald, Francis Scott 78, 193, 214, 229,
    307
Fitzgerald, Zelda 78, 214
Fleischmann, Raoul H. 110
Fonssagrives, Lisa 80
Fontaine, Joan 120
Franzen, Jonathan 258
Fraser, Kennedy 145, 165, 170, 285
Frazier, Brenda 97
Friedan, Betty 292–294, 296
Friedlander, Lee 143
Frost, Robert 298
Fürstenberg, Diane von 94

Gallo, Bill 133
Garbo, Greta 97, 108, 119
Gardner, Ava 106
George, David Lloyd 40
George Eliot 78
George VI. 57, 106
Gibbs, Wolcott 115, 121, 200, 203, 205
Gill, Brendan 90 f., 107, 112, 114–116, 122,
    134, 200, 207, 214, 236, 267, 297
Givenchy, Hubert de 300
Gladstone, William 23
Goldsmith, Oliver 16
Gonne, Maud 26, 29 f.
Gould, Joe 116
Grable, Betty 105

Grace, Carol 298, 301f.
Grant, Cary 13, 200
Greenacre, Phyllis 220
Greenstein, Milton 279f.
Gregory, Horace 127
Gregory, Isabelle Augusta 26
Griffith, Arthur 26, 37
Groth, Janet 219, 276
Guinness, Gloria 301

Hamburger, Philip 91, 113, 121f., 124, 134,
    140, 197, 200, 236, 251, 274, 277, 290
Hardy, Thomas 78
Harper, James 77f., 80
Harper, John 77f., 80
Haussmann, Georges-Eugène 156
Hawks, Howard 86
Hawthorne, Mary 284f.
Hayden, Josephine 32
Hearst, William Randolph 78f., 85, 100
Hellman, Daphne 287
Hemingway, Ernest 132, 209, 214
Hepburn, Audrey 85, 96, 297, 299–302
Hepburn, Katharine 14, 96f., 106
Hersey, John 111
Hessel, Franz 146
Heston, Charlton 59
Hiss, Tony 140
Holiday, Billie 253, 259
Holliday, Judy 152
Honeycutt, Ann 200f., 208
Hyde, Douglas 23, 25, 57

Iglauer Daly, Edith 121

Jacobs, Jane 158–161–163
Jaffee, Al 133
James, Henry 78, 220, 304
Jenkins, Neville 268
Jensen, Oliver 236
Jerrold, Gilbert 275
Jerrold, Yvonne 221, 265, 310f.,
    312
Johnson, Buffie 106
Jolie, Angelina 210
Joyce, James 16, 68

Kael, Pauline 261
Kahn Jr., Ely Jacques (E.J.) 122
Karan, Donna 94
Keaton, Diane 210
Kelly, Anna 107
Kelly, Petra 54
Kemp, Hal 201
Kennedy, Jacqueline »Jackie« 119
Kennedy, John F. 53, 226f., 236
Kenny, Eileen 201
Kerney, Leopold H. 45
Kerr, Jean 60
Kerr, Walter 59f., 284
Kingsbury-Smith, Joseph 88
Klein, Calvin 94
Kling, Joseph 162
Kober, Arthur 203
Konecky, Edith 264, 279f.
Kravit, Bill 226
Krementz, Jill 275

Lake, Veronica 97
Lambert, Eleanor 71, 96
Landay, Jerry 153f.
Lardner, Susan 140
Larkin, James (Jim) 30f.
Lawrence, Barbara 297
Le Clercq, Tanaquil 106
Leen, Nina 98f.
Lee, Stan 133
Leigh, Dorian 302
Leigh, Vivien 86, 211
L'Heureux, Guy 148
Liebling, Abbott Joseph (A.J.) 121, 124,
    236f., 239
Little, Herbert 200
Little, Lois 200
Long, Lois 125f., 206
Lovenberg, Felicitas von 290
Lovett, Francis William 89f.
Lowell, Robert 236
Lowman, Eleanor (Barry) 101
Lynch, David 257
Lynn, Kathleen 36

Mac Diarmada, Seán 29f., 33
MacDowell, Edward 258

MacDowell, Marian 258
MacWhite, Michael 51, 55
Mailer, Norman 161
Mann, Klaus 107
Mann, Thomas 220
Man Ray 87
Marcus, David 74, 321
Marcus Matthau, Carol *Siehe* Grace, Carol 298
Margaret Countess of Snowdon 106
Markievicz, Constance 33, 35, 37, 39
Mark (Lebensgefährte von H. Moss) 231f., 237
Martin, Dean 14
Martyn, Edward 27
Mature, Victor 201
Maxwell, William 21, 74, 100, 113f., 124, 128f., 137, 169, 205, 215f., 227f., 230, 234, 237, 239, 243f., 248, 251, 263, 265–267, 269f., 276, 280–282, 286f., 310f., 313
Maywald, Willy 103f.
McCardell, Claire 93–96
McCarthy, Joseph 291
McCarthys, Herb 237
McCullers, Carson 87, 106
McKelway, St. Clair 115, 197–211, 214–223, 230, 233–235, 243f., 263, 281, 287, 313
McKelway, St. Clair Junior 207
McNulty, John 132, 134f.
McPherson, William 169
McQuaid, John Charles 46
Mead, Margaret 46
Meyer, Adolphe de 78
Miller, Arthur 108
Miller, Marylin »Tee« 119
Minelli, Liza 53
Miró, Joan 213
Mitchell, Joseph 115–117, 123, 200, 236, 274, 277, 280
Mitford, Nancy 106
Mitscherlich, Alexander 159
Monroe, Marilyn 17, 133, 299
Morante, Elsa 128
Morgan, John Pierpont (J. P.) 258
Moses, Robert 156–158, 161, 163

Moss, Howard 74, 169, 171f., 231f., 237f., 246, 249, 251–253, 260, 262, 267f., 273f., 280
Munkácsi, Martin 85f.
Munro, Alice 265, 289
Murphy, Gerald 213f., 226, 228–231, 234f., 243
Murphy, Sara 213f., 226, 228–231, 239, 243
Murray, Bill 210

Nabokov, Vladimir 111, 124
Nast, Condé Montrose 78f.
Nathan, George Jean 274
Neeson, Liam 41
Newman, Barnett 99
Nicholson, Jack 53
Nimitz, Chester 204f.
Niven, David 60
Nixon, Richard 227

O'Connor, Frank 227f., 314
Oeser, Hans-Christian 68
O'Hara, Bell 121
O'Hara, John 121, 132, 260
Olivier, Laurence 211
Olsen, Tillie 264
O'Neill, Eugene 250, 302
O'Neill, Oona 301f.
O'Toole, Fintan 74

Pacino, Al 210
Paley, Barbara »Babe« 302
Parker, Dorothy 16, 79, 89, 109, 111, 132, 142, 163, 214, 219, 291, 307
Parnell, Charles Stewart 22
Paul, Solly 58f.
Pearse, Patrick 33
Perelman, Sidney J. 83, 203
Pettit, Rosemary 119
Phelps, Robert 264f., 268
Picasso, Pablo 213
Pollock, Jackson 99
Porter, Cole 213
Powell, Dawn 120
Proust, Marcel 235

Reagan, Nancy 53
Rockefeller, Nelson 163
Rogan, Helen 275
Rooney, Mickey 301
Roosevelt, Franklin Delano 91
Ross, Eric 114
Ross, Harold 109–111, 114, 122, 125–127,
    139, 199–203
Ross, Lillian 114
Roth, Joseph 307
Rothko, Mark 99
Roth, Philip 111
Rudd, Mary 115
Rushdie, Salman 257
Ryan, Rhona 90

Sade, Donatien Alphonse François Mar-
    quis de 83
Salinger, Jerome David (J.D.) 111, 124
Salter, James 265, 268
Sarandon, Susan 58
Sarton, May 259
Sayre, Joel 199
Schäfer, Louis 77
Schafer, Natalie 205
Schiaparelli, Elsa 92, 102
Seligman, Craig 222
Shattuck, Frank M. 147
Shaver, Dorothy 95, 97
Shaw, George Bernard 27, 33
Shawn, Cecile 114
Shawn, William 60, 108, 114f., 122f., 129,
    170f., 200, 216, 223, 234, 270, 275, 277,
    285
Sheed, Frank 66
Sheehy-Skeffington, Francis 36
Sheehy-Skeffington, Hanna 36
Shuman, Ik 202
Siedler, Jobst 159
Simpson, Wallis 82
Sinatra, Frank 11, 13f., 53, 313
Sippy, Bertram 215
Skelton, Barbara 120
Smith, Patti 257
Sneden, Robert 211
Snow, Carmel 13, 79–82, 84, 85–88, 91f.,
    101f., 104, 298

Stafford, Jean 236–239
Stalin, Josef 88
Stanwyck, Barbara 118
Starck, Philippe 274
Steinbeck, John 211
Stein, Gertrude 87
Stephanie (Nonne) 47
Stephenson Kemp, Martha 201
Stewart, James 131, 205
Strawinsky, Igor 213
Streisand, Barbara 209
Stutz, Geraldine 212f.
Sui, Anna 94
Swift, Jonathan 220
Synge, John Millington 27, 36

Taylor, Elizabeth 127, 250
Thoreau, Henry David 260
Thurber, James 111, 121, 127, 133, 200, 208f.
Thurman, Uma 210
Tirtoff, Romain de Siehe Erté 78
Tolstoi, Leo 16, 113
Toohey, John Peter 110
Trillin, Calvin 220
Trow, George W.S. 140
Tschechow, Anton 109, 251
Turgenjew, Iwan 113, 286

Updike, John 111, 124, 149

Vaculík, Ludvík 153f.
Valentino, Rodolfo 213
Vanderbilt, Gloria 297, 301f.
Vidal, Gore 106
Vonnegut, Kurt 274
Vreeland, Diana 13, 15, 61, 81–87, 94, 120,
    311
Vreeland, Thomas Reed 82

Walden, William 126
Walker, Mort 133
Ward, Maisie 66
Waugh, Evelyn 87
Wayne, John 107
Weinberger, Eliot 136
Wells, Orson 211
Welty, Eudora 248

West, Anthony 119
West, Nathanael 201
Whitaker, Roger 121, 140
White, Elwyn Brooks (E. B.) 119, 138, 200, 206
White, Katharine 74, 119, 126 f., 138, 173, 199, 261, 266, 275
White, Nancy 298
White, Peter 79
Wilde, Oscar 297
Wilder, Alec 305

Wilder, Thornton 258
Williams, Tennessee 106, 273
Winchell, Walter 202 f.
Winogrand, Garry 143
Witt, Melanie 101
Woodward, Bobbie 105

Yagoda, Ben 113, 149
Yates, Richard 111
Yeats, William Butler (W. B.) 16, 26 f., 36, 46, 235, 281, 288

Bildnachweis

Römische Ziffern beziehen sich auf den Bildteil.

American University, Washington D.C.: III, IV
Karl Bissinger: X, XI
Walter Daran/The LIFE Images Collection/Getty Images: XIII o.
Robert Doisneau/Gamma-Rapho/Getty Images: VII o.
Andreas Feininger/The LIFE Picture Collection/Getty Images: XII o.
Al Fenn/The LIFE Picture Collection/Getty Images: XIII u.
Getty Images: XIV
Yvonne Jerrold: I, XVI u.
Nina Leen/The LIFE Picture Collection/Getty Images: V, VI, VIII, XV
Paramount Pictures/Sunset Boulevard/Corbis via Getty Images: IX
picture alliance/akg: XII o.
Jack Robinson/Hulton Archive/Getty Images: VII u.
ullstein bild: II u.

Trotz intensiver Bemühungen ist es nicht gelungen, die Rechteinhaber der Bilder II o. und XVI o. ausfindig zu machen. Nachweisbare berechtigte Ansprüche bitten wir an den Verlag zu richten.

Der Abdruck der Bilder von Karl Bissinger und Yvonne Jerrold erfolgt mit freundlicher Genehmigung der Rechteinhaber.

Michaela Karl
*»Ich blätterte gerade in der Vogue,
da sprach mich der Führer an.«
Unity Mitford. Eine Biographie*
400 Seiten, gebunden
ISBN 978-3-455-50409-5
Hoffmann und Campe Verlag

Das Hitler-Groupie aus der englischen Upperclass

Sie kam aus bestem britischem Hause und widmete ihr Leben dem »Führer«. Michaela Karl erzählt die schier unglaubliche Lebensgeschichte der Unity Valkyrie Mitford: Hitler-Groupie, nordische Göttin und verwöhnte Tochter eines britischen Lords. Mitte der dreißiger Jahre zieht die 20-jährige Cousine Winston Churchills nach München, um Hitler kennenzulernen. Göring hält sie für eine britische Spionin, der MI5 für eine törichte Person. Während Eva Braun angesichts der unerwarteten Konkurrenz einen Selbstmordversuch unternimmt, spekuliert die Presse offen über die künftige Mrs. Adolf Hitler. Doch als am 3. September 1939 Großbritannien und Frankreich dem Deutschen Reich den Krieg erklären, hallen plötzlich zwei Schüsse durch den Englischen Garten …

»Michaela Karl ist eine spannende Annäherung an eine Frau gelungen, deren wildes Lebenmit den gängigen Vorstellungen über den Nationalsozialismus zunächst nicht in Übereinstimmung zu bringen ist.«
Süddeutsche Zeitung

»Die Historikerin Michaela Karl zeigt mit ihrer Biografie der britischen Nationalsozialistin Unity Mitford, wie spannend gut recherchierte Geschichtsschreibung mit weiblichen Protagonisten sein kann.«
SWR2